示范性应用技术大学系列创新教材

SERIES OF TEACHING MATERIALS OF INNOVATION FOR EXEMPLARY UNIVERSITIES OF APPLIED TECHNOLOGY

证券投资实训

The practice of Securities investment

焦广才　焦晶晶　主　编

中国财经出版传媒集团

经济科学出版社

Economic Science Press

图书在版编目（CIP）数据

证券投资实训／焦广才，焦晶晶主编．—北京：经济科学出版社，2017.2
示范性应用技术大学系列创新教材
ISBN 978-7-5141-8039-8

Ⅰ．①证⋯　Ⅱ．①焦⋯②焦⋯　Ⅲ．①证券投资-高等学校-教材　Ⅳ．①F830.91

中国版本图书馆 CIP 数据核字（2017）第 114102 号

责任编辑：范　莹　杨　梅
责任校对：杨　海
责任印制：李　鹏

证券投资实训

焦广才　焦晶晶　主编

经济科学出版社出版、发行　新华书店经销
社址：北京市海淀区阜成路甲 28 号　邮编：100142
总编部电话：010-88191217　发行部电话：010-88191540
网址：www.esp.com.cn
电子邮件：esp@esp.com.cn
天猫网店：经济科学出版社旗舰店
网址：http://jjkxcbs.tmall.com
北京季蜂印刷有限公司印装
787×1092　16 开　19.75 印张　450000 字
2017 年 6 月第 1 版　2017 年 6 月第 1 次印刷
ISBN 978-7-5141-8039-8　定价：45.00 元
（图书出现印装问题，本社负责调换。电话：010-88191510）
（版权所有　翻印必究　举报电话：010-88191586
电子邮箱：dbts@esp.com.cn）

编委会

主　任　赵予新　张　舰

副主任　刘玉玲　常永佳　何海霞

主　编　焦广才　焦晶晶

副主编　刘　莹　薛桂芝　潘丽丽

编　委　孙常辉　刘晓慧　郭军峰　武迎春
　　　　　夏　林　欧阳艳蓉　魏　瑞　李桂馨
　　　　　李红欣　张志娟　杨丽君　郭　超
　　　　　符　蓉

前　言

　　《证券投资实训》是由黄河科技大学教授焦广才、焦晶晶为主编，组织有教学经验的教师在《股票操作学》《证券投资学》等优秀教材基础上编写的有创新特色的应用型教材。它是与《证券投资学》相配套的"实用型教材"。

　　目前，中国证券市场正向着规范化、法制化、市场化、国际化的趋势发展，中国证券市场已经走上了快速发展的道路。有很多高等院校开设了《证券投资学》课程，但是还缺少证券投资实训课程。《证券投资实训教程》正是弥补这种不足而编写的创新型、创业型教材。

　　本教材简述了证券市场的基本功能与投资工具的类型，揭示了证券市场价格运行的规律性，阐述了证券投资分析方法、分析技巧、技术指标的特征及其实战应用。把抽象而复杂的投资理论图解化、可视化、简单化。遵循"洋为中用、古为今用"的原则，将教材实行"本土化"，把中国证券市场与国际市场接轨。本教材不但做到了"理论与实践相结合"，而且还做到了"知识性、实用性与趣味性相结合"；本教材不但全面系统地讲述了与普通散户投资者密切相关的证券投资理论，而且还直接引用了许多中国证券市场中普通老百姓的"经典语言"；不但语言幽默，而且有很强的可操作性。

　　本教材的内容充实、结构完整、层次清楚；形式多种多样，方便了各种读者。不但可以作为高等院校在校学生的教科书，而且还可以作为全国1.5亿证券投资者的操作指导性用书。学习本书后，可以灵活实行规避风险操作、使证券投资者更加理性、投资更加安全。

　　本教材的主要特点：

　　（1）内容有创新性。本教材有很多新颖的内容、技术指标都增加了"设计原理"，理性更强也更好理解了。这些"原理"多数是第一次出现。

　　（2）有鲜明的时代性。内容紧密结合目前股市、期市的现状，反映了目前市场价格的运行规律，并且揭示了未来中国证券市场的价格发展变化趋势，有鲜明的"现代感受"。

　　（3）有独特的系统性。本书是以中国"散户投资者"为对象，运用了许多"大众语言"。许多操作方法也是"从群众中来，到群众中去"。并且全面介绍了中国证券市场的基本知识、基本理论和基本技能。

　　（4）有很强的可操作性。在技术分析理论和技术分析指标中，使用了大量图表，把复杂的理论和抽象的技术指标图视化、可视化、简单化。使读者"一看就一目了然"。无须再结合"案例"去进行操作。本书重点探索了在各种情况下选择买卖时机。

只要掌握了技术分析的技巧，在股市中拼搏最终会赢得多输得少。

本教材主要内容分为三大模块：

一是基础知识模块。主要有证券市场和证券投资工具等。

二是技术分析模块。主要是技术分析理论和技术分析指标及应用。主要有 K 线理论、形态理论、平均线理论等几个最重要、最常用的理论。技术指标主要有趋势型技术指标、振落型技术指标及图表型技术指标等二十多个常用技术指标。

三是实践操作模块。主要有长线操作策略、中长线操作策略、中线操作策略、中短线操作策略、短线操作策略、超短线操作策略等四十多个操作策略供投资者选用。

本教材由焦广才教授、焦晶晶任主编，由刘莹、薛桂芝、潘丽丽任副主编。在此，特别感谢黄河科技学院的各位同事，尤其是：孙常辉、刘晓慧、郭军峰、何海霞、夏林、欧阳艳蓉、魏瑞、李桂馨、李红欣、张志娟、杨丽君、郭超、武迎春、符蓉等。

由于编者的水平有限，教材内容有不足之处，敬请广大读者批评指正。

焦广才
2016 年 9 月 10 日

目 录

第 1 章　操作绪论 ………………………………………………………………… 1
 1.1　股票操作的含义 …………………………………………………………… 1
 1.2　投资与投机 ………………………………………………………………… 2
 1.3　股票投资过程 ……………………………………………………………… 3
 1.4　操作法规 …………………………………………………………………… 6

第 2 章　股票市场 ………………………………………………………………… 12
 2.1　股票发行市场 ……………………………………………………………… 12
 2.2　股票交易市场 ……………………………………………………………… 17

第 3 章　证券投资工具 …………………………………………………………… 21
 3.1　股票 ………………………………………………………………………… 21
 3.2　债券 ………………………………………………………………………… 23
 3.3　基金 ………………………………………………………………………… 24
 3.4　商品期货 …………………………………………………………………… 25
 3.5　金融衍生工具 ……………………………………………………………… 26

第 4 章　选股策略 ………………………………………………………………… 27
 4.1　选股的价值观 ……………………………………………………………… 27
 4.2　选股的投资理念 …………………………………………………………… 28
 4.3　选股的三大策略 …………………………………………………………… 28
 4.4　选股的三大法宝 …………………………………………………………… 29
 4.5　选股的三大作业流程 ……………………………………………………… 29
 4.6　选股的三大战术手段 ……………………………………………………… 30
 4.7　选股十大原则 ……………………………………………………………… 31

第 5 章　技术分析理论及应用 …………………………………………………… 33
 5.1　技术分析的概念 …………………………………………………………… 33
 5.2　道氏理论及其应用 ………………………………………………………… 35
 5.3　波浪理论及其应用 ………………………………………………………… 41

- 5.4 K线理论及应用 ······ 49
- 5.5 形态理论及应用 ······ 54
- 5.6 平均线理论及应用 ······ 68
- 5.7 量价关系理论 ······ 71

第6章 技术分析指标及应用 ······ 73
- 6.1 指数平滑异同移动平均线 ······ 73
- 6.2 布林线指标 ······ 75
- 6.3 抛物线转向指标 ······ 77
- 6.4 能量潮指标 ······ 79
- 6.5 成交量指标 ······ 81
- 6.6 随机指标 ······ 85
- 6.7 相对强弱指标 ······ 88
- 6.8 威廉指标 ······ 98
- 6.9 偏离率指标 ······ 100

第7章 长线操作策略 ······ 103
- 7.1 低买高卖,获利稳定 ······ 103
- 7.2 高点卖出,低点补回 ······ 107
- 7.3 逢低接手进好股,等待时机高派发 ······ 111
- 7.4 绩优含权高成长,买进之后不担忧 ······ 114
- 7.5 减少风险,分散投资 ······ 118

第8章 长中线操作策略 ······ 123
- 8.1 坚持"持久战",与庄家比耐心 ······ 123
- 8.2 熊市做庄,牛市发牌 ······ 126
- 8.3 逢低买入不追涨 ······ 129
- 8.4 平时炒题材,年终炒业绩 ······ 133
- 8.5 投资进,投机出 ······ 136

第9章 中线操作策略 ······ 142
- 9.1 大势牛皮,上市就卖 ······ 142
- 9.2 跟着庄家走,操作熟悉股 ······ 145
- 9.3 有消息时买进,消息证实后卖出 ······ 151
- 9.4 注视板块热点,捕捉白马好股 ······ 155
- 9.5 大盘走势难确定,轻仓则是最上策 ······ 159

第10章　中短线操作策略 ········· 166
- 10.1　资金少，找小盘 ········· 166
- 10.2　卖掉赔钱股，捂紧赚钱股 ········· 170
- 10.3　炒作新股，动作要快 ········· 174
- 10.4　操作便宜股，小心蹲冷宫 ········· 179
- 10.5　分批建仓，循环操作 ········· 183

第11章　短线操作策略 ········· 190
- 11.1　买的高，卖得更高 ········· 190
- 11.2　短线投机操作，谨防周五波动 ········· 196
- 11.3　认赔杀出，动作要快 ········· 200
- 11.4　股市暴跌，伺机买进 ········· 204
- 11.5　趋势背离，及时反应 ········· 207
- 11.6　多头向上，勇敢跟进 ········· 212
- 11.7　下跌破位，短线不碰 ········· 217
- 11.8　获利就走，不要太贪 ········· 221
- 11.9　热点零乱，谨慎择股 ········· 224

第12章　超短线操作策略 ········· 229
- 12.1　追涨强势股，逢高加码也赚钱 ········· 229
- 12.2　下定决心后，动作如脱兔 ········· 232
- 12.3　频繁操作，赚钱不多 ········· 236
- 12.4　跌停板后，回家睡觉 ········· 240
- 12.5　观察成交量，跟上"快庄家" ········· 243
- 12.6　跟上热点，骑上快马 ········· 247

第13章　其他操作策略 ········· 252
- 13.1　看准目标，减少盲动 ········· 252
- 13.2　欺诈在所难免，陷阱时常存在 ········· 255
- 13.3　不与大势为敌，不与政策作对 ········· 259
- 13.4　不陪主力闯关，不为他人抬轿 ········· 263
- 13.5　做逆向操作，有意外收获 ········· 266
- 13.6　看准目标，不要妄动 ········· 270
- 13.7　看准龙头板块，操作强势股票 ········· 274
- 13.8　雾里看花选个股，朦胧文章也能做 ········· 279
- 13.9　明修栈道，暗度陈仓 ········· 282

  13.10 涨重势，跌重值 ·· 287

第 14 章 解套止损操作策略 ··· 292
  14.1 用补仓法解套 ··· 292
  14.2 用换筹法解套 ··· 293
  14.3 用降档换位法解套 ··· 293
  14.4 用止蚀法解套 ··· 294
  14.5 摊平止损法 ·· 295
  14.6 加倍止损法 ·· 295
  14.7 搁置不理法 ·· 296

附录 技术分析图像 ··· 297
参考文献 ·· 306

第 1 章　操作绪论

《证券投资实训》又称《股票操作学》，是研究股市实践操作方法和操作技巧，寻找操作规律的一门综合性、应用性的学科。本教材中的实践操作方法都是广大投资者实际操作经验的结晶，是国内外前人操作技巧的总和。许多股市格言都是投资人在实际操作中创造出来的。股票操作实践、实战操作方法，从各章的标题中就能清楚地看出。操作方法一目了然。

"股市无专家，只有输家和赢家"。怎样才能使自己的操作少输几次，多赢几次？这就需要使自己的操作方法符合股市当时的客观情况和客观规律。

本章主要讲股票操作基本知识；股票操作过程和基本法规；操作原则；股票交易市场等内容。

1.1　股票操作的含义

投资的一般含义是投资主体为了获得未来的预期收益，预先垫付一定数量的货币或实物，以经营某项业务的经济行为。它可以分为广义投资和狭义投资。

广义投资包括直接投资和间接投资两大类。直接投资的含义是投资主体为了获得经济效益和社会效益而进行的实物资产的购建活动。例如，建工厂、购设备，从事生产经营活动；建学校从事教育活动等。间接投资的含义是专指证券投资，投资主体将资金投放到金融证券资产上，以获得收益的经济行为。例如，购买股票、期货、债券、基金等有价证券。

证券投资的含义是指社会自然人或者单位法人对有价证券的买卖行为，这种行为会使投资者在证券持有期内获得与其愿承担的风险相称的经济收益。证券是一种金融资产，它代表的是对资产拥有多项权利的法律凭证。它不是现实的货币资本，而是一种虚拟资本。所以，证券投资又可以定义为投资者对有价证券进行的买卖活动，并且承担一定风险和获得一定权益的经济行为。

证券投资的目的是通过投资赚取利润。这种利润有两大类：一是分红、扩股；二是买卖价差。证券投资工具有股票、债券、基金、期货、期权，以及金融衍生工具等。

资产分为实物资产与金融资产两大类。实物资产是有形资产，如土地、厂房、机器等。金融资产是合约资产。它表示对未来现金收入的合法所有权；它规定在某时间、地点以现金的方式偿付。

1.2 投资与投机

1.2.1 一般概念

证券投资与投机，就像股市中的庄家与散户一样是"一对孪生兄弟。"谁也离不开谁。有人说，投资是一门科学，投机是一门艺术。大家习惯性地认为投资与投机是两个不同的概念，但在西方经济学中二者几乎同义。

投资是指投资人对具有良好内在价值公司股票的长期持有，按期获得资本增值收益或者在企业成熟时卖出股票兑换现金的经济行为。投资的动机是减少风险，获取更高的预期收益，而不是取得短期的买卖差价。

投机是寻找和掌握市场中的投资机会，只赚取证券的买卖差价，不考虑企业的长期效益。在股票市场中，人们把短期交易的投资行为称之为"投机"。

投资与投机的关系：投机是投资的一种方式和手段；投资中包含了投机方式；投机和投资共同作用，才能形成市场的均衡价格。二者有密切联系，没有投机就没有投资；没有投机就没有证券市场。

1.2.2 投机与投资的区别

（1）行为动机不同。投机的动机只是为了获取证券的买卖差价。投资的动机是为了分红、扩股取得高收益。

（2）时间长短不同。投机是短期买卖证券，操作比较频繁。投资是长期持有证券，不轻易换手。

（3）风险大小不同。投机操作者的风险较大。投资者的风险较小（向企业长期投资，与企业有千丝万缕的联系，信息灵通）。

（4）价值取向不同。投机者不注重公司证券的内在价值，它只重视价格趋势的变化。即投机操作"重势不重值"。只要有差价受益，就买卖证券。投资者着重对证券的实际价值、业绩和创利能力的提高，注重内在价值的分析，以期望获得长期的资本增值效益，取得更高的经济收益。

1.2.3 投机的作用

证券投机在证券市场交易中既有消极影响，又有积极作用。积极与消极作用主要表现在以下几个方面。

1. 积极作用

（1）有助于平衡市场价格。投机者也是价格的发现者，当发现价格过低时，就买进证券，把价格拉升到"均衡"位置；当发现价格过高时，就卖出证券，把价格降低到"均衡"位置。

（2）提高了证券交易的流动性。由于投机者的短期随时买进或卖出，不但有利于投机者之间的快速成交，而且也有利于投资者的快速成交。买卖双方换手快，证券流通速度加快，提高了证券的流通性。

（3）活跃了市场。由于投机操作，使证券市场每时每刻都存在着交易行为。使证券市场的交易不可能中断。在市场低迷时，提高市场人气，显示市场活力，激发交易热情。

（4）有利于分担价格风险。投机操作者自愿承担价格变动风险。市场的投资者通过各种交易手段，将价格变动的一部分风险转移给投机者。而投机者自愿承担了价格转移风险（因投机者操作技能高超，并非每次操作都有风险）。

2. 消极作用

（1）过度投机会造成市场的混乱。由于利益驱动和市场的联动效应，人们在赚钱效应的激励下，为了巨额利润不顾一切地涌入市场，让已经很热的股市更加"炽热"（截止到 2007 年 7 月 26 日，全国股民已经达到 1.09 亿人）。

（2）过度投机会造成"推波助澜"，哄抬价格。投机者巧妙利用时机，哄抬证券流通价格，对已经升高的价格又起"推波助澜"作用（2007 年 5 月 29 日上证指数已达 4350 点，5 月 28 日国税局宣布从当日起印花税有 1‰提高到 3‰，出现了一个"黑色星期三"，大盘进行了长达两个月的调整）。

（3）过度投机会造成投资的盲目性。投机行为会造成投资的盲目性，是因为股市存在"羊群效应"。只要有"领头羊"出现，就会出现各种风潮。例如，当股市看涨时，社会公众会盲目涌入股市。使股票市场价格远远脱离实际价值，造成潜伏的价格危机，致使股市暴跌。当股市看跌时，众人又盲目抛售，造成股价惨跌，使投资者投资损失惨重。

1.3 股票投资过程

股票投资是一门需要认真研究的学科，要想取得理想收益，必须明确投资的过程。做好"选股"与"选时"及投资管理。

1.3.1 投资准备阶段

1. 投资心理准备

股市有风险，入市应谨慎。证券投资有收益性，也有风险性。并且，受益性都与时效性相关联。一般情况下，持股时间越长，风险性越大。股市中的收益又有不确定性，可能有预期收益，可能无收益，也可能发生亏损。介入股市之前，要有赔钱的心理准备。

2. 投资知识准备

学习投资理论知识，减少投资的盲动性。读书不在多，而在精。建议投资者读两本书,一本是《证券投资技术分析》;另一本是《股票操作学》。这两本书读懂了,内容基本明白了,再去入市。还要学习证券法规、制度和证券交易细则。明白证券交易有什么样的"游戏规则"。

3. 投资资金准备

个人投资者需要取款,向亲友借钱。机构投资者需要贷款、融资等。

1.3.2 投资了解阶段

1. 了解投资环境

了解投资的政策、法规环境;了解证券公司的信誉程度、服务态度、硬件设备;了解证券市场目前的运行周期(现在是不是入市的良机)等。

2. 了解各种投资工具

目前我国的证券市场投资工具主要有股票、债券、基金(把它看成工具)、期货(国际上有期权、金融衍生工具)等。了解各种投资工具的特点、收益、风险及投资费用的支出等。

3. 了解股票开户程序

到证券登记公司去开设股票账户;到证券公司开设资金账户(有的证券公司"两户"可同时办理)。把银行存款转移到某一证券公司的资金账户上。

1.3.3 投资分析阶段

1. 投资基本面分析

(1) 分析即将投资的上市公司的财务报表,主要看每股收益、利润增减,分红派息议案、流通盘大小、市盈率高低、公司的成长性等。分析上市公司的行业地位,行业地位有无垄断利润;发展前景如何;近期利润怎样等。

(2) 分析国家宏观经济运行状况和经济政策。目前会不会突然出现"利空政策"等。

(3) 分析目前介入股市的预期收益与风险大小。

2. 投资技术面分析

(1) 技术分析主要是看:平均线系统判断目前股市的运行周期,是高位点、低位点,还是"半山腰"。看成交量的递增与递减状况。看几个波段型趋势指标;MACD、BOLL、SAR、BIAS、MTM 等;看几个短期型波动指标:KDJ、RSI、WR 等。

(2) 还要确定自己是中长线投资,还是短线投资。最后再确定股票的买入时机(选择最佳的入市时机,称"选时")。

1.3.4 制定投资方案

1. 投资原则

分散投资,减少风险。股市名言"不要把鸡蛋放在同一个篮子里,这个篮子可能有漏洞",把鸡蛋放在不同的篮子里,分散投资风险是证券投资组合的基本原则。最终达到"回避风险,提高收益"的目的。

2. 投资方案

(1) 构建投资组合,优化资本配置。

投资组合是指个人投资者和机构投资者所拥有的各种资本的总称,如股票、债券、存款等。构建投资组合不能简单地理解为多买几只股票,它主要体现投资人的意愿和投资人受到的约束,如受到投资人对投资收益的权衡、投资风险的偏好、投资比例的分配等约束和限制。

构建投资组合的目的是从中选出最优证券组合,以达到不牺牲预期收益的前提下,降低风险。降低风险的方法主要是分散投资,优化资本配置。

有一位美国投资大师说,买 20 种股票,就能充分分散风险。证券投资应及时正确地把投资按比例分配到购买股票、债券、期货等方面。

(2) 制定操作预案。

根据证券市场的长期趋势"牛市""熊市"制定操作预案,再根据目前的证券行情走势的实际情况,对操作预案进行修正,使操作方案更加符合实际情况。

对同一种证券(如股票)进行操作时,也要根据不同的情况,采用不同的操作方法。如"低买高卖""买的高,卖得更高""高点卖出,低点补回""股市暴跌,伺机买进""多头向上,勇敢跟进""分批建仓,循环操作"等多种操作方法。

对不同上市公司的股票进行操作时,要达到分散风险的目的,首先是对多种股票进行精心挑选;其次是选择股票的买卖时机,及时正确的选择介入与清仓的时机。在股票交易的市场上,有很多时候,"选时"比"选股"更重要。

1.3.5 投资监控管理

投资人买入了各种证券之后,必须对各种证券适时进行监督控制和管理。在监管阶段,应注意以下四个方面。

1. 每日盯市,观察行情

目前多数证券公司,特别是期货公司,都采用了"逐日盯市制度"。每天都要观察证券行情的变化和证券收益的盈亏状况、资金使用状况等,以便及时采取操作措施。

2. 行情突然变化,改变投资目标

当行情突然发生变化时,如果影响了中长期目标的利润,必须对证券投资组合进行适时修正。调整最优投资组合,改变投资目标。适时改变中长期投资与短期投资的比例。灵活地把长期投资与短期投资结合起来,使投资目标随行情的变化而改变。

3. 控制投资资金的比例和仓位

严格控制资金与股票的比例,无论什么情况都要保持一定数量的"自由资金",以备急需。

按规定的方案控制股票的买入数量和价格范围。根据股市趋势变化情况,适时调整"持仓比例"。有时候可以"半仓操作";有时候可以"满仓操作",有时候必须"空仓"。

4. 及时评价投资绩效

评价投资绩效应从投资收益和风险两个方面测评。把风险与基准收益比较，把目前收益与目前亏损比较，把目前风险与长期风险相比较。力争做到"收益一定，风险最小"，或者"风险一定，收益最大"。

1.4 操作法规

目前我国的《证券法》、《基金法》和《公司法》是证券市场的主要法律。《公司法》中规定了"股份有限公司的设立和组织机构""上市公司组织机构的特别规定""股份发行与股份转让"等。《证券法》中规定了"证券发行""证券交易""证券上市""一般规定""法律责任"等。《基金法》规定了"基金的募集""基金份额的交易""基金份额的申购与赎回""监督管理""法律责任"等。

1.4.1 公司法有关规定

1. 公司法中规定股份公司设立的条件

（1）发起人符合法定人数。
（2）发起人认购和募集的股本达到法定资本最低限额。
（3）股份发行、筹办事项符合法律规定。
（4）发起人制定公司章程，采用募集方式设立的经创立大会通过。
（5）有公司名称，建立符合股份有限公司要求的组织机构。
（6）有公司住址。

2. 股份发行

（1）股份有限公司的资本划分为股份，每一股的金额相等。
（2）股份的发行，实行公平、公正原则，同种类的每一股份应当具有同等的权利。
（3）股票发行价格可以按票面金额，也可以超过票面金额，但是不可以低于票面金额。

3. 股份转让

（1）股东持有的股份可以依法转让。
（2）股东转让股份，应当在依法设立的证券交易所进行或者国务院规定的其他方式进行。

1.4.2 《证券法》的有关规定

1. 证券发行交易原则

（1）证券的发行、交易活动，必须实行公开、公平、公正的原则。
（2）证券发行、交易活动的当事人具有平等的法律地位，应当遵守自愿、有偿、诚实信用的原则。

（3）证券发行、交易活动，必须遵守法律、行政法规；禁止欺诈、内幕交易和操纵证券市场的行为。

（4）设立股份有限公司公开发行股票，应当符合《中华人民共和国公司法》规定的条件。

2. 公司公开发行新股的条件

（1）具备健全且运行良好的组织机构；

（2）具有持续盈利能力，财务状况良好；

（3）最近三年财务会计文件无虚假记载，无其他重大违法行为；

（4）中国证监会规定的其他条件。

3. 投资风险

股票依法发行后，发行人经营与收益的变化，由发行人自行负责；由此变化引致的投资风险，由投资者自行负责。

4. 证券交易一般规律

（1）买卖的证券，必须是依法发行的证券。

（2）买卖的证券，应是在证券交易所上市交易的证券。

（3）上市交易，应当采用公开的集中交易方式。

5. 暂停股票上市交易的条件

（1）公司股本总额、股权分布等发生变化，不再具有上市条件。

（2）公司不按照规定公开其财务状况，或者对财务会计报告虚假记载，可能误导投资者。

（3）公司有重大违法行为。

（4）公司最近连续三年亏损。

（5）证券交易所上市规定的其他情形。

6. 终止股票上市交易的条件

（1）公司股本总额、股份分布等发生变化不再具有上市条件，在证券交易所规定的期限内仍不能达到上市条件。

（2）公司不能按照规定公开其财务状况，或对财务会计报告作虚假记载，且拒绝纠正。

（3）公司最近三年连续亏损，在其后一个年度内未能恢复盈利。

（4）公司解散或者被宣告破产。

（5）证券交易所"上市规则"规定的其他情形。

7. 持续信息公开

发行人，上市公司依法披露的信息，必须真实、准确、完整、不得有虚假记载、误导性陈述或者重大遗漏（否则当投资者获得信息后，要么股价是"轻舟已过万重山"，要么是"飞流直下三千尺"）。

8. 赔偿责任

（1）上市公司的招股说明书、财务会计报告信息披露资料，有虚假记载、误导性陈述或者重大遗漏，致使投资者在证券交易中遭受损失的，发行人、上市公司应当承担赔偿责任。

（2）内幕交易行为给投资者造成损失的，行为人应当依法承担赔偿责任。

（3）操纵证券市场行为给投资者造成损失的，行为人应当依法承担赔偿责任。

（4）"证券公司"有欺诈客户行为给客户造成损失的，行为人应当依法承担赔偿责任。

9. 证券交易所

（1）证券交易所的性质。

证券交易所视为证券集中交易提供场所和设施，组织和监督证券交易，实行自律管理的法人。

证券交易所的设立和解散，由国务院决定。

目前我国有五大证券交易所：上海股票交易所，深圳股票交易所；郑州商品期货交易所；大连商品期货交易所和上海商品期货交易所。

（2）证券公司。

投资人应当与证券公司签订交易委托协议，并在证券公司开立交易账户，以书面、电话以及其他方式，委托该证券公司代其买卖证券。

证券公司进行证券和资金的清算交收，并为证券公司客户办理证券的登记过户手续。

10. 开立账户

投资者申请开立账户，必须持有证明中国公民身份或者中国法人资格的合法证件。

社会公众投资者持本人身份证去证券登记公司开立证券账户，而后再去证券公司开立该公司的资金账户，双方签约后方可交易。

机构投资者持营业执照开立证券账户和资金账户。

1.4.3 《基金法》有关规定

1. 基金当事人

基金有三个当事人：基金管理人、基金委托人和基金持有人。基金持有人，也称投资人，是持有基金份额依法可享受收益和承担风险的投资者（含法人和自然人）。基金管理人有依法设立的基金管理公司担任。应经中国证监会核准（是法人）。《基金法》中规定基金管理人有依法募集资金、进行证券投资、确定收益分配等12项责任。基金托管人有依法设立并取得基金托管资格的商业银行担任（是法人）。《基金法》中规定基金托管人有"安全保管基金财产""开设资金账户""办理清算、交割""监督管理人的投资运作"等11项职责。

2. 基金合同

《基金法》规定基金合同的内容有：基金名称和目的、基金总额、合同期限、价格、费用、权利、义务、申购、赎回、收益分配等17项内容。

3. 基金财产应用于下列投资

（1）上市交易的股票、债券。

（2）国务院证监会规定的其他证券品种。

4. 基金持有人的权利

基金份额持有人有下列权利：分享基金财产收益；参与分配清算后剩余基金财产；依法转让或者申请赎回其持有的基金份额等 8 项权利。

1.4.4 股市操作制度（几个常见制度）

1. 股票发行核准制度

我国《证券法》规定：公开发行股票，必须依照公司法规定的条件，报经国务院证券监管机构核准。

我国股票发行实行核准制。核准制与注册制、审批制有重大区别。

注册制强调发行人申请发行股票时，必须把公开的各种信息资料完全准确地向证券权力机构申报。证券监管机构对申报文件进行全面性、准确性、真实性和及时性作形势审查。注册制的基础是"强制性信息披露原则"，并遵循"买者自行小心"的理念。它是发达资本市场的通常做法。

审批制是有较强行政色彩的股票发行制度。政府对股票发行下达指标，并对各地区的上报企业家数作出限制，而后对即将发行股票的企业层层筛选和审批，最后做出行政推荐。证券监管机构只对企业发行股票的规模、价格、发行方式、发行时间进行审查。我国证券市场发展初期采取这种制度。

"核准制"是吸收了注册制"强制性信息公开披露的原则"和审批制严格的"法规必备条件"，二者的优点。证券监管机构不但对"申报文件作形势审查"，而且还要对发行人的营业性质、资本结构、企业前景、公司竞争能力以及管理人素质等进行审查。最后做出发行人是否符合发行条件的判断。核准制遵循的是"强制性信息公开披露与和规定性严格管理"相结合的原则。其理念是"买者自行小心"和"卖者自行小心"并重。新《证券法》规定我国股票发行实行核准制。

2. 强制性信息披露制度

（1）上市公司应当保证所披露的信息真实、准确、完整。

（2）对可能影响公司股票交易价格的重大事件，投资者尚未得知时，上市公司立即向国务院证券监督管理机构和证券交易所报告。

（3）信息披露资料，有虚假记载，误导性陈述或重大遗漏，致使投资者在证券交易中遭受损失的，发行人、上市公司应当承担赔偿责任。

（4）证券交易内幕信息的知情人，在内幕信息公开前，不得泄露该信息。

（5）证券公司承销证券，应对公开发行募集文件的真实性、准确性、完整性进行核查。发现有虚假记载、重大遗漏时，不得进行销售活动。已经销售的，必须立即停止销售活动，并采取纠正措施。

3. 股票交易涨跌停板制度

从1996年12月16日起沪深两大交易所，决定对在两交易所上市与交易的股票（含B股）和基金类证券的交易价格实行10%的涨跌停板制度。在此之前，当日股价涨跌停无限制。对ST股实行5%的涨跌停板制度。对首日上市的新股，当天不设涨跌停板限制。

4. 特别处理（ST）制度

从1998年4月22日起，沪深两市的交易所开始针对"财务状况异常"的上市公司实行"特别处理"（ST）制度。

1999年4月19日，因连续两年亏损，厦海发公司的股票首次实行"特别处理"，前面被打上了"ST"烙印，简称"ST厦海发"。

5. 股票交易实行"T+1"制度

我国从1995年1月1日起，实行"T+1"交易制度。"T+1"的含义是当天买入股票时，当天不能卖出，必须至少隔一天（第二天）才能卖出股票。在此之前，股票交易实行的是"T+0"交易制度，股票的买卖不受时间限制。在"T+0"制度下，一天，一只股票，一笔资金可以买卖数次。增加了"投机"操作的盈利机会。"T+1"制度减少了投机操作机会。交易的当天为T日。美国，日本实行了"T+3"制度，英国实行了"T+5"制度。

1.4.5 股票操作原则

1. "三公"原则

我国修改后的新《证券法》于2014年8月31日起施行。第三条明确规定："证券公司的发行、交易活动，必须实行公开、公平、公正的原则"。[①] 公开原则：要求证券市场的交易信息公开透明。特别是对证券交易价格有影响的重要信息。公平原则：证券市场不存在任何歧视，市场内的投资者有完全平等的权利和机会。公正原则：要求各级证券监管机构在公开、公平原则的基础上，对于一切被监管对象给予公正的待遇。

三原则中，"公开"是前提。没有"公开"就没有"公平"和"公正"。"公开"的核心是强制性信息披露。

2. "两优先"原则（竞价原则）

"两优先原则"，即时间优先和价格优先原则。时间优先原则：申报价格相同时，先申报者先成交，后申报者后成交。先后顺序由证券交易所的电脑主机接受的申报时间来确定。价格优先原则：申报时间相同时，当买进时，价格高的先成交（价格高的先于价格低的先成交）。当卖出时，价格低的优先成交。

3. 撮合成交原则

开盘后的撮合成交原则是指证券交易所的"电脑自动撮合系统"按照买卖申报指令，以"时间优先，价格优先"的原则进行排序。价格相同时，先申报者先成交；时

---

① 中华人民共和国证券法. 第一章第三条 [Z]. 2014-8-31.

间相同时，买进时价格高的先成交，也称为集合竞价成交原则。它要同时满足三个条件：一是成交量最大；二是买入时高于基准价，卖出时低于基准价格；三是买卖双方有一方的价格与基准价格相同。我国于1993年8月6日起，上海证券交易所首先对上市的A股实行集合竞价成交原则。

4. 连续竞价成交原则

连续竞价成交是指对申报的每一笔买卖委托，由电脑按照"最高买入价与最低卖出价相同时成交；买入价高于卖出价时成交"的原则产生成交价。

我国沪深交易所，上午开盘后采用集合竞价成交方式；下午开盘后采用连续竞价成交方式。

5. 交易规则

交易时间：每周一至周五，上午9：30－11：30；下午1：00－3：00，公休日休市。交易单位：股票买卖数量最低为一手（1手＝100股）或者一手的成倍数（二手、三手……）。

交易方式：公开、集中竞价交易方式。

对B股交易时，上海证券交易所用"美元"交易；深圳交易所用"港元"交易。境内居民个人可以使用境内"现汇存款"和"外币现钞存款"购买B股。2001年2月19日，从事B股交易不得使用"外币现钞"（不允许用外币现钞买卖B股的股票，是为了确保人民币的合法性，防止非法资金流入B股市场"洗黑钱"）。

第 2 章 股票市场

股票市场分为股票发行市场和股票交易市场。

2.1 股票发行市场

2.1.1 股票发行市场的含义

股票发行市场是指发行人向投资者出售股票筹集资金的场所，也是投资都要通过发行市场，都要借助于发行、销售股票来筹集资金，使资金从供给者手中转移寻找投资或投机机会的场所。新公司的成立、老公司的增资或举债，转入需求者手中，也就是把闲散资金转化为投资资金，从而创造新的实际资产和金融资产，增加社会总资本和生产能力，以促进社会经济的发展。

2.1.2 股票发行的目的

1. 为新设立的股份制公司筹集生产经营的资金

新设立的公司，为达到预定的资本规模，为公司开展经营活动提供必要的资金条件需通过发行股票来募集资金。股份有限公司的成立有两种形式：一种是发起设立，即由公司发起人认购全部股票。发起设立程序简单，发起人出资后公司设立即告完成，但这类公司规模较小。另一种是募集设立，这类公司的规模一般较大。即除发起人本身出资认购一部分股份外，还需向社会公开发行股票募集资金。根据《中华人民共和国公司法》的规定，以募集设立方式设立股份有限公司的发起人认购的股份一般不得少于股份总额的35%。

2. 为老股份制公司扩大再生产再次融资

现有股份有限公司为扩大经营规模或范围，提高公司的竞争能力而投资新的项目时，也需增加发行股票筹集资金，人们通常称之为增资发行。老股份制公司为了扩大再生产，也需增加发行股票筹集资金。特别是在银根紧缩、难以通过银行贷款解决流动资金需要时，发行股票增资是一种较好的方式。

2.1.3 股票发行市场的构成

股票发行市场由三个主体因素相互联结而组成。这三者就是股票发行人、股票承销商和股票投资者。发行人的股票发行规模和投资者的实际投资能力,决定着发行市场的股票容量和发达程度;同时,为了确保发行事务的顺利进行,使发行人和投资者都能顺畅地实现自己的目的,承购和包销股票的中介发行市场,代发行人发行股票,并向发行人收取手续费用。这样,发行市场就以承销商为中心,一方面联系发行人,另一方面联系投资者,积极开展股票发行活动。

2.1.4 股票发行方式

在各国不同的政治、经济、社会条件下,特别是金融体制和金融市场管理的差异使得股票发行方式也是多种多样的。

1. 公募发行与私募发行

这是根据发行的对象不同来划分的。公开发行又称公募发行,是指事先没有特定的发行对象,向社会广大投资者公开发行股票的方式。采用这种方式,可以扩大股东的范围,分散持股,防止囤积股票或被少数人操纵,有利于提高公司的社会性和知名度,为以后筹集更多的资金打下基础。也可增加股票的适销性和流通性。公开发行可以采用股份有限公司自己直接发售的方法,也可以支付一定的发行费用通过金融中介机构代理发行。

不公开发行又叫私募发行,是指发行人只对特定的发行对象发行股票的方式。通常在两种情况下采用:一是股东配股,又称股东分摊,即股份有限公司按股票面值向原有股东分配该公司的新股认购权,动员股东认购。这种新股发行价格往往低于市场价格,事实上成为对股东的一种优待,一般股东都乐于认购。如果有的股东不愿认购,他可以自动放弃新股认购权,也可以把这种认购权转让他人,从而形成了认购权的交易。二是私人配股,又称第三者分摊,即股份有限公司将新股票分售给股东以外的本公司职工、往来客户等与公司有特殊关系的第三者。采用这种方式往往出于两种考虑:一是为了按优惠价格将新股分摊给特定者,以示照顾;二是当新股票发行遇到困难时,向第三者分摊以求支持。无论是股东配股还是私人配股,由于发行对象是既定的,因此,不必通过公募方式,这不仅可以节省委托中介机构的手续费,降低发行成本,还可以调动股东和内部的积极性,巩固和发展公司的公共关系。但缺点是这种不公开发行的股票流动性差,不能公开在市场上转让出售,而且也会降低股份有限公司的社会性和知名度,还存在被杀价和被控股的危险。

2. 直接发行与间接发行

这是根据发行人发行股票的方式不同来划分的。

直接发行又叫直接招股是指股份有限公司自己承担股票发行的一切事务和发行风险,直接向认购者出售股票的方式。采用直接发行方式时,要求发行人熟悉招股手续,精通招股技术并具备一定的条件。如果当认购额达不到计划招股额时,新设立股份有限公司的发起人或现有股份有限公司的董事会必须自己来认购股票。因此,只适用于有既定发行对象或发行风险少、手续简单的股票。在一般情况下,不公开发行的股票或因公开发行有困难(如信誉低所致的市场竞争力差、承担不了大额的发行费用等)的股票;

或是实力雄厚，有把握实现巨额私募以节省发行费用的大股份有限公司股票，才采用直接发行的方式。

间接发行又称间接招股，是指发行人委托证券发行中介机构出售股票的方式。这些中介机构作为股票的推销者，办理一切发行事务，承担一定的发行风险并从中提取相应的收益。

股票的间接发行有三种方法：

一是代销，又称为代理招股，推销者只负责按照发行人的条件推销股票，代理招股业务，而不承担任何发行风险，在约定期限内能销多少算多少，期满仍销不出去的股票退还给发行人。由于全部发行风险和责任都由发行人承担，证券发行中介机构只是受委托代为推销，因此，代销手续费较低。

二是承销，又称余股承购，股票发行人与证券发行中介机构签订推销合同明确规定，在约定期限内，如果中介机构实际推销的结果未能达到合同规定的发行数额，其差额部分由中介机构自己承购下来。这种发行方法的特点是能够保证完成股票发行额度，一般较受发行人的欢迎，而中介机构因需承担一定的发行风险，故承销费高于代销的手续费。

三是包销，又称包买招股，当发行新股票时，证券发行中介机构先用自己的资金一次性地把将要公开发行的股票全部买下，然后再根据市场行情逐渐卖出，中介机构从中赚取买卖差价。若有滞销股票，中介机构减价出售或自己持有。由于发行人可以快速获得全部所筹资金，而推销者则要全部承担发行风险，因此，包销费更高于代销费和承销费。

股票间接发行时究竟采用哪一种方法，发行人和推销者考虑的角度是不同的，需要双方协商确定。一般说来，发行人主要考虑自己在市场上的信誉、用款时间、发行成本和对推销者的信任程度；推销者则主要考虑所承担的风险和所能获得的收益。

2.1.5 股票发行类型

1. 初次发行

初次发行是指新设立的股份有限公司，首次向社会公众投资者发行股票。

2. 增资发行

增资发行是指公司上市之后，为达到增加资本金的目的，再次发行股票。

按照投资者认购股票时是否交纳股金来划分，增资发行的方式可分为三种：一是有偿增资；二是无偿增资；三是搭配增资。

有偿增资是指认购者必须按股票的某种发行价格支付现款，方能获得股票的一种发行方式。一般公开发行的股票和私募中的股东配股、私人配股都采用有偿增资的方式，采用这种方式发行股票，可以直接从外界募集股本，增加股份有限公司的资本金。

无偿增资是指认购者不必向股份有限公司缴纳现金就可获得股票的发行方式，发行对象只限于原股东，采用这种方式发行的股票，不能直接募集股本，而是依靠减少股份有限公司的公积金或盈余结存来增加资本金，一般只在股票派息分红、股票分割和法定公积金或盈余转作资本配股时采用无偿增资的发行方式，按比例将新股票无偿交付给原股东，其目的主要是为了股东分红，以增强股东信心和公司信誉或为了调整资本结构。由于无偿增资发行要受资金来源的限制，因此，不能经常采用这种方式发行股票。

搭配增资是指股份有限公司向原股东分摊新股时，仅让股东支付发行价格的一部分就可获得一定数额股票的方式，例如，股东认购面额为 100 元的股票，只需支付 50 元就可以了，其余部分无偿发行，由公司的公积金冲抵。这种发行方式也是对原有股东的一种优惠，只能从他们那里再筹集部分股金，很快实现公司的增资计划。

2.1.6 股票发行程序

股票发行程序是指从股票发行人申请发行股票到股票挂牌交易的过程。股票发行程序一般通过法律的形式做出严格的规定，股票发行人必须按照规定的程序进行申请和核准。虽然股票与债券的发行程序不尽相同，但基本程序大致是一致的，一般有发行准备、发行申请、核准审批、组织承销四个阶段。

1. 股票发行准备

股票发行准备工作主要包括：（1）发行主体的资格和条件，如股票发行人首先必须是股份有限公司，同时要具备股票发行必需的各项条件。（2）发行承销商对发行人及市场有关情况和相关文件的真实性、准确性、完整性进行的核查、验证等专业调查。（3）承销商对拟发行股票并上市的股份有限公司人员进行规范化培训，对发行人进行发行上市辅导。（4）聘请中介机构对企业财务和资产进行审计和评估，审查或着手制作有关企业法律文件。

2. 股票发行申请

发行人在具备了发行条件后，制作申报文件。申报文件包括发行申请报告；发起人会议或股东大会发行股票决议；招股说明书；资产评估报告；审计报告；盈利预测审核函；发行人法律意见书及律师工作报告；辅导报告以及公司章程；发行方案；资金运用可行性报告以及发行承销方案和承销协议等法律文件。将上述文件报送证券主管机关审核批准。

3. 股票发行核准

不同的发行管理制度对股票发行核准或批准的条件要求不同。在注册制管理下，要求发行人提供并披露股票发行所有信息，披露的信息中不包含任何不真实的陈述和事项。如果发行人没有违反上述原则，证券主管机关准予注册，否则不予注册。在核准制管理下，证券主管机关接到企业股票发行申请后，组织审核委员会对申报材料是否符合有关法律和法规规定的发行条件进行审核，对符合条件的予以批准，并有权否决不符合规定条件的股票发行申请。

4. 股票发行承销

股票发行经主管机关批准后，由股票承销商组成承销团进行承销，并签订承销协议。股票承销方式主要有承购包销、余额包销与代销三种方式。国际上通常采用的是承购包销和余额包销。发行人在披露有关发行信息后，向社会公开进行招募，社会公众认购股票。发行承销期结束后，发行成功的可以选择在证券交易所挂牌交易。

2.1.7 股票发行价格

股票的发行价格是指股份有限公司发行新的股票时所确定和使用的股票发售价格。也是投资者认购新股时实际支付的价格。股票的发行价格是股票发行中最重要的内容，股票的发行价格确定的合适与否直接关系到股票销售的成败。价格由发行人与承销公司协商确定。

股票发行定价的确定方式：

1. 协商定价方式

协商定价方式是指由发行人与承销商双方协商确定发行价格，并上报证监会批准。

2. 询价定价方式

询价定价方式是指先由发行人与承销商双方协商确定一个底价，并且在互联网上向投资者询问价格，最后根据机构投资者的预约申购状况，确定最终的发行价格。我国《证券发行与承销管理办法》规定，首次公开发行股票以询价方式确定股票发行价格。

3. 累计投标询价方法

累计投标询价方法是指先由承销商公布一个发行价格区间，再由投资者在发行价格区间内进行认购，最后以认购数量最多者确定为该次的发行价格。

4. 上网竞价方式

上网竞价方式是指先由发行人公布一个底价，由投资者在网上申购，然后由高到低排队，当累计数量恰好等于发行总额时，这个申购价格就是该次的发行价格。

发行底价的确定方式，常用的有两种：一是市盈率法，发行价格＝每股收益×发行市盈率；二是净资产倍率法，发行价格＝每股净资产×溢价倍数。

2.1.8 股票发行价格的种类

1. 平价发行

平价发行又称面值发行或等值发行，指股票的发行价格与面额的价格相等。一般新公司成立时或向老股东配股时采用这种办法。

2. 溢价发行

股票以高于其票面金额的价格在发行市场上销售称为溢价发行，二者的差价称为溢价，溢价带来的收益计入资本公积金。股票首次发行时，根据当前股市的总水平、本公司的实际盈利能力、每股资产净值、公司股价水平、大众承受心理等情况考虑是否溢价发行。

3. 折价发行

折价发行是以低于面值的价格发行，即按面额打一定折扣后发行股票。这个折扣打多少，由发行公司与承销商双方协商。

4. 市价发行

市价发行又称时价发行，是指以同种或同类股票的流通价格为基准来确定股票发行价格，股票公开发行通常采用这种形式。

2.1.9 影响股票发行价格的主要因素

1. 公司净资产

公司净资产是指公司总资产减去总负债剩余部分，既是反映公司经营业绩的重要指标，也是股票发行定价的重要参考。

2. 公司利润

按照股票内在价值的理论，只有公司能够带来未来的现金流，股票才有真正的价值，那么公司的股价就取决于未来的利润。因此，公司利润高的股票内在价值就大，发行定价就高一些；公司利润低的股票内在价值就小，发行定价就低一些。

3. 公司总股本

公司总股本是指股票发行的总数量。不考虑资金需求量，只从发行数量上考虑，若本次股票发行数量较大，为了能够保证销售期内顺利地将股票全部出售，取得资金，价格应适当定低一点；若发行量小，价格可以定高一些。

4. 股票市场的运行趋势

二级市场的股价水平直接关系到一级市场的发行价格。若股市当前处于"熊市"，定价太高则无人问津，使得股票销售出现困难，因此发行价格要定得低一点；若股市当前处于"牛市"，发行价格定得太低会使公司受损，股票发行后易出现投机，因此发行价格要定高一些。同时发行价格的确定要给二级市场的运作留有适当的余地，以免股票上市后在二级市场上定位发生困难，影响公司的声誉。

2.2 股票交易市场

2.2.1 股票交易市场含义

股票交易市场是指为已经公开发行的股票提供流通转让机会的市场，或者是指买卖转让已上市流通股票的场所，又被称为股票流通市场。包括交易所市场和场外市场两部分。由于证券交易市场是建立在发行市场基础上的，所以，又被称为二级市场。证券交易市场通常分为证券交易所市场和场外交易市场。

2.2.2 股票交易原则

1. 公开原则

公开原则是股票上市时应遵循的基本原则，又称信息公开原则，其核心要求是市信息的公开化。证券交易参与各方应依法及时、真实、准确、完整地发布自己的有关信息。例如，上市公司公开公司的财务报表、经营状况及其他相关的资料与信息，使投资者能够获得足够的信息进行分析和选择，以维护投资者的利益。

2. 公正原则

公正原则要求参与证券交易活动的每一个人、每一个机构或部门，须公正、客观地处理证券交易事务，不得有隐瞒、欺诈或弄虚作假等行为。

3. 公平原则

公平原则指参与证券交易的各方，包括各证券商、经纪人和投资者，在买卖交易活动中的条件和机会应该是均等的，拥有平等的法律地位。

4. 时间优先原则

申报价格相同，先申报者优先成交。

5. 价格优先原则

申报时间相同，买进时，价格高的优先成交；卖出时，价格低的优先成交。

2.2.3 股票交易市场的类型

股票交易市场由两个部分组成：一是场内交易市场；二是场外交易市场。此外，还有第二市场、第三市场、第四市场，但是场内市场实际上它们仍属于场外交易市场。

1. 场内市场

场内市场又称证券交易所市场，是有组织、有固定地点，并能够使证券集中、公开、规范交易的场所。场内市场是证券市场的主体和核心。

2. 场外交易市场

场外交易市场简称 OTC（Over the Counter）市场，又称柜台交易或店头交易市场，是指除证券交易所以外由证券买卖双方直接进行交易的场所。在早期银行业与证券业尚未分离前，由于证券交易所尚未建立和完善，许多有价证券的买卖都是通过银行进行的，投资者买卖证券直接在银行柜台上进行。实行分业制后，证券交易转由证券公司承担，因此有人称为柜台市场或店头市场。随着通信技术的发展，目前许多场外交易并不直接在证券公司柜台前进行，而是由投资者与证券公司通过电话进行业务接洽，故又称为电话市场。

场外交易市场是一个分散的、无固定交易场所的无形市场，它由许多各自独立经营的证券公司分别进行交易，而且主要依靠电话和计算机网络等现代通信工具进行交易，投资者可直接参与证券交易过程。场外交易市场区别于证券交易所的最大特征在于它不采用经纪制方式，而是采用自营制方式进行交易，且以未能在证券交易所批准上市的股票，定期还本付息的债券和开放型基金为主。

3. 第三市场

第三市场也是场外市场的一种形式，是一个专门为投资者进行大宗股票交易而形成的市场。第三市场的市场参与者主要是机构投资者。

由于机构投资者需要买卖大量的股票，直接在证券交易所进行交易不仅会引起市场价格的波动，提高股票交易的成本，而且还无法避免一笔不菲的交易佣金。因此，机构投资者需要寻求一个出价好，即买入价格更低或是卖出价格更高，而且交易佣金比较合理的代理商来执行自己的交易。这种在市场上大量买卖所上市股票的投资行为促使形成了一个特殊的大宗交易批发市场，即第三市场。

2.2.4 股票上市的优点

无论是正准备上市的过程还是成为上市公司，股票上市都具有很多优点。其中最重要的包括获取资金、赢得声望、价值重估和流向所有者的财富转移。

1. 能获取大量资金

股票上市最明显的优点就在于获取资金。非上市公司通常资金有限，而上市公司能够通过公开发售股票（股权）等有价证券获得大量的资金。上市公司能募集到可用于多种经营所需要的资金，包括增长和扩张、清偿债务、市场营销、研究和发展以及公司并购。不仅如此，公司一旦上市，还可以通过发行债券、股权再融资或定向增发，再次从公开市场募集到更多资金。

2. 有利于树立公司形象

上市可以帮助公司获得声望和国际信任度。伴随公司上市的宣传效应对于其产品和服务的营销非常有效。而且，受到更多的关注常常会促进新的商业或战略联盟的形成，吸引潜在的合伙人和合并对象。从私人公司向上市公司的转变还会增进公司的国际形象，并为顾客和供货商提供与公司长期合作的信心。

3. 股票价值被重估

上市公司的估值往往比未上公司的估值高。股票上市会立刻给股东带来资金流动性，从而提高了公司的价值。对于上市公司，财务透明和提高公司治理水平有助于提高其估值。例如，当中国工商银行尚未上市时，高盛集团（Goldman Sachs）买下它的一部分股权的成本是中国工商银行账面价值的 1.22 倍。当中国工商银行上市后，其股票市值达到了账面价值的 2.23 倍，公司的估值几乎翻了一番。

4. 流动性增强

未上市公司的所有权通常不具备流动性而且很难出售，对小股东而言更是如此。而股票上市为公司的股票创造了一个流动性远好于未上市公司股权的公开市场。投资者、机构、建立者和所有者的股权都获得了流动性，股权的买卖变得更加方便了。

尽管流动性可以提升公司的价值，但是这取决于诸多因素，包括注册权、锁定限制和持有期等。例如，典型的经营者和建立者会面对各种限制，不允许他们在公司上市后的若干个月内将股权兑现。流动性还为公司将增发股份卖给投资者进行再融资提供了更大的机会。

5. 有利于吸引人才

上市公司可以使用股票和股票期权来吸引并留住有才干的员工。股票所有权提高员工的忠诚度并阻止员工离开公司而成为竞争者。如阿里巴巴、巨人网络等中国企业，员工因持股而成为百万富翁、千万富翁，甚至成为亿万富翁。

6. 强化公司治理

上市公司需要重新审查其管理结构和内部控制，内部规范和程序的建立，以及对公司治理标准的坚持最终会使公司管理更好、更加成功。执行内部控制并坚持严格的公司治理标准的公司将获得更高的估值。

7. 有利于合并及收购

上市公司的股票市场和估值一旦建立，就具备了通过交易股票来收购其他公司的优势。通过股票收购相对于其他的途径更为方便和便宜。由于具备了在公开市场进行再融资的能力，上市公司为现金收购提供资金支持的能力也更强。上市也使其他公司更容易注意到本公司，并对与本公司的潜在的整合和战略关系进行评估。

8. 公司的机制灵活

公司股票所处的公开市场也为最初的投资者和所有者提供了流动性和退出战略。证券上市也使人们在心理上更容易认同公司在财务上的成功，这无疑是个额外的好处。上市可以增加公司的股票持有者的个人资产。即使上市公司的持股人不立刻兑现，能够公开交易的股票也可以用作贷款抵押。

第3章 证券投资工具

3.1 股 票

3.1.1 股票的含义

股票是由股份有限公司签发的,用以证明股东持有股份的法律凭证。股票是一种有价证券,也是一种权益凭证。股票代表了投资者的身份和权益,投资者根据持股情况获得股息和红利。

3.1.2 股票的种类

随着市场经济体制的健全和股份制度的完善,为适应投资者的不断需求,股票的种类逐渐增多。股票的形式和内容也不相同。按照不同的标准,可以划分为不同种类的股票。

1. 普通股票与优先股票

按照股东的权利划分,股票可以分为普通股票和优先股票。

(1) 普通股票。普通股票是股东享有分红、派息等平等权利和普通权利的股票,即普通股票是股份有限公司设立时发行的、代表公司资本的、享有基本权利的股票。普通股票是最基本、最常见、最重要的公司股票。

(2) 优先股票。优先股票是指公司在设立时,为了筹集资金,给投资者某些优先权利的股票。优先股票是在普通股票的基础上发展起来的,也代表持股人对公司财产的所有权。优先股票也是一种股权证书,与普通股票一样都属于股东权益的股票。

2. 记名股票与无记名股票

按股票的票面上是否记载股东姓名,可以划分为记名股票和无记名股票。

(1) 记名股票。记名股票是在股票的票面上和股份有限公司股东名册上同时记载股东姓名的股票。记名股票的股东姓名及其住址等事项要记载于股票的票面上和公司股东名册上,否则转让无效。只在股票的票面上记载股东姓名,而未在公司股东名册上登记姓名,转让时也无效。

(2) 无记名股票。无记名股票是指在股票的票面上不记载股东姓名的股票。

3. 有面额股票与无面额股票

按是否在股票票面上标明金额分类,可以将股票划分为有面额股票和无面额股票。

（1）有面额股票。有面额股票是指在股票票面上记载有每股金额的股票。

（2）无面额股票。无面额股票是指在股票票面上不记载每股金额的股票。票面上只注明股数或占股本总额的比例。无面额股票又称为比例股票、份额股票。

4. 成长股与蓝筹股

（1）成长股。成长股是指目前正处于高速发展阶段的上市公司发行的收益较高、风险较小的股票。

（2）蓝筹股。在股票市场上，投资者把那些在其所属行业内占有重要支配性地位、业绩优良、成交活跃、红利优厚的大公司发行的股票称为蓝筹股。

5. 法人股与外资股

（1）法人股。法人股是指企业法人或具有法人资格的事业单位和社会团体用依法可支配的自有资产向股份有限公司投资形成的股份。

（2）外资股。外资股是指股份有限公司向外国和中国香港、中国澳门等地区发行的股票。外资股是我国股份有限公司吸收外资的一种方式。外资股按上市地域划分，可以分为境内上市外资股和境外上市外资股。

6. 绩优股与含权股

（1）绩优股。绩优股是指实力雄厚、业绩优良、盈利稳定、股息优厚的股份有限公司上市流通的普通股票。

（2）含权股。含权股是指上市公司有分红派息方案，但尚未分红派息或者尚未配股、送股的上市流通的普通股票。

3.1.3 股票价格指数

1. 股票价格指数的含义

股票价格指数是反映股票市场总体价格水平变化的相对数，或者它是反映股票市场价格总体运行趋势的指标，也简称股价指数。股价指数是把股票市场中各个时期、所有股票价格的股价平均数与基准时期的基期股价相比较，而得出的股价相对变化数。

股价平均数有两种表示方法：一种是算术平均数，也叫绝对平均数表示方法；另一种是加权平均数，也叫相对数表示方法。

基期股价是指在编制股价指数的初期，把某一时间的股价平均数作为基准股价，叫作基期股价。通常是基期股价设定为某一常数。

在股票交易市场上，有成千上万种股票在不断地进行买进与卖出，而且股票的买卖价格各不相同。股票价格此起彼落，变幻不定，随机波动。在瞬息万变的股票交易市场中，用一种股票交易价格的变化是无法说明股市整体价格的变化情况，因此，需要一个总的尺度标准来衡量股市价格的涨跌状况，于是股价指数的概念就产生了。

2. 股票价格指数的一般规律

股价指数在当今世界现实投资活动中被广泛使用，它不但可能为证券投资者和政府决策者提供决策依据,而且也是证券投资分析的工具。股价指数是一个衡量股市总体趋势的相对平均数,用来衡量股市各个时期总体价格水平上升或下降的情况。

一般规律是:股价指数上升,绝大多数股票价格上升;股价指数下跌,绝大多数股票价格下跌。股价指数的特点是:股价指数有代表性;股价指数有敏感性;股价指数有综合性。

3. 股票价格指数的作用

一是股价指数为投资者提供投资决策依据。投资者可以利用股价指数的发展变化趋势进行决策。二是股价指数是国民经济的晴雨表。股价指数为国家宏观经济决策提供依据。股价指数的变化是上市企业股票价格变化的结果,而股票价格的变化是由国民经济各种因素决定的。三是股价指数是证券投资者投资分析的重要工具。在股票市场、期货市场、外汇及黄金市场上由于价格的变化有趋同性,可以利用股价指数的变化进行投资分析,以确定正确的投资策略。

3.2 债 券

3.2.1 债券的含义

债券是指发行人依照法定程序发行,并约定在一定期限内按照规定的利息,到期后还本付息的债权债务凭证。

3.2.2 债券的分类

1. 政府债券

政府债券,即一般所称的公债,它是政府为筹集资金向投资者出具并承诺在一定时期支付利息和到期还本的债务凭证。

2. 金融债券

所谓金融债券是指银行及非银行金融机构依照法定程序发行并约定在一定期限内还本付息的有价证券。

3. 公司债券

公司债券又称企业债券,是指公司依照法定程序发行、约定在一定期限内还本付息的有价证券。

4. 短期债券、中期债券、长期债券

一般来说,短期债券的偿还期为 1 年以下;中期债券的偿还期为 1~10 年;长期债券的偿还期为 10 年以上。

5. 公募债券和私募债券

公募债券是指按法定手续,经证券主管机构批准在市场上公开发行的债券。这种债券的认购者可以是社会上的任何人。私募债券是指在指定范围内，向特定的对象发行的债券。

3.3 基　　金

3.3.1 基金的含义

证券投资基金是一种利益共享、风险共担的集合证券投资方式与投资工具。即通过发行基金单位，集中投资者的基金，由基金托管人托管，由基金管理人管理和运用资金，从事股票、债券等金融工具投资，并将投资收益按基金投资者的投资比例进行分配的一种间接投资方式。

3.3.2 基金的种类

1. 契约型基金与公司型基金

（1）契约型基金又称为单位信托基金，是指把投资者、管理人、托管人三者作为基金的当事人，通过签订基金合同的形式，发行受益凭证而设立的一种基金。契约型基金是基于契约原理而组织起来的代理投资行为，没有基金章程，也没有董事会，而是通过基金契约来规范三方当事人的行为。基金管理人负责基金的管理操作。基金托管人作为基金资产的名义持有人，负责基金资产的保管和处置，对基金管理人的运作实行监督。

（2）公司型基金是指按照基金公司章程设立的、在法律上具有独立法人地位的股份投资公司。该基金公司以发行股份的方式募集资金。一般投资者则为认购基金而购买该公司的股份，也就成为该公司的股东，凭其持有的股份依法享有投资收益。这种基金要设立董事会，重大事项由董事会讨论决定。

2. 封闭式基金与开放式基金

（1）封闭式基金是指基金的发起人在设立基金时，限定了基金单位的发行总额，筹集到这个总额后，基金即宣告成立，并进行封闭，在一定时期内不再接受新的投资的一种基金运作方式。又称为固定型投资基金。

（2）开放式基金是指基金管理公司在设立基金时，发行基金单位的总份额不固定，可视投资者的需求追加发行的一种基金运作方式。投资者也可根据市场状况和各自的投资决策，或者要求发行机构按现期净资产值扣除手续费后赎回股份或受益凭证，或者再买入股份或受益凭证，增持基金单位份额。

3. 债券型与股票型基金

（1）债券型基金是一种以债券为主要投资对象的证券投资基金。由于债券的年利率固定，因而这类基金的风险较低，适合于稳健型投资者。通常债券型基金收益会受货币市场利率的影响,当市场利率下调时,其收益就会上升;反之,若市场利率上调,则基金收益率下降。

(2) 股票型基金是指以股票为主要投资对象的证券投资基金。股票型基金的投资目标侧重于追求资本利得和长期资本增值。基金管理人拟定投资组合,将资金投放到一个或几个国家,甚至是全球的股票市场,以达到分散投资、降低风险的目的。

4. 国内基金与国际基金

(1) 国内基金是基金资本来源于国内并投资于国内金融市场的投资基金。一般来说,国内基金在一国基金市场上应占主导地位。

(2) 国际基金是基金资本来源于国内但投资于境外金融市场的投资基金。由于各国经济和金融市场发展的不平衡性,因而在不同国家会有不同的投资回报,通过国际基金的跨国投资,可以为本国资本带来更多的投资机会以及在更大范围内分散投资风险,但国际基金的投资成本和费用一般也较高。国际基金有国际股票基金、国际债券基金和全球商品基金等种类。

3.4 商品期货

3.4.1 商品期货的含义

商品期货是指在期货交易所内买卖的标准化期货合同。期货是相对于现货而言的,是指买卖双方在交易所达成交易后,在将来的某个日期交割一定数量特定商品合约的交易方式。期货包括时间和货物两种含义,即以现在的市场价格,在将来的约定时间提货物,所提的货物可以是现货商品,也可以是期货合约。

期货市场是买卖期货合约的场所。也是为企业提供"规避风险"的场所。它只需要交少量的保证金,就可以进行"以小博大"的交易。

3.4.2 期货的类型

1. 农产品期货

农副产品主要包括:谷物类,如玉米、小麦、燕麦、大麦、黑麦、油菜籽、向日葵籽等;豆类,如大豆、大豆油、大豆粉、红小豆、绿豆等;热带作物类,如咖啡、可可、天然橡胶等;畜产品类,如活猪、活牛、鸡及其制成品等;纤维产品,如棉花、干茧、生丝、人造纤维等;其他类产品,如木材、胶合板、糖、橙汁等。

2. 金属产品期货

金属产品也称硬商品,主要包括铜、铝、铅、锌、镍、黄金、白银、铂等。

3. 能源产品期货

能源产品主要包括:原油、取暖油、无铅与含铅汽油、丙烷等。

3.5 金融衍生工具

3.5.1 金融衍生工具的含义

金融衍生工具又称金融衍生产品，是指未来的投资回报依赖于某一种金融利率、股票指数等为"标的资产"的投资工具。巴塞尔国际银行的定义：金融衍生工具是"任何价值取决于相关比率或基础资产的价值或某一指数的金融合约。"它是与基础金融产品相对应的一个概念，是指建立在基础产品或基础变量之上，其价格随基础金融产品的价格（或数值）变动的派生金融产品。这里所说的基础产品是一个相对的概念，不仅包括现货金融产品（如债券、股票、银行定期存款单等），也包括金融衍生工具。作为金融衍生工具基础的变量则包括利率、汇率、各类价格指数，甚至包括天气（温度）指数。

3.5.2 金融衍生工具的分类

1. 股权式衍生工具

股权式衍生工具是指以股票或股票指数为基础工具的金融衍生工具。主要包括股票期货、股票期权、股票指数期货、股票指数期权以及它们合约的混合交易合约。

2. 货币衍生工具

货币衍生工具是指以各种货币作为投资工具的金融衍生工具，主要包括远期外汇合约、货币期货、货币期权、货币互换以及上述合约的混合交易合约。

3. 利率衍生工具

利率衍生工具是指以利率或利率的载体为基础工具的金融衍生工具，主要包括远期利率协议、利率期货、利率期权、利率互换以及上述合约的混合交易合约。

第 4 章　选股策略

要想成为股市的赢家，必须有一套过硬的"看家本领"。如何在股市中博弈，成为赢家，而不是输家，一是要看清证券市场的大趋势；二是要抓住好股票，选择好个股。尤其是选择好股票更加重要。因为无论是"牛市"行情还是"熊市"行情，只要抓住了上涨的股票，就能赚钱。

在股票市场里，经常听人讲：大趋势很好，自己手中拿的股票就是不涨，赚了指数，不赚钱。这就是最典型的不会选股。许多人买股票，常常是听别人说好就买，或者在报刊上、在广播电视里听别人推荐某只股票可能是"大黑马"，就轻易听信买入，缺少一套科学的选股方法。选股是一门学问，也是一种绝技。选股为投资者提供了一个制胜的法宝。

在股市中操作，有两个最基本、最重要的问题：选股和选时。投资者制胜的关键是选股，但是，选好股票之后的介入时机也相当重要。介入时机决定了建仓的成本。选股要选强势股、强庄股、潜力股；选时则比较困难，它需要一定的技术分析的理论和投资机运。

4.1　选股的价值观

选股者常常有两种价值观：一是重视股票的价值，而称重值；二是重视股票的价格走势的基面股市，简称重势。重值就是重视上市公司的企业价值。它包含企业股票的内在价值、市场价值、社会价值等。企业股票的价值可以从上市公司财务报表中进行概略估值。主要是从每股收益、每股净资产、净资产收益率、企业利润增长速度等方面进行估值。重势则有两层含义：一是投资人要重视大盘的走势和趋势。大盘走势是指股市的长期趋势是"牛市"还是"熊市"，它是股票市场的基本趋势。二是个股的阶段性走势。它突出了个股特性。当大盘指数上涨时，多数个股价格会上涨，但也有个别股票价格不上涨或者下跌。反之，当大盘指数下跌时，也有个别股票价格上涨者。投资人不但要重视大盘的走势，更要重视手中个股的价格走势。否则，就会赚了指数，赔了钱。

"涨重势，跌重值"有一定道理，也有其局限性。大盘指数上升，个股价格不涨，是常有的事。有些个股价格下跌后，内在价值凸显了，但是，有些股票价格下跌后，内在价值并没有凸显。所以，选股的价值观主要取决于上市公司的企业价值。社会价值是指在联动效应的影响下，会产生板块轮动的现象。一个板块上涨之后会引起另一个板块跟随上涨。产生这种板块轮动的原因是社会需求和资金流动的影响。这种板块轮动的变化，就会产生社会价值取向的变化。对投资人来说，他就会放弃某一个板块中的股票，而转向另一个板块，购买另一个上涨板块中的股票。

4.2 选股的投资理念

每位投资人都有自己的投资理念，投资理念的正确与否，要由投资的社会实践来验证。有人的投资理念是建立在价值投资之上；有人的投资理念是建立在价值投机之上。

是价值投资还是价值投机，关键是看投资人的选股理念，看你的选股是立足于中长期投资还是立足于短期投资。中长期投资的持股时间较长，他不理会短期股价的波动；其目的是企业分红。短期投资持股时间短，他是利用短期内股价的上下波动来买卖股票的；其目的是赚取差价利润。

投资理念不同，选股的策略也不同。价值投资的长线操作应选择品质好、利润高、有发展潜力的股票。价值投机操作时，选择短期内股价上下波动差别不大的股票，包括ST股。

应当注意：当你进行中长线的投资时，首先要了解这只股票有没有长期投资的价值；它未来的价值是否会出现价值的反方向转换。一个连奖金也发不出来的上市公司，就没有长期投资的价值。

短期的价值投机，也不是赌运气。短期投机选股，首先要求投资人要有良好的心理素质；其次要求投资人要有熟练的操作技能。一旦价值投机失败，老本赔尽，你的心理压力能承受吗？你的会升高吗？你会跳楼吗？

解决既怕长线投资失败，又怕赚不到短期利润的最好方法是：用投资的理念选股，用投机的理念选时。即是，选股立足于中长期观念，操作立足于短期观念。这样做才能把股市变成最理想的理财场所，才能做到长线是金，短线是银。它体现了股市操作的灵活性。

4.3 选股的三大策略

随着国际经济一体化的进展加快，选股不但要有短期眼光，而且要有长期打算。选股要懂得三大策略：国际化、产业化、利润化。国际化是说选股要有国际化大投机行情。中国股市国际化会经历三个阶段：第一阶段是让社会闲散的主流资金大量进入股市；第二阶段是大量的绩优股回到A股市场，即把真正经营业绩优良的股份制公司上市融资、流通买卖；第三阶段是让真正的有高科技含量的高科技股在股市中起领头羊的作用。

社会主流资金主要包括：人民群众的储蓄存款、社会各类保险资金和各类机构投资者的资金。国家的退休金、养老金也能以"钱滚钱"的方式入市。上述三个阶段完成之后，中国的资本市场才能稳健地发展下去，才能与世界经济接轨。

产业化是指选股要了解企业的行业性地位，了解产业未来的利润变化。若公司的行业正如在垄断地位或国家政策扶植时期，企业就会有巨大利润；若公司正是朝阳行业，企业也会有巨额利润，这样的企业的股票为首选股票。

利润化是指上市公司生产经营的大环境和前瞻性。它包括硬环境和软环境。硬环境是生产经营的基础设施、交通电讯、生产原料及产品的数量、质量、市场的占有率等。硬环境直接影响企业利润。软环境是国家经济政策对企业的扶植或调控；公司的生产决策、经营管理、新技术研究、新产品开发等。软环境影响企业的潜在利润。软环境才真正几乎有前瞻性。因此，选股要有产业的前瞻性眼光，要有前瞻性思维。绝不能局限在目前公司的财务报表上的数据。

4.4 选股的三大法宝

在金融资本市场进行投资操作，必须掌握选股的三大法宝：股本结构、市场重心、筹码分布。

股本结构是指总股本、流通股数、限制流通股数及法人股等。因为，有同股同权、同股同利的规定，所以，总股本的大小直接影响每股收益的摊薄，直接影响每股净资产值的多少；从而影响股票的市场价格。

市场重心是指公司在产业发展过程中或产业之间的转换过程中，根据内在结构的变化和产业结构的调整使市场的产品占有量、市场份额发生了变化。市场重心的变化，直接影响产品的销售利润，影响股票市场价格的变化。

筹码分布是指市场资金与股票筹码的供求关系状况。当市场资金流向某一只股票时，说明需求这只股票的投资人增多，股票价格就会上升。当这只股票的筹码开始向庄家（机构投资者）手中流动时，市场价格就会上升；一旦庄家把手中的股票筹码向社会公众投资者逐步派发完毕之后，这只股票的价格就会一落千丈。了解资金与筹码的分布，就熟知了某只股票的供求关系，就知道了自己如何选择股票；如何构建这只股票的建仓价位；如何管理好自己的资产；如何将操作的绩效大幅度提升。

4.5 选股的三大作业流程

选股时要把点、线、面融为一体进行思维，并且和行动一以贯之，达到圆满无碍的境界，以求创造非凡的炒股业绩。

股市的点、线、面是选股的三大作业流程。只要在选股时掌握了点、线、面，就能透过事物的现象看清事物的本质。任何现象的背后必有条理性，必有脉络型；混沌现象的背后，也有内在价值的规律性。

点是指股票的买点、卖点、最低点、最高点、利润点、停损点、停利点等。重视点的投资人追求的是股价分析的准确性。

线是指股市中的长期趋势线、中期和短期趋势线；股价上升时的压力线；股价下跌时的支撑线；上升或下降时的动态趋势线、成交密集区的抵抗趋势线；还包含着短期、中期、长期平均线（即平均线系统）。重视"线"的人，可以很好地把握股价的方向性。

面是指整个证券市场的经济基本面、政治基本面、行业基本面、公司基本面、产业面、市场面和技术面等。重视"面"的人，其思维方式已由浅入深；思维由感性认识上升到理性认识。投资也由盲目性转向了理性投资。

4.6 选股的三大战术手段

时间、空间、弹性是选股的三大战术手段。

时间是指选择时要考虑的几个重要时间点。筛选股票时间、择股入仓时间、持股待涨时间、寻机出货时间、另寻新股时间等。在股市中，时间就是金钱。有两个重要时间必须把握好：择股买入时间和寻机出货时间。买入时间决定了股票的建仓成本；卖出时间决定了自己的利润。

空间是指投资人在买入这只股票之前，应该而必须考虑的上升幅度和发展空间。上升空间分为：短期上升空间、中期上升空间和长期上升空间。如果你的操作策略是短期投资，就必须十分重视短期上升空间。另外，还要考虑在短、中、长期空间时间点上股价上升压力的大小。如果中期上升的价格压力大，只能进行短线操作。有人会问：要不要重视下跌空间呢？这是股票出手时应考虑的问题，而非选股时考虑的问题。

弹性，一是指选股的灵活性，指选股时多选几只股票，以做到优中选优；二是指买进某只股票之后持股时间的长短。想短线持股，股价一路攀升怎么办？想长线持股，股价突然暴跌，怎么办？所以弹性是指在具体操作时的灵活性，也是战术手段的积极主动性。打胜仗的战术手段是：积极主动，灵活机动。有不少人的股价常常会跌回到了原位，这是一位战术手段十分呆板而机械的投资人。有人会问什么时候出货呢？当多头市场不断透支未来，已经造成价格的"泡沫化"或者股价已是"危楼高百尺"了，应当卖出股票。当80%以上的人都跟上股市节拍时，就不能再做"手可摘星辰"的美梦了。战争中的弹性是指"敌变我变，变在敌前面"，因敌变化而取胜，是一门艺术。战争是一门艺术，股市操作也是一门艺术。股市操作是"半虚半实"，不懂得奇正虚实的人，就不懂得股市操作艺术。这就是虚拟经济与神机兵法的关系。虚拟经济就是以虚来创造财富的。虚拟经济不但变数多，而且变化快、风险大。这种巨额利润是在资金不断转移、股票不断流动的过程中形成的。神机兵法是一套非常实效的并发，它神奇在变化莫测的战争中，抓住有利战机。股市实战操作也要抓住买进时机和卖出时机。

4.7 选股十大原则

1. 选有垄断利润的股票

行业独特，市场竞争力小，产品独占市场，企业有巨大的垄断利润。

2. 选择龙头股票

上市公司在整个行业中处在龙头地位。投资价值远远大于其他行业。

龙头股在市场板块的轮动效应中具有领先作用。龙头股领先大盘启稳，领先于大盘上升，领先于大盘下降。抓住龙头股，就有高收益。

3. 选择市盈率低的股票

市盈率是指股票的市场价格与每股税后收益的比值。公式：市盈率＝股票市场价格/每股收益，其单位是"倍"。市盈率越小，股票越便宜。市盈率是衡量股票贵贱的唯一指标。

4. 选择高速成长股票

高速成长股票是指上市公司正处在高速发展阶段。企业利润有高速增长的股票。这种股票的股本扩张速度与公司业绩同步增长，并且不会因配股、送股而稀释过多，含金量极高。

5. 选择内在价值高的股票

在交易市场上有很多内在价值被严重低估的股票。一是要看该公司在整体行业中内在价值被低估。市场价格明显比同行业偏低，盈利却很高。二是内在价值不但偏低，而且公司未来的发展前景很好。

6. 选择有政策扶植的股票

企业有国家政策支持，企业的利润大、税收少、政策优惠、贷款容易、朝阳行业，前景美好。政策和策略是党的生命，也是股市的生命。炒股也要跟党走。

7. 选择国企蓝筹股票

国企股是国家经济支柱产业的股票，它资金雄厚，业绩稳定；设备好，技术力量强；公司信誉好，投资风险小。

8. 选择市场热门股票

不同时期，有不同的热点板块，也有很多热门股票。热门股是指成交量大、流动性好、在特定时间内股价走红、价格位于涨幅榜的前 10 名、被众多社会投资人关注的股票。热门股有两大特点：一是上升持续时间长；二是上涨的空间大。

9. 选择庄家股

庄家股是指该只股票内有机构投资者（企业法人）进驻的股票。股票内有机构投资者进驻，说明该股票中有雄厚的资金，有很大的控盘能力。股价的涨跌是由庄家意愿决定的。连续的涨停板和跌停板是庄股的特征之一。

庄家又有"慢庄"和"快庄"之分。"慢庄"采用的是"熊市"坐庄、"牛市"发牌的操作手法。"快庄采用"的是集中资金，快速拉升、集中兵力，打歼灭战的操作手法。"快庄"股能在较短时间内把股价拉升得很高。若能跟上"快庄家",就有了胜利的把握。散户投资人讲:穷人发财,跟庄股。

10. 选择最熟悉的股票

投资你最熟悉的企业,选择你最熟悉的股票。这家上市公司生产经营好、科技含量高、企业利润大。股票市场价格的变化趋势很清楚,掌握了股价循环的高点和低点;把握了买进和卖出时机;摸透了庄家的操作手法,就能跟上庄家的步伐。

第 5 章 技术分析理论及应用

5.1 技术分析的概念

5.1.1 技术分析的定义

技术分析就是对市场要素进行分析,即通过市场要素、市场资料、市场信息、市场过去与现在的具体表现,应用逻辑学、统计学的思维和方法,分析和判断股市价格的未来变化趋势,以寻求股市投资行为的正确策略。

5.1.2 技术分析的市场行为要素

在证券市场中,价格、成交量、时间和空间是进行分析的要素。这几个因素的具体情况和相互的关系是进行正确分析的基础。

证券的市场行为是指证券在市场中的具体表现。

证券的市场行为内容包括证券价格的高低、价格变化幅度的大小、价格与成交量的变化情况、完成量价变化过程所需时间的长短与空间的大小。

1. 市场行为四要素的含义

(1)价格主要指证券的票面价格、发行价格、交易价格、到期价格及理论价格等。证券价格反映了市场的交易行为和供求关系,市场价格是随机变化的。

(2)成交量是指在交易活动中成交的数量,它揭示了供求关系的变化规律。成交量是买卖双方力量对比的结果,它体现了买卖双方对价格升降的认同程度,成交量大,价格上升,反之,价格下降。

(3)时间是指完成量价变化过程的循环周期所需时间的长短。证券价格随时间周期性变化,它表现出价格随时间变化的历史性循环特征,价格高低点的出现也有时间的周期性。

(4)空间是指在一个循环过程中价格变化的幅度和成交量的大小。空间体现了价格波动幅度的极限。不同的证券,不同的时期,价格变化幅度的空间位置也不相同,投资者的盈亏幅度也不相同。

2. 成交价和成交量是市场行为最基本的表现

市场行为最基本的表现就是成交价和成交量。过去和现在的成交价、成交量涵盖了过去和现在的市场行为。技术分析就是根据过去和现在的成交量、成交价资料,利用图形分析和指标分析工具来解释、预测未来的市场走势。如果把时间也考虑进去，技术分析其实就可简单地归结为对时间、成交价、成交量三者关系的分析。在某一时点上的成交价和成交量反映的是买卖双方在这一时点上共同的市场行为，是双方的暂时均势点。随着时间的变化，均势会不断发生变化，这就是价量关系的变化。一般来说，买卖双方对价格的认同程度通过成交量的大小得到确认，认同程度大，成交量大；认同程度小，成交量小。双方的这种市场行为反映在成交价、成交量上就往往呈现出这样的一种规律：价增量增，价跌量减。根据这一规律，当价格上升时，成交量不再增加，意味着价格得不到买方确认，价格的上升趋势就将会改变；反之，当价格下跌时，成交量萎缩到一定程度就不再萎缩，意味着卖方不再认同价格继续往下降了，价格下跌趋势就将会改变。成交价、成交量的这种规律关系是技术分析的合理性所在。因此，价、量是技术分析的基本要素。一切技术分析方法都是以价、量关系为研究对象的，目的就是分析、预测未来价格趋势，为投资决策提供服务。

3. 成交量与价格趋势的关系

（1）股价随着成交量的递增而上涨，是市场行情的正常特性。此种量增价涨关系，表示股价继续上升。

（2）在一波段的涨势中，股价随着递增的成交量而上涨。突破前一波的高峰，创下新高价，然而此波段股价上涨的整个成交量水准却低于前一波段上涨的成交量水准，股价创新高，成交量却没突破新高，则此波段股价涨势令人怀疑；同时，也是股价趋势潜在的反转信号。

（3）股价随着成交量的递减而回升。股价上涨，成交量却逐渐萎缩，成交量是股价上涨的原动力，原动力不足显示股价趋势潜在反转的信号。

（4）有时股价随着缓慢递增的成交量而逐渐上涨。缓慢上涨走势突然成为垂直上升的急升走势，成交量急剧增加，股价跃升暴涨。紧随着此波走势，继之而来的是成交量大幅度萎缩；同时，股价急速下跌。这种现象表示涨势已到末期，上升乏力，走势力竭，显示出趋势反转的现象，反转所具有的意义将视前一波股价上涨幅度的大小及成交量扩增的程度而定。

（5）股价走势因成交量递增而上涨，是十分正常的现象，并没有暗示趋势反转的信号。

（6）在股价一波段长期下跌形成谷底后，股份回升，成交量并没有因股价上涨而递增，股价上涨欲振乏力，然后再度跌落至先前谷底附近，或高于谷底。当第二谷底的成交量低于第一谷底时，是股价上涨的信号。

（7）股价下跌，向下跌破股价的某条重要支撑线，同时出现大成交量，是股价下跌的信号，强调趋势反转形成空头。

（8）股价跌落一段相当长的时间，出现恐慌盘卖出，随着日益扩大的成交量，股价大幅度下跌，继恐慌盘卖出之后，预期股价可能上涨；同时，恐慌盘卖出所创的低价，将不可能在极短时间内跌破。随着恐慌盘大量卖出之后，往往是（但并非永远是）空头市场的结束。

（9）当市场行情持续上涨很久，出现急剧增加的成交量，而股价却上涨乏力，在高档盘旋，无法再向上大幅上涨，显示股价在高档大幅振荡，卖压沉重，从而形成股价下跌的因素。股价连续下跌之后，在低档出现大成交量，股价却没有进一步下跌，价格仅小幅变动，此表示进货。

（10）成交量作为价格形态的确认。在以后的形态学讲解中，如果没有成交量的确认，价格上的形态将是虚的，其可靠性也就差一些。

（11）成交量是股价的先行指标。关于价和量的趋势，一般来说，量是价的先行者。当量增时，股价迟早会跟上来；当价增而量不增时，股价迟早会掉下来。从这个意义上说，价是虚的，而只有量才是真实的。特别是在一个投机市场中，机构大户打压、拉抬股价，投资者不能仅从价上来看，而要从量上去把握庄家操纵的成本。如此才能摸清庄家的策略，并最终获利。

时间在进行行情判断时有着很重要的作用。一方面，一个已经形成的趋势在短时间内不会发生根本改变，若出现反方向波动，对原来趋势不会产生大的影响；另一方面，一个形成了的趋势又不可能永远不变，经过了一定时间又会有新的趋势出现。循环周期理论关心的就是时间因素，它强调了时间的重要性。

从某种意义上讲，可以认为空间是价格的一方面，指的是价格波动能够达到的空间上的幅度极限。

5.2 道氏理论及其应用

道氏理论是最常见、最著名的股市技术分析理论之一。人们所提及的道氏理论，实际上是已故的查尔斯·道和爱德华·琼斯的市场智慧的结晶。道氏理论的创始人查尔斯·道创立了道·琼斯公司，并创办了《华尔街日报》，在该报上以社论的形式发表了许多关于股票市场行为的文章。1884年7月，查尔斯·道率先编制了道·琼斯股票价格平均指数。虽然查尔斯·道一生没有为其理论著书立说，但是，在他去世后的第二年（1903年），这些文章被收编在托尔夫·纳尔逊·艾略特所著的《股市投机常识》一书中，并且首次成为道·琼斯股价理论。从此，道氏理论被正式定名。后来，很多人将道氏理论发扬光大，并成为道氏理论的典范。道氏理论是根据对股价的研究推测未来股票价格行为的方法，所以，道氏理论是一种技术性理论。道氏理论就是利用道·琼斯指数来观察、研究并预测股票（期货）未来价格走势趋向的方法。后来，世界上许多国家运用道氏理论的基本原理，用其他指数预测股价未来的变化趋势。

5.2.1 道氏理论的基本原理

股价指数是用来衡量股价水平和涨跌情况的数值。股票价格指数波动是股票市场的基本行为。股票市场价格的变化最终必然会体现在股票价格指数上。任何因素对股价产生的影响都会从股价指数图表上及时直观地反映出来。指数上升，表示大多数股票价格都在上升，整个市场的大趋势呈上升走势；反之，指数下降，表示大多数股票价格都在下降，整个市场的大趋势呈下降走势。由此可见，指数的波动变化是表明整个市场的大趋势的变化，并非每只股票的变化。当整个市场大趋势上升或下降时，也有少数个股的价格是下跌或上涨的。这些逆市而行的个股，不代表大趋势的变化。道氏理论也是一种反映市场总体趋势的"晴雨表"。

道氏理论的基本原理就是把大盘指数的变化概括为长期趋势、中期趋势、短期趋势三种趋势。

在股票价格运动的三种趋势中，最重要的是长期趋势（也称基本趋势、主要趋势）。它可能持续几个月，甚至几年才会改变波动方向。长期趋势上升，就形成了多头市场，即"牛市"。这时市场主力机构就会大量建仓，众多中小投资者也会随之大量买进，多数股票价格自然还会上涨。反之，当长期趋势下降时，就会形成空头市场，即"熊市"。这时市场主力减仓，众多中小投资者抛压，多数股票价格就会下跌。长期趋势不是直线上升或直线下降。在上升过程中，经常会下跌，经过回调后再继续上升；在下跌过程中，突然会上涨，经过反弹后再继续下跌。上升和下跌是一个反复波动的长期过程。

中期趋势，又称次级趋势，它是与主要趋势运行方向相反的一种逆向趋势。它会持续几周至几个月。在"牛市"行情中，它表现为中级下跌或调整行情；在"熊市"行情中，它表现为中级上升的反弹行情。每一轮多头或空头市场的基本趋势出现之后，总会出现2~3个中期变动趋势。中期趋势是对市场长期（基本）趋势的一种适时校正，使长期趋势走向并非是直线上升或直线下降。在中期趋势的调整、校正下，使一个长期上升的走势，经常会突然下跌，经过回档后再继续上升；或者，使一个长期下降的趋势，突然出现上涨，经反弹后再继续下跌。这种突然上升或下跌，就会出现"超买"或"超卖"现象，是一种正常的股价变动现象。道氏理论认为：调整时间大约是两周或一个月；调整幅度约为长期趋势上升或下跌幅度的3/8。

短期趋势（也称日常波动），在一个中期趋势中，有许多短期波动趋势。通常是三个以上的短期波动构成一个中期趋势。股价在三五天内就波动一次。日常波动受种种因素的影响，具有很大的"随机性"。通常是一条消息、一句传言、一种政策、一条新闻，都会引起股价波动。所以，短期波动很容易受人为的操纵。中长期投资者，可以不用理会这些短期波动，因为中长期趋势是股市的内在规律性，是任何人为力量都难以控制的。

道氏理论认为股市、期市、汇市的价格运动发展过程是由上述"三种趋势"组成的。

5.2.2 道氏理论的核心

道氏理论根据股市的升跌，把长期趋势分为"牛市"与"熊市"两大类。"牛市"理论与"熊市"理论（统称为长期趋势理论）是道氏理论的核心。

道氏理论指出：股市的长期变动趋势，就是一个从"牛市"到"熊市"，再从"熊市"到新的一轮"牛市";是一个反复交替、多空博弈的过程。

道氏理论根据"牛市"和"熊市"中的不同特征,将它们各分为三个时期。

1. "牛市"三个时期

(1)"牛市"第一时期(初升期)。"牛市"初升期通常是在市场最悲观的情况下出现的,是投资者进货建仓的时期。股市经过暴跌或长期阴跌,投资者对买卖股票失去兴趣,不计成本抛空股票,纷纷离开股市。证券公司大厅内每天交易清清淡淡,市场处于低迷状态。再遇上经济不振、工业亏损、商业萧条、利空传言四起,多数投资者认为跌势还将继续。多数中小投资者宁可持币观望,也不轻易购买股票。然而,正是在这最悲观的时刻,股价已跌至谷底,并且跌无可跌。危机中孕育着兴起,黎明前的黑暗已经过去,"牛市"正在悄悄地来临。这时,市场主力和有远见的投资者,早已选好了业绩优良、成长性高、群众基础好的股票并在悄悄地买进。一些股价超跌、品质优良或者已跌破发行价的股票的股价开始慢慢回升。随着投资者的增加,股市开始向上启动,整个市场的交易开始活跃。这时是中长线操作入市的最佳时机。

(2)"牛市"第二时期(主升期)。随着基本面的好转和大量资金源源不断入市,股市进入了主升期。这时股价大涨小回,大盘天天上扬,股价节节攀升,人气日日旺盛。量价配合良好,资金源源入市,强势上升趋势十分明显。投资者惜售,多头彻底战胜空头。当股价升至某一高位时,常常会停滞不前。因为,股价升涨幅度已大,多空双方各持己见,互不相让。大盘呈现似升非升,似跌非跌,升升跌跌的相持局面。这时,股价回调是中短线操作入市的最佳时机。

(3)"牛市"第三时期(高涨期或末升期)。末升期是股票市场上升趋势的最后一个阶段。股价在短期内虽然还会巨幅上升,但也表明股价即将见顶。投资者情绪高涨,成交量不断增加,入市者一批一批涌进股市。股市人气沸腾,证券公司一片繁忙景象,大盘飞速上扬,股价节节暴涨,成交量屡创新高,整个市场交易狂热。当市场出现了极度乐观心态、多数投资者对后市变化毫无戒心时,大盘已经岌岌可危了,顶部特征显现。市场主力和少数明智的投资者开始悄然离市。这时的操作策略:看准急升的强势股做短线投机,获利后快速离场。

2. "熊市"三个时期

(1)"熊市"第一时期(初跌期)。"熊市"第一时期(初跌期)正好与"牛市"第三时期(末升期)衔接。它出现在市场到处弥漫的乐观气氛中。它是多头市场的最后一个阶段。很多投资者疯狂买进,但股价向上攀升已经乏力。此时,多数中小投资者仍然疯狂地沉迷于炽热的股市,对后市价格的反转变化毫无戒心。因这种潜在的危机没有迅速暴露出来,多数投资者判断方向失误。但是,市场主力却开始悄然离市。股价在高位振荡,尽管成交量还很高,但成交量在股价上涨时有减少的趋势,下跌有量,反弹无量。真正的市场顶部已经形成,股价大幅下跌将会随时出现,"熊市"已经到来。这时的操作策略是卖出全部股票。

(2)"熊市"第二时期(中跌期)。大盘指数巨幅振荡之后,已无上升动力。股价突然下跌是股价的转势阶段。每次反弹则会造成更大幅度的下跌。投资者心态看坏,一有风吹草动,就触发恐慌性抛售。市场已被利空消息笼罩,各项技术指标已经破位下行；股指大有急转直下之势。大盘指数在大幅下跌之后，会出现一次较大的反弹，而且，反弹幅度有时会超过下跌幅度的1/2。这时的操作策略是：多看少动，离场观望，停止操作，切勿盲目抢反弹。

（3）熊市第三时期（末跌期）。大盘经过几轮暴跌和反弹之后，股价已惨跌不堪。一批又一批的多头投资者相继成为牺牲品。对后市缺乏信心的投资者开始大量"杀多"，不计成本的大量卖出最后库存的股票。股市长期低迷下跌，多数中小投资者开始悲观失望、伤心地离开股市。一次次反弹虽然无力，但下跌之势趋于平缓，多数股票已经是没有下跌空间。当市场投资者的悲观情绪到达顶点时，股价则已跌到了谷底。"黑暗即将过去，黎明即将来临"。许多人不知道"熊市"末期正好与"牛市"初期相吻合。这时是中长线买入的最佳时机，投资者可选择质优价廉、题材丰富、众人喜爱、有投资机构介入的股票买入。

5.2.3 道氏理论的应用

1. 用道氏理论预测中期趋势

道氏理论侧重于股市运动的长期趋势分析，而不能作出中短期趋势分析。然而，多数投资者都要求掌握股市的中短期变化规律。因为每年都有几个中短期转换点，利用中短期转换点买卖股票能获得更大的收益。后来人们把道氏理论的长期趋势划分成五个中期趋势。如图5-1所示。

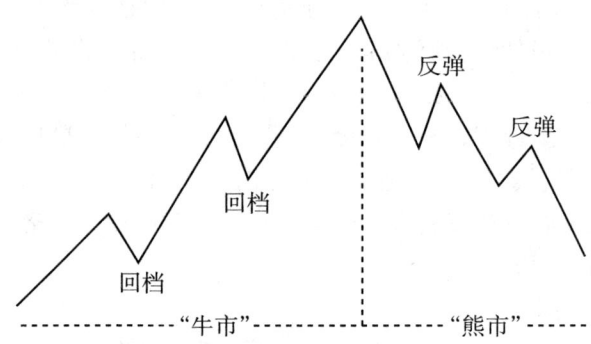

图5-1 五个中期趋势

长期趋势由五个中期趋势构成。其中三个与长期趋势走向一致（上升），称为主要中期趋势（主要趋势）；另外两个与长期趋势走向相反，称为次要中期趋势（次要趋势）。次要趋势又有"牛市"与"熊市"之分："牛市"中的次要趋势称为中期性回档；"熊市"中的次要趋势称为中期性反弹。

从持续时间上说，主要趋势持续时间长；次要趋势时间短。"牛市"中的主要趋势的持续时间平均为13周；次要趋势的持续时间平均为5周。"熊市"中的次要趋势的持续时间平均为6周。从幅度上说，"牛市"中的次要趋势的回调幅度为上升幅度的56%；"熊市"中的反弹幅度为下降幅度的52%。

主要趋势与次要趋势之间的关系是：主要中期趋势的股价波动幅度越小，则次要中期趋势的股价波动幅度越大；否则反之。这个结论告诉我们：在牛市行情中，上升幅度越小，回档幅度越大；上升幅度越大，回档幅度越小。在熊市行情中，下降幅度越小，反弹幅度越大；下降幅度越大，反弹幅度越小。

利用中期趋势的量价关系和升降幅度，可用来分析长期趋势的转换。判定长期趋势转换的方法如下。

（1）牛转熊判断。

① 成交量萎缩。若在"牛市"行情中的某个中期上升阶段中，成交量不能超过相邻前期上升阶段的成交量时，则"牛市"可能会转为"熊市"。

② 量价背离。成交量虽创新高，却不能有力推动股价上升（量价背离），股价未创新高，则"牛市"可能会转为"熊市"。

③ 价跌量增。在"牛市"行情的次要趋势中，若回档时，出现价跌量骤增的现象，并且下跌幅度超过相邻前期上升幅度的80%，则这个次要趋势的回档很可能就是"熊市"的第一个下跌趋势。若下跌幅度达到100%，说明"熊市"已基本成为定局。

（2）熊转牛判断。

① 股价底部逐渐抬高。若"熊市"后期成交量逐渐萎缩，并且下降幅度减小，底部高于相邻前期的波谷时，"牛市"将可能出现。

② 谷底抬高，价升量增。若"熊市"后期的第一个反弹中，成交量比前面任何一次反弹都要大，并且反弹幅度超过相邻前期下降幅度的80%～90%时，"牛市"可能会来临。

③ 连续三天股价上升。大盘指数连续三天向上突破的方向发展，也是熊转牛的特征。

上述三条同时存在，熊转牛的可能性最大。

2. "九阶段"周期性循环规则

股市的"九阶段"周期性循环规则，是对道氏理论三种趋势规则的综合应用。虽然股价日常的随机波动无规则，但是，大盘指数的长期波动是有规则地进行周期性循环。很多人把股市的周期性循环分为九个阶段。

（1）低迷期。低迷期是指股市行情一直在低价圈徘徊，投资者的进场意愿低，对市场前景持悲观态度。多数投资者退出市场观望，只有少数精明的投资者和主力机构正在默默进货。低迷期盘整时间越长，换筹越彻底。此时股价最低，是长线投资、买进高成长性股票的最佳时机。

（2）初升期。初升期是指股市行情的前景尚未完全好转，人气尚未完全恢复，资金尚未大量进场。多数股票的价格已跌至不合理的低价，市场浮动筹码大为减少，惜售心理增加，抛压大为减轻。这时，多数股价走出盘局，少数龙头股的价格大幅盘升，成交量正在不规则的递增（成交量比低迷期多一半）。此时，股价仍然偏低，不少投资者开始买进股票。这时才是真正的可以做中短线投资的良好时机。

（3）回档期。回档期是"牛市"行情中的回调期。大盘回档调整，短期获利回吐，清除浮动筹码，成交量明显减少。利空传言出现，空头再呈活跃。多数股价却跌不下去，跌无可跌。"该跌不跌，必有一涨"。回档期正是主力大户进货的良机，许多中小投资者却"落袋为安"，还在指望股价再继续大跌时买进，却不知已错失买进良机。

（4）主升期。这个时期，利好消息频传，市场一片繁荣。多数投资者认识到大"牛市"就在眼前，于是纷纷入市。市场人头攒动，股价节节上涨。空头信心动摇，逐渐由空转多，多头买进、空头抢购，两种合力形成抢购高潮。机构主力利用各种消息将股价持续拉高。股市在这种越涨越抢、越抢越涨的循环下，形成暴涨局面。此时，成交量大增，有时创新高。上市公司借机大肆配股，配股价一个比一个高。正当众多中小投资者被乐观气氛感染，一批又一批地进场的时候，精明的主力大户已经开始减仓了。这个时期的操作策略：短线跟进、快进快出、获利了结、退场观望，只能进行投机操作，绝不能做长线投资。

（5）末升期。股市末升期是"牛市"的老年期。市场仍然是一派繁荣景象，交易异常活跃，人气一片沸腾，成交量屡创历史新高。多数投资者持股待涨，惜售心理突出。虽然成交量异常放大，但是，股价涨升却显得步履蹒跚。热门股滞涨，冷门股乱涨，强庄股逞雄，常常会出现量价背离现象。这个时期，短线操作难做，个股机会难寻，获利机会小，风险极大。

（6）初跌期。初跌期是"熊市"的"幼年期"，也是牛转熊的临界期。这时，多数股价都已偏高，热门股翻番，欲涨无力，只有强庄股逆市飘红。主力机构、大户，大量出货，空头又开始打压市场。股价大幅振荡，冷门股也大幅下跌。暴跌时有发生，成交量逐渐减少。许多中小投资者高位被套，但心中犹豫。众人希望行情仅仅只是回档，期待着又一波上升行情，殊不知等来的却是更大幅度的下跌。

（7）反弹期。股价急跌，成交量剧减。这时，有部分投资者补仓，使得股价止跌，出现反弹。由于多数投资者已有戒心，反弹时追高者甚少，再加上部分短线获利回吐，使得大盘指数欲涨无力。于是反弹之后再度下跌。有不少投资者趁价格反弹的机会出货"逃命"，所以，反弹期又称"逃命期"。

（8）主跌期。这个时期股市中谣言四起，利空消息满天飞，多数股价已跌幅较深。股价和大盘指数还有加速下跌之势，市场一片悲观，投资者萎靡不振，成交量不断萎缩。空头早已退场，多头纷纷"割肉"出局。

（9）末跌期。股市末跌期又称"衰老期"。这时股价跌幅已经很深，有些股票已跌破发行价。但是，股价与大盘指数的跌幅已经趋缓，阴线实体逐渐缩小，成交量已到"地量"。多数散户手中已无股票。"山重水复疑无路，柳暗花明又一村"。这时投资机会已经显现，精明的长线投资者在低价位又开始分批买进股票。

虽然上述九个阶段的界线并非截然分明，常常会重复交叉，但是它有规律可循。其规律是：上升—回档—再上升—再回档；下跌—反弹—再下跌—再反弹。这个规律可以帮助我们了解行情的性质，弄清楚行情处于哪个阶段，再去确定做多、做空、长线、短线等操作原则。操作少失误，获利才丰厚。

"九阶段"周期性循环规则，既可以用于分析长期趋势，也可以用于分析中短期趋势。周期循环示意图如图5-2所示。

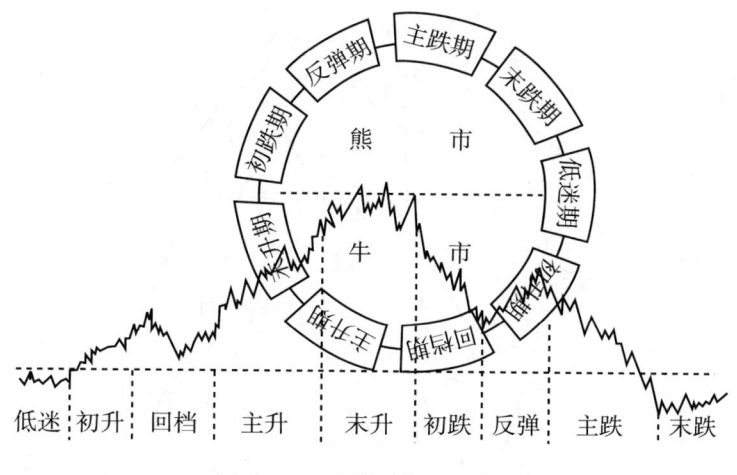

图 5-2 周期循环示意图

5.3 波浪理论及其应用

波浪理论是由美国教授拉尔夫·纳尔逊·艾略特于 1938 年创立的，主要用于股票、期货市场的走势分析。本节只简要介绍波浪理论的基本原理、主要特征和应用原则。波浪理论的发展经历了三个阶段，即波浪理论的产生、传播和应用阶段。1938 年，托尔夫·纳尔逊·艾略特出版了《波浪理论》。后来经过 40 年的发展，于 1978 年约翰·弗罗特与布莱切特两人合作出版了《艾略特波浪理论》。这本书成为现代波浪理论的经典著作。

5.3.1 波浪理论的基本原理

1. 股价波动有规律可循

托尔夫·纳尔逊·艾略特指出：股票市场根据自身的规律运行。如果没有规律，市场将无所适从。他认为，股市的价格波动，就像大海中的波浪一样，一波接一波，后浪推前浪，周而复始，有规律可循。这种规律是以"五升三降"作为一个循环而交替重复进行的。股票价格波动与大海波浪的波动相似，一浪接一浪，不断重复出现。

2. 波动有周期性规律

股（期）市的波浪运动有周期性规律，并且在一个周期内，由 8 个浪组成。其中有 5 个上升浪和 3 个下降浪，如图 5-3 所示。

从图 5-3 中可以看出波浪理论的规律。还可以简要的将波浪理论的"波动原理"及其规律归纳如下。

（1）升降有重复性。波浪有升有降，循环往复。牛市阶段趋势向上，熊市阶段趋势向下。

（2）涨跌有交替性。股价的上升和下跌是交替进行的。没有永恒的上升波浪和下跌波浪。

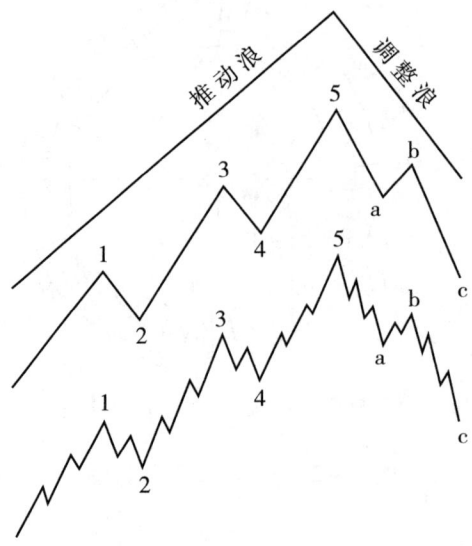

图 5-3　8 个浪结构

（3）两个基本波浪。推动波浪和调整波浪是股价（指数）波动的两个最基本波浪。推动浪又可细分出 5 个小浪；调整浪细分出 3 个小浪。再进行细分，推动浪又可细分出 89 个小浪；调整浪细分出 55 个小浪。二者相加为 144 个小浪，刚好与数学中的斐波那契数列（1，1，2，3，5，8，13，21，34，55，89，144，……）吻合。可见，斐波那契数列正是波浪理论的数学基础。推动浪与调整浪的趋势相反。

（4）五升三降循环性。8 个浪（五升三降）为一个循环周期。把第 1～第 5 个浪统称为"推动浪"，把 a、b、c 浪统称为"调整浪"，以便于观察总体运动规律。细分的波浪图如图 5-4 所示。"五升"包括两个向下回档波浪，"三降"包括一个向上反弹波浪。

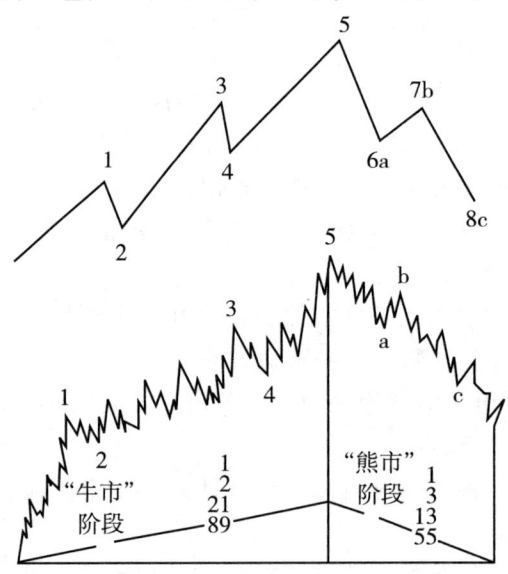

图 5-4　波浪细分

（5）波浪的形态不受时间的限制。股价波动的时间长短可以改变，时而拉长，时而缩短。但是，万变不离其宗，8 浪循环的基本形态"五升三降"不会改变，即图形种类多种多样，基本形态保持不变。

用波浪理论既可以分析几小时、几周的小循环，也可以分析 1 年、10 年的大循环。从 8 浪循环规律可以看出，波浪理论可以在行情趋势确立之时，预测行情趋势何时结束。波浪理论可以指导投资者如何在"大海中冲浪"。

5.3.2 波浪理论的主要特征

波浪理论的核心是形态、比率与时间。形态就是波浪图形，图形有 8 浪循环的规律。比率是用黄金分割率来测量不同波浪之间的比例关系，用以判定股价的支撑位和阻力位。时间则表示波浪与波浪之间的关联。在 8 个波浪中，各浪都有自己的特征。

1. 第 1 浪特征

（1）第 1 浪是 3 个上升浪中最短的波浪。

（2）第 1 浪约 50% 的幅度处在箱型底部，正在营造底部形态，属于箱底波浪。此时，因买方力量不强大，又存在空头抛压，所以，第 1 浪之后就会出现第 2 浪的调整回落。

（3）第 1 浪的另外 50% 的幅度的升幅十分可观。

2. 第 2 浪特征

（1）第 2 浪是第 1 浪的调整浪。有时跌幅很大，几乎吃掉第 1 浪的升幅；但是，第 2 浪的最低点要比第 1 浪的最低点高，不会跌破第 1 浪的最低点。

（2）在图 5-4 中，出现反转形态。例如，双底、头肩底等。

（3）成交量缩小，抛售压力轻，有惜售心理。

操作策略：抓住良机，积极入市。

3. 第 3 浪特征

（1）第 3 浪是 3 个上升浪中最长的浪，也是最有爆发力的浪，坡度很长，运行时间也最长。

（2）第 3 浪的升幅一般是第 1 浪的 1.618 倍或 2.618 倍。因第 3 浪涨势激烈，常会出现第 3 浪的延伸浪。

（3）成交量大增，入市人增多。图表上常会出现突破信号。例如，突破缺口等。

（4）第 3 浪长度与第 1 浪长度之比，通常是"黄金比率"关系。第 3 浪最高升幅等于第 1 浪的总长度乘以 1.618，再加上第 2 浪最低点数值。

操作策略：紧跟热点，抓住龙头，果断买进，持股待涨。

4. 第 4 浪特征

（1）第 4 浪是第 3 浪的调整浪，也是上升难度最大的浪，经常出现复杂形态（以三角形整理形态较多）。

（2）市场人气旺盛，短期获利回吐，股价开始回调。

（3）股价回调下跌的幅度为第 3 浪升幅的 38.2%，第 4 浪回调的最低点不会低于第 1 浪的最高点。

操作策略：当第 4 浪回落到最低点附近时，是中短线买进的良机。

5. 第 5 浪特征

（1）第 5 浪通常是整个上升行情的最后一个上升波浪。第 5 浪的上升幅度，一般小于第 3 浪，而且股价也到达了顶峰。

（2）市场乐观情绪达到最高峰。绩差股涨幅大于绩优股，有"鸡犬升天"之势。

（3）第 5 浪的最大升幅约是第 1 浪至第 3 浪的运行长度的 0.618 倍，再加上第 4 浪最低点数值。

操作策略：离场观望，不可追高，以免套牢。

6. a 浪特征

（1）a 浪的出现表明股市进入长时间的调整期，股价原来的上升趋势已结束。a 浪是对整个推动波浪的调整浪。有可能股价（大盘指数）完全转市，开始走向反转走势。a 浪出现通常是牛转熊的初始特征。因为 a 浪是大牛市中的首次大幅度回落，所以经常被误解为是一个暂时的回档现象，以至于许多中长线买入者被套牢。

（2）a 浪常以调整形态（重心逐步下移）或"梯形"下降形态运动。在这个向下调整的过程中，不少投资者还有盲目乐观情绪。

操作策略：股价在底部止跌企稳后，抢一次超短线反弹，即做一次 3～5 天内就出货的投机性操作。

7. b 浪特征

（1）b 浪是继 a 浪下跌之后的一次反弹波浪。也是大跌后的首次反弹，反弹力度一般不大。b 浪在短暂的反弹之后，股价还会继续下跌。投资者务必迅速离场。

（2）因为 b 浪是对 a 浪的调整，容易让投资者误认为是另一段上升行情，以至于许多投资者在 b 浪反弹期间饱尝套牢之苦。

（3）b 浪成交量不大，观望情绪浓。b 浪反弹是多头逃命的最后一次良机。如果投资者判断失误，应在 b 浪反弹中果断止损。

（4）b 浪有时可能会升至第 5 浪的高点，甚至会超过第 5 浪高点，再创新高。用句俗语来形容就是"夕阳无限好，只是近黄昏"。

操作策略：抛光股票，离场观望。

8. c 浪特征

（1）c 浪是调整趋势的最后一个下跌波浪。c 浪的下跌幅度更深，破坏力更强，c 浪跌势强劲，持续时间长，而且会出现全面性下跌。使没有撤离市场的投资者损失惨重。当 c 浪结束后，又是另一轮新波浪的开始。

（2）c 浪的下跌长度有时与 a 浪相似，有时是 a 浪的 0.618 倍或 1.618 倍。因为波浪理论的数学基础是斐氏数列。在斐氏数列中，除了前几位数字之外，任何数对其后一个较大数的比值为 0.618，而且，越往后，关系越明显（例如，$21 \div 34 = 0.618$；$34 \div 55 = 0.618$）。

在上述的 8 浪循环中，无论是上升趋势还是下降趋势，都可以用 0.382、0.618 等黄金分割率来预测价格的升跌幅度。

5.3.3 波浪理论的应用原则

1. 数浪三原则

（1）第4浪与第1浪不可重叠原则。调整浪第4浪的下跌的最低点不能与第1浪的最高点重叠。第4浪的最低点应高于第1浪的最高点，不能回调到第1浪之下。结论：第4浪的底，不能低于第1浪的尖峰，这是界定第4浪的充分必要条件。

（2）第3浪通常是最长波浪原则。第3浪通常是五个波浪中最长的波浪。绝对不会是三个上升波浪中最短的一个波浪。

（3）第5浪有弹性原则。第5浪较有弹性，长度不会超过第3浪之结束位置（比第3浪要短）；第5浪结束后则会进入长期的"熊市"调整波浪。另外，第2浪不会调至100%幅度，即不会跌破第1浪的起始位置。

2. 研判两指引原则

（1）交替规律指引。所有的波浪形态几乎都是交替轮流出现的。在一个较大级数的调整浪中，也可以用交替规律来分析各种波形的变化。例如，若A浪以三段浪形式出现，则B浪也会以三段浪形式出现。区别是在于形态，有单式和复式之分，如图5-5所示。

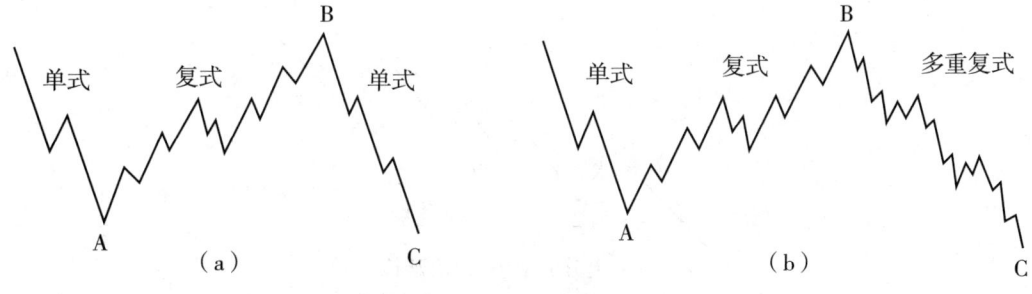

图5-5 交替规律指引

（2）调整浪研判指引。对调整浪（"熊市"）的终点，波浪理论提出了以下几个预期性结论。首先，较大级数的调整浪④，其调整回落低点通常在前一段浪③的低点附近。如图5-6所示。其次，较大级数的④浪，其调整低点在第（4）浪的低点附近。再次，出现扩延浪之后的调整回落低点，可以高于第（4）浪的低点。最后，曲折型的④浪调整，最低点可能会回落到第（2）浪的低点附近。

3. 波浪的形态原则

波浪的形态可以分为推动（上升）浪的形态与调整（下降）浪的形态。应该指出波浪的形态很复杂，有多样化图形。

（1）推动浪的形态。在三个上升浪1、3、5的上升推动波浪中，其波形变化非常繁多。在推动浪中主要有三种形态：延长形态、失败形态和三角形形态。

① 延长形态。在"五升三跌"的波浪中，有时会衍生出一级"外延扩展浪"，我们把这种外延扩展的波浪称为扩延浪。这种扩延浪的延长形态，如图5-7所示。

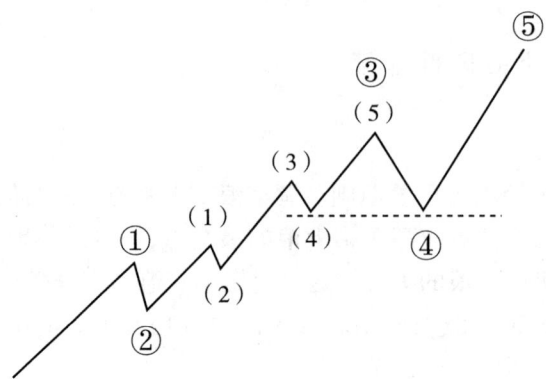

图 5-6 调整浪研制指引

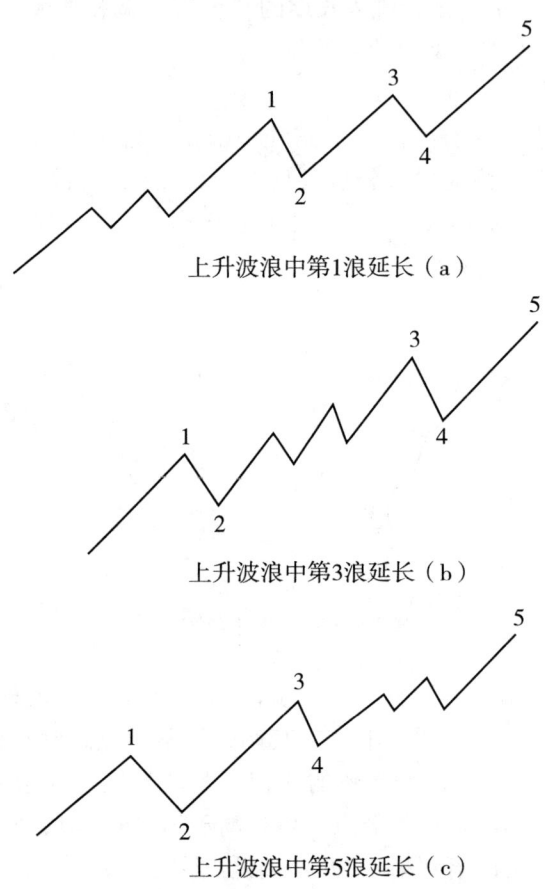

图 5-7 扩延浪的延长形态

② 三角形形态（倾斜三角形）。当股价走势在第 5 浪中出现扩延现象时，股价一浪高一浪的延伸，成交量却逐渐减小，这种扩延浪的走势就会形成"上升收敛三角形"（或上升楔形）。是上升大级波浪将要结束的标志。

当这种形态出现在"熊市"中，又是上升大级波浪将要开始上升的标志。如图 5-8 (b) 所示。

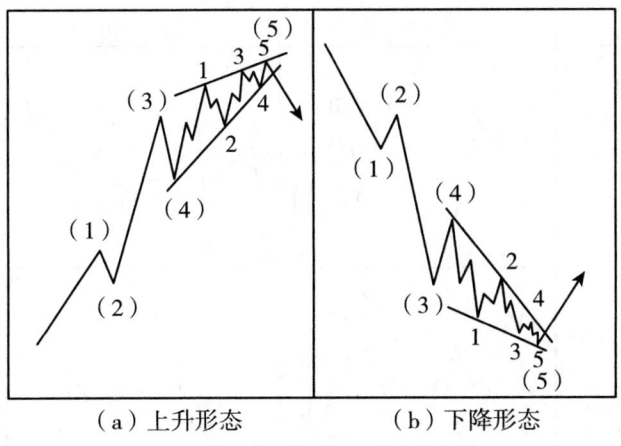

（a）上升形态　　　（b）下降形态

图 5-8　倾斜三角形态

③ 失败形态。如果第 5 浪的终点未能超过第 3 上升浪的顶点的，称为上升波失败形态。如图 5-9 所示。

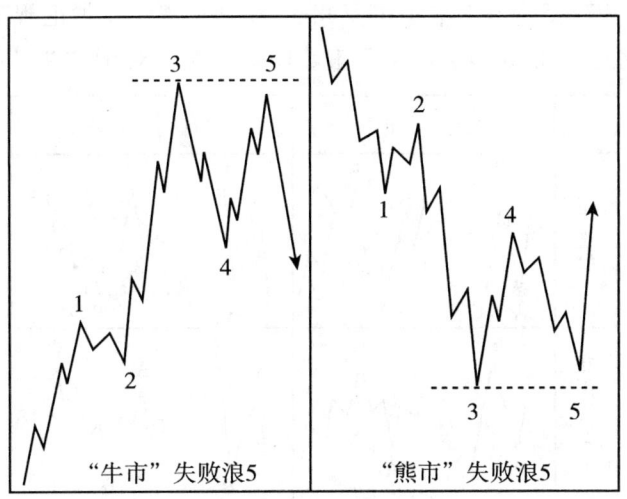

"牛市"失败浪5　　　"熊市"失败浪5

图 5-9　失败浪

失败形态有以下特点：一是失败形态只在第 5 浪中出现。二是失败形态的第 5 浪，可以分割为低一级的五个子浪。三是失败形态就是一个提示性信号：后市走势并不像预期的那样强势或弱势。上升时出现失败形态，反映了市场潜在的弱势；下跌时出现失败形态，则显示了市场有潜在的强势。四是失败形态出现后，对技术分析很有参考价值，可用于分析市场走势的双重顶或双重底形态。

（2）调整浪的形态。调整浪的形态一般有四种类型：曲折型（5—3—5 形）、平坦型（3—3—5 形）、三角型（3—3—3—3—3 形）、混合型（双重三与三重三等）。

① 曲折型（5—3—5 形）。如图 5-10 所示，曲折型的走向与主导趋势走向相反。曲折型为三浪调整形态，为 5—3—5 结构，标记为 A—B—C。即 A 浪由 5 浪组成、B 浪由 3 浪组成、C 浪由 5 浪组成。在"牛市"调整中，A—B—C 曲折型的 B 浪顶点比 A 浪顶点低；在"熊市"调整中，B 浪顶点比 A 浪顶点高。

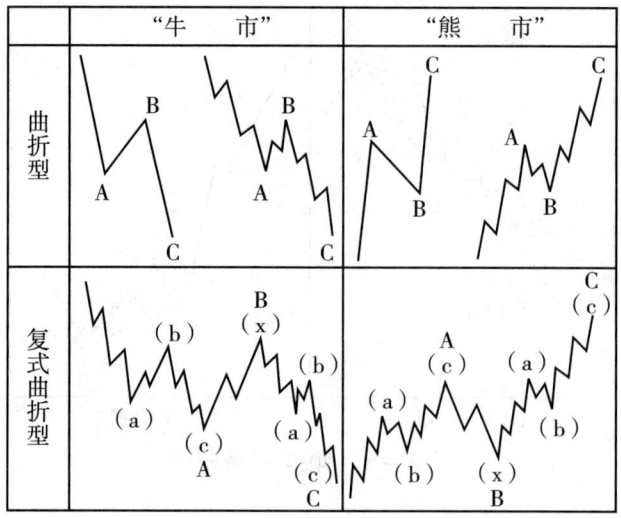

图 5－10 曲折型

② 平坦型（3—3—5 形）。平坦型又可分为：正规型、非正规型和顺势型。如图 5－11 所示。正规型：A 是 3 浪、B 是 3 浪、C 是 5 浪。对于"牛市"中的调整浪，A

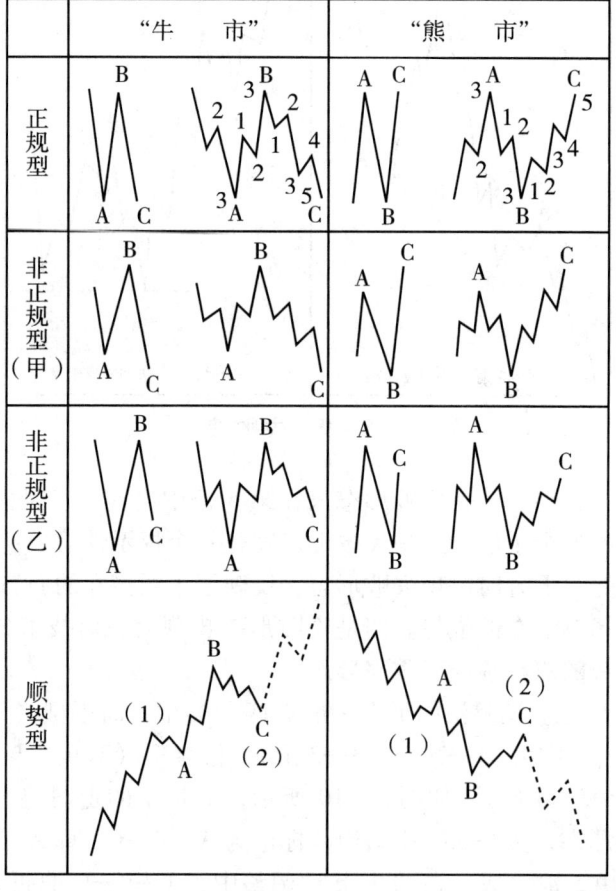

图 5－11 平坦型

浪只走了3浪就反弹到B浪；C浪虽走完了5浪，但仅仅是稍低于A浪就结束了。对于"熊市"中的调整浪，其图形走向刚好与牛市相反。非正规型也是3—3—5结构，与正规型相似，区别是C浪走势远远超过A浪低点（或高点）之后才结束。顺势型：只是C浪未能超过A浪起点水平。

③ 三角型（3—3—3—3—3形）。三角型调整浪可分为：上升三角形态、下降三角形态、对称三角形态和扩散三角形态。如图5-12所示。

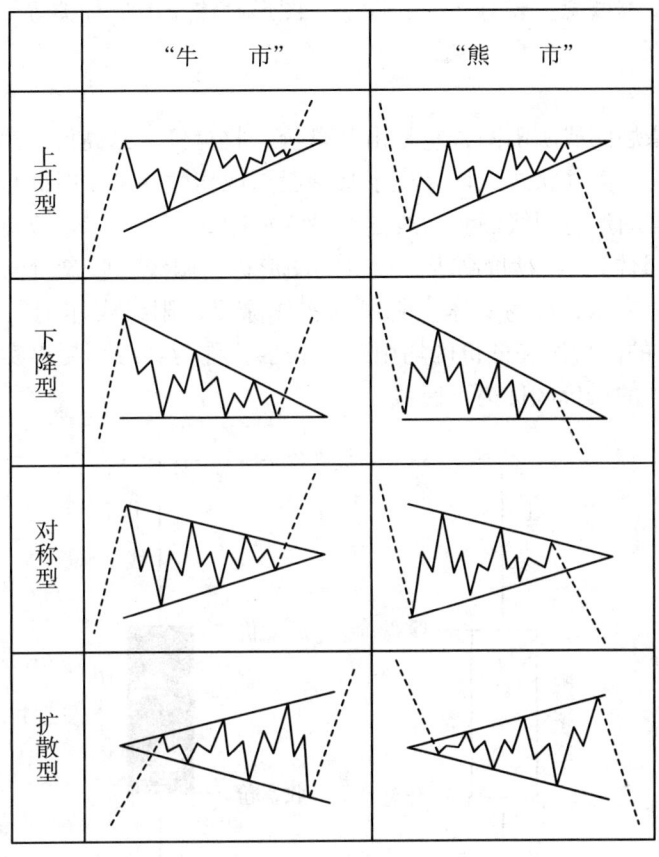

图 5-12 三角型

三角型调整浪的特点有以下几个：一是三角型调整浪只出现在第4浪或B浪中。二是它属于5段波浪形式，每1段波浪都可以分为低一级的3个小浪。运行结构是3—3—3—3—3形。三是它是一种横向整理形态，需要选择突破方向。四是三角型调整浪是一种预警信号。投资者应关注突破方向。

5.4 K线理论及应用

因为K线图的形状像蜡烛，又称蜡烛图，在西方国家称为阴阳线。K线理论已经发展成为比较完整的一种分析股市行情的理论，并被众多投资者采用。

K线是投资者进行投资分析的重要工具之一。K线是将每天的股价记录下来并画成图表,人们根据图表就能看出股市的变迁与变化的形态,以及股市前后的关系等。下面将着重介绍K线理论的相关概念及应用。

5.4.1 K线理论的基本概念

K线理论的基本概念主要有名称、性质、图形画法及图形种类等。

1. 名称及性质

(1) 名称。

K线图又称蜡烛图或阴阳图,它是由开盘价、收盘价、最高价、最低价四个价位组成的图形。K线是一条柱状线、用来记录某种股票或指数在某一时间价格波动情况的图形。K线图的标准图形有阴线图和阳线图两种。如图5-13所示。收盘价低于开盘价的图形称为阴线(黑体);收盘价高于开盘价的图形称为阳线。收盘价与开盘价之间的价位区域用长方实体表示,称为实体。阴线的实体涂黑,阳线实体则空白(计算机显示红色)。超出实体的高价区和低价区均用细线表示,称为影线,超出实体的高价区称为上影线,超出实体的低价区称为下影线。

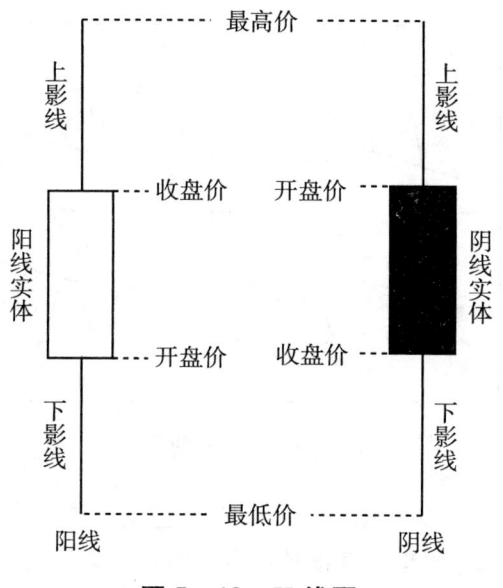

图5-13 K线图

K线图除了标准图形之外,还有许多非标准图形如图5-14所示。每一个图形都有不同的含义,用以分析股价的趋势。用单根K线图分析股价的方法叫静态分析法,其准确性低于动态分析法。

(2) 分类。

K线图形虽然有很多,但如果按照收盘价与开盘价分类,只有三种类型:阳线、阴线和平盘线(十字星、丁字线和四价位同位线,都称平盘线)。如图5-15所示。

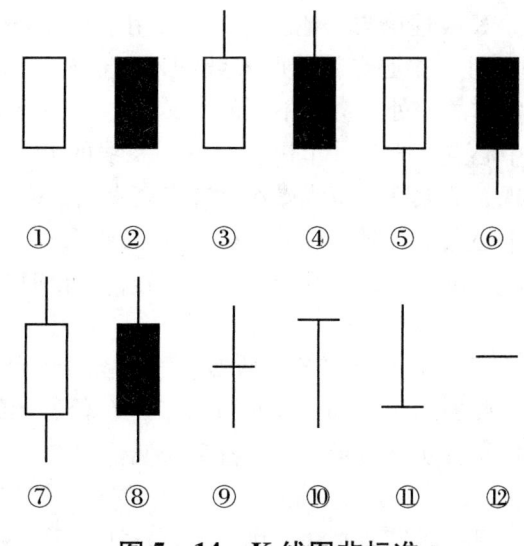

图 5-14　K 线图非标准

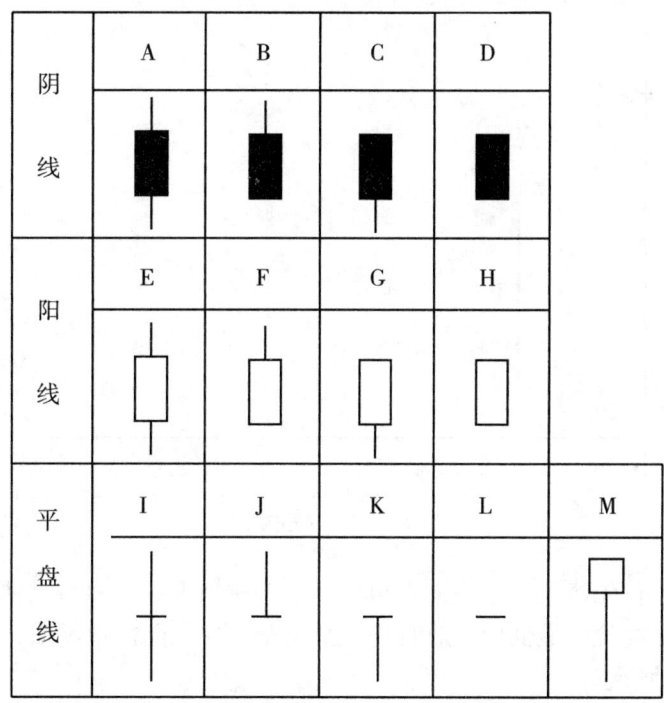

图 5-15　K 线的三种类型

(3) 性质。

① K 线图的通用性。用 K 线图可以研判股价，也可以研判指数，而且 K 线与成交量、平均线、趋势线等其他技术指标配合使用效果良好。

② 双方斗争的过程性。K 线图表示了多空双方斗争的过程，但单凭一根 K 线去分析、研判股价的意义不大。因为，同一根 K 线因所处的位置不同，会有不同的意义，甚至是相反的意义。

③K线图的局限性。K线理论与其他理论一样，用于趋势分析时有一定局限性。

④中心点研判的时效性。中心点就是把K线的最高价和最低价相加后除以2所得出的价位。中心点位于实体的何处，会有不同的意义。

一是阳线实体位于中心点下方时（上影线占整个K线的1/2以上），说明上档压力大，股价短期内不会出现大涨大跌。短线操作时应逢高卖出。

二是阳线实体位于中心点上方时，说明下档接盘活跃。

三是阳线实体与中心点重合时，上升中是见顶信号；低位时是上升信号。

2. K线基本图形

（1）图形画法。①记录当天的开盘价、收盘价、最高价、最低价。②若收盘价高于开盘价，用红色画图，称为阳线。③若收盘价低于开盘价，用绿色画图，称为阴线。④收盘价与开盘价之间用长方实体表示，最高价和最低价用上、下影线表示。

（2）柱状图。

柱状图又叫棒形图，是一种简易画法。用一条垂直柱线画出最高价、最低价、收盘价三个参数。如图5-16所示。

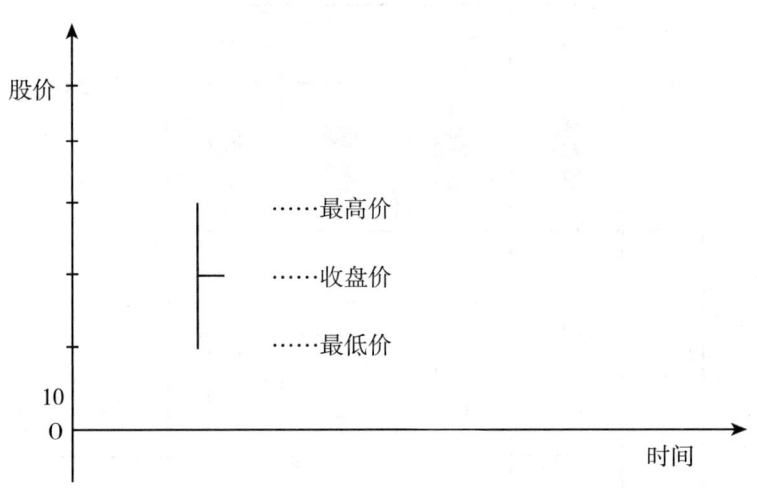

图5-16 柱状图

画柱状图时，首先建立一个平面直角坐标系。横轴表示时间，纵轴表示股价。然后在坐标系中绘出最高价、最低价、收盘价三个位置。柱状图简单易懂，既能体现总体趋势，又能表现各种形态。

（3）图形种类。

K线图形的种类很多，这里只讲单一图形，如图5-15所示。在单一图形中用收盘价与开盘价划分，只有三类图形：阳线、阴线、平盘线。

A为标准阴线图。上、下影线几乎等长，收盘价低于开盘价，表示市场迷惘。

B为平底阴线图，又称上吊阴线。图形是只有一条上影线的黑实体。表示股价先涨后跌，并以全日最低价收盘。后市看弱，上影线越长，上档压力越大。

C为平头阴线图，又称黑锤阴线。图形是只有一条下影线的黑实体，为下跌抵抗型。开盘后股价连连下跌，但在低价位买盘增多。空头遭遇多头反击，并收复部分失地。收盘价还是低于开盘价。若下影线很长，股价有可能反弹。

D 为光头光脚阴线实体。开盘价就是最高价，一路下跌，并以最低价收盘。后市看弱，空方占绝对优势。阴线实体越大，杀伤力越大。

E 为标准阳线图形。带有上、下影线的红实体。收盘价高于开盘价。后市看好。

F 为平底阳线图形，又称上吊阳线。带有一根上影线的红实体，为上升抵抗型。股价开盘后大幅上扬，向高价位推进；随即卖压增强，空头反击，多头受挫；股价回落，但多头仍占上风，收盘价高于开盘价。后市看涨。若上影线很长，说明上档抛压严重，多头势力有转弱迹象。

G 为平头阳线图形，又称红锤阳线。带有一根下影线的红实体，为先跌后涨型。开盘后股价就下滑，在低位买盘增加，多头气盛，一鼓作气将股价拉到开盘价上方，空头毫无反击力量，以最高价收盘。后市看涨。下影线很长时称为伞形阳线，说明当日多头反击力度强。

H 为光头光脚阳线实体，不带上下影线。开盘价就是全日的最低价，买盘强劲，股价一路攀升。多头占绝对优势，以最高价收盘，后市看涨。实体很长时，称为长阳线。长阳线若出现在高价位时，股价会发生转向。

I 为十字星图形。上下影线都较长，而且长度几乎相等。股价在当天的上下波动中，有时高于开盘价；有时低于开盘价，收盘价与开盘价相同。表示今日多空战斗未分胜负（多空分歧很大），次日再分高低。收盘价比前收盘价高时，称为红十字星，否则称为黑十字星。它是转市的信号。在低价区出现的十字星是"启明星"（晨星），股价看涨；在高价位出现的十字星为"暮星"，即黄昏之星，股价看跌。若上影线很长，红黑实体很小时，称为射击星，它的形成是开盘价较低，多头力量上攻，一度急升，随后抛压加强，尾市收盘价又回落到开盘价附近。射击星出现在顶部时，股价反转的可能性极大，而出现在底部时，说明投资者心态不稳。

J 为云塔线，又称暂止线。低价位出现表示暂时止跌；高价位出现表示见顶。不论在什么价位出现，都表示股价要"暂时休止"。开盘后股价一路走高，在高价区遇到强大抛压，又将股价逼回到开盘价报收。它表示多头无力延升，后市难以乐观。而且上影线越长，后市越悲观。

K 为丁字线。开盘后股价一路走低，尾市遭多头反击，股价又被多头拉起。它表示空头力量有限，显示有反转迹象。出现在高价位是股价由高变低的先兆；出现在低价位是股价由低变高的先兆。

L 为四值同位线（称一字形线或称为转换线）。它表示着股价涨停板了或者跌停板了。在设有涨跌停板制度的市场中，它的出现有预示转势的意义，即在盘整时出现表示盘整要结束；在上升时出现表示上升将结束；在下跌时出现表示下跌将结束。一字形线是开盘价、最高价、最低价、收盘价均为同一价格的 K 线。全天只有一个成交价，即涨停板与跌停板的价位。

M 为定海神针，图形的实体极小，下影线很长。定海神针的出现有预示"转势"的意义。即当它在低价位出现后，预示后市（次日或次周）股价反转上升的概率极大。而且，下影线越长，上升概率越大。

由以上 13 种 K 线图可知：这些基本线型的意义，只是就一般情况而言。K 线图的奥妙，在于相同的 K 线图出现在不同的股价波动趋势中，有不同的意义。有时意义会截然相反。

5.4.2　K 线理论的实战应用

K 线理论的实战应用主要是指各种图形的观测应用方法。

（1）▯ 是特大阳线，也叫光头光脚阳线，股市行情不错，股价坚挺持续，可果断购买。

（2）▯ 是呈阳线，虽有一根下影线（股价曾一度落到低点），但上升势头明显，可果断购买。

（3）▯ 阳线很强，上影线高升，没有最低价，上影线越长，抛压越大，次日行情看淡。

（4）▯ 呈阳体，下影线长于上影线（最低价跌幅比最高价升幅大），低档承接活跃，可果断购买。

（5）▮ 收盘价小于开盘价，呈阴线。下影线也长于上影线，表明股价落点基本到底，反弹机会增多，可暂时观望。

（6）▮ 呈阴线，称为光头光脚大阴线，股市不好，应坚决卖出，不要犹豫。

（7）▮ 呈阴线，下影线拉长，表明股价不仅收盘价低于开盘价，虽然没有最高价的出现，最低价又很低，但在低价位遇到多头抵抗。

（8）▮ 虽有上影线，但以阴体为主，说明上档压力大，应卖掉股票。

（9）▯ 虽为阳线，收盘时走出一个好行情，但上影线较高于下影线的幅度，表明股价落差太大，不稳定，应果断卖出。

（10）▮ 反映出股价落差，不稳定，又呈阴线，应立即卖出。

以上介绍的是单一图形观测运用法。使用这种方法的关键是要确定一个中心值、高价值和低价值，然后根据变化调整自己的投资行为。

5.5　形态理论及应用

兵无常态，水无常形。在股市和期货市场中，其价格走势虽然是千变万化的，但是却有规律可循，会出现一些有规律的基本形态。股价曲线的上下波动是多空双方斗争的结果，多空双方力量的大小决定了股价曲线是向上运动还是向下运动。形态理论用于研究各种股价图形的形状、分析各种股价图形、判断多空双方力量的转化情况和发现股价的运动方向，可以指引投资者进行操作。

5.5.1 形态理论概述

1. 股价形态

股价形态就是股价在运行过程中所呈现的各种运动轨迹（各种图形），这种不同的股价走势图形就是股价形态。

形态分析就是对每一种股价走势图形的特征进行归纳、推理、判断、总结，帮助投资者判定买进与卖出的时机。

将多种股价形态归纳起来可分两大类：一类是整理形态；另一类是转势形态。股价趋势有三种运动方向：向上运动、向下运动和平行运动。它是股价运动的基本规律。

（1）整理形态。

整理形态是指股价波动进入了多空双方"短兵相接"的相持状态。相持时间越长，形成的成交密集区越大。在上升行情中，股价上升到一定程度会发生回档，回档时大量换手向上突破后，股价又继续上升。在下跌行情中，股价下跌到一定程度，经反弹无力上升时，股价向下突破盘局后又会下跌一段。由此可见，整理形态又可以定义为：股价波动经过盘局后继续朝原来方向上升或下跌，这种盘局行情出现的图形形态称为整理形态。整理形态的走势有两大类，如图5-17所示。一般会有两大运行规律：一是上升—盘局—再上升；二是下跌—盘局—再下跌。

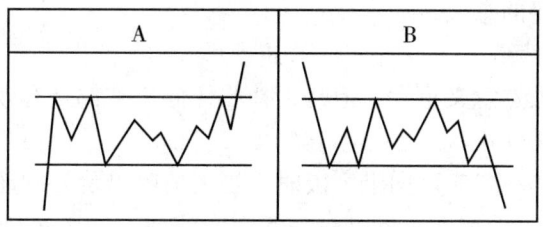

图 5-17 整理形态

（2）反转形态。

股价大趋势发生方向性改变，称为反转，突破盘局的反转图形形态称为反转形态。即由原先的上升行情转为下跌行情，或者由原来的下跌行情转为上升行情。反转形态的走势有底部反转形态和顶部反转形态两大类，如图5-18所示。股票价格的趋势运动一般会遵循以下的运行规律：一是上升—盘局—下跌；二是下跌—盘局—上升。

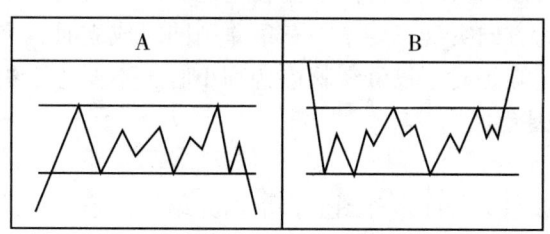

图 5-18 反转形态

（3）一般规律。

无论是整理形态，还是反转形态，都是多空双方力量对比的变化过程，价格趋势的运动一定会遵循以下两条基本规律：一是价格在多空双方力量的平衡位置作横向窄幅波动，以保持相对的平衡；二是当平衡位置被打破以后，价格就会向上运动或者向下运动，并且寻求新的平衡。

以上运动规律可以概括为：平衡整理→打破平衡→新的平衡→再打破平衡→再到新的平衡。

2. 方向突破

（1）方向突破的含义。

方向突破是指股价对盘局形态的上界线或者下界线有效穿越。对股价形态上界线的有效穿越称为向上突破；对股价形态下界线的有效穿越称为向下突破。所以，当股价走势正处在盘局形态时，股价走势是属整理形态还是属反转形态，最终取决于盘局的有效突破方向。如果股价原先的走势是上升的，经过盘局后股价向下突破，则称之为反转形态；反之，股价若向上突破，不是反转形态，而是股价的继续涨升状态。如果股价原先的走势是下跌的，经过盘局后股价向上突破，则为反转形态；反之，股价又向下突破，也不是反转形态，而是股价的继续下跌状态。

股价一旦向上突破盘局时，股价就会加速上升，是买进股票的良好机会。反之，若股价向下突破盘局时，股价将会加速下跌，是卖出股票的时机。可见，股价形态的突破在技术分析中有很重要的意义。

（2）方向突破三要素。

股价形态的突破虽然意义重大，但是，并非任何突破都是有效的。判断有效突破的标准有以下三个必要条件。

① 当天突破幅度超过3%。向上突破时，当天的收盘价必须超过形态上界线价位的3%以上。有时候这一突破幅度也可以在一两天内完成。向下突破时，收盘价必须低于形态下界线价位的3%以上，即突破幅度必须超过3%方为有效突破。

② 连续三天规则。股价在突破形态的上界线价位或下界线价位后，连续三天继续向突破方向发展。即连续三天的收盘价比形态上界线高或比形态下界线低，表明突破有效。

③ 成交量随之放大规则。成交量是衡量市场气氛的重要指标。当股价向上突破时，必须有大成交量配合。成交量放大，人气活跃，换手积极，投资者有信心。所以，股价向上突破时，成交量必须增大。股价向下突破时，有时候成交量不一定放大。

上述三条原则称为方向突破三要素，三条原则同时成立时，突破才有效。在上述三要素中，只要有一条不满足时，投资者就应特别小心，不要急于买进，以免误入市场主力设下的"假突破"圈套。

3. 基本图形

整理形态和反转形态又有许多种图形，下面介绍一些最常见的图形。

（1）整理形态的基本图形。

整理形态的基本图形有：三角形、楔形、头肩形、矩形等。如图5-19所示。股价整理后，仍按原方向运行。

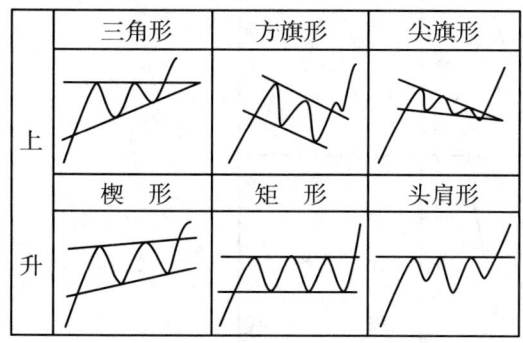 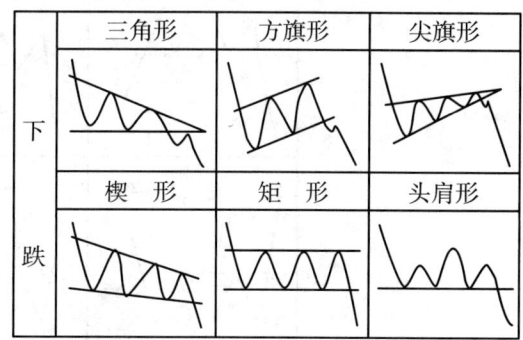

图 5-19 整理形态的基本图形

（2）反转形态的基本图形。

反转形态的基本图形有：双重顶（底）、三重顶（底）、头肩顶（底）、圆形顶（底）、三角形和楔形等。如图 5-20 所示。

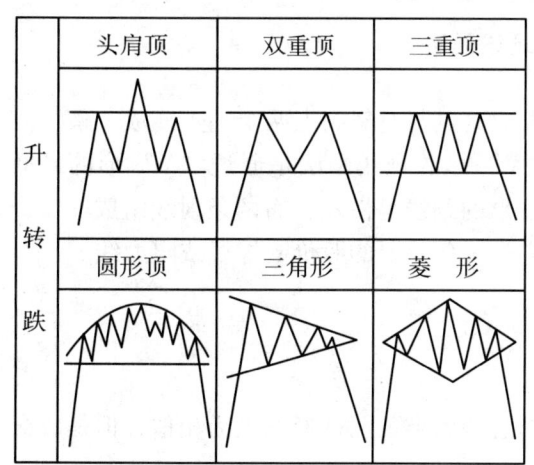 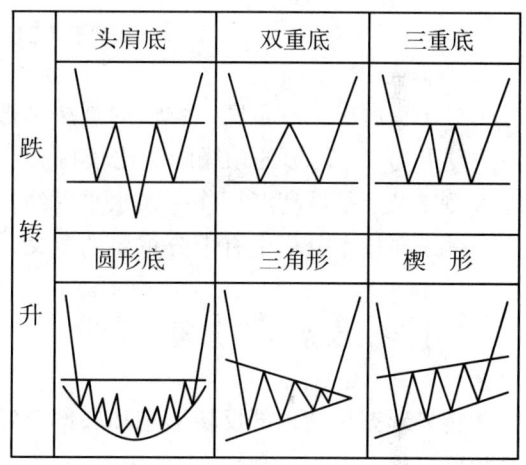

图 5-20 反转形态的基本图形

在反转趋势过程中，股价波动幅度越大、波动时间越长，反转后股价的变动幅度也越大。否则反之。

4. 颈线画法

颈线是指股价脱离盘局时，改变原先的走势，往相反方向变动的基准线。颈线是股价走势反转的"分水岭"。反转形态出现后，才画颈线，用以研判股价反转的幅度。

如图 5-21 所示，在升转跌的各种图形中，颈线是图形的下界线；在跌转升的各种图形中，颈线是图形的上界线。

对于头肩顶、双重顶、三重顶，颈线的画法是把左肩低点与右肩低点两个低点连线。颈线不一定是水平线，它根据股价走势可以上、下倾斜。

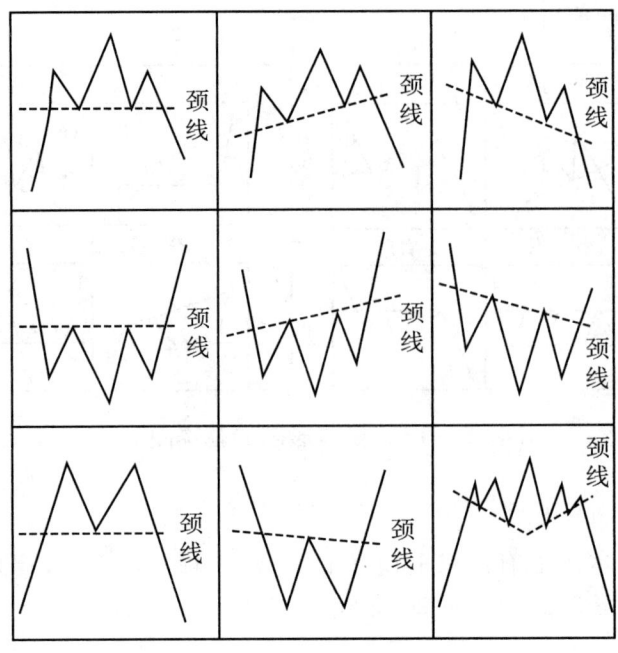

图 5-21 颈线画法

对于头肩底、双重底，颈线的画法是把左肩高点与右肩高点两个高点连成一条线。菱形与"V"形的颈线画法比较特殊。"V"形的颈线画法是通过"V"形的最低点（倒"V"是最高点）作一条水平射线。菱形的颈线是由左、右两条射线组成。

颈线在技术分析中有十分重要的意义，它是一条重要的股价支撑线或阻力线。

5.5.2 转势形态分析

转势形态包括顶部反转形态和底部反转形态两大类。两种形态极为相似，但是成交量相反。

反转形态中的主要图形有头肩顶与头肩底、双重顶与双重底、三重顶与三重底、圆形顶与圆形底、V 形顶与 V 形底、楔形与菱形等。

1. 头肩顶形态

（1）图形特征。

头肩顶图形如图 5-22 所示。

① 图形由"三涨三落"构成。股价经过一段时间涨升之后，成交量随之放大，投资者获利丰厚，抛压增加，股价出现短期回落，成交量减少，形成左肩。股价第一次回落止跌后，股价又涨升，并突破左肩顶点，股价创新高，成交量也创新高。投资者因股价过高产生恐慌心理而沽售股票，股票价格又回落至前期低点附近，形成头顶。股价第二次回落止跌后，股价再次涨升，但涨升力度不大，股价与成交量均未创新高，股价高位遇阻再次回落至前期低点附近，形成右肩。

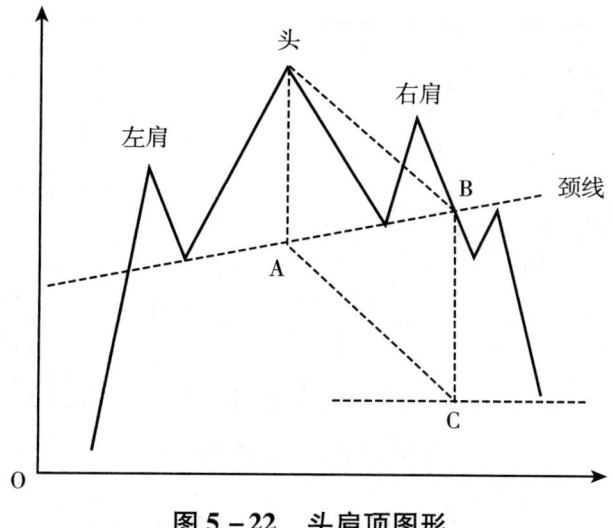

图 5-22　头肩顶图形

② 股价跌破颈线价位的 3%。把两个股价低点连接起来即为颈线。股价从右肩顶点开始下跌，跌破颈线价位的 3% 之后还要断续下跌。

③ 股价再度深跌。股价向下有效突破后，通常会出现一次反弹。当股价反弹到颈线附近时遇阻回落（此时颈线是阻力线），又形成更深的跌幅。

④ "牛"末"熊"初出现。头肩顶是一个由上升趋势向下跌趋势过渡的反转形态，通常出现在"牛"末"熊"初。

（2）分析应用。

① 右肩出现之后，追高者应十分谨慎。只能采取短线快进快出的操作方式。

② 股价跌破颈线时，是最后一次止损机会。股价跌破颈线是卖出信号，任何一次反弹都是多头逃命的良机。这时，股价与顶点相比虽然跌去了一截，但是，跌势才刚刚开始，大跌还在后边。

③ 价跌量减，反弹的几率大。股价跌破颈线后，是否会出现反弹，要由当时的成交量决定。若是价跌量减，反弹的几率大；若是价跌量增，还会加速下跌，即使有反弹，也是反弹无力。此时，不易盲目抢反弹。应采取多看少动的操作策略。

④ 如果颈线向右下方倾斜，表示股价走势软弱无力。

⑤ 头顶确认方法：当股价第三次涨升时，比前一个高点低，而且成交量没有放大，头顶有可能出现。一旦头顶确认，杀伤力十分强大。所以，头顶是否出现，是一个十分重要的技术走势形态。如果股价跌破颈线后，股价回升又超过前期高点的价位，并且成交量有效放大，则应放弃头肩顶的确认，可能是又一波上升行情。

⑥ 下跌幅度预测方法：股价从颈线位置起，下跌的幅度为头顶最高点到颈线的垂直距离。具体方法可以用作平行四边形的方法求出。如图 5-22 所示，股价跌到 C 点价位才有可能止跌企稳。

2. 头肩底形态

（1）图形特征。

头肩底是头肩顶的倒置图形，如图 5-23 所示。

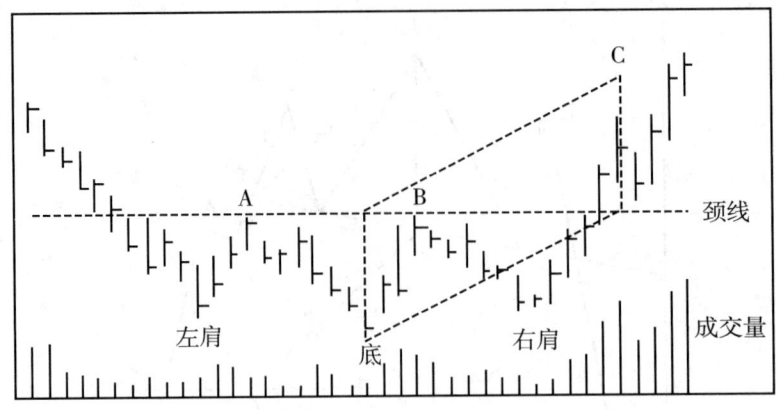

图 5－23 头肩底图形

① 图形是由"三落三涨"构成。股价第一次下落又上涨形成左肩，第二次下落又上涨形成底部，第三次下落又上涨形成右肩。

② 股价升涨超过颈线价位的 3%。把两个股价高点连接起来即为颈线。收盘价超过颈线价位的 3%，并且成交量跟随放大为有效突破。

③ 股价再度大幅上涨。股价有效向上突破后，必将会大幅上涨。即便有回调，在颈线附近也会有强力支撑。

（2）分析应用。

① 头肩底形态的出现时机为"熊"末"牛"初。

② 头肩底形态出现并向上有效突破颈线后，要果断买入。此时，股价与底部相比虽然已经涨升了一截，但是升势才刚刚开始，大涨还在后边。

③ 价升量增，向上突破的几率大。股价向上突破后，必须有大成交量配合。股价向上突破后，加速上扬，这时宜守仓，以静制动。如果是假突破，则不要盲目追涨。

④ 头肩底形态的反转是把跌势转为升势，所需时间长，而且底部也显得圆滑平坦（不像头肩顶那样急升急落）。

⑤ 股价回调不跌破颈线。股价突破颈线后，即使有回调，股价也不应跌破颈线。否则是一种失败的图形，应重新研判，调整操作策略。

⑥ 上升幅度测量方法：作平行四边形，如图 5－23 所示。

3. 双重顶形态

双重顶图形如图 5－24 所示。

（1）图形特征。

① 图形由"两升两落"构成。两个峰顶几乎等高，形状像 M，又叫 M 头形态。

② 股价跌破颈线，图形即可确认。双重顶的颈线做法是：通过两个峰顶之间的一个低点（A 点）做一条水平线。股价只要跌破颈线，不需成交量增加，形态即可确认。

③ 反弹无力，再度下跌。股价跌破颈线后，通常会出现一个无力反弹，股价回升到颈线位置，遇阻回落，再度下跌。

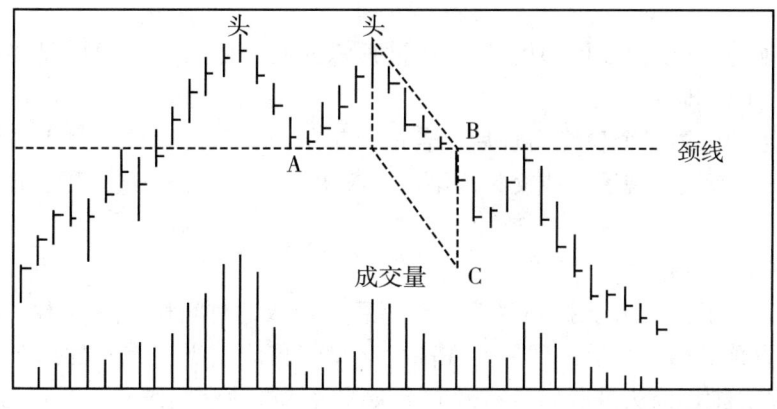

图 5-24 双重顶图形

(2) 分析应用。

① 当第二个峰顶出现后，尽快获利了结，暂时退场观望，等待时机。

② 双峰出现，格外小心。左右两峰，一高一低（也可等高），成交量左峰大，右峰小。说明买盘力量趋弱，追高意愿不强，是跌势即将来临的前兆（转势预兆）。

③ 形成左峰后回调幅度一般为左峰高点价位的 0.191（约为 20%）。计算公式：回调幅度 = 高点价位 ×0.191。

④ 股价跌破颈线时，是卖出止损信号。

⑤ 双重顶最小下跌幅度是从顶部最高点价位到颈线价位的垂直距离。

4. 双重底形态

(1) 图形特征。

双重底是双重顶的倒置图形。

① 双重底是双重顶的倒置形态，又称 W 底形态。右底会高于左底。

② 通过 W 底的高点（A）作一条水平线，就是双重底的颈线。

③ 双重底确认后，上升趋势形成。股价向上突破颈线位置时，成交量必须放大，图形得以确认。

④ 回调时收盘价不低于颈线价位，形态有效，上升趋势不变。股价突破颈线后，通常会出现技术性回档，但回档的最低收盘价不应低于颈线价位，上升趋势方能保持。

(2) 分析应用。

① 右底出现，试探买进。右底出现并略高于左底，成交量极度萎缩时，用少量资金买进股票，有可能成功抄底。

② 当股价向上突破颈线，同时成交量剧增时，为有效突破。果断跟进，波段式操作。

③ 双重底的最小上升幅度是从谷底至颈线的垂直距离。

5. 三重顶与三重底

(1) 图形特征。

① 图形由"三起三落"构成。三个顶峰或三个谷底的间隔距离不必相等，高低价

位也不必相同。

② 三重顶与三重底的颈线画法是：通过顶峰的两个低点（三重底是谷底的两个高点）连成一条直线即为颈线。

③ 当三重顶的第三个顶峰出现后，若成交量很小，形态确认，是下跌的预兆。当三重底的第三个谷底出现后，成交量逐渐放大突破颈线时，成交量剧增，形态确认，上升行情展开。

（2）分析应用。

① 三重顶（底）有几次探顶（底）的过程，形成的时间长。图形不一定规则。

② 当三重顶的第三个顶出现后，在高价区抛光持股。当三重底的第三个谷底出现后，在低价区分批逐渐买进股票，有效向上突破后，再满仓操作。

③ 三重顶（底）的最小跌（涨）幅度是从顶部（底部）至颈线的垂直距离。

6. 圆形顶与圆形底（扇形）

（1）圆形特征。

① 圆形顶是在上涨初期，股价快速拉升。升涨一段后，抛压沉重，上升无力，在高价区振荡最后多方无力支撑，股价快速下跌，股价与成交量在顶部形成圆弧状。如图 5-25、图 5-26 所示（扇形是圆形的特殊形式）。

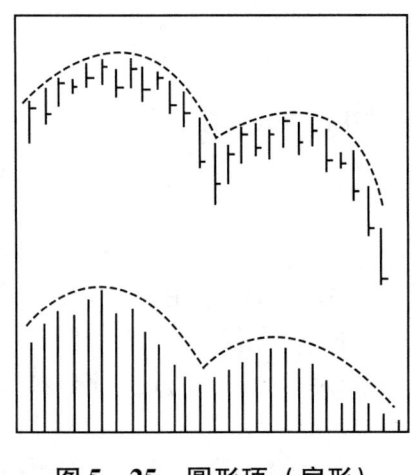

图 5-25　圆形顶（扇形）

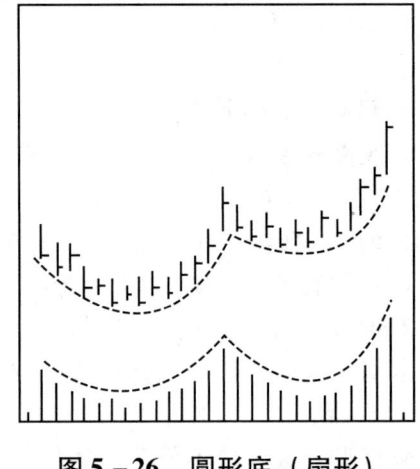

图 5-26　圆形底（扇形）

② 圆形底是圆形顶的倒置图形。股价与成交量在底部形成圆弧状。上升初期，股价与成交量缓慢增长，只有在股价向上冲刺时，量价才会大幅度增加（扇形是圆形的特殊形式）。

（2）分析应用。

① 圆形顶（底）的形成是一个缓慢的演变过程。把两端两个低（高）点连成一条线即是颈线。

② 圆形顶形成后，股价不会立即下跌，有一个振荡整理过程。在图形的中间顶端，常常会看到这样的现象——高价位放量但股价不涨，也就是"该涨不涨，必有一跌"的迹象。操作策略：分批抛售持股。因为，股价在高价位平衡整理，这种平衡是暂时

的，主力一旦出货完毕，平衡很快就会被突破，形成快速下跌趋势。

③ 圆形底形成后，股价突破颈线位置会大幅度上涨。多方控制局势，上升行情属爆发性质。"涨得急，结束快"是其特点。急升过程中很少有回档。操作策略：在圆形底部形成时分批买进，在股价突破颈线后全仓操作。上升下跌幅度约为弧形的半径 r。

④ 圆形顶（底）的上升（下跌）幅度约为弧形的半径。

7. V 形顶与 V 形底

V 形顶与 V 形底图形如图 5 – 27、图 5 – 28 所示。

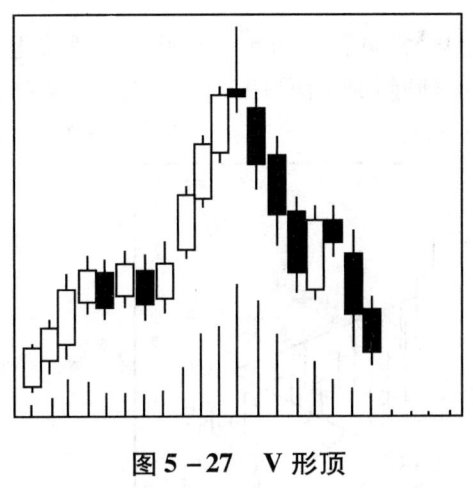

图 5 – 27　V 形顶　　　　　　　图 5 – 28　V 形底

（1）图形特征。

① V 形顶与 V 形底也称单顶和单底。图形急速反转，走势预测困难。V 形顶是在市场一片看好的背景下股价节节扬升，在高价位突然出人意料地反转直下，股价大幅下跌。V 形底是股价在某一个低位水平时，突然大幅上扬，快速收复失地。

② V 形顶的峰位成交量最大，V 形底的谷点成交量并非最小。

③ V 形顶（V 形底）在上升途中有横盘现象，下跌途中横盘较少。股价有跳空现象。

（2）分析应用。

① 把上升横盘与下跌横盘两点连接起来即为颈线。上升或下跌幅度约为顶部或底部至颈线的距离。

② 在 V 形顶的高价区，日 K 线会出现一根长阳线或云塔线。出现长阳线或云塔线（上影线很长的十字星）时，是出货的良机。

③ 在 V 形底的谷点，日 K 线会现一根下影线很长的十字星（定海神针），是买入信号。

④ V 形顶和 V 形底属暴涨暴跌走势。股价在底部或顶部停留的时间极短，供操作者操作的机会仅有一次，操作难度大，在底部抄底和在顶部逃顶的人很少。因此，投资者在操作上必须思维敏捷。决策和行动都要迅速果断，在某种程度上要敢于追涨杀跌。

5.5.3 调整形态分析

调整形态的主要图形有三角形、矩形、旗形、楔形、圆形等。

1. 三角形

股价成三角形趋势时，主要有对称三角形和直角三角形等图形。股价向上或向下突破后，仍按原方向运行。

（1）图形特征。

① 三角形的图形有收敛与发散两种。收敛型最常见，如图 5-29 所示。股价进入成交密集区上下波动，波幅逐渐缩小，上、下界线倾斜交叉而呈三角形。上、下界线的交叉点为敏感点，接近敏感点的三角区称为敏感区。

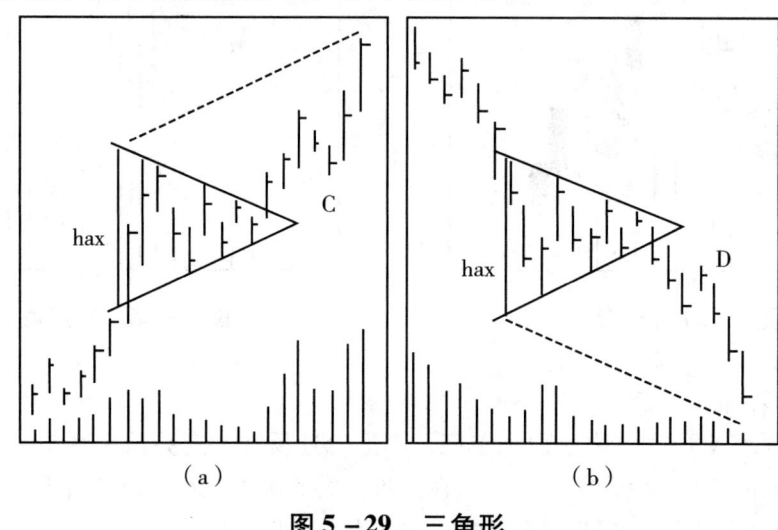

图 5-29 三角形

② 三角形的上、下界线即为颈线。三角发散处的垂直距离（hax）即为测量幅度。

③ 成交量的变化规律是：成交量逐渐萎缩直到突破三角形上、下界线时，才有效放大。

④ 三角形是一种整理形态，是一种暂时平衡状态。突破上、下界线后，并不改变原先的运行趋势，即突破后股价不会反转，仍会沿原先的大趋势运动，该升的依然升，该跌的依然下跌。

⑤ 当图形为直角三角形时，若上界线几个高点均处在同一水平线上，下界线的几个低点逐次抬高，则为上升三角形；若下界线几个低点处在同一水平线上，上界线几个高点逐次降低，则为下降三角形。即上升三角形的下界线向上倾斜，下降三角形的上界线向下倾斜。如图 5-30 所示。

⑥ 三角形多出现在整理形态中，反转形态比较少见。

（2）分析应用。

① 股价上、下突破的时机一般发生在三角形的敏感区。当股价变动到敏感区时，应注意观察是否有突破迹象。

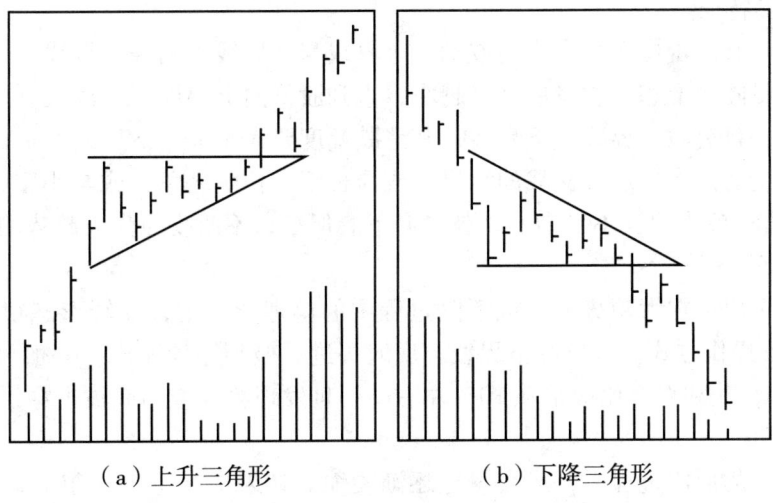

（a）上升三角形　　　　（b）下降三角形

图 5-30　直角三角形

② 当股价突破上界线，成交量放大，股价脱离盘局，快速上升，为有效突破。此时是买进时机。反之，一根长阴线突破下界线，此时是卖出时机。

③ 三角形态确认后，升跌幅度为三角形张口的长度（hax），即上界线最高点与下界线最低点的垂直距离。

④ 形态为直角三角形时，上升三角形为股价上升的信号；下降三角形则为股价下跌的信号。

⑤ 谨防假突破。假突破有以下几种情况。

一是股价紧挨着上界线而突破，成交量又无明显放大，为假突破；二是股价紧挨着下界线而突破，为假突破；三是股价运行至三角形的顶点才向上（下）突破，也是假突破。

2. 矩形

矩形也叫箱形，是一种典型的整理形态，如图 5-31 所示。

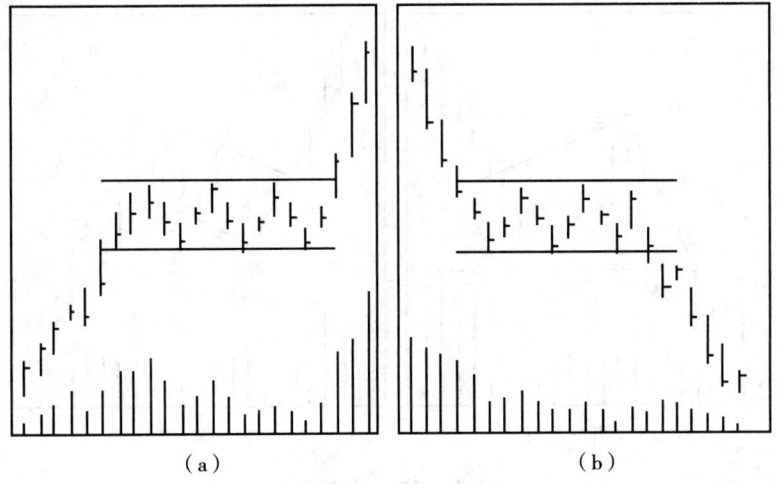

（a）　　　　　　　　（b）

图 5-31　矩形

(1) 图形特征。

① 股价在某一价位区域内横向波动，上界线与下界线为两条平行线。

② 成交量随着形态向右发展越来越小，直到股价向上突破时才放大。

③ 矩形一旦突破上界线或下界线，其涨跌幅度要大于上、下界线的垂直距离。

④ 矩形走势是多空双方交战的结果。或与长阳、长阴之争；或与小阳、小阴对抗。最终必有一方筋疲力尽，不是向上，就是向下。但是，不改变原先大趋势的方向。

(2) 分析应用。

① 矩形多出现在大趋势上升或下降过程中的整理形态中，反转形态很少。操作策略：采取箱形操作方式。股价在下界线箱底时买进，碰到箱顶卖出。一般可以进行2~3次短线操作，获利百分比应定在10%左右。一旦发现箱顶或箱底被击穿，应及时调整操作策略。

② 在矩形的形成过程中，成交量应逐渐萎缩。如果成交量突然很大，有可能是突破迹象。操作策略：持股观望。

③ 在矩形横向盘整的后期，应暂停操作。久盘必跌，观望为妥。

3. 旗形

常见的旗形图形是方旗形，图形如图 5-32 所示。方旗形与矩形的区别：方旗形的上界线与下界线不是水平的，而是倾斜的。

(1) 图形特征。

① 股价走势在急速波动中形成一个方向与原先趋势几乎相反的倾斜的长方形形状，即为方旗形。

② 上升趋势中的方旗形，旗面向下倾斜，股价向下盘档整理，一波比一波低，却能很快扭转跌势，向上界线突破，股价再度急速上扬。如图 5-32 (a) 所示。

③ 下跌趋势中的方旗形，旗面向上倾斜，股价反弹回升，而且一波比一波高。股价大有将要再次上涨之势，却会很快调头向下，并突破下界线，继续按原先的下跌方向运行，如图 5-32 (b) 所示。

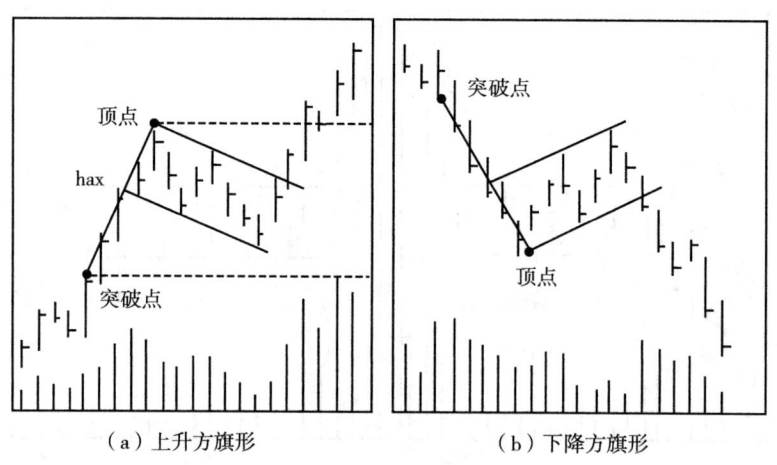

(a) 上升方旗形　　　　(b) 下降方旗形

图 5-32　方旗形

④ 旗形在整理过程中成交量逐渐减少。只是向上、向下突破时成交量增加。

（2）分析应用。

① 旗形多出现在上升或下跌过程中的整理形态中，突破后并不改变原先的运行趋势和方向。

② 旗形的整理时间约为 1~3 周。如在上升趋势时，趋势线向下倾斜，成交量很小，有跌不下去的感觉。操作策略：成交量极度萎缩时，低价位大胆吸筹。该跌不跌，说明投资者持筹心态稳定，看好后市。

在下跌趋势时，趋势线向上倾斜。股价一波比一波高，大有向上突破之势。操作策略：等到股价上升到上界线时，抛出持股。

③ 旗形确认后，突破后的最小升幅或最小跌幅为整个旗杆的长度。旗杆长度是指从突破点算起到旗形的顶点的斜距离。

④ 尖旗形的特征与方旗形相似。

4. 楔形

楔形既出现在反转形态，也可出现在整理形态。其特点与旗形有较大差别，应引起注意。楔形与三角形既有相同点，也有区别：相同点，二者的上、下界线都是收敛的；不同点，三角形的两条界线是一条向上倾斜，另一条向下倾斜，而楔形的上、下界线都同时向上倾斜或同时向下倾斜。如图 5-33 所示。

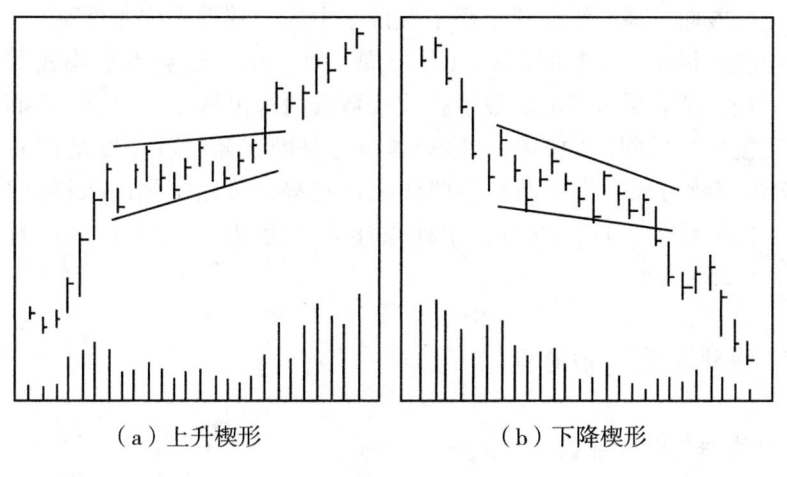

（a）上升楔形　　　　（b）下降楔形

图 5-33　楔形

（1）图形特征。

① 上升趋势楔形的上、下界线同时向右上方倾斜，而且下界线比上界线陡。

② 下跌趋势楔形的上、下界线同时向右下方倾斜，而且上界线比下界线陡。

③ 在楔形区内，成交量随着形态的右移而递减。

（2）分析应用。

① 上升趋势的楔形，价位缓慢上升，成交量缓慢递减。说明众人持股心态稳定，对后市充满信心，是在聚积力量上攻。股价突破上界线，而且成交量放大时，是买入信号。操作策略：长线短做与短线长做相结合。向上突破时，短线长做；向下反转时，长

线短做。

② 下跌趋势的楔形，股价缓慢下跌，成交量递减，下跌动能不足，横盘整理趋势还能维持一段时间。当股价跌破下界线时，成交量无须放大，即为有效突破。此时是卖出信号。投资者应采取短线箱形操作方式。即在楔形形成的初期和中期，股价至下界线买进，股价升至上界线卖出。只有在股价运行到楔形末端时，才停止操作。因为，下跌楔形的上升或下跌是比较缓慢的，不是急升骤跌。

③ 楔形向上或向下突破后，升幅或跌幅至少是形态内高低点落差的 0.618 倍。

5.6 平均线理论及应用

5.6.1 什么是平均线分析法

移动平均线（MA）分析法是由美国投资专家约瑟夫·葛兰威尔创立的，从道氏理论演化而来，也是道氏理论的数字量化。

平均线分析法，就是统计学中的平均数分析法。采用统计学分析法，可以最大限度地滤掉那些随机变化的"偶然因素"，保留趋势变化的"必然因素"，用来研究股价或指数趋势变化的方向。移动平均线采用了统计学中的"移动平均原理"。

移动平均线是指一定交易时间内（日、周、月、年）的算术平均线。移动平均线是利用统计原理，把股票价格的收盘价在连续数日内求出算术平均值，再将每天计算出来的平均值连接成一条圆滑的曲线。移动是指这条曲线随时间不断地向右变化。股价（指数）趋势的变化可以分为长期、中期和短期趋势，可用不同的采样天数进行处理。例如，短期采样天数为 5 日、10 日；中期采样天数为 20 日、30 日、60 日；长期采样天数为 120 日、250 日等。

5.6.2 移动平均线的使用

1. 移动平均线的时间基数

移动平均线在计算和画图的过程中，要先确定采样的天数。不同的天数对应着一条不同数值的移动平均线。把几条平均线画在同一个坐标系中，称为"平均线系统"。

移动平均线的采样天数越短，对股价波动的反映越敏感，但对整体趋势研判的可靠性（随机误差）越差。反之，采样天数越长，对股价波动的反映越迟钝，但对整体趋势研判的可靠性越强。

移动平均线有短期线、中期线与长期线之分。投资者经常把短期线、中期线和长期线组合起来，综合研判股价的波动趋势。

移动平均线短期线、中期线和长期线的一般根据时间基数来划分。① 5 ~ 10 日移动平均线为短期线。一般采用 5 日、10 日两个时间基数画图。② 20 ~ 60 日移动平均线为中期线。一般采用 20 日、30 日、60 日三个时间基数画图（短线操作者可把 60 日作为中长线）。③ 70～250 日移动平均线为长期线。一般采用 120 日的时间基数画图。

图 5-34 为均线系统（组合）图。

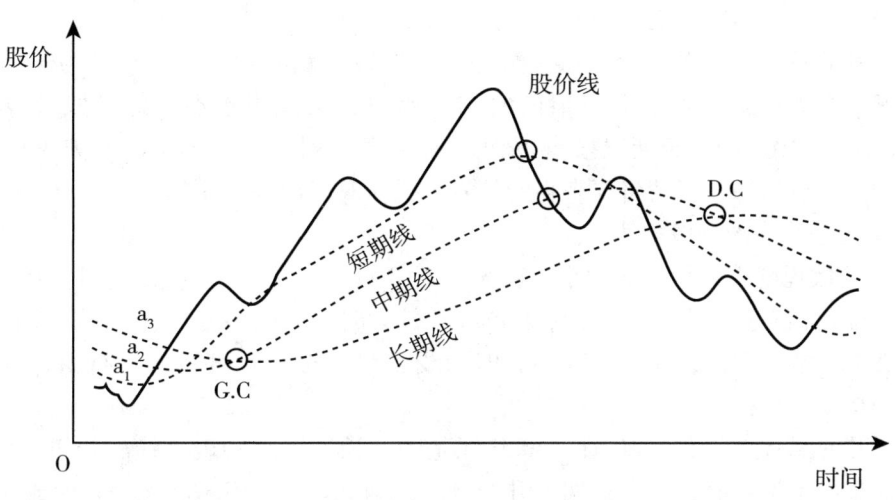

图 5-34　均线系统

2. 移动平均线的作用

（1）在多头市场中。在多头市场里的股价上升趋势中，移动平均线朝一个方向连续移动几个星期或几个月，这种持续上升作用称为移动平均线的助涨作用。在空头市场股价的下降趋势中，移动平均线也同样有助跌作用。

在多头市场的初期或中期，股价在上升过程中会出现回档。在回档过程中，股价跌至平均线附近（没有跌破平均线）时，平均线便产生支撑力量，托起股价再度上升。这就是移动平均线的助涨效应。短期均线对股价短期回档有短期助涨作用，中长期均线对股价中长期回档有中长期助涨作用。但是，当多头市场接近尾声时，买盘渐弱，涨势趋缓，股价在高位横盘，上升无力，出现回跌，股价跌破平均线后，平均线将失去助涨能力。跌势必然会加速下跌。

（2）在空头市场中。在空头市场的初期或中期，股价在下跌过程中会出现反弹。在反弹过程中，股价反弹至平均线附近（没有超越平均线）时，平均线便产生压力（阻力），迫使股价再度下跌。这就是移动平均线的助跌效应。短期线对股价的短期反弹有助跌作用，中期线对股价的中期反弹有助跌作用。但是，在空头市场末期，卖盘渐弱，跌势趋缓，股价在低位横盘，股价弹升至平均线附近，并向上穿越平均线后，平均线将失去助跌能力。

3. 黄金交叉点与死亡交叉点的意义

（1）黄金交叉点。黄金交叉点一般是指中期线上升时超过长期线并与长期线的交叉点。黄金交叉点是确认上升行情将进入上涨时期的标志。黄金交叉点出现后，每日股价线、短期线、中期线、长期线自上而下依次排列成顺向图形，这是典型的上涨行情，操作时，可以毫不犹豫地介入。因为在黄金交叉点附近价位介入，风险较小，利润较大。黄金交叉点意味着中、长期上涨行情已经确认，是中、长线介入的最佳时机。当股价高高在上，已远离黄金交叉点时，为防股价反转下跌，应早日卖出股票。短线操作时，既可以把短线与中期线、长期线的两个交叉点视作黄金交叉点，也可把股价向上依次穿越短、中、长期线的三个交叉点视作黄金交叉点。

（2）死亡交叉点。死亡交叉点一般是指中期线下跌时超过长期线并与长期线的交叉点。死亡交叉点意味着上涨行情的终结。死亡交叉点出现后，每日股价线（日K线）、短期线、中期线、长期线按自下而上的顺序排列成逆向图形。是典型的下降行情。死亡交叉点是暴跌行情将要来临的信号，操作时，应果断止损。

4. 移动平均线的一般规律

（1）发散程度决定行情的大小。若5日、10日、20日、30日、60日、120日线呈多头向上排列，而且向上缓缓发散，"张口"较大时，表明多方控制局面，股价可看高一线。反之，空头发散，应反弹减磅。即均线系统"散离程度"大，行情也大。黄金交叉点处是买入良机。

（2）中期线是生命线。30日、60日线是中、长期趋势的确立线。若30日、60日线开始同步向上发散时，中、长期上升趋势已经确立。这一发散状况一旦形成就不理会短期线（5日、10日）的调整。反之，30日、60日线向下空头发散时，中长期下降趋势已经确立。

（3）中线上升，涨势继续。短线回调，中线上升，涨势继续。若5日、10日线回档，30日线上升趋势未变，则只是技术性回档，涨势并未结束。反之也一样。

（4）中线回调，下跌较深。中线回调，长线上升，表示回档较深。若5日、10日、30日线都反折向下，而60日、120日线仍然是惯性上升，表示回档较深。短线操作应先出局观望。

（5）空头排列，行情结束。股价依次向下跌破5日、10日、30日、60日线并且均线系统也先后反转下跌，成空头向下排列之势，表示多头市场结束，空头市场来临。这是四个卖出点。

（6）均线黏合，表示盘整。若5日、10日、30日线纠缠在一起，表示盘整格局已经产生。

（7）短线上穿中线，后市走高。大势盘整时，5日、10日线向上突破30日线，后市股价看高。反之，后市股价看低。

（8）短线跌破中线，后市看淡。在空头市场中，股价向下突破了5日、10日线，在30日线遇阻回升后，又跌破30日线，说明仅仅是反弹征兆。

（9）短线暴跌，偏离过大，必然反弹。股价突然暴跌，短期线突然过分偏离，预示着股价短线必然反弹。操作上可考虑抢反弹。

（10）四个最佳买入点。在空头市场中，股价依次向上穿越5日、10日、30日、60日线，表示多头市场已经开始。这四个突破点是四个最佳波段性的买入点。

移动平均线系统是股价趋势的重要技术参数，它在典型的上升通道与下降通道中表现得淋漓尽致。股价移动平均线实际上是代表了市场多数投资者的建仓或套现的平均成本。股价上穿20日、30日线遇阻受挫，实际是投资者解套出货所致。投资者解套或止损后，平均线才能发散、延续。只有投资者无法解套时，均线系统才会慢慢黏合在一起,等待发散时机。20日(30日)线是衡量市场中期强弱的重要标志,在实际操作中应当引起重视。

5.7 量价关系理论

逆时针曲线是用来表示股票价格与成交量之间的微妙关系的曲线指标,又称"量价关系理论"。设一直角坐标系,横轴表示成交量,纵轴表示股价,将各个时期的股价与成交量的交点连接起来,即可画出该曲线。由于画出的曲线与时针转动的方向相反,故得名逆时针曲线。

股票价格与成交量每时每刻都在发生变化,逆时针曲线就是利用股票的移动平均价格与成交量的移动平均成交量的关系,来分析判断多空力量的强弱,从而把握买卖时机的曲线指标。

逆时针曲线指标对多方与空方力量的转换(二者间的微妙关系),通过分析量价关系会有确切的表示。它对股价的底部与顶部的研判更为有效。

5.7.1 基本概念

为了便于研究问题,我们把逆时针曲线图改画成标准图形,并将逆时针标准图形分为八种情况进行研究。逆时针曲线标准图形如图5-35所示。

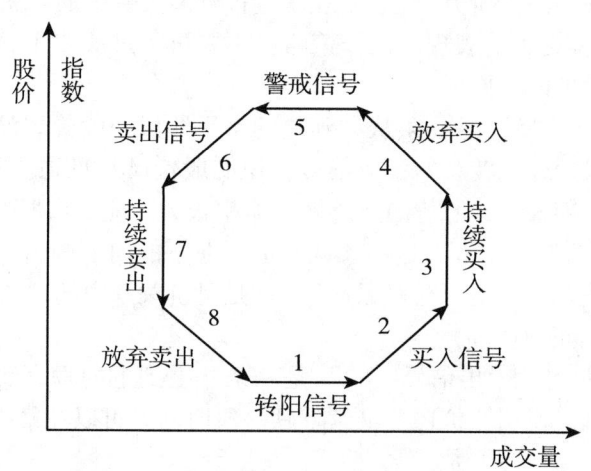

图 5-35 逆时针曲线的标准图形 [量价关系理论]

标准图形中反映出来的量价关系更具有一般规律性和代表(普遍)性。

图5-35是逆时针曲线的核心与灵魂,是研究股市中"量价关系及其规律"的,它可以揭示"量价关系是股市中铁的定律"。

其连接顺序为1→5→3→8→2→6→4→7→1,有对应关系(也可以按1→2→3→4→5→6→7→8的顺序,方便记忆)。

5.7.2 基本原理

逆时针曲线的量价变化关系分为三类：一类是盘升的多头市场；二类是盘跌的空头市场；三类是盘整振荡的平衡市场。盘升型是多头力量强盛，空头力量弱；盘跌型是空强多弱，盘整型是多空双方势均力敌。

5.7.3 实际应用

下面以如图 5-35 所示的标准图形为例，研判股价的未来走势。

"1"为转阳信号。"1"是一条从左到右的水平线段，股价没有发生变化，但成交量却在增大。这是股价将要上升的前兆。特别是在低价位区域时，这种转阳信号更加可靠，应买进股票。成本最低，风险最小，收益最大。

"2"是买入信号。"2"是一条从左下到右上的向上倾斜的线段，股价在不断上升，成交量逐步放大。规律是"价升量增"。这是价量同步关系中的"价升量增"正向循环，是买入信号，说明股价已进入初升期，应满仓操作。

"3"是持续买入信号。"3"是一条从下到上的垂直线段，成交量变化不大，股价却在直线上升。说明股价已进入主升期，还有一段上升时期，可以持续买入。但是，随着股价的爆升，成交量减少，上升动力不足。

"4"放弃买入信号。"4"是一条从右下到左上的向上倾斜的线段，股价还在上升，成交量正在萎缩。规律是"价升量减"。这是量价背离关系中的"价升量减"信号（反向循环）。是股价上涨乏力的表现。操作策略：不要再买进股票了，应该准备卖出。因为上升动力不足，股价即将见顶。

"5"为警戒信号。"5"是一条从右到左的水平线段，股价却没有发生变化，但成交量在减少。这是股价即将转跌的警戒信号，说明股价已经见顶。特别是在高价区时，出现这种信号更应引起警觉，股价向下反转的概率很大，应卖出股票。

"6"是看跌卖出信号。"6"是一条从右上到左下的向下倾斜的线段，股价在不断下降，成交量在萎缩。规律是"价跌量减"。这是量价关系中的"价跌量减"的同步信号，也是卖出信号（正向循环）。

"7"是持续（割肉）卖出信号。"7"是一条从上到下的垂直线段，成交量变化不大，股价在一路下跌。说明股价还要继续下跌一段时间。可以在暴跌的初期持续卖出或果断清仓离场。

"8"是放弃卖出信号。"8"是一条从左上到右下的向下倾斜的线段，股价下跌，成交量增大。规律是"价跌量增"。这是量价关系中"价跌量增"的量价背离信号，也是转势的前兆（反向循环）。操作策略：不要再卖出股票，等待股价反转或反弹。

由上分析可知，逆时针曲线是揭示股市中股价与成交量关系规律的曲线，即量价关系用矢量描述而且按逆时针方向旋转，根据量价关系的变化情况，研判股价趋势的未来变化。逆时针曲线直观地体现了量价的变化规律。正向规律"价升量增，价跌量减"；反向规律"价升量减，价跌量增"。

第6章 技术分析指标及应用

技术指标法是技术分析中极为重要的分支。技术指标的流行是在计算机被广泛使用之后，因为计算技术指标涉及巨大的计算量。大约在20世纪70年代之后，技术指标开始流行。

技术指标是指用某一种数学模型对行情演变的历史数据处理后得到的数值，使用不同的数学模型将产生不同的技术指标。这些不同的技术指标，从不同层面或不同角度反映市场某一方面深层次的内涵，揭示市场的运动状态。

本章将介绍几种常用的技术指标的基本概念、特征和一般规律，并对各种技术指标的使用方法及分析应用中应注意的问题做重点介绍。

6.1 指数平滑异同移动平均线

指数平滑异同移动平均线MACD，是最受投资者欢迎的指标，它最适合于波段式操作。

6.1.1 基本概念

指数平滑异同移动平均线是由移动平均线（MA）原理发展而来的。

MACD自发明以来，已风靡全世界，深受股市技术分析人士喜爱，大家都认为它能较好地给出买进与卖出信号。

MACD在我国沪深股市也备受推崇，被机构人士称为中期最有价值的技术参数。

MACD是由快速平均线（9日EMA）、慢速平均线（26日EMA）及差离柱线（BAR）组成的图表系统。它是利用快速与慢速两条平均线的交叉换位及差离柱线的差离状况来研判股市行情趋势的，从而决定股票的买卖时机。

MACD由快速和慢速两条平滑异同平均线，经过双重平滑运算，过滤出买卖信号。MACD的主要优点：一是弥补了移动平均线频繁出现的假信号的缺陷；二是保留了移动平均线研判大趋势的最好功能。MACD汲取了移动平均线本身的精华，又突出了自身两条不同速度平均线的交叉换位及柱形差离状况，更全面地研判中期趋势，可信度较高。

MACD与其他技术指标一样，常与平均线系统及K线图配合使用。

6.1.2 基本特征

（1）MACD图形组合是由两条曲线（DIF与DEA）和柱线（BAR）组成。MACD

图形见附录一。

（2）当正负差（DIF）和异同平均数（DEA）的数值都为正数时，画出的图形在 0 轴线以上；均为负数时，图形在 0 轴线以下。

（3）时间采样天数：快速移动平均线通常设定为 12 日；慢速移动平均线为 26 日。

（4）当图形在 0 轴线以上时，大趋势为多头市场，属强势特征；当图形在 0 轴线以下时，为空头市场，属弱势特征。

（5）图形中的快慢两条曲线和柱线都在 0 轴线上下波动，而且上下波动的幅度越大，说明市场越强或越弱。波动幅度很小，是平衡市场。

（6）当快速线（12 日）由底部向上与慢速线（26 日）相交叉时称黄金交叉；当快速线由顶部向下与慢速线交叉时称死亡交叉。

（7）当市场呈现盘整格局时，股价上下跳动，MACD 的买卖信号不明显，失误率较高。这时候应把它与其他技术指标（如 RSI、KDJ 等）结合起来研判。

（8）高价区两次向下交叉股价要大跌、低价区两次向上交叉股价要大涨。

6.1.3　指标应用

（1）当快速线与慢速线在底部形成黄金交叉，柱线也由负值变为正值（在 0 轴线以上）时，是中短期操作买入的最佳时机。

（2）当快、慢两条曲线与差离柱线都在 0 轴线以上时，操作策略为继续持股。若柱线由短到长呈上升趋势时，操作上只能短线追涨，应尽快获利了结。

（3）当快、慢两条曲线在顶部走势变平缓时，而且柱线也由最长开始逐渐变短时，是高价位卖出信号。

（4）股价在高价位时，快速线与慢速线在顶部两次死亡交叉时，预示着股价将要暴跌，应果断卖出，获利了结，暂时离场。

（5）当行情持续上涨，快速线在慢速线之上并且两线开口张大时，此时柱线的正值逐步增大，投资者要控制买入的速度和数量，防止过度追涨而被套牢，操作策略为快进快出。

（6）当行情由强市开始转向弱市，或者由弱市转向强市时，柱线差离值都会趋向于 0（由正值趋由于 0，或由负值趋向于 0）。后市走向不明朗。投资策略为静观其变。

（7）在高价区若股价出现两个或三个近期高点，MACD 的两条曲线未创新高反而走平，称为顶背离，是行情反转下跌的信号，要抛出股票。

（8）行情下跌，快速线在慢速线之下，柱线负值逐步加大，是空头市场。应停止操作。

（9）在低价区，若股价出现两个或三个近期低点，两条快慢曲线未创新低反而走平，称为底背离，是行情反转上升的信号，可逢低买进股票。

（10）股价在低价区时，快速线与慢速线在底部两次向上交叉（黄金交叉），预示着股价将要大涨，应趁机买进股票。

（11）当大势盘整时，因股价上下波动幅不大，利润差价小，MACD 出现的买卖信号较多，中长线操作可以不必理会。

综上所述，MACD 的几个买入与卖出点分别归纳如下。

（1）买入点。

① 快速线与慢速线在底部形成黄金交叉时，并且差离柱线由负值变正值（由绿线变红线）时，是波段性买入信号。

② 快速线（9 日、12 日）在慢速线（26 日）之上，由负值变正值，并且向上突破 0 轴线时，是短期买入信号。

应注意：此时买盘较大，多头势强，切记不要贪心，也不可盲目追涨。

③ 在低价区出现两次黄金交叉时，是激进型买入信号。

④ 差离柱值远小于 0，并在底部渐变平缓（绿柱不再增大）时，是激进型买入信号。

⑤ 股价一次比一次低，MACD 并不出现新低点时，是买入信号。

（2）卖出信号。

① 快、慢两条曲线在顶部形成死亡交叉时，并且差离柱线的正值由最大逐渐变小（由红柱变绿柱）时，是卖出信号。

② 快速线在慢速线之下，并且快速线向下突破慢速线时，是卖出信号。

③ 在高价区出现两次死亡交叉时，是卖出信号。

④ 差离柱值远大于 0，并在顶部走势平缓（红柱线不再增大）时，是激进型卖出信号。

⑤ 股价一次比一次高，MACD 的两条曲线及差离柱线都未再创新高时，是卖出信号。

6.1.4 指标评价

MACD 的优点：MACD 除掉了 MA 产生的频繁出现的买卖信号，使发出信号的要求和限制增加，避免假信号的出现，用起来比 MA 更有把握；MACD 同 MA 一样，也是对价格进行平均处理过的，这就消除了小的和次要的价格波动，保留了价格中期趋势的本质，有利于把握行情的未来。

MACD 的缺点：它不能预知股价的阶段性头部和底部，需要结合乖离率指标或其他技术指标研判，在股市进入盘整时，失误的时候比较多。

6.2 布林线指标

6.2.1 基本概念

1. 布林线指标的含义

布林线指标（BOLL）又叫做布林通道，是利用统计学原理描绘股价上下波动区间规律的技术指标。

它先要规定一个标准差,再求出一个上、下界线的波动区间,并且波动的规律随股价上下波动而浮动。

2. 布林线指标的特征

(1) 布林线指标由"三线两通道"组成。

布林线指标由上轨线、中轨线和下轨线三条曲线构成了上下两个价格通道,如图 6-1 所示。

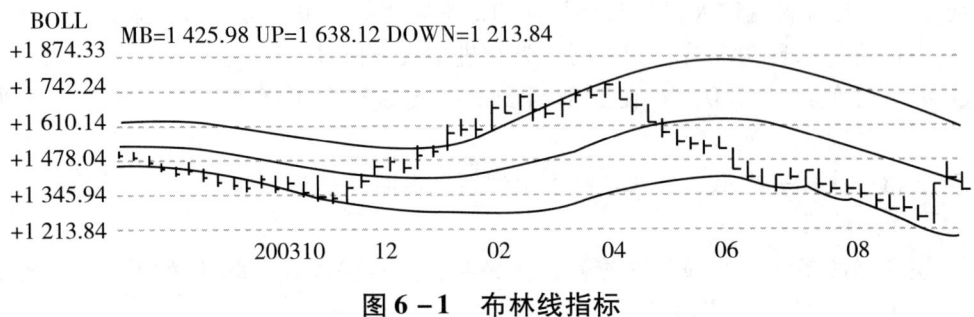

图 6-1　布林线指标

(2) 价格运行趋势直观。

一般情况下,股价会在上下两个通道内运行,价格运行趋势一目了然。

(3) 通道的宽窄由价格波动幅度决定。

上下两个通道的宽窄及运行趋势由股价的上下波动幅度而决定。价格波动幅度大时,通道变宽;价格波动幅度小时,通道变窄。

(4) 特殊股票价格波动幅度很大时,股价就会穿破上下轨道线,股价沿上下轨道线之外运行。但是,股价在轨道外运行一段时间后,又会回到上下轨道内继续运行。

3. 一般规律

股价在穿破上下轨道线之后,不久一定又会回到上下轨道之中。原理:股票价格也遵循价值回归规律。

6.2.2　指标应用

布林线指标既适用于波段性操作,又适用于短线操作。它的实际应用要点如下。

(1) 当两个通道由宽变窄时,说明市场行情及股票价格已进入整理区间。投资者应停止操作,持币观望。

(2) 当两个通道由窄变宽,说明市场行情及股票价格开始变化。若价格开始向上运动时,适时买进股票。若价格向下运动时,适时抛出股票。

(3) 当价格向上穿过上界线值时,适时抛出股票。一般情况下,当股价在上界线顶端连续两三天走平或日 K 线上影线很长时,应该抛出股票。当价格向下穿过下界线值时,适时买入股票。而且向下穿破的幅度越大,应注意随时买进。

(4) 当股价在通道内(外)沿上界线向上运行时,股价的涨势会持续,涨幅会更大。投资者应持股守仓。当股价在通道内（外）沿下界线向下运行时，意味着跌势会持续，跌幅会更大，投资者应适时抛出股票，及时平仓。

（5）两个最显著的买卖时机。

一为涨势平仓时机。当股价连续上涨或暴涨时，股价会向上穿破上轨线，而且穿破的幅度很大。股价穿过上线值，说明超买力量很强。股价可能随时会短期下跌，应适时卖出股票，平仓了结（这种趋势在强势股中，有时会持续一两周时间）。

二为跌势加仓时机。当股价连续沿下轨线阴跌多日或暴跌时，股价会向下穿破下轨线，而且穿破的幅度会很大。股价穿过下线值，说明超卖力量很强。股价可能随时会止跌反弹，应适时增仓买进股票，等待短期反弹。

6.3　抛物线转向指标

6.3.1　基本概念

抛物线转向指标（SAR），也称停损点转向指标。SAR 的基本原理是由抛物线的规律特点演化而来。抛物线的特点是：一段抛物线只有一个顶点，当物体到达顶点后，即开始转变物体运动的方向。

根据这个原理，若把股票的价格连接起来，必然也是一条上下起伏的曲线。我们把这条上下起伏的曲线看作是由许多抛物线片段连接起来的。选定一段时间来整体观察，就会发现一个规律：在某一段时间内，一段上下起伏的抛物线只有一个顶点或一个底点。股价到了顶点或底点，股价方向就会发生转变。股价的整体走势也是由最高点走向最低点，再由最低点走向最高点的不断交替变化的过程。

如图 6-2 所示，抛物线转向指标图形是由一系列散离的停损点组成的，并以弧形方式移动。在交易所终端上，当股价一路上升时，散离点为红色，并且沿着股价柱状图的正下方向上移动；当股价一路下降时，散离点为绿色，并沿着股价柱状图的正上方向下移动。

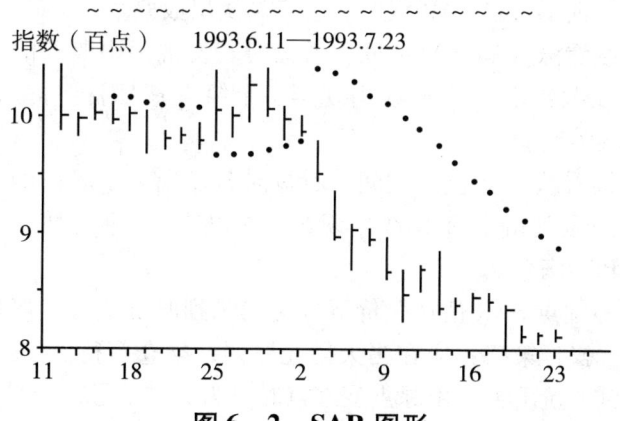

图 6-2　SAR 图形

实际上抛物线转向指标也是由移动平均线原理发展而来。短期平均线灵敏度高，错误信号多，长期平均线灵敏度低，错误信号少，二者各有利弊。SAR 指标就是利用移动平均线的这个特点设计的。SAR 指标的设计原则是：股价趋势形成的初期，采用长期平均线，使系统的转向趋势较为迟钝，错误信号较少。不至于因一些小的波动而改变操作策略。随着趋势的发展，逐渐减小平均线的天数，使系统变得越来越灵敏。只要行情略有转向波动，就会自动发出改变操作策略的信号。

由于 SAR 指标能够根据行情的变化自动发出买卖信号，因此，它被称为"股票买卖机器人"。

6.3.2 一般规律

（1）当行情持续上涨时，SAR 数值点（在证券营业部计算机屏上为红色圆点）一直处在柱状图的正下方，并逐渐向上移动，直到行情反转时为止。

（2）当行情持续下跌时，SAR 数值点（绿色圆点）一直处在柱状图的正上方，并逐渐向下移动，直到行情反转为止。

（3）当行情为"牛皮整理"时，因股价起伏不大，SAR 会出现错误信号，失去研判作用。

（4）当 SAR 的极点值与股票价格向上交叉或者向下交叉时，可以及时提醒投资者由多转空（空仓），或者由空转多（满仓）。

（5）国外股票分析师把 SAR 图形的小圆点（不论红色或绿色点）一律称为停损点或散离点。

（6）SAR 指标非常适用于"波段性"操作。有很强的"波段性"。

（7）抛物线转向系统的灵敏度及出错率与加速因子 AF 的取值关系密切。

6.3.3 指标应用

（1）当股价由下向上穿越 SAR 线时，应择机买进股票。

（2）当股价由上向下穿过 SAR 线时，应逢高卖出股票。

（3）在行情持续看涨（满仓）期间，看盘时若发现手中股票的当日最低价低于昨日的 SAR 值时（在交易终端上日 K 线出现第一个绿点），则行情由看涨转为看跌。操作策略也应由满仓转为空仓。

（4）在行情持续看跌（空仓）期间，看盘时若发现手中股票的当日最高价高于昨日的 SAR 值时（在交易终端上日 K 线出现第一个红点），则行情由看跌转为看涨。操作策略也应由空仓转为满仓。

（5）若当天的停损点 SAR 值从股价下方突然跳到股价上方，停损点由红色变成绿色时，为卖出信号。操作策略：应在当天抛光股票，空仓等待。若发现停损点 SAR 值从股价上方突然跳到股价下方，由绿点变红点时，为买进信号，应满仓操作。

（6）短线操作时，使用日 K 线的 SAR 转向系统有滞后现象。这时可以参看 15 分钟、30 分钟、60 分钟的 SAR 转向系统。这些 SAR 短线指标的灵敏度会比日 K 线高。但是，错误率也大。

6.4 能量潮指标

6.4.1 基本概念

1. 什么是能量潮指标

能量潮指标（On Balance Volume，OBV）中文名称直译为平衡交易量。构造 OBV 的基本原理是潮涨潮落原理。因此，OBV 又被称为能量潮。

OBV 曲线分析法和移动平均线分析法是美国投资专家约瑟夫·葛兰威尔的两大贡献。

约瑟夫·葛兰威尔认为"成交量是股市的元气，股价是股市的外在表现。因此，成交量是股价的先行指标"。这就是"量比价先行"的股市格言。

从力学观点解释 OBV，就是把成交量看作股票（期货）价格涨跌的能量和动力，把股价比作物体。物体（股价）上升或下降都需要能量，但上升所需要的能量（成交量）比下降时要多。因此，股价上升时，成交量必须增加；股价下跌时，成交量不一定要增加，甚至会渐趋萎缩。

OBV 曲线就是把能量潮关系数字化，并在坐标纸上用图形显示出来，便于进行分析研究。在 OBV 曲线的起伏波动中可以看出多空力量的增减、变化和转变。如图 6-3 所示。实际图形请见附录 A。

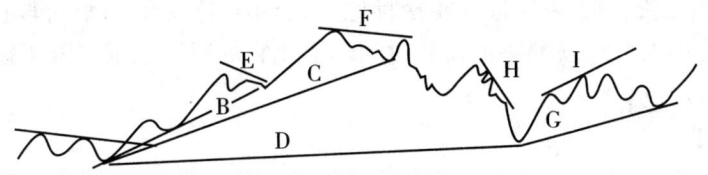

图 6-3 OBV 曲线

2. OBV 指标的衡量方法

OBV 的计算很特殊，人为地规定将成交量分为正、负值来描绘人气的兴衰。正值越大，人气越旺盛；负值越大，人气越衰减。

计算公式为

$$OBV = 今天收盘价 / 昨天收盘价$$

将今天的股市的收盘价与上一个交易日股市收盘价相比，如果今天的收盘价高于上一个交易日收盘价，则将今日成交量数值列为正值；反之列为负值。经过一段时间的累计正负值，则画出了 OBV 线。OBV 公式只比较出价格的正负，用累计成交金额（亿元）的正负去画图。OBV 的模拟计算结果见表 6-1。

表 6-1　　　　　　　　　　OBV 模拟计算结果

日期	收盘价（指数）	成交金额（亿元）	OBV 累计成交金额（亿元）
3.10	127.76	2.16	2.16
3.11	123.11	-2.97	-0.81
3.12	118.26	-5.09	-5.9
3.13	121.27	+3.15	-2.75
3.14	119.78	-1.65	-4.4

OBV 也可以直接用成交量来计算。

人气对量价的影响很大。人气滑落，OBV 成交的量价都呈负值；人气旺盛，成交的量价又都呈正值。人气的恢复过程，就是成交的量价负值的缩小过程。

短期股价的波动主要是受量能的影响。当股价上涨而 OBV 线下降时，表示上升能量不足，股价即将回落；当 OBV 线暴升，也表示能量即将耗尽，股价可能会反转下跌；当股价下跌，而 OBV 线慢慢上升时，表示能量正在积蓄，股价即可回升。

6.4.2　指标应用

OBV 是人为化的能量潮指标，一般不单独使用，需要与其他技术指标配合运用，共同分析研判股市（价）的走势。

1. OBV 的适用范围

OBV 是短线投资者应参考的主要指标之一。OBV 体现了一个阶段内人气的动向，可变量很大。这种人气难以维持很长的时间。因此它的适用范围仅限于短线操作，而不适用于长线投资。

2. 一般规律

（1）股价上升，OBV 线下滑，股价可能回落。说明买方力量薄弱，能量正在减小。

（2）股价下跌，OBV 线上升，股价可能反弹回升。说明逢低有人接盘，低位承接力强，能量正在积蓄。

（3）OBV 累计值由正值转为负值，下跌走势会延续，表明市场整体走势下滑。反之则上升。

（4）OBV 正负值转换频繁，说明股价已进入盘整行情。

3. 应用技巧（研判六法则）

（1）OBV 线下降（处于低潮），而股价上升时，应适时卖出股票。此时，表示高档位购买力减弱，股价走势将很快转为下跌。

（2）OBV 线上升（处于高潮），而股价下滑时，应适时买进股票。表明低档位购买力增强，换手积极，已具备了上升条件。

（3）OBV 线跌破 0 轴线，而且负值逐步增大时，为下跌趋势，应卖出股票。

（4）OBV线穿越0轴线，而且正值逐步增大时，为上升趋势，应择机买进股票。

（5）OBV线呈缓慢上升趋势时，应逢低买进。但是，若OBV线急速上升时，能量将很快耗尽，上升之势不可能长久维持，应适时抛出股票。

（6）OBV线呈缓慢下降趋势时，为卖出信号。但是，若OBV曲线急速下跌，而股价却是微跌，表示空头已无力量再跌，应择机买进股票。

以上六大法则，（1）和（2）适用性较高。运用OBV线时，应注意与股价走势相配合，特别是在盘整时期，当股价向上突破时，OBV能否配合放大是关键。另外，运用OBV线时，重点在于OBV线的走势及方向，而不是本身数字的大小。

4. 经验法则

股市分析家在长期运用OBV线时，总结出许多好经验。

（1）当OBV线产生5个向上箭号时，为短线卖出时机。

（2）当OBV线产生5个向下箭号（5个小尖峰）时，为短线买入时机。

（3）当OBV线形成一个大"N"字形时，应立即获利了结。

（4）当OBV线横向走平超过三个月时，随时会有大行情出现。应注意是否有"蓄势既久，其发必速"之势。

（5）当OBV创新高先于股价创新高时，并且OBV线创新高之后再无更好表现，则为卖出时机。

（6）OBV线会出现"双重顶"形态。OBV线对第二个"峰顶"的确认标准是：股价再次回升时，OBV线不能同步配合，却见下降，则可认为第二个"峰顶"已经形成。"双重顶"即将出现。应坚决抛空手中股票。

6.5 成交量指标

股市交易具有两个重要参数：一个是成交价，一个是成交量。仅从成交价格的变化来分析市场的趋势还不够，还应结合成交量的变化进行全方位的研究分析，才能较准确地判定未来股市的走势。

6.5.1 成交量指标概述

股市成交量包含两个方面的内容：一个是成交金额，一个是成交股数。二者虽有差异，但确存在着密切的关系。对大盘而言，所讲的成交量一般是指成交金额；对个股而言，所讲的成交量一般是指成交股数。

1. 成交量指标

成交量指标（VOL）由成交量柱线和2~3条均量线（一般为5日线和10日线）组成。如图6-4所示。在形态上，成交量用一根立式的柱子来表示。柱线的长短表示成交总量的大小。如果当天的收盘价高于当天均价，成交柱量呈红色，反之呈绿色。

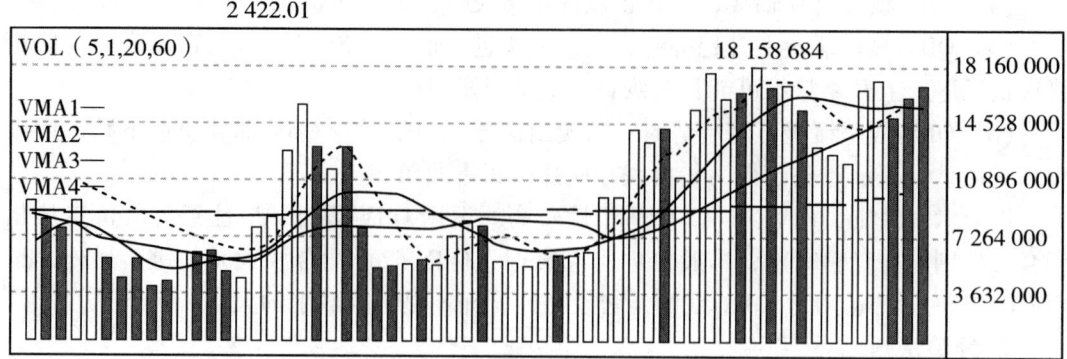

图 6-4　成交量指标

VOL 是反映股市双方交易数量强弱的指标，也反映了股市买卖愿望的强弱。

成交量是股市供需情况的最直接表现。成交量反映着市场人气的聚散。

2. 成交量与股价有着密切关系

成交量与股价的关系，可以用一个简单的过程来描述。上升行情开始→成交量逐步放大→股价逐步攀升→成交量再度放大→股价再次上升→成交量维持在一定水平→股价维持在某一区位→成交量无法再度放大→股价高位区盘整→成交量萎缩→股价开始下降。这是正向循环。下跌行情开始→成交量萎缩→股价下跌→成交量再度萎缩→股价再次下跌→成交量极度萎缩→股价反弹→成交量放大→股价盘整→成交量又萎缩→股价又下跌。这也是正向循环。由此过程可知，成交量是股价的先行指标。

在多头市场里，因赚钱效应的驱动，激发了巨大投资热情。大批股民纷纷涌入股市，大量外围资金源源不断进入股市。市场交易活跃，换手积极，人气旺盛。结果，会促使成交量不断增加并连创新高，股价也会持续上升并不断创新高。直至成交量无法再继续增加难以维持高价位股价所需时，上涨行情才会结束。

在空头市场里，多数人无钱可赚，致使人气涣散、买盘稀少、交易清淡，投资者纷纷平仓离场。股价阴跌，成交量极度萎缩。直至成交量无法再度萎缩时，下跌行情才会结束。

3. 每笔平均成交量

每笔平均成交量，又称每笔股数。它是用当天成交总股数除以当天成交笔数，计算公式为

$$每笔股数(a) = 当日成交总股数(b) / (c)当天成交笔数$$

每笔成交量是预测市场主力大户是否入市买卖股票的有效方法。每笔成交量的研判法则如下。

（1）每笔成交量大，表示有大额资金参与买卖。每笔成交量小，表示买卖的多是散户。

（2）当股价处于低位时，每笔成交量逐渐增大，显示有主力买进股票，近期股价可能止跌回升。

（3）当股价处于高位时，每笔成交量逐渐增大，显示有主力出货，近期股价可能滞涨或下跌。

（4）某只股票在涨势和跌势中，每笔成交量均无显著变化，说明该股无主力光顾，是一只冷门股。

（5）股价已进入盘局，每笔成交量仍然无多大变化，表示主力仍在观望。

（6）股价上升，每笔成交量停滞（价升量滞），表示增量资金的"速率"已到极限，上涨空间也很有限了。

（7）在下跌过程中，主力用低量封住跌停板后，在跌停板处的每笔成交量很大，表示主力在低位吸货，是反转信号。

（8）在上涨过程中，主力用高量封住涨停板，持续涨停后，日成交量与每笔成交量同时放大。表示顶部筹码有"套现"现象，短期股价要回档。

4. 均量线

均量线是分别用 5 日、10 日（或 20 日）平均成交量画出的曲线。通常把均量线与成交量柱线画在同一张坐标图纸上。

5 日均量 = 最近 5 天成交量的总和/5

10 日均量 = 最近 10 天成交量的总和/10

（1）作用。

① 均量线是投资者化被动为主动的法宝。研判主力成本，了解主力的动机，才能在扑朔迷离的股市中适者生存。不少市场高手把焦点集中在均量线上，对均量线的波动越来越敏感。由于主力的行为是分段式操作，许多中小投资者因不观察或不清楚均量线的使用方法，而屡屡处于被动局面。只有少数投资者利用均量线主动出击，取得盈利。

② 平均成交量曲线变化的长期趋势，是了解市场人气聚散的指标。

③ 均量线是反映一定时间内市场成交情况（交投趋势）的指标。

（2）研判技巧。

① 在上涨行情初期，均量线随股价一块上升，二者不断创新高，显示市场人气正在聚集。

② 在上涨行情末期，尽管股价再创新高，均量线却已疲软走平，表明市场追高跟进的意愿发生变化，人气正在涣散。

③ 在下跌行情初期，均量线随股价一块下跌，显示人气已经涣散。

④ 在下跌行情末期，股价不断跌出新低点，而均量线却已走平，而且还有上升趋势，表明股价已经见底。

⑤ 当 5 日均量线向上穿越 10 日均量线后并在 10 日线上方持续上升，显示股价仍将持续上涨。

⑥ 当 5 日均量线向下穿越 10 日均量线后并在 10 日线下方持续下跌，并无"拐头"迹象，表明跌势仍将继续下去。

⑦ 均量线与股价一涨再涨，说明该股是强势股。强势股之所以能一涨再涨，与主力收集筹码的成本有重要关系。主力收集的成本区价位，也逃不过均量线的扫描（在均量线刚刚初升的起始处就是主力的建仓成本，再往前平移一段时间内的平均持仓量，

则是主力的持仓量大小）。所以，均量线能概略地反映出主力成本的高低和持仓量大小。

⑧ 如果发现均量线和股价有明显不匹配（股价升，均量线降），要时刻防备主力随时兑现出逃。

6.5.2 指标应用

1. 量价配合的一般规律

（1）在上升行情中，量增价升，股价走势坚挺。股价上升，量也增加，股价必然会继续上升。

（2）在下跌行情中，量减价跌，股价继续下跌。

（3）当量价背离（量减价升、量增价跌），便是股价出现回档、反弹、反转的信号。

（4）一般情况下，成交量放大，股价上升的概率要大于下跌概率。

2. 量价经验法则

（1）量价同步法则。

股价上涨时，成交量就放大；股价下跌，成交量就减少。"价升量增、价跌量减"称为量价同步法则。前者说明股价上升趋势能继续维持，投资者应守仓。后者说明股价下跌趋势还会继续，投资者应空仓。

原因：在上升行情中，成交量不断放大，股市一片活跃；入市人员不断增加，投资者对后市行情普遍看好，对买盘充满信心；买入者步步跟进，获利者满载而归。市场换手积极，行情节节升高。只要成交量能持续放大，股价仍会继续上涨。如果成交量萎缩，说明上涨动力不足，股价就可能反转下跌。

在下跌行情中，成交量随股价的下跌而逐渐萎缩。由于价跌量减理论的影响，投资者信心涣散，不断斩仓离场。成交量又进一步减小，股价进一步下跌。市场换手率稀少，交易清淡。逐渐萎缩的成交量使股价"无量下跌"。待成交量极度萎缩并成平移趋势时（这时成交量柱线图像一条一条排列整齐的短小木桩），股价反弹即将来临。如果成交开始回升或突然放大，说明低档位买盘开始增加或有机构主力逢低吸纳，是股价反弹或反转的信号。

在振荡整理行情中，成交量与股价均呈平移趋势，波动幅度无突出变化。

（2）量价分歧法则。

与"价升量增、价跌量减"相反的是"价升量减、价跌量增"。这种量价关系增减不一致的现象，称为"量价分歧"或"量价背离"。

量价分歧通常只有价升量减和价跌量增两种情况。

价升量减一般出现在高价区，在股价的"顶峰"附近。这时股价继续上涨，成交量不增反减。价升量减分为三种情况。一是投资者对高价位望而却步，有"高处不胜寒"的感觉，使买入盘减弱。二是连续多日的上涨使主力获利丰厚，主力需要在高价区慢慢出货。三是在末升期入场者，发现持股无利可图，又怕被套，纷纷抛出股票套现。三种情况综合在一起，虽然股价还在上升，敢于买进股票的投资者却越来越少。这就出现了价升量减的"顶背离现象"。顶背离是一种反转下跌的信号。

价跌量增也分三种情况。一是股价从顶峰开始回落,成交量放大,是主力出货造成的。说明这一波行情已经完结,股价还会继续下跌。二是股价正处在上升过程中出现股价回跌,成交量小增,这是追涨意愿一时不足而造成的上升过程中的回档。说明回档之后,股价还会上升。三是股价已连续阴跌多日,下跌幅度已经非常大。如果此时跌幅趋稳,跌幅趋减,成交量突然增大(量增),说明有主力在低位吸纳,近日内股价可望止跌回升。如果股价小幅连跌多日,股价有跌无可跌之势;此时成交量突然增大,股价突然深幅下跌。说明股价已接近"谷底",这时的价跌量增是"黎明前的黑暗",股价必然反弹或反转。

(3) 用量观股技巧。

① 股价持续上涨,虽涨幅不大,但成交量逐步放大,投资者应大胆跟进。该股必有暴涨的可能(有主力在进货)。

② 股价前几天上升强劲,突然大幅度回档,成交量却极度萎缩。这是主力"洗盘"的手法,投资者应坚决持股。

③ 股价一直处于盘局,先是成交量萎缩,后是成交量放大,为买入机会。

④ 股价在飞涨,成交量却萎缩不前,为卖出时机。

⑤ 股价在相对高位区时,成交量突放巨量,价格却不涨反降,投资者应果断抛出该股。

⑥ 大盘已经启动一段时间,股价不涨反跌,某一天突然在低价区放出巨量。投资者应果断跟进,后市该股必然会补涨。

⑦ 大盘看空气氛弥漫,但下跌空间已经有限,某只股票突然放出巨量,是主力介入的信号。投资者也应介入。后市该股必有领先大盘上涨之能量,是下一波行情的"领头羊"。

⑧ 一直处于低迷状态的冷门股,成交量突然放大。此时,投资者应果断买入,该股后市必涨。

(4) 注意事项。

成交量是否真实放大,要有一个过程。若几天后成交量仍呈缓慢上升趋势,则为真实放大;若昨天突然放大,今天则极度萎缩,可能是主力对敲设下的陷阱(有时主力对敲也能起到哄抬人气、吸引跟风的作用)。

成交量指标必须结合其他技术指标共同使用。若成交量突然发生异变时,需要结合股市基本面再进行分析,以避免掉入主力设置的陷阱和减少失误。

6.6 随机指标

6.6.1 基本原理

随机指标(KDJ)包括三个计算指标,即 K 值、D 值、J 值,这三个指标共同组成一个图表组合，如图6-5所示。三个指标有一定的相互联系，在股市分析中需把它们结合起来研判。

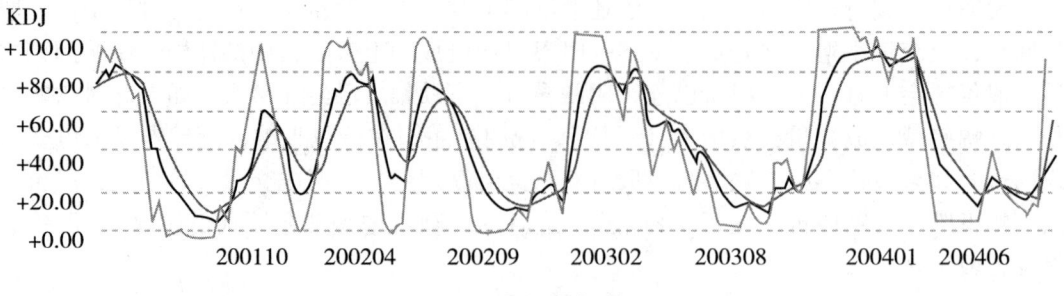

图6-5 随机指标的图形

随机指标的基本原理是遵循了股市中的一种规律：当股价升高到一定程度，由于抛压的作用，会使股价下跌；当股价下跌到一定程度，由于买盘的涌入，又会使股价上涨。随机指标就是根据这种原理，来判断股价是上升的动力大，还是下跌的动力大。

随机指标综合了动力指数、强弱指数及移动平均线的优点，兼顾了股价波动的随机振幅和短期、中期波动趋势的预测，使用短期预测能力比移动平均线要准确有效。随机指标是根据股票的最高价、最低价与收盘价这种振幅波动关系来反映股市走势的强弱和超买超卖现象的，其在市场短期超买超卖的预测方面，比后面讲到的RSI指标更敏感。随机指标通常与移动平均线及其他技术指标结合使用。

6.6.2 基本特征

（1）K值与D值只能在0~100波动。正常范围：K值为20~80，K值在80以上为超买，在20以下为超卖；D值为30~70，D值在70以上为超买，在30以下为超卖。J值正常范围为10~100，J值>100为超买，J值<10为超卖。KDJ线在50左右反复交叉，为整理行情。

（2）当J值大于100或小于0时，预示了短期高点（顶部）或低点（底部）的出现。J值领先于K值和D值先出现顶部或底部。J值具有特殊重要的"领先作用"。

（3）K值、D值的走势方向与股价走向不一致时，称为顶背离或底背离。在低价位时，若股价创新低，而K值、D值并未创新低，称为底背离；在高价位时，若股价创新高，而K值、D值并未创新高，称为顶背离。

（4）KDJ值在80以上或在20以下时会出现"钝化"现象，说明K值、D值走向不明确。

（5）随机指标用于研制股性活跃的热门股时，准确性较高。

（6）将K值由小到大向上穿越D值的交点，称为黄金交叉点，将K值由大到小向下穿越D值的交点，称为死亡交叉点。

黄金交叉点出现在20以下时，准确性很高；出现在75以上时准确性较低。死亡交叉点出现在 75 以上时，准确性较高；出现在 20 以下时，可能是空头陷阱。

在 40~60 出黄金交叉点或死亡交叉点时，准确性差，不适合中长线投资者参考，但对短线投资者仍有意义。

6.6.3 指标应用

（1）K 值在 80 以上、D 值在 70 以上、J 值在 100 以上，市场出现超买现象。操作策略：卖出股票，短线操作卖出。不要买进。K 值在 20 以下、D 值在 30 以下、J 值在 10 以下，市场出现超卖现象。操作策略：短线买进。

（2）股价走势与 K 值、D 值相背离时，是转向信号。操作策略：顶背离时，抛出股票；底背离时，暂时观望。

（3）K 值、D 值、J 值在高位或低位"钝化"时，操作上应静观其变。"钝化"现象出现后，表明 K 值、D 值走势不明确，股价可能会转向。

（4）当 KD 两线同时自上而下，并且 K 线向下穿跌破 D 线时（死亡交叉），应逢高卖出股票。当 KD 两线同时自下而上，并且 K 线向上穿越 D 线时（黄金交叉），短线应逢低买入。

（5）当股价与 KD 两线同时为盘局时，短线离场观望。只有向上或向下突破后，才可以采取相应策略。

（6）K 值、D 值在 80 以上发生两次交叉点，是卖出信号。K 值、D 值在 20 以下发生两次交叉是买入信号。KD 值在 50 附近交叉，没有意义。KD 值在低价位运行形成双交叉时，预示着有一波中级行情，应逢低吸入，分批建仓。

（7）在弱市中，当 K 值 <10、D 值 <20、J 值 <10 时，可以买入抢反弹。

当 J 值 <10，无论 K 值、D 值如何变化，都是买入的最佳时机。若 5 周 J 值为负数，必然有一波中级大行情。在多头市场中，J 值在 100 处走平时，是短线最佳卖出时机；在空头市场中，J 值在 0 处走平时，是短线操作买入时机。

（8）当 K 值的两个高点（前高后低）连成一条向下反压线后，在第三个高点（比第二个高点还低）出现时，是短线操作的卖出时机。

当 K 值两个低点形成支撑线后，在第三个低点出现时，是短线操作的买入时机。随机指标的典型背离准确性颇高。K 线是短期敏感线，当 K 值 >90 时，为超买；K 值 <10 时，为超卖。D 线是中期主干线，当 D 值 >80 时，为超买；K 值 <20 时，为超卖。

J 线是 K 值、D 值的乖离度，当 J 值 >100（在 100 处走平）时，为超买；J 值 <0（在 0 处走平）时，为超卖。

操作使用时，要注意周 KDJ 的位置，以便对循环低点和循环高点做出正确判断。当周 KDJ 处在 80 以上时，大盘的阶段性头部已经形成，不要再去寻求"黑马"。

对于短线投资者来讲，5 分钟、15 分钟、30 分钟 KDJ 是短线操作的重要参考指标。对做小波段的投资者来讲，60 分钟 KDJ 是参考指标。

6.7 相对强弱指标

在研究市场的买卖意愿谁强谁弱时,相对强弱指标就是多空双方的分水岭。

6.7.1 基本原理

股票瞬时价格的形成取决于买卖双方的意愿。股市总体的卖出量与买入量是相等的,但股民的卖出意愿与买入意愿却是不均衡的。若卖出意愿强于买入意愿,要想卖出股票,必须降低价格才能成交。所以,当卖出意愿强于买入意愿时,股价下跌。反之,当买入意愿强于卖出意愿时,股价上涨。这样,人们就可以根据股票市场卖出意愿与买入意愿的强弱来判断股价未来的走势方向。相对强弱指标就是通过对某一段时间内股价的上涨与下跌来研究股市买卖意愿谁强谁弱的指标。相对强弱指标是多空双方的分水岭。

相对强弱指标(RSI)就是通过一定时期内的股票价位的变动关系来判断股价未来的变动方向。相对强弱指标的数学原理是平均数计算法,即相对强弱指标是利用一定时期内股价上涨幅度之和与股价涨跌幅度之和的比值来反映股市未来走势方向的。它是用来判断市场买卖双方力量大小的指标。

这里所讲的一定时期是指相对强弱指标的采样天数。上海股市 RSI 的采样天数是 6 天、12 天、24 天;深圳股市采样天数也是 6 天、12 天、24 天。采样天数越短,股价波动越敏感;采样天数越长,敏感度越差。国外投资者把采样天数定为:短期 5 天;中期 10 天,中长期 6 天(15 天)。在证券公司交易平台上,分别把 6 天、12 天、24 天三条曲线用白色、黄色、紫色线条绘制在同一坐标系中。RSI 指标的图形如图 6-6 所示。

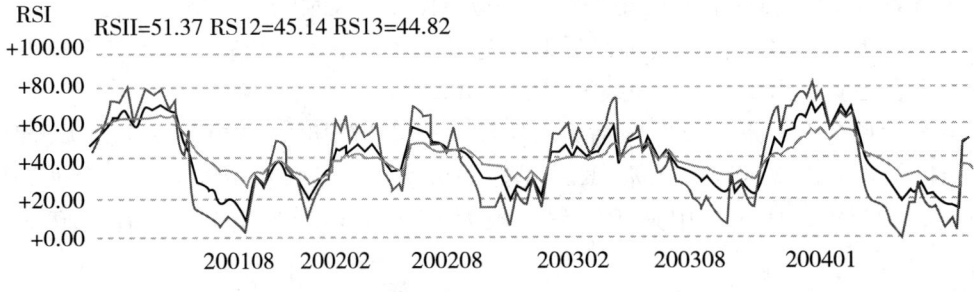

图 6-6　RSI 指标

RSI 采用平均数计算法,可以剔除一些随机波动。同时,RSI 数值在 0~100 范围内波动,只要根据以往的股价波动轨迹和股价水平,就可以预测未来股价的波动方向和价格水平。

虽然影响股市价格的因素繁多,走势复杂,变化方向难测。事实上,如果没有突发性的利多与利空因素,股价的变动依然遵循着自己内在的轨迹运行。RSI 指标早已被国内外投资者所运用，其准确性较高。

6.7.2 基本特点

熟悉了 RSI 的自身特点，掌握了 RSI 在 0～100 波动的规律，才能把它变成近期内股价变动方向的最有效工具。RSI 的特点如下。

（1）RSI 的变动范围在 0～100。数学公式巧妙地决定 RSI 只能在 0～100 波动，即 $0 \leqslant RSI \leqslant 100$，这就回答了"多高算高，多低算低"的疑问。

（2）RSI 的正常波动范围是 30～70。一般来讲，RSI 在 50 以上时，为强势市场；在 50 以下时，为弱势市场；RSI 在 50 附近上下振荡时，为平衡市场。

（3）超买和超卖特性明显。RSI 超过 70，股价再涨，就是超买。预示股价距见顶已经不远了，股价的变动方向将会发生反转。当 RSI 超过 85 时，股价的变动方向随时都可能反转。

RSI 下降到 30 以下，股价再跌，就是超卖。预示股价距见底已经不远了，股价的变动方向将会发生反转。当 RSI 跌到 15 以下时，股价变动方向随时都可能反转回升。

当 RSI 上升至 90 以上，或下降到 10 以下时，预示股价的顶或底将会来临。RSI＝0 表示股价在近几日内天天下跌，RSI＝100 表示股价在近几日内天天上涨，但随时会反转。

（4）RSI 的背离特性明显。在图 6－6 上，RSI 的移动方向与股价的移动方向不一致时，就出现了背离现象。即 RSI 上升，股价反而下降；RSI 下降，股价反而上升。背离现象一旦出现就是一种强烈的暗示：股价变动即将到达市场的反转点。RSI 有反映多空力量的发展与转变的特性。在多头市场里，股价创新高，RSI 并未创新高，反而一峰比一峰低，称为顶背离；在空头市场里，股价创新低，RSI 并未创新低，反而一底比一底高，称为底背离；顶背离是反转下跌的特性；底背离是反转回升的特性。

（5）采样天数不同，RSI 的升降速度也不同。

例如，6 日 RSI 曲线因受当日股价变动影响程度大，RSI 上下振荡幅度大，而且变动速度快，超买与超卖频繁发生，短期的高低点明确。24 日 RSI 则不明显。采样天数常用 9 日和 14 日。

14 日 RSI 曲线受当日股价变动影响程度较小，振荡幅度与升降速度缓慢、温和、有轨迹，跳动也有规律性，如图 6－7 所示。

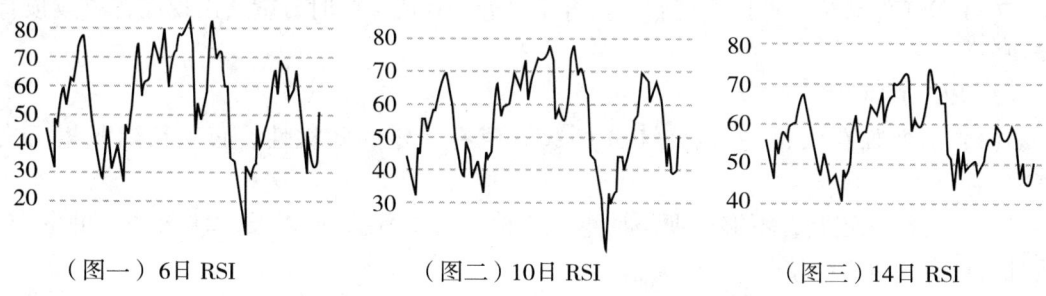

（图一）6 日 RSI　　　　　（图二）10 日 RSI　　　　　（图三）14 日 RSI

图 6－7　不同天数的 RSI 指标

因为采样时间天数不同，RSI 达到超买与超卖的程度也不同。6 日 RSI 会比 14 日 RSI 最先出现。采样天数多，RSI 曲线起伏较平稳；反之，RSI 曲线起伏大。

（6）RSI 图形上的上档阻力趋势和下档支撑趋势能比日 K 线图及早显示出来（有超前性特征）。

（7）从 RSI 图形的轨迹中可以清楚地看出股价的移动轨迹。

（8）在转势过程中，RSI 变化非常明显。

在多头市场上升初期，RSI 比股价升得快，上升陡峭，很快进入强势区。短期转势特征明显。在空头市场下跌初期，RSI 比股价下跌得快，很快进入弱市区。上述现象采样天数越少，变化越明显。单看 RSI 出现超买、超卖并非是决定性的买卖信号。

（9）RSI 处在调整格局时，其数值一般在 50 上下波动。14 日 RSI 很少会超过 70。

（10）在多头市场中，14 日 RSI 很难会调整到 30 以下；在空头市场中，又很少超过 70。

6.7.3 主要优缺点

1. RSI 的优点

（1）RSI 是用动量振荡点移动平均理论来衡量股价变动的速度和方向，是投资者研判近期股价变动方向的最有效工具。若能再把采样天数长短相配合，剔除不稳定因素则更为有效。

（2）RSI 研判多空能量比较直观。不少投资者用 RSI 研判近期多空市场的能量转换。当 RSI 长期在 50 以上时为多头市场，长期处在 50 以下时为空头市场。

（3）RSI 容易与其他技术指标配合使用。RSI 容易与日 K 线、移动平均线系统等配合使用，使投资者既容易观察股价未来的变动趋势，又容易对高价圈和低价圈准确把握。

（4）RSI 能及早反映股价波动。RSI 数值的变动速度取决于采样天数和个股瞬时价位的变动速度。所以，RSI 能更迅速地及早反映股价的波动方向。采样天数不同，效果不同。

（5）RSI 能及时暗示股价的反转。当 RSI 超出正常摇摆轨迹时（如大于 80 或小于 20），就暗示了股价变动方向将要反转。

（6）RSI 能够预先见顶或见底。当 RSI 接近于 0 或 100 时，就会出现底背离或顶背离现象。

2. RSI 的缺点

（1）需要保存大量的资料。RSI 的起算值有一定的随机性，必须长期积累历史资料。

（2）计算比较繁，不够简便。计算一个值，需要 6 天、12 天、24 天……的资料，而且运算步骤也不简便。

（3）背离走势有一定缺陷。有时候背离现象出现之后，股价并不会马上下跌或上涨。可能会出现几次探底或探顶走势后才会反转。

（4）RSI 未考虑成交量的变化因素。从 RSI 图形上看不到成交量的变化因素，会影响研判反转的准确性。

6.7.4 指标应用

1. RSI 的图形种类

RSI 与其他技术指标一样，也会出现头肩顶、头肩底、复合头肩顶、复合头肩底、双重顶、双重底、三重顶、三重底、三角形、矩形、旗形、圆形等多种图形。如图 6-8 和图 6-9 所示。

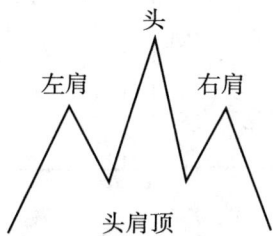

图 6-8 顶部形态

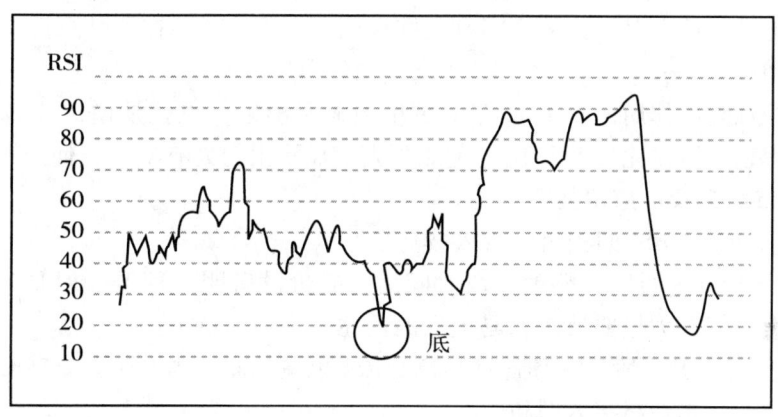

图 6-9 底部形态

在实际应用中，各种图形就是多空双方短兵相接的表示。投资者可以从各类图形上直观地看出股市的强弱趋势，以便及时采取操作对策。

RSI 有强者恒强、弱者恒弱的特性。只要多空双方的力量不发生变化，RSI 则涨者恒涨，跌者恒跌。

在多头市场里，上升行情会出现回档，只要多空双方力量没有发生变化，股价经过回档换手后，又会继续上涨。

在空头市场里，下跌行情也会出现反弹上升，只要多空双方力量未发生变化，弹升无力之后，又会继续下跌。

2. RSI 趋势线的作用

在行情的涨跌过程里，把两个低点或高点连成的一条直线称为趋势线。

在上涨行情里，RSI 各级波动的低点一底比一底高，连接过去的两个低点的直线即为上升趋势线。

在下跌行情里，RSI 各级波动的高点一顶比一顶低，连接两个高点的直线即为下跌趋势线。RSI 趋势线如图 6－10 所示。

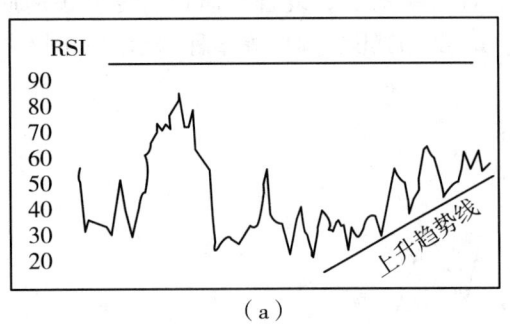
（a）

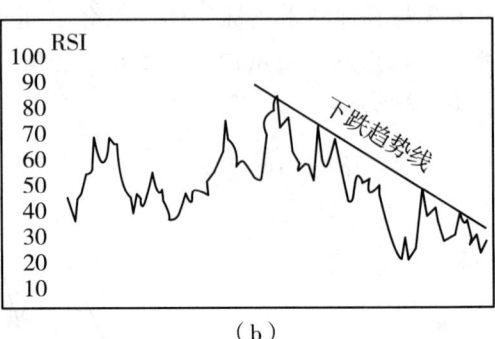
（b）

图 6－10　RSI 趋势线

RSI 的上升趋势线和下跌趋势线对大盘（或个股价格）指数有支撑和阻力作用。上升趋势线在上升行情中对指数的下降有支撑作用；下跌趋势线在下跌行情中对指数的回升有阻力作用。

这种支撑和阻力作用比日 K 线图能更早地显示出来。也就是说，从 RSI 图形的振荡点变动过程里，可以比日 K 线图上更能预先地显示出何处有支撑，何处有阻力。

3. 多头市场 RSI 的应用技巧

（1）多头市场，RSI 回档时的买入技巧。

① 股价从高价区回档，整理一段时间后，股价没有明显回升。但是，RSI 却一浪比一浪高，表示多头力量要反攻，是上涨的前兆。为买入良机。

② 股价强势盘升，股价一顶比一顶高，RSI 也是如此。当 RSI 创新高回档之后，接近前一次低点时，是短线买入时机。

③ 当股价与 RSI 同时从高价区回落，在低档区遇有支撑作用时，是买入时机。

④ 因突发事件利空引起股市暴跌时，RSI 从高档区回落到 30 以下时，是买入时机。

⑤ RSI 由低档区向上反弹，突破阻力线时，是买入时机。

⑥ RSI 由高档区下降后，触及支撑线不再下跌而且反弹时，是买入时机，如图 6－11 所示。

⑦ 股价在低档区盘整，股价再创新低，但 RSI 不创新低，反而早已从 20 以下回升到 30 以上并接近常态区域，说明多空双方力量已经发生明显变化，当 RSI≤20 时，是一次绝佳的买入时机。

⑧ 股价经过了几波下跌行情，股价虽然不断创新低，但是 RSI 的低点始终守卫在 30 一线，即使偶尔跌破 30，也能迅速弹升。当最近一次下跌行情再次展开时，RSI 只回跌到 40 左右，是买入时机。

第6章 技术分析指标及应用

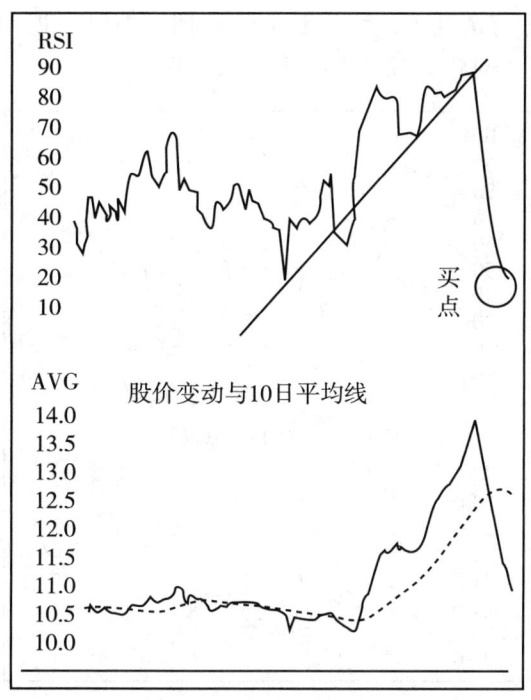

图6-11　RSI支撑线1

⑨ 某一段上升行情的初升期，股价一底比一底低，但是 RSI 却一底比一底高。把 RSI 在 30 以下两个点连成一条支撑线，当 RSI 再次跌回到 20 附近并遇到支撑时，是买入良机，如图 6-12 所示。

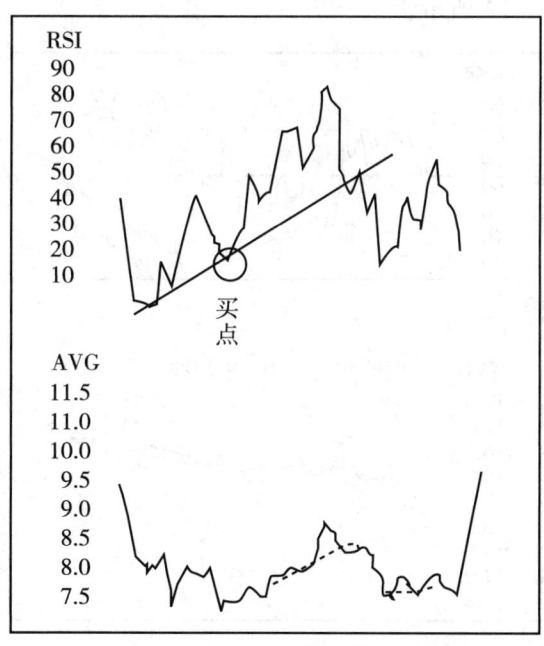

图6-12　RSI支撑线2

⑩ 第一波中级上升行情结束，股价和 RSI 回档。当股价近期又在小跌，而 RSI 值却一底比一底高，是买入时机，如图 6-13 所示。

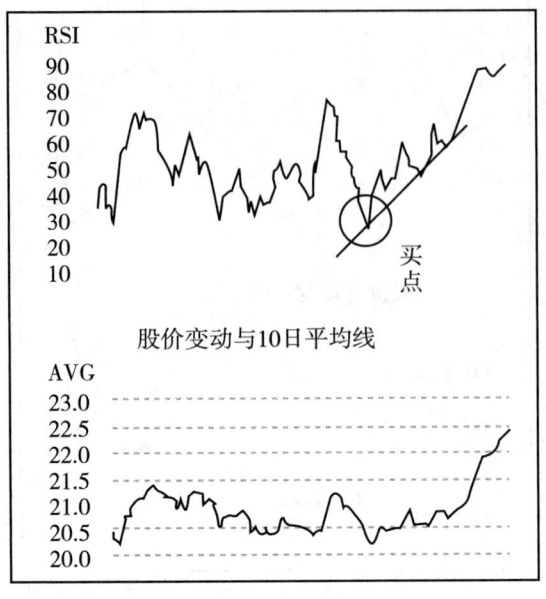

图 6-13　RSI 一底比一底高

（2）多头市场 RSI 高档抛出技巧。

① RSI 升至 80 以上是高档区，当 RSI≥90 时，是短线操作抛出的最佳时机。

② 在多头市场里，又一波中级行情展开。当 RSI 再次到达前期高点 85 左右时，是短线抛出时机，如图 6-14 所示。

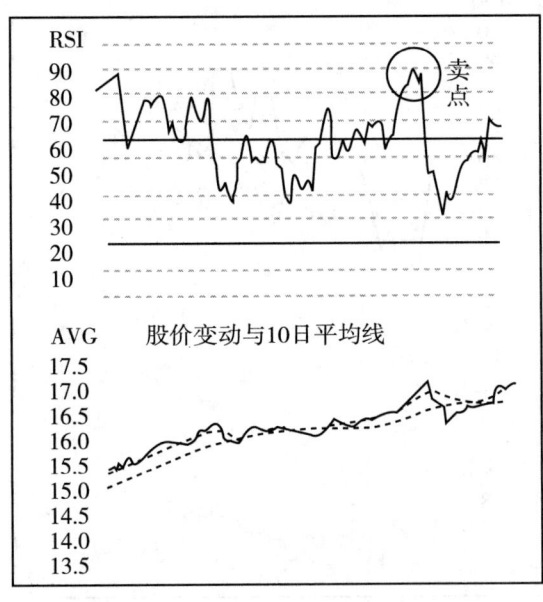

图 6-14　RSI 再次到达前期高点

③ 在中级上升行情里，多头气势凶猛，股价屡创新高。股价上升，获利回吐增加。股价与 RSI 同时几次上涨，又几次回落，表示上升无力。当股价近期又创新高，而 RSI 并未突破前期高点时，是抛出时机。

④ 股价从高档区回落，跌至 10 日均线处，再度弹升，但升速缓慢，同时 RSI 跳动缓慢，表示升势力量趋弱。当 RSI 在高档区走平时，是抛出时机，如图 6 - 15 所示。

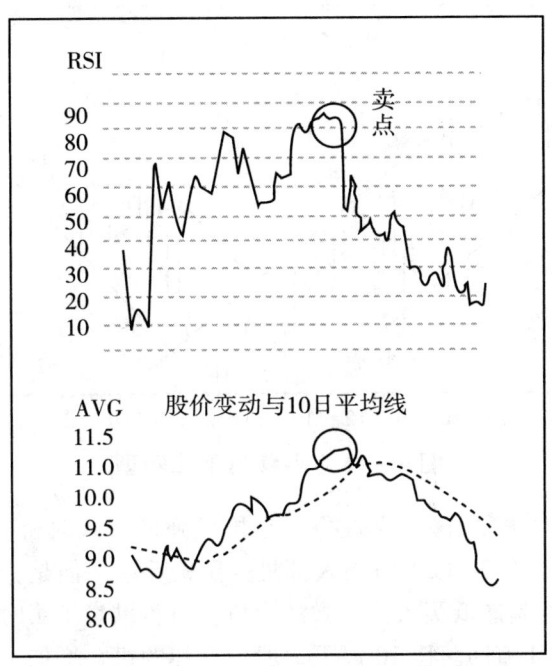

图 6 - 15　RSI 在高档区走平

⑤ 股价屡创新高后，在高档区振荡。RSI 此时有一顶比一顶低的趋势，是抛出时机。

⑥ 股价出现高点后回档，虽然再度弹升，却无力穿越前期最高点，再度回落。当 RSI 从前期高点再度回落时，是抛出时机。

4. 空头市场 RSI 的应用技巧

(1) 空头市场利用 RSI 抢反弹技巧。

在空头市场里如何抢反弹是个技巧问题。市场在弱市之中，大盘在下降通道中运行。看不懂技术指标，盲目在下降通道中抢反弹，如"刀口舔血"。

大盘正在下降通道中运行时，这时个股的走势有四种：一是个股运行趋势与大盘一样；二是个股运行趋势比大盘还弱；三是个股运行趋势比大盘强；四是个股运行趋势严重超跌。抢反弹是抢后两种个股的反弹。

抢反弹的原则：买强避弱；买超跌避横盘。

当个股超跌时，先要弄清超跌的原因。当暴跌的原因是国家政策利空或上市公司自身经营管理不善（如业绩造假、假重组等）时，不能抢这些个股的反弹。

空头市场利用 RSI 抢反弹的技巧如下：

① 利用 RSI 进行短线箱型操作。

当 RSI 的波动趋势与股价的波动趋势一致，并且都符合箱型理论的变化趋势，即 RSI 与股价同时都呈现平移箱型和下降箱型时，股价向下移动接近下档支撑线的低点均为买入点。箱型操作技巧：股价在下界线（支撑位）时买入；回升到上界线（阻力位）时抛出，如图 6-16 所示。

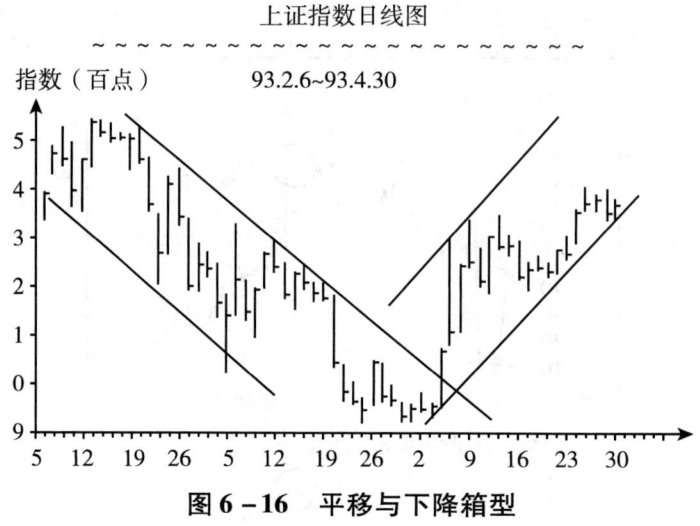

图 6-16　平移与下降箱型

② RSI 和股价同时跌过了头（超跌），是抢反弹的买入时机。在空头市场里，RSI 跌破 30 屡见不鲜。RSI 在 30 以下时买入都是为了抢反弹。但是，如果不是出现暴跌行情，只有股价超跌，才是逢低买入抢反弹的时机。股价跌过了头时，个股的 RSI 值回落至 15 以下，个别股 RSI 值回落至 10 以下，股价反弹的机会增加，如图 6-17 所示。

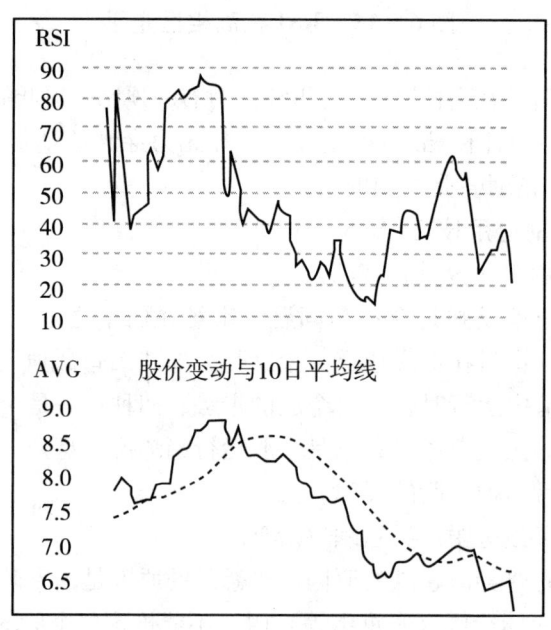

图 6-17　股价超跌

③ RSI 又一次接近前期最低点是买入抢反弹时机。RSI 值回落至前期最低点附近，会得到支撑，是买进时机。

④ RSI 回升到 30 以上，股价也在低档区企稳，是买入时机。一波中级下跌行情展开后，股价跌得很深，屡创新低，但 RSI 未再创新低，并已回升到 30 以上。说明股价在低档区企稳，股价反弹的机会增加，是买进时机。

⑤ RSI 图形呈"W"底是买入时机。股价长期下跌，形成双底。当 RSI 第二次回跌时，股价反弹的可能性大，是买进时机。

⑥ RSI 值回升，并向上穿越反压线时，是买进时机，如图 6-18 所示。

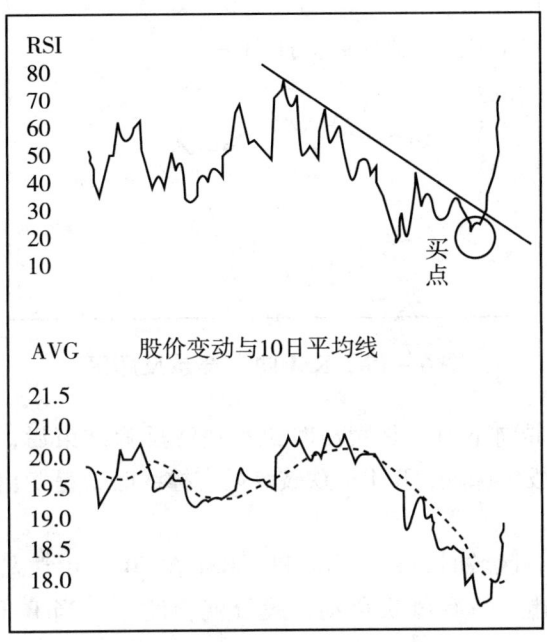

图 6-18　RSI 上穿反压线

⑦ RSI 与股价同时向上突破时，是买入时机。RSI 与股价在较长时间内横盘整理，RSI 在 50~60 形成密集反压区。这时 RSI 若能向上穿越反压区，表示多头力量转强，是买进时机，如图 6-19 所示。

弱市反弹无高度。在弱市中抢反弹，盈利的期望值不要太高，有利就走。

(2) 空头市场 RSI 卖出技巧。

① 当 RSI 接近上界线 70 时，是卖出时机。空头市场初期，RSI 值很快回到 30 以下。这时多头并不服输，乘机拉抬股价，形成盘升走势。RSI 也跟随回升。当 RSI 接近上界线 70 时，是卖出时机。因为弱市确立后，RSI 值很少超过 70。

② 当 RSI 向上接近反压线时，是卖出时机。下跌行情中期，RSI 值大多在 60~50 区间波动。久而久之，在 50~60 区间形成反压线。RSI 虽经多次反弹，均在 60 附近无功而回，几次都未能超越 60。所以，当 RSI 重新接近反压线时，是卖出时机。

③ 当 RSI 跌破支撑线时，获利了结。当 RSI 值迅速跌破支撑线时，意味着反弹结束，是卖出时机。

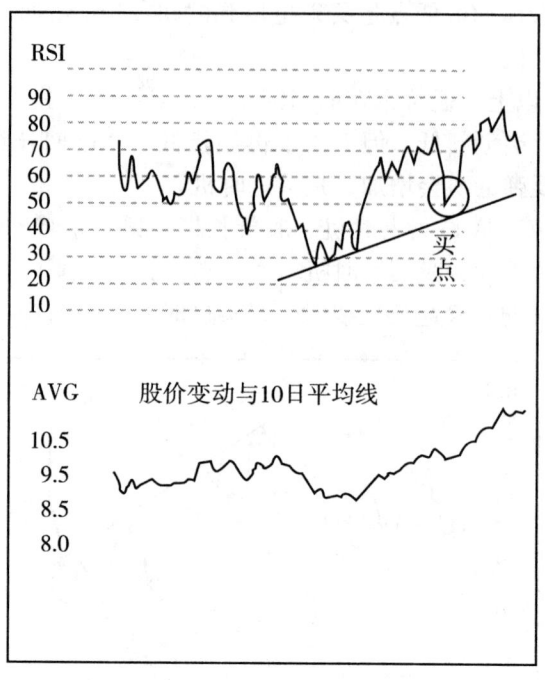

图 6-19 RSI 向上穿越反压区

④ 当 RSI 突破盘局向下时，是卖出时机。一波反弹结束后，股价盘整，RSI 也在 30～50 区间盘整。当股价深跌，RSI 也跌破盘局支撑线时，是卖出点，意味着另一波下跌行情即将开始。

⑤ 当 RSI 跌破常态区域时，是卖出时机。RSI 在 70～40 常态区横向整理，处在上下两难境地。人气低迷，一有风吹草动，股价就会跳水。当 RSI 跌破 40 时，是卖出时机。

值得注意的是，RSI 显示的买进、卖出信号只能作为一个警告（预警）信号。它并不意味着市场的发展没有偶然性，尤其是在市场的暴涨与暴跌阶段，超买之后还有超买，顶峰之上还有顶峰；超卖之后还有超卖，底下还有底。因此，RSI 常结合其他技术指标一起研判股价趋向，以提高准确性。

6.8 威廉指标

6.8.1 威廉指标的含义和特点

1. 含义

威廉指标（W%R）的全称是威廉超买超卖指标。它是根据摆动原理来量度股市中超买超卖信息的指标。它是通过某一周期内（一般为 10 天或 14 天）的最高价和最低价及当日收盘价进行比较，来预测超买超卖信息，以判断短期内行情的变化。它能预测短期循环周期内的高点或低点，从而提出有效的买卖信号。

2. 特点

（1）灵敏性高。威廉指标的股价反应敏感，有较高的灵敏性。是短期高低点预测的有力工具。

（2）0在最上端（中国股市0在最底部，0端都是强势区）。在绘图时通常把0置于最上端，而将100置于最底部。W%R接近0表示超买严重，应考虑卖出股票；W%R接近100表示超卖严重，应考虑买进股票。这一点与KDJ等其他短线指标的用法有所区别。

（3）稳定而又敏感。威廉指标的采样天数比随机指标（KDJ）的采样天数略长，一般为10天或14天。与随机指标相比，威廉指标反映的股价动态结果有其稳定的一面，也有其敏感的一面。

（4）W%R值的波动范围在0～100。50为中轴线。图形如图6-20所示，上端的0处为强势区。

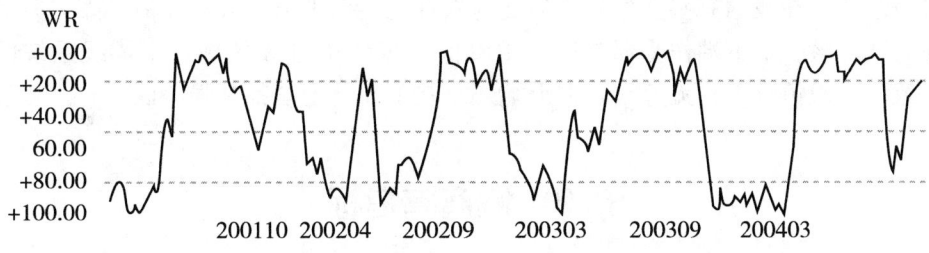

图6-20 威廉指标的图形

（5）威廉指标敏感性强，错误信息也多，应与其他指标综合研判。

6.8.2 指标应用

（1）当W%R=50时，为中轴线位置，说明市场暂没有方向（如果把0放置在最下端，下端0处就是强势区）。当W%R=80时，为买进线；当W%R=20时，为卖出线；当W%R＞80时，为超卖信号；当W%R＜20时，为超买信号。W%R的波动范围为0～100，正常波动范围为20～80。

（2）W%R值越小，说明市场买气越重，买进股票的人越多。W%R值趋近于0，说明股市正处于超买状态，股价有见顶下跌的可能。操作策略：停止买进股票，决不盲目追涨，逢高适时抛出一部分股票。

（3）W%R值越大，市场卖出气氛越浓，急于抛出股票的人越多。W%R值大于80或趋近于100，说明股市正处于超卖状态，股价可能会见底反弹。操作策略：择机而动，逢低适时买进一部分股票。

（4）当W%R围绕50上下振荡时，股价正处在整理状态。操作策略：有股者持股不动，无股者静观其变。

（5）当W%R＞50或W%R值向上刚刚穿越50时，表示后市看跌，为弱势市场。可适时适量卖出股票，短线操作。W%R＜50或W%R值向上刚刚穿破50时，后市看涨,为强势市场,短线操作应及时跟进。

（6）由于市场惯性的作用与投机气氛的变化,超买之后还有超买,超卖之后还有超卖。因此,当W%R进入超买区或超卖区后,行情不一定会立即反转,只有当W%R出现明显的转向信号时,并且穿破买入线或卖出线后,才是可靠的买卖信号。

（7）威廉指标惯性作用的操作运用:当W%R值已进入超买区,W%R却僵持不动时,说明行情还有一段上涨时间,投资者可持股待涨。一旦发现W%R值掉头向上,则应立即卖出持股。同样,当W%R值在超卖区僵持不动,股价可能还会下跌。发现W%R值从顶部转头向下时,应适时买进股票。一般情况下,W%R触顶或触底三四次才能有效。

使用威廉指标时需与其他技术指标配合研判股价趋势,一般不单独使用W%R而做出投资决策,以免出现错误的"骗钱信号"。使用威廉指标进行中线操作时,不会错过大行情,也不容易在高档被套。

应当注意,在我国有些证券公司的交易软件上,已把100放置在最上端,并且将最上端作为强势区,最下端作为弱市区,用以保持W%R与K线图、平均线系统的运行方面一致。一般情况下,无论0是在上端还是在下端,上端都是强势区。

6.9 偏离率指标

综观股市,不论基本面如何利多或利空,也不论市场主力怎样挖空心思,股价如果偏离平均线太远,随时都可能会发生反转。偏离率指标在股市中有着特殊的地位。

6.9.1 基本概念

1. 什么是偏离率指标

偏离率指标（BIAS）又叫乖离率指标,它是利用股价指数与移动平均值的比值关系,观测股价偏离移动平均线的程度,以指导投资者买卖行为的技术指标。偏率离指标的图形见附录A。5日、6日偏离率,分别记作5BIAS和6BIAS。计算时,偏离率数值用Y表示。三减六日偏离率,记作3-6Y。BIAS分正偏离和负偏离,当股价在移动平均线之上时,其BIAS为正,反之则为负;当股价与移动平均线一致时,其BIAS为0。

2. 作用

偏离率指标可用于观测股价的偏离程度,以指导投资行为。其中5日偏离率（5BIAS）是短线技术指标,在短线操作中是较为敏感、准确、实用的指标。

6.9.2 指标应用

1. 应用于大盘指数

（1）当5BIAS达到-5以下时,投资者应以逢低吸纳为主。当5BIAS达到-8以下时，投资者则应坚决买进。而不要被市场的空头气氛所吓倒。

（2）当5BIAS达到+5以上时，应以逢高派发为主。当5BIAS达到+8以上时，应寻机抛出股票。不要被多头高涨氛围所迷惑。

（3）5BIAS的-8与+8是下和上两个一般极限值，当大盘指数的5BIAS数值超过-8或+8时，应采取果断措施，坚决买进或抛光手中的股票。

2. 应用于个股

（1）当强势股的5BIAS数值达到-10或+10以上时，投资者则应分别买进或卖出股票。

如果某一强势股的5BIAS已达到-11以上，这是个极度超卖信号。投资者应大胆建仓。这个时候多数人被空头气氛吓退，但5BIAS却明明白白地告诉我们，此时正是绝好的建仓良机。大盘不久则会止跌企稳，并缓慢走高。

（2）当小盘庄家股的5BIAS数值达到±20以上时，则应分别卖出或买进股票。

3. 用5BIAS在升降行情中"导航"

5BIAS不仅能在暴涨暴跌行情中判明市场方向，也能在盘升和盘跌行情中"导航"。

（1）在缓慢的盘升行情中，若出现尾市放量抢盘现象，但是5BIAS的上升却没有超过2，说明不会产生大的行情。

（2）在缓慢的盘跌行情中，若出现尾市放量下跌现象，但是5BIAS的下跌不超过-2,说明下跌的性质并非是掉入"万丈深渊"。

4. 偏离率有背离特征

偏离率的背离特征对强势股则更为明显。当强势股的股价连创新高时，而5BIAS不再创新高，表明股价就要回档调整了。顶背离出现后，是逃顶的良好机会；底背离出现后，又是抄底的绝好良机。

5. 偏离率与移动平均线配合使用

（1）当偏离率与移动平均线由下而上同步上升时，说明股价上升仍会持续。投资者应持股待涨。

（2）当偏离率与移动平均线由上而下同步下降时，说明股价还会下跌。投资者应持币观望。

（3）当偏离率在高位不再上升，而是振荡或者下降时，说明股价上涨已经到头了。投资者应坚决获利了结，平仓离场。

（4）当偏离率与移动平均线在低价位振荡，并且偏离率由下向上移动，或由负值向正值移动时，投资者则应寻机建仓。

6. 三减六日偏离率的应用（3-6Y）

移动平均线之间的差距称为乖离或偏离。三减六日偏离率就是3日与6日均线差。三减六日偏离率，简记3-6Y。

3-6Y的数值有正有负，其取值范围也没有上下界线规定。多空平衡点为零（0）。随着股价变化的强弱，3-6Y数值在0线的上下方波动，据此预测股价走势。研判法则如下。

在多头市场中，3-6Y多为正值。当其数值达到某个程度无法再往上升高时，就在高价圈上下振荡两三天。向上振荡时，就是卖出时机。行情回档时，在0线附近有支撑力，即使跌破0线，股价也能很快被拉升。

在空头市场中，3-6Y多为负值。当股价达到某个程度无法再往下降低时，股价就在低价圈振荡。在向下振荡的"谷底"处，就是买进的时机。股价"反弹"时，在0线附近会有阻力，即使冲破0线，也能很快被拉回。

3-6Y也可以与6-12Y结合起来研判股价趋势。方法同上，前者为快速指标，后者为慢速指标。

7. 10日偏离率研判法则

（1）多头市场。

① 若10BIAS接近于0时，则是买入时机。

② 若10BIAS大于15时，则应卖出股票。

③ 多头市场尾声，若10BIAS小于0时，则应清仓离场。

④ 当10BIAS大于40时，则是绝佳的卖出良机。

（2）空头市场。

① 在空头市场中，当10BIAS由-10上升到0附近时，则应卖出。

② 当10BIAS在-5左右时，则可寻机逢低买入。

③ 当-6<10BIAS<-10时，则是较好的买进范围。

④ 当-10<10BIAS<-15时，则为最佳买入范围。

⑤ 当10BIAS远小于-15时，则是绝佳的买入良机。

（3）庄股买卖时机。

热门股或强庄股买进与卖出时，10BIAS的数值应定得高一些；冷门股或超级大盘股买进与卖出时，10BIAS数值应定得低一些。

（4）注意事项。

BIAS既适用于分析大盘指数，也适用于分析个股价格。分析大盘趋势，是为了研判股价走势。二者不能倒置，否则就会赚了指数赔了钱。

3-6Y可以与6-12Y或5-10Y偏离率结合起来研判。前者称为快速指标，后者称慢速指标。

当偏离率的偏离值太大、偏离过大时，一定会被股价（指数）拉回到0线附近。

多数证券公司的交易软件BIAS都是由三条曲线（6日、12日、24日）组成的图形，其中6日线为快线，24日线为慢线。同时，BIAS指标也有日线、周线之分，一般情况下，周线数值要比日线数值大。

第7章 长线操作策略

7.1 低买高卖，获利稳定

7.1.1 高与低的概念

"低买高卖，低进高出。"这句话谁都会说，这个道理大家都懂。真正操作起来却不那么简单。多低为低？多高为高呢？

辩证唯物论告诉我们，低与高是一个相对概念。没有绝对的低，也没有绝对的高。股票市场所说的低与高，通常是指股市大盘指数与个股的股票价格的相对位置。

大盘指数是用来表示股票价格变化趋势的指标。指数上升，表示大多数股票价格都在上升，即股市价格呈上升趋势；指数下降，表示大多数股票价格都在下降，即股市价格呈下降趋势。股指上升或下降，只表明大多数主要股票的价格上升或下降，不能表明所有的股票价格都上升或者都下降。因此，股票指数的波动，仅仅表明股市波动的大趋势，而并非每一只股票的波动趋势。这里说的低与高，也是指大盘指数波动的相对低点与高点。所以，投资人不但要注意大盘指数的变化，更要关注自己手中持有的股票价格的变化。

影响股票价格变化的因素很多，归纳起来主要有政治因素、经济因素、银行存款利率、货币供应量、技术因素与其他因素。遇到政治动乱、发生战争、自然灾害、通货膨胀、货币贬值、市场利率上升等因素时，股票价格要下降；遇到公司经营状况恶化、收益低、股息低时，股票价格会下降；遇到供求关系失衡，供大于求时，股票价格也要下降。股票价格的低与高，并非是由股票内在价值一个因素决定。这里说的高与低，是指股票价格在某一历史阶段的相对高点与低点。

7.1.2 低买高卖的实践应用

"低买高卖"是一个相对概念，在操作上应该采取灵活的方式，才能获得稳定的收益。

要想了解国内外政治、经济因素、通货膨胀时间、国家税收政策税率的高低、政府降低银行存款利率的时间并非易事。但是，股民每天都能看到大盘的走势，每天都能了解到自己手中股票价格的变化。有了这些条件，也就够了。因为，买进和卖出是为了获取二者的差价，这个差价叫做利润。买卖股票就是为了赚取利润。

专业股票投资者大多是在大盘指数较低、股票价格也比较低时买进，在价格上涨后卖出获利。专业股票投资者虽然不见得永远都能做对，但是，他们买卖股票的程序比较正确，用"低进高出"的方法能获得稳定的收益。

有些人会说：傻瓜才"高进低出"呢。别不服气，这个简单的方法并非人人都能掌握。有一小段历史教训大家会记忆犹新：1997年5月5日，深市大盘指数从5 100点上升到5 400点；6日又从5 400点上升到5 700点；7日又创6 010点的历史新高点。一周来深沪指数势如长虹，频创新高。赚钱效应让投资人认为：一吃就赚钱。股民在一片欢呼声中纷纷入市。股市把大家的积极性都调动起来了。他们拿着家里多年的一点积蓄，争先恐后地购买股票，一心想发大财，结果怎样呢？先是中央广播电视台发表评论员文章，进行风险教育；后来又传出50亿元—55亿元—150亿元—300亿元新股发行额度。管理层的这一降温措施并没有能够清醒股民发烧的头脑。尽管风险之声不绝于耳，但是大大小小的炒家并没有将风险放在眼里，一心要攫取暴利。随后政府不得不又出台两项措施：一是严禁国有企业炒股；二是人民银行发出通知，禁止银行资金违规流入股票市场，并限期抽回违规资金，并处分了几个行长。至5月16日（星期五），深市指数已从6 000点降至5 100点；香港回归日之后的7月7日，深市指数又降至4 280点。许多中小散户股民朋友像是做了一场噩梦。多年的积蓄被套牢；许多朋友忍痛"割肉"；还有众多的中小股民在高高的"山顶"上"站岗放哨"。有的叫、有的骂、有的喊、有的哭、有的笑。但是，市场却毫不理会。因为股票市场从来就不相信眼泪。谁能说这些众多的朋友都是傻瓜？他们都是一些精明的人在股票市场上犯一个最基本的错误：在价格很高，而且继续上涨时买进股票，并且在价格下跌时卖出。

从上述这段历史教训中可以体会到：这看似简单，在股票操作的实践中却很难决定何时股票价格"低"或者"高"。

在进行实战操作时，期待、贪婪、恐惧等各种情绪交杂在一起，使这个简单的问题变得更加复杂，叫人困惑、慌乱，难以捉摸。要想克制自己不去期待快速上涨的股票会继续上涨，而不进场买进，是一件很困难的事，除非手中的钱分文皆无。另外，抱牢价格不断下跌的股票，在情绪上也是不容易做到的。

我们看一看四川长虹1997年2月至6月6日的价格走势图（图7-1），再看一看深沪两市的大盘走势图（图7-2，图7-3）。从图7-1一眼就能看出，四川长虹应该在25.8元买进，66.18元卖出。从大盘走势图图7-2、图7-3上也可以看出高点与低点的位置。

看着三张图时请别忘了，那是在整张图画出来之后，才看出来应该这么做。而当初长虹价格在30元时，你怎么知道一定会上涨到61元？

买进股票是从每股收益、股息分红来判断是否具有投资价值。方法虽然过于简单，但也行之有效。因为众多的散户投资者不会也不愿意花费大量时间去分析某一公司的财务报表。他们知道：当这只股票的价格涨上来了，股票的盈余价值、派发的股利价值就会降低，就该卖出。

第 7 章　长线操作策略

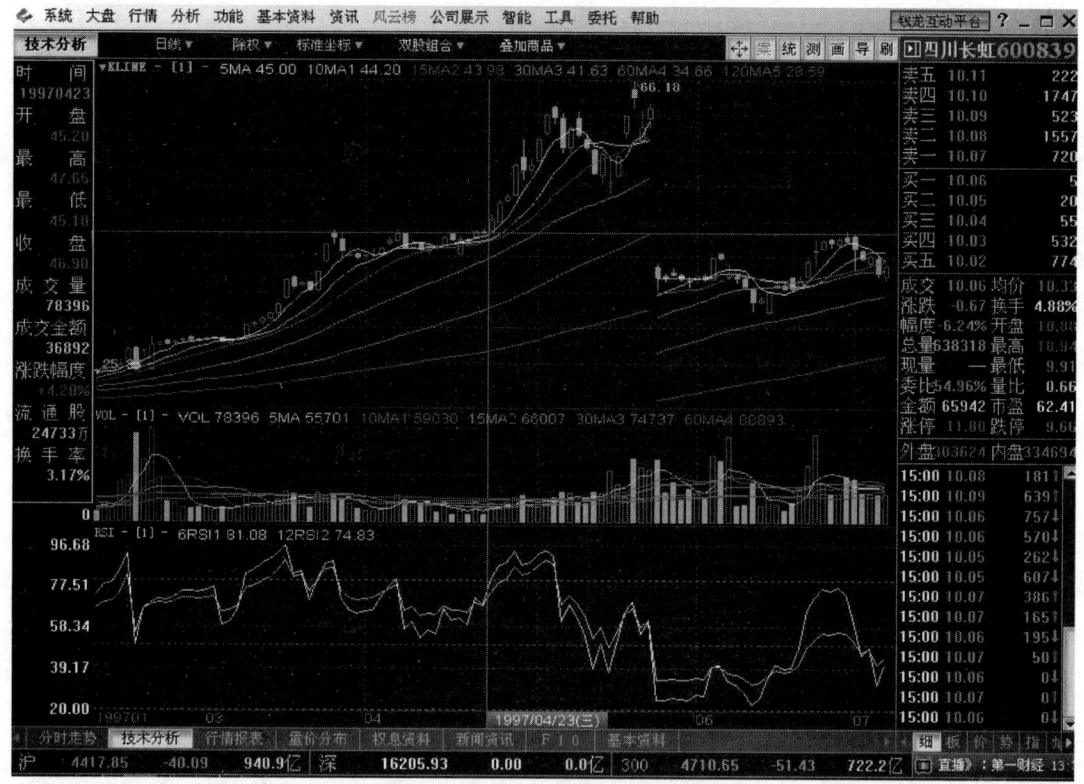

图 7-1　四川长虹股价走势图

图 7-2　上证综指走势图

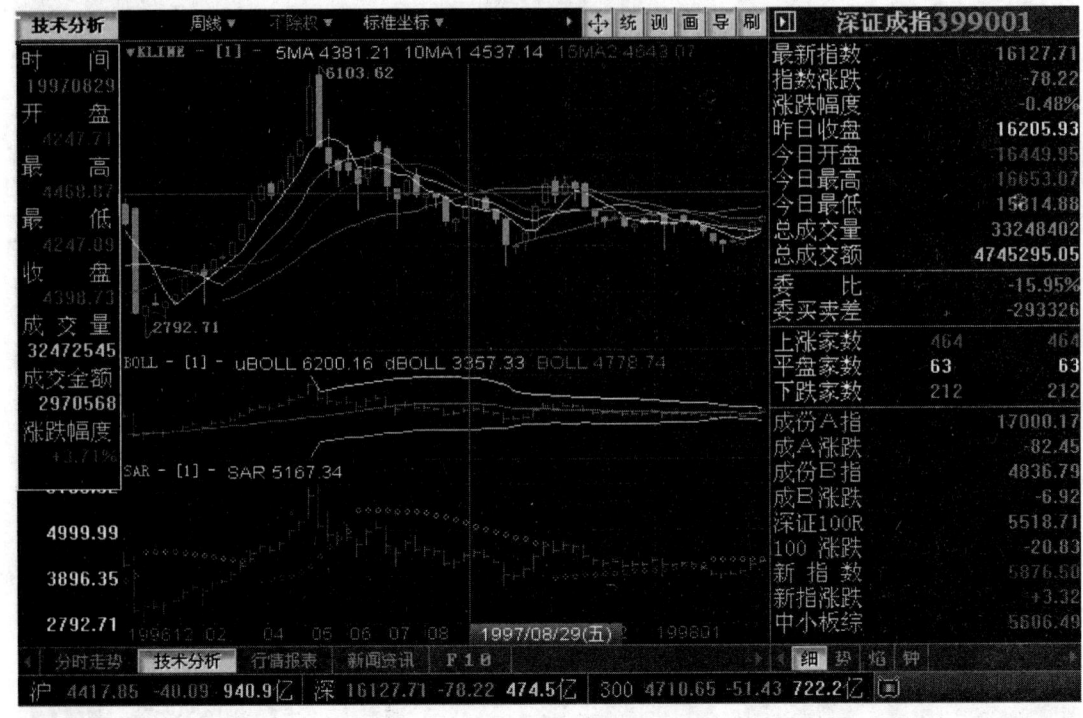

图7-3 深证成指走势图

当然一只股票的价值,不光指市场价格,还有多种因素。在这些诸多因素的推动下,这只股票才能吸引更多的投资人买进。在今天的市场中,虽然价值的主要因素是盈余,但是,某种重大外因也能影响价格。众多投资人还是把未来的盈余会不会上升作为买卖股票的考虑因素,并根据这种预测,在市场上买进或卖出股票。

操作股票很重要的一点就是要把这只股票的净利润,同目前的价格相比较,看有没有投资价值。如果预期价格会上涨,就应该在一个相对低点或在当天的最低点附近买入。有很多时候,买入比卖出更重要。这是因为:一是股票有优劣之分,价格又在经常波动。价格的客观变化,为投资人利用价格差买卖股票牟取利润提供了可能。优质股票能够低买高卖赚钱,劣质股票也能做到在价格低时买进,高时卖出,也能赚钱。二是优劣股票是在互相转化的。随着经济形势、产业结构、产业供求状况、经营状况、国家政策、国内外形势等,优质股票也可能在一夜间变成劣质。

"低买高卖、低进高出"是一个相对概念。投资人都希望在最低点时买进,最高点时抛出。但是,股价的变化是经常地、是无常的。价格下跌可能是暴跌的前奏;也可能是回升的先兆,价格上涨也是如此。任何高手都无法准确无误地判定某一时期内股价的最高位和最低位。这里讲的"低买高卖"是指买卖价格相对高低而言。时机把握得好,差价大一点,赚取的利润多一些,否则反之,有时盈利还有可能是负数。从这个角度上说:股市可以在几天内把你变成百万富翁;也可以在几天内让你倾家荡产。"低点与高点"的划分标准是:有利润差价,并能获得利润。只要能获利,低买高卖就达到了目的。

金玉良言"低买高卖"是个通用原则,讲的是获利了结的基本原则。在股价一路上扬的途中，每一次获利回吐造成的股价回调，都是一个相对低点，应及时买进。何时获利了结？只要价格继续上扬，而且基本面因素都是显示价格将会继续上涨，就应该持股等待，把卖出价格提高，当股价在高位震荡时卖出，在回档处接手或投资其他看好的股票。

所谓"低价、高价"是指投资人在操作前，分析历史资料，前后对比之后确定的买进或卖出股票的时机。做好分析研究之后，投资人就能对一只股票目前的价格有个清楚的概念，就能知道哪些价位是买进和卖出的理想价格，这样的操作方法获利稳定。利用这种操作方法，要比投资人一厢情愿、依照自己想象的利润而操作，更务实。"低买高卖"不是去追求历史的低点与高点，是一个相对的高低点。

"低进高出"与"看头抛出，见底买入"既是一种操作方法，又是一种技术分析方法。因为"头"和"底"在实战操作中很难判定，使很多投资人大伤脑神。投资者只要把实战操作与技术分析二者结合起来学习，判定"头"和"底"就不难。

7.2 高点卖出，低点补回

"高点卖出，低点补回"，多么美妙的操作手法！在股市盘整，甚至在市场下跌的时候，投资者也能赚到钱。请记住，只有在情况正确的时候，运用这套策略才能赚钱。

7.2.1 操作步骤

1. 熟悉大盘，了解个股

大盘走强时，为什么会走强？大盘下跌时，为什么会下跌？只有熟悉了大盘升跌、强弱的内在因素，才算是熟悉了大盘。看大盘要能看出大盘的内在因素。只会看大盘的表面现象："一会儿升了，一会儿又降了"，这样的看盘能手太多了，在散户室里，数不胜数。影响大盘强弱的因素除了国内政治、经济因素及国际因素之外，还有政策、存款利率、通货膨胀及其他因素。实质性的政策利好或利空，存款利率的高与低，通货膨胀的恶化程度，都会严重影响大盘的强弱走势。政策利空多，存款利率高，货币贬值大，股价自然要下跌，任何主力大户也难以扭转大局。股票本身就是商品经济的产物，受供求关系的影响。当供大于求时，大盘下挫，股价下跌；供求关系失衡、供过于求，"皇帝的女儿"也嫁不出去。市场只有在供求关系平衡的过程中，才能健康发展。股票发行要遵循市场规律。2007年6月上证指数已创历史新高点，6 124点，谁能说出来要发行的1.55万亿国债对今后股市的影响有多大？少数人明白，多数人盲从。熟悉大盘，掌握大趋势，还要了解大盘背后隐藏什么？在牛皮盘整的市场中，了解个股显得更加重要。要了解个股的股息、分红方案、每股收益、净资产收益率、每股净资产、当年的主营收入、净利润，还要了解它过去三年的盈利情况，要查它的"祖宗三代"，更要看它的成长性，它今后要往哪个方向走。了解个股很费时间，也费脑子，众多的中小投资者不想去做这些啰嗦事，而且看起来又是不赚钱的事，所以了解个股也是明白人少，糊涂人多。有些人"跟着感觉走"，也的确糊里巴涂地赚了几个小钱，使他为之振奋。他却没有想到：2007年"红五月初"跟进的人，现在还在6 124点的高空悬着。

所以，只有真正熟悉大盘、真正了解个股的投资者，才能灵活自如地运用"高点卖出，低点补回"的操作策略。

2. 分析风险

在多高的点卖出？卖不出咋办？必须有一个恰当的利润标准，有一个清醒的头脑。所有股票都有风险，都有盈利。这种风险归纳起来有系统风险与非系统风险两大类。系统风险是由经济衰退、金融危机、通货膨胀、战争、灾害引起，使所有的股票价格都下跌。非系统风险是因经营不善、亏损、供求关系恶化，所造成的某种股票价格下跌。我们经常讲的市场风险，是指市场价格的变化所造成的损失，包括账面损失，还有银行利率的改变和商品价格、生活费用的变化，给投资者造成心理上的影响，这种影响也会造成利率风险及购买力风险。通常情况下，风险与收益成正比。风险大，收益也大。股市赚钱与赔钱是经常的事情。有人说：十人投资七人赔。有赚必有赔，无赔也无赚，这是辩证法。股票投资者每个人都在想：自己如何能赚到钱？风险与机遇共存，股票市场上无"新兵老兵"之分，风险和机遇对每一个人来说都是对等的。有人说："股市无专家，只有输家和赢家"。这句话有一定道理。分析了风险之后，还要看投资者个人心理的承受能力。一旦"高点未卖出"，就不要怕被套。"被套"是经常的事，就是熟练的老手也会"被套"，庄家主力也会"被套"。区别是：技术熟练程度不同，"被套"的深度也不同。不要因为"被套"或者赔钱，心理上遭受巨大压力而变成"精神病患者"。心理素质低的人，最好别进入股市。

股票投资者的目的就是为了"多赚钱"。否则，他会把钱存入银行。"多赚钱"就同时存在高风险与高收益的矛盾。如果你的操作技术熟练、运筹能力强、心理素质好，能够及时准确决定股价走势，并能相机做出决策，就去购买"风险高，收益高"的股票。否则，你就应去购买那些"风险不大，收益不薄"的股票；还可以去购买"风险小，收益稳"的股票，也可以跟着庄家购买行情大家都看好的股票。一位证券投资者，不但要有良好的体力素质和道德素质，而且更要有良好的心理素质和知识素质。

"高抛低吸"体现的另一个道理是："何时买卖比买卖何种股票更重要"。其一是，股票不但有优劣之分，而且价格又在经常波动。股票价格的客观变化，为投资人利用价格差买卖股票谋取利润提供了可能。劣质股票也能做到在价格低时买进，高时抛出，也能赚钱。只要买卖的时机得当，优劣股票都能赚钱。其二是，优、劣股票是在互相转化的。根据辩证法的基本原理，不变是相对的，变是绝对的。运动、变化是物质普遍具有的根本属性。"各种运动形式也是可以相互转化的。一切事物的发展变化都表现为由量变到质变和由质变到量变的质量互变过程"。这就是辩证法的"质量互变规律"。股市也是遵循这一规律。随着经济形势、供求状况、产业结构、经营状况、国内外形势、国家政策，优质股票可以变为劣质股票，劣质股票也可以变为优质。请投资者记住：个股没有绝对的永远的好股，也没有绝对的永远的劣股。双方都在不断地变化，要在变化发展中开阔你自己的思路。经过一段时间的观察、记录、作图，发现某一只股票价格运动变化的高低点并不难，难的是用心去做。

3. 掌握购买股票的最佳时机

要想掌握购买股票的最佳时机，必须学会判断股市行情的上升或下降趋势。不少股评人士通常采取下列方法判断股市行情的升、降趋势。

（1）若今日行情好于昨天，则明天价格上升概率为66%；若今日行情不如昨天，则明天价格下降概率为55%。

（2）若今日股市价格上升，则明天股价继续上升概率为68%；若今日股市价格下降，则明天股价继续下降概率为63%。

（3）股市当天收盘前一个小时的价格走向若是上升，第二天上升的可能性为64%；股市当天收盘前一个小时的价格走向若是下降，第二天下降的可能性是56%。

（4）若当天价格上升的股票总数高于当天下降的股票总数，则第二天上升概率为69%；若当天价格下降的股票总数高于当天上升的股票总数，则第二天下降概率为60%。

（5）若当天收盘平均指数高于最高价与最低价的中点时，则第二天上升概率为67%；若当天收盘平均指数低于最高价与最低价的中点时，则第二天下降概率为59%。

把上面的五种情况概括为：今天上升，明天也上升，上升概率为67%；今天下降，明天也下降，下降概率为59%。这个结论是指事物的普遍性，遇到事物的特殊性，则应另当别论。不了解事物的普遍性与特殊性，就不懂得辩证法。

影响股市行情的因素很多，股票市场现实存在的矛盾不是单一的矛盾构成的，而是一个极为复杂的矛盾群体。要了解矛盾群体的性质，不但要了解它的普遍性，而且还要了解它的特殊性。只有掌握了某一只股票自身的特殊变化规律，才能了解它本身的低点与高点，才能做到"高点卖出，低点补回"。

7.2.2 操作技巧

有的股票高抛后一定要低吸回来；有的股票高抛后不一定要再低吸。因为，每一只股票都有自己的特殊性，如果都一律采用高抛低吸的操作手法，是会失败的。股评人士说得对："有些股票是适合高抛低吸的，有些股票低吸了以后，两三年内是不用抛的，有些股票高抛后就不一定要吸，甚至坚决不要吸"。

一是由题材引起的热点股票高抛后不一定要低吸。由题材引起的热点（资产重组、并购、消息等），本质是题材的周期性生命力。有些题材经得起推敲，有生命力；有些题材经不起推敲，无生命力。无生命力题材的股票也可以被炒手们炒得很高。一旦题材的周期性回到下方，这只股票则会长期不振，无人问津。有些真正的资产重组，也只能红火一时，其中仪征化纤的四强联合，就是一例。仪征化纤由3.61元炒到7.46元，9月初已出现了"高处不胜寒"之势。如图7-4。谁如果是在仪征化纤回调到6.40元低吸到手，很长时间也不用考虑再抛出了。股价如火箭一样上升，而且又无足够的业绩支撑，抛出之后可以"偃旗息鼓"。因为，中期的深幅回调，必将为过度的炒作而付出代价。由题材引起的热点炒作，往往是"昙花一现"，有些纯属"庄家行为"。目前我国股市法制不健全，上市公司亏损也不可能破产，也不可能轻易摘牌，这样对一个投机市而言，还有什么不敢炒的。你炒、我炒、庄家炒，都是为了眼前的利润。"买股票就是买未来"，这句话不适应那些无业绩支撑的题材股。有些庄家为了自救，把大多数投资者不敢跟庄的亏损股、微利股，编造一个"资产重组"的美名炒作，以吸引中小投资者跟进，结果是，不少中小散户"解放了人家，套牢了自己"。这就要求广大散户朋友们必须从热点中去寻找潜力股。当市场热点集中在不必考虑业绩、也不一定看成长性如何的资产重组板块之中时，在大盘没有风险时，投资者也可以紧跟大势抓住资产重组题材热点短炒一把。切记：高抛后，不要低吸。

二是对业绩持续增长的强势股，"高抛低吸"是对的。因为，有业绩支撑的强势股，是通过股本扩张能力显示后劲的。高与低虽然也是个相对概念，但是，这样的股低吸后觉得安心。1997年5月7日，四川长虹的最高价是62.88元；1997年8月22日四川长虹回调至33.53元。若是在5月7日抛出，在1997年8月22日吸收，到1998年元月（春节前已升至42.90元）抛出。不考虑分红因素，做一个波段式操作，每股纯利润近十元。有人会问：春节前跑不出去怎么办？如果是33.53元吸进，3月上旬还在手里捏着，你一定要赚大钱了。现在（3月12日）它的价格是40元，每股收益为1.71元，并有10送3配3送5.8元的分红方案。目前只有长虹才能聚集人气，拔高股指。对于有业绩支撑、股本扩张能力强的优质股票，有时候短线的高，往往是中长线的低。"只有高含金量的股，它的高是绝对的，一旦它的含金量明显稀释，它的高才是相对的。"

"高点卖出，低点补回"的操作策略，可以在某一只股票中反复进行操作，也可以在两只股票中同时操作，还可以在深沪两个市场中同时操作。一旦掌握了股票价格高点与低点的周期性变化规律，并能灵活自如地运用这一套操作策略，就能远胜短线高手！

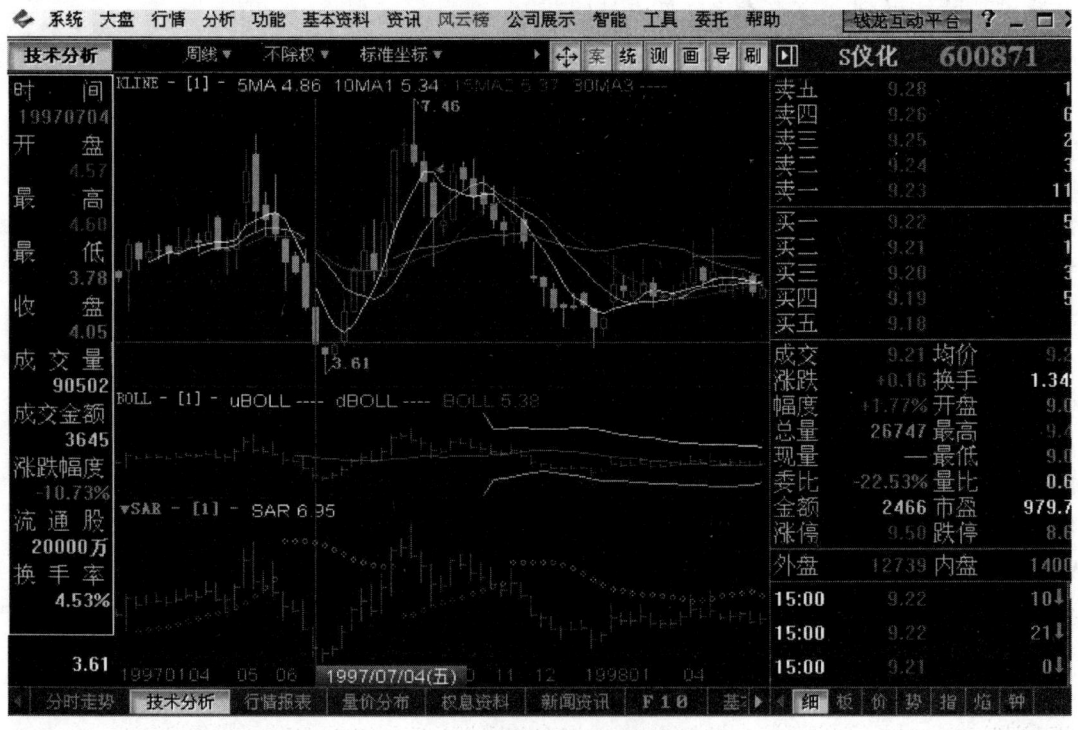

图7-4 仪征化纤股价走势图

7.3 逢低接手进好股，等待时机高派发

当大盘众人一致看好，股价上涨了还再上涨，许多人争先买进时，你抛售手中的股票获利而出，是聪明之举。当大盘看淡，股价跌了还再跌，许多人争先"割肉"时，你买进已跌到低价区的股票，也是聪明之举。在低价区买进跌无可跌的股票，一是不会被"套牢"；二是一旦行情反转，能赚大钱。因为，大盘跌得越快、越深，主力机构动手就越快，行情来得就越早、越大。所以，在大盘暴跌，跌无可跌时，正是"逢低接手进好股"的良机。

"逢低接手"是实战操作的应用性技巧。这种操作技巧运用得当，可以在接近历史低价区，买到价格跌了不少的股票。当许许多多的人都争先买进自己喜欢的股票时，市场底部就已接近了。因为，其中有很多是逢低进货的高手，他们都相信："市场弹升指日可待"。

7.3.1 逢低接手进好股的概念

这里指的"逢低接手"中的"低"，既有大势的低，也有小势的低，还有个股的低。它既是一个"空间"概念，也是一个"时间概念"。大势的低，是指长期变化趋势下降；小势的低，是指短期变化趋势下降；个股的低，是指一只股票的价格在下降。当然，这里的"低"也是一个相对概念，而不是绝对的低。

这里说的"好股"是指主营收入较高，业绩较好，有成长潜力，盈利相对稳定的股票。有时候掺水股、投机股也能赚钱。好与劣也是相对的、互相转化的。只要买卖时机选得对，买卖何种股票都能赚钱。对短线投资人来说，何时买卖比买卖何种股票更重要。对长线投资人来说，买卖何种股票比何时买卖更重要。二者的关键是：短线投资人要掌握好买卖时间；长线投资者是要选择较好的股票。

7.3.2 等待时机高派发的方法

长线投资的特点是：时间长（一般为6个月以上）、获利大、方式简单、少费人力，不求近利，收取红息。但是，选股不好，风险也大，这种方式适合钱多、知识少的投资者和"上班族"。

短线投资的特点是：时间短（一周、二周；一个月），急功近利，投机炒作，赚钱机会少，赔钱机会多，因为，短线高手少。另外，股价下跌的速度要比上升速度快得多。大多数的短线投资者都是跟着市场的"感觉"而随机应变，只有少数人才会运用"超低价"购买法。这些短线高手，是在第二次或第三次的回落过程中，几次弹升而被认定在弹升点之下购进股票。行情回落在低位时，投资者认为"价廉"而逐步介入，但是，他们已有风险准备，也害怕一跌再跌，为了防止"底价之下还有底价"，他们在

购进时不但小心谨慎，而且是分批"循序渐进"。

股市在向下调整中，不断出现弹升又回落的走势，称"探底"。正在探底时，谁知道"底"在哪里？股市在向上调整中，不断出现向下回落又上升的走势，称"探顶"。正在探顶时，谁又知道"顶"在何方？就是技术熟练的分析大师们，也不一定都能分析得正确。多数中小散户投资者缺少技术分析手段，又不会技术分析，只好凭经验，跟着市场的"感觉"走、在操作中随机应变。有时候碰对了，多数是跟错了。股市在向下调整中，既然判底是个头疼的事，干脆就不用去判断。投资人只要用心看一看当天证券报的大盘走势图以及个股的移动平均线走势图就行了。在大盘与个股移动平均线走势图一致的情况下，在疲软行情持续了相当一段时期后，短线（10日线）从谷底转为上升倾向时，是购进股票的最好时机。另一个简单的方法：就是在"黄金交叉点"附近买入股票。什么是"黄金交叉点"？其定义一般是指中期移动平均线上升时超过长期移动平均线的这个交叉点，称为"黄金交叉点"。如图7-5所示。

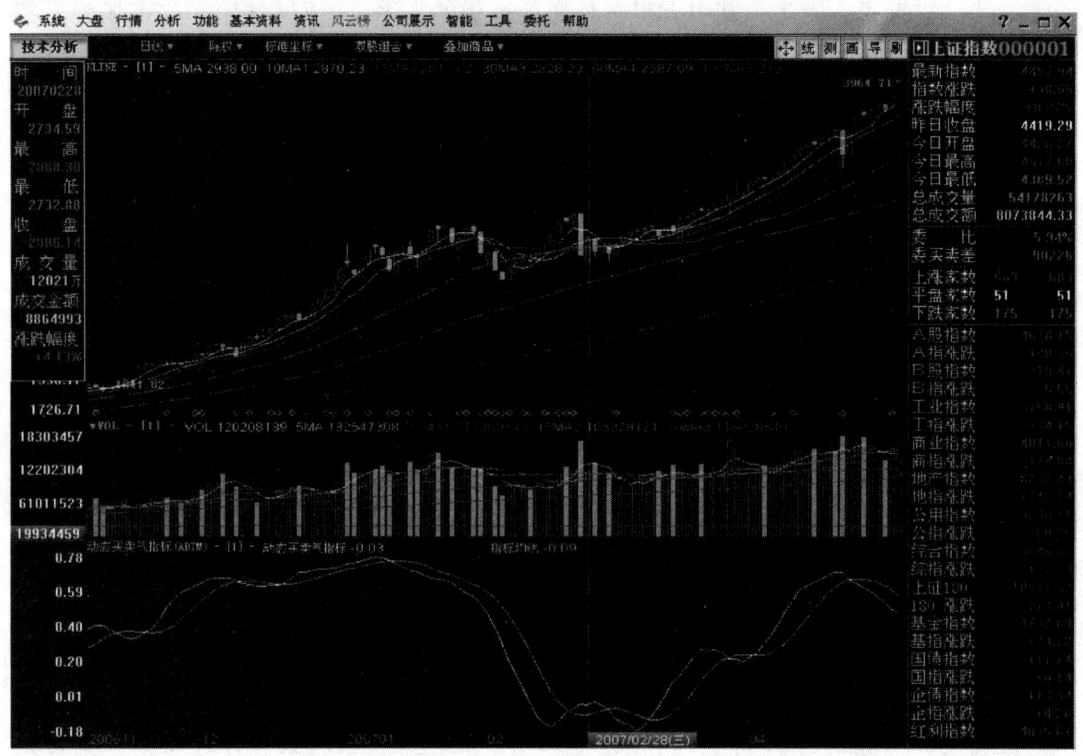

图7-5　黄金交叉点

"黄金交叉点"是确认行情将要进入上涨时期的标志。"黄金交叉点"出现后，短线、中线、长线由上至下依次排列，就是"顺向图形"，为典型的上涨行情的图形。黄金交叉过几天之后，必然是：短线、中线、长线依次向上挺进。这就是股评人士经常说的一句俗语："移动平均线多头向上排列。"从图7-5可以看出一个一般的规律：当股价持续下跌到谷底后转为上升时，反应最早的应该是短期线，其实是中期线、长期线，依次先后转为上升。这时，各条移动平均线互相交叉，排列顺序也依次变换。首先是短期线移到中期线上方，接着又超过长期线，居三线的最上方，以后，中期线也移到长期的上方。

这里说的短期线，是指 5 日或 10 日平均线。中央人民广播电台目前采用的是 5 日移动平均线。中期线和长期线则是一个相对概念。有的把中期线定为 30 天、60 天、90 天、100 天；长期线定为 150 天、200 天、250 天不等。中长期线多是根据投资者的需要而确定。定的天数越多，反应越不灵敏，会使人错过很多投资机会。定的天数太少，波动太大，交叉点过多，又容易出现错误信号。目前中央人民广播电台证券节目采用的是 5 日、10 日、30 日、60 日移动平均线。既反应灵敏，又相对稳定。中短线投资者，不要把中、长线的天数定的太长，否则会失去实际使用价值。就目前我国股市而言，多数股票都不适合长期投资。因为，时期越长，风险越大。当你手中的股票已下降了一半还多，它还有什么长期投资价值呢？

移动平均线的理论比较复杂，但使用起来却很简单。投资者若能掌握移动平均线的用法，定会"所向披靡"，"战无不胜，攻无不克"。

7.3.3 逢低接手的原则

"逢低"和"抄底"的含义大不相同。"逢低"是在一个相对较低的价位买进股票，它包含在上升过程中的每一次回调。"抄底"则是在大盘下降中的底部价位买进股票。在股指一路下跌时，能否"抄底"，不但需要大量技术分析，还要多听股评人士的意见，也要凭自己多年的经验。否则会：一路下跌，一路承接，一路被套。"逢低接手"却比较安全。因为，逢低接手是在大势一致看好的上升途中买进。有句股市谚语："中线上升不改变，逢低都是建仓时"。

有时候逢低接手可能是非常投机的行为。因为你买的这只股票可能不受垂青，也可能亏损，但它的价格在谷底，并有庄家"炒作"。庄家以便宜的价格买进他们喜欢的股票时，说明市场底部就已经接近了。庄家的目标是越接近底部愈好，盈利越大越好。庄家都是逢低进货的高手，许多投资人都相信：只要主力庄家一进场，市场弹升便指日可待。

"逢低买进，见高拨档"是最常用的操作方法之一。上面讲到，"逢低买进"是在股票市场大势基本面看好时才买进。许多投资者都有过不愉快的经验：买进了已经下跌的股票之后，它仍然跌个不停。什么叫"逢低"？多低才算低？怎样决定股票的现行价格是不是低？这些问题都使分析师们大伤脑筋。

首先，要看清大势，弄准大盘。只要众多的投资者对后势一致看好，大盘的升势在中期内不会改变，大盘的每一次回调走低，都是"逢低"。

其次，要看清对象，了解个股。一只股票在被选作投资对象之前，要看清它的业绩、利润、目前的市盈率与内在价值，还要了解这只股票近一年内的历史高低价格。当你发现它是一只很好的股票，并且它今后还会有不错的表现（高成长性）时，在它犹豫不前，甚至回落时，就是一个寻求支撑的相对低点。股价犹豫不前或者回落，是有人获利回吐造成的。股价往低走，必然会寻求到新的买主。股价获得新的支撑点后，再继续上涨。有一些盈利不错的股票，在公司刚刚宣布发放红利时，也会走势趋软，甚至回落。这是受利好或利空出货的影响。如果是一只好股票，股价"回软"一段时间后，又会回升。一般情况下，在大盘中期上升时，每一次回调都是"逢低"进货的好机会；在大盘中期下降时，在本年度历史的相对低点买进股票，是不会有多大风险的。

股票分析师们有一句至理名言，请朋友们记住："大势上涨时，任何时候买进都是正确的，只要不在最高点；大势下降时，任何时候买进都是错误的，只要不在最低点"。

"见高拔档"听起来十分合理，做起来十分困难。难以做到的原因是"放手让持股一搏"与获利的观念相冲突。有不少人因为手中的股票是同行业的佼佼者，在股价上涨之后，还想叫它再向上涨一点，结果，股价反而下跌。逢高卖出的做法是巧妙的，什么时候都是正确的，可以节约很多时间，又不需要做复杂的分析。问题是投资人要能正确判断这个"高"。

"逢低接手进好股，等待时机高派发"，"逢低买进，见高拔档"是一种常用而巧妙的操作策略。投资者要想掌握这种技巧，就必须能够主动出击，不必被动见招拆招。投资者能够主动控制局面，巧妙的操作方法才能增加每次交易的获利，才会少发生不愉快的经验。这种巧妙的操作策略，最适用于"波段式操作"。许多股评家认为：波段操作是制胜法宝。"守候波段，忍耐寂寞，跟随长庄前进的投资者，才是获利最大的赢家"。

7.4 绩优含权高成长，买进之后不担忧

买股票就是买未来。对投资人来说，希望能买进一只好股票将来能赚更多的钱，所有投资人都想买到赚钱股。这些能赚钱的好股，通常就是人们所说的绩优股。何谓绩优股？多数股评人士认为：该公司主营收入、净利润及每股收益连续增长，而且成长性好的股票。绩优股按其价位高低而言，可分为：高价绩优股、中价绩优股与低价绩优股。

7.4.1 投资绩优含权高增长的原因

一般情况下，绩优股就是赚钱股。这是因为，业绩是股票市场最有价值的、永恒的题材。这一题材的内涵，则是通过分红、派息、配股及配股后的填权来体现。无论是投机，还是投资，市场的参与者都青睐高送配题材的股票。俗话说，在牛市行情里要多做高比例含权股。在大市调整中、在平衡市场里，也是这个选股原则。高含权是市场参与者的首选品种。所谓高含权，就是指市场投资者买进某只股票后可以享受到该公司比较高的分红派息、增资配股的权利。通过分红派息、增资配股可以得到较高的盈利，获得较为理想的利润。从这个意义上讲，绩优股就是赚钱股。经过大多数股民的实战证明也是如此。如果有人在2006年年底，在10元价位买进10 000股深发展，今天他早已是一位百万富翁了。深沪两市有不少高比例送股的股票。例如，通程东百，1996年10送10后，股价折半后其巨大的落差为除权后的上扬留下了巨大空间；1997年10送5后，

又很快填权。投资这只股票的人都有丰厚的收益。

应该注意的是，投资于高含权股票时，要特别注意该公司的成长性。买进这只股票之前，你要看它近几年的历史。要细心研究一下该公司的主营收入、净利润、每股收益、每股净资产、净资产收益率等财务指标是否连年大幅度增长。一定要投资那些股本扩张能力与盈利能力同步增长的上市公司，否则就会："只有除权之日，没有填权之时"。如果买进了"有能力扩张股本，无能力填权收益"的某公司的股票时，最好是在除权之前把它卖掉。没有填权能力，却用高送配吸引投资者的公司，在深沪两地市场上屡见不鲜。请投资者留神观察，免得误入"大粪坑"。

多数情况下，买进绩优含权高成长的股票，操作起来不用担心。迟早它会让你赚钱盈利。个别时候也有特例：有人1997年5月初买进了200股深发展，虽经送股派息，至今尚未解套。该股主要是受政策因素、金融利空及东南亚金融危机等因素的影响，并非公司本身经营不佳。该公司1997年中期每股收益0.43元；1997年的年报每股收益0.556元，利润还是增长了。一个十多亿的大盘股，每股收益0.56元，深沪两市并不多见。它是最早公布年报的上市公司之一，该公司仍有不小的潜力，只因买进的时机不对，才被套牢。

绩优股多数都是赚钱股，但是，赚钱股并非都是绩优股。炒作朦胧信息的股票，可以赚钱；炒作资产重组题材，而且不管这种"重组"有无实质性进展，只要有人炒作，也能赚钱；炒作与高科技"贴点亲"的股票，还能赚钱；甚至炒作垃圾股，也能赚钱。所以，赚钱股并非都是绩优股，只要能赚钱的股（不管用什么方法），都叫赚钱股。这是什么原因？原因就是，炒作股票最实质的含义是提前和滞后。在股票市场中，人们大多数愿意预期未来，因此，各类题材均有被超前挖掘的可能。当年报公布之后，又马上分析研究年报概念，从中寻找高速成长股。

有些人认为，垃圾股有专家炒作，虽然能赚钱，但名声不好，不愿意介入。这种想法太天真烂漫，而且片面。只要有钱赚，您就应该干！有很多人偏偏爱吃那些"臭豆腐"，而且越吃越有味。您不妨跟着庄家学习，也去吃一点。要千万留神，不要让"臭豆腐"黏住你的嘴，黏住你的手。在中报和年报业绩没有公布之前，您完全可以放心大胆的跟着庄家一起进入，坐在庄家旁边，眼观庄家神色，与庄家共同吃这块"臭豆腐"。等"臭豆腐"快吃完了，您要首先放下"筷子"，退出"筵席"，站在旁边，把剩下的最后一块"有礼貌"的让给庄家吃。炒作垃圾股时，一定要牢记：当一大批丑媳妇手携着手，同步缓行扭扭捏捏地去见公婆之时，就是跟风者被套之日。这些"丑媳妇"却一直迟迟不见"家翁"。发现上述特征，及早采取措施。每年的5月初，总会有一批"丑媳妇"携手见"家翁"。这样做虽然不至于太"丢人现眼"，但是，却能足以使垃圾股行情全面降温。

7.4.2 操作原则

年报行情一结束，紧接着又是中报行情，年年都是如此。在年报结束后，投资者要做到理性投资，追逐绩优高成长性股票，应是中报行情的主流。要在中报行情中跑赢大市，应注意以下几点：

其一，要买进成长性好的股票。高成长性股票会给投资者以较大的想象空间，盘口较好，有一定的"群众基础"，能带来较大的潜在利润。在操作上应精心挑选成长性好的股票，耐心持有作大波段，方能赚大钱。股市中素有炒业绩是主线，而且炒预期业绩又是重点。在一个投机风味甚浓的股票市场中更是这样。有高成长性的股票通常又会得到市场主力的提前炒作。例如，2007年春节过后的清华同方、东方电子、国嘉实业、深科技、川长征、天大天才等股票，都曾有过"黑马"的良好表现。这些具有高成长性的绩优股，不但股本扩张与利润增长同步，而且又能激励和带动人气，也符合国家产业政策。炒作绩优高成长性股票，股价升得高也不会引起高级管理层的"过敏性反应"。谁都清楚，绩优高成长性是股票价值的灵魂，成长性如何是其股票能否受广大投资者青睐的关键。只有良好的成长性，才能保证股票的含金量不因市场扩容而稀释，其价值也不会因时光的流逝而贬值。

其二，买进科技股。科技股自1996～2006年一直是市场持续炒作的热点。高科技板块每一次调整的时间都较为短暂，而且调整的幅度又不大，呈现的基本走势是"退一进三"。因为，高科技股发展前景广阔、附加值高、市场潜力大，并且具有绩优高成长性，是高成长股票群中的龙头股票。所以，高科技绩优高成长性股票不但能有效汇聚市场人气，受到投资者的追捧，而且更会受到市场主力机构的青睐。在"科教兴国、科教兴省"的政策扶植下，这些上市公司会得到很多政策优惠，这也是科技股群众基础好的原因。许多时候，高科技板块是市场的领头羊。

其三，小心选择重组股。自1997年以来，重组题材不断翻新。2005年春，在大盘摇摇欲坠、人气低迷之际，市场主力拉升国嘉实业、南洋实业、川长征等资产重组股，给市场形成了一道亮丽的风景线，这是一批独具慧眼、意识超前、理念坚定的主力机构所为。虽然有投机之嫌，但却表现出挖掘题材的、敢为人先的勇气。由于实质性重组公司较为稀少，不少低价股是庄家"借壳"发挥，迫使高级管理层出了不少"警示性公告"。在2006年4月的资产重组浪潮中，大多数公司的重组题材是一件美丽的外衣，有的还是"皇帝的新衣"。从2007年下半年到2008年上半年，资产重组题材炒作异常火爆。资产重组在今后一段时间内，仍然会有很强的生命力，股评人士把重组题材长热不衰的原因总结为：一是该板块能够"化腐朽为神奇"；二是受国家产业政策支持。所以，重组板块令市场有较大的想象空间。请中小股民注意：一旦发现低价资产重组板块出现"两极分化"时，当您手中的股票正在下跌（有时会被封杀跌停板），清仓是正确的选择。因为，这些股票可能就是前期爆炒、有所谓重组概念的亏损股。当您手中的股票确有实质性重组信息，而且股价还会再持续上升，您可以跟随主力再往前走一段。等这种强势股连续走弱时，"减磅"则是唯一正确的选择。因为，有实质性利好的重组股，这时股价已被市场主力拉抬得很高，强势股连续走弱，说明它对市场的号召力已明显减弱；也说明了市场主力对近期市场看淡，"无心恋战"，正在分批"撤离战场"。"主力撤离战场"，表明阶段性中级行情已经接近尾声。

其四，正确介入绩优低价国企大盘股。国企大盘股是国家产业的支柱。虽然有国家政策的支持，但因种种历史原因，其效益较低，股性不活。其中也有一部分"佼佼者"，它不但有较高的每股收益，更有国家政策的扶植。"有优惠政策，就有绩优的股价"。要正确介入国家优先发展的基础性产业股票（信息、能源、交通、建材、农业等）。目前该板块市场中的市盈率最低，市盈率最低，说明内在价值高，市场的潜力未被挖掘，没有引起市场主力的关注。这种股票具有一定的上升潜力，它的流通盘又大，这一板块一旦启动，指数向上突破就会轻而易举，可以加快市场的上攻力度，介入者将会有"意外之喜"。有一定业绩支撑的国有企业低价大盘股走强时，不但指数会创新高，而且对市场人气影响力很强，在操作上应时刻关注低价含权国企次新股。在介入低价绩优国企大盘股时，要密切关注主力机构的动向。这些大机构，是成交量中的最大买主。成交量又是激励人气的重要指标。这些大机构神通广大、手眼通天，消息灵活准确，政策精神吃得透。跟着他们走，就是跟着大成交量走。当中小散户股民发现某一只股票成交量连续放大时，您就可以跟随介入。因为盘子大，几个小庄家难以炒作起来，一定要有大主力介入才行。请中小散户记住：成交量连续放大，才能介入。否则，介入后会长期"蹲冷宫"。

　　其五，适时买进一种特殊的股票。所谓特殊股票，就是说它与众不同，有自身独有的特征。这里是指"特别处理"的 ST 股票、前期不分红的股票、高送配除权后价位超跌的股票等。高级管理层在改革中出了一个新招：对连续两年亏损以及净资产低于面值的公司的股票，划作特别股票，并进行"特别处理"，包括股票报价日涨跌幅限制 5%，并打上"ST"的标记。这个"ST"标记就像水浒传中罪犯脸上被刺的"金印"一样难看。因为"ST"既明显，又难看，的确向投资者起到了提醒风险、防止股票异常波动的目的。维护了市场交易秩序，保护了投资者的利益。特别股票，特别处理，它一方面警告投资者，垃圾股少碰；另一方面也警告公司的领导班子，要努力奋斗，扭亏为盈，否则将会更糟。如果领导班子采取了有力措施，扭亏为盈时，或者在 ST 股票里有庄家被套采取自救行动时，投资者可以抓住有利时机，买进一些特殊股票，会有不小的收益。另一种是前期不分红的股票，由于不分红，当消息公布后，股价有可能会跌停板。许多人把不分红视作利空，众人纷纷抛出股票，股价一跌再跌。当这只股票的股价跌到"跌无可跌"的时候，投资者就可以适当买进一些，并且耐心等待，中长期持有，会有丰厚收益。因为，许多股票不分红，并非业绩不好，业绩好的公司为了保持连续的利润增长，把这一笔钱投向了另一个"经济增长点"。购进这些公司的股票，中长期持有，一定会有满意的收获。还有的股票不分红是为了弥补亏损，这种股票不要去碰它。另外一种是：高送配除权之后，股价超跌。股票凡是有高送配的分红派息方案，业绩都不错。如果除权后没有填权的原因，不在公司内部，您就可以大胆的买进这只股票。因为，这些绩优超跌股，它的股本扩张能力与利润增长能力，会有同步的那一天。同步增长只是一个时间问题，也有特例：当股票实施高送配以后，因成长性差，一直未能填权，股票开始被冷落，结果由二线股变成了三线股。

　　影响绩优股下跌的外部原因，是受大盘的影响。因大盘连续阴跌，空方压倒多方。大盘整体形态走坏，中期走势复杂、不容乐观的时候，绩优股也难逃下跌的厄运。同时，绩优股也存在年报风险。例如：主营收入减少，利润下降；分红派息方案不好；或有其他利空传言，都会使股价大幅度下跌。然而，当高价绩优股下跌调整到位之后，不仅仅是积蓄了新的上升能量，而且为其后市股价的"腾飞"拓宽了空间。"人弃我取"，此乃股市取胜之道。持有中高价绩优股的朋友们，在大盘阴跌、大势低迷时，一定要有信心，耐心顶住寂寞，千万不要在黎明前的黑暗中倒下，认清大势，坚定信心，是股票走势的关键因素。

最后，熟悉大盘与个股循环的高低点，是正确操作的前提。只有掌握了高低点的出现规律，才能做到正确操作。绩优股的操作基本原则仍然是：循环低点出现后，逢低吸纳绩优股。

高含权、高成长性绩优股受市场追捧是大势所趋。投资者抓住热点，才是获利的源泉。高成长性绩优股，是市场永恒的热点，也是市场主力炒作的核心。在股指震荡上行过程中，虽然会出现各种投机炒作，但是，只要能抓住高成长绩优股不放，就是"以不变应万变"的操作良策。

7.5 减少风险，分散投资

7.5.1 分散投资的含义

"不要把鸡蛋放在同一个篮子里，这个篮子可能有漏洞！"有许多投资人把这种"分篮放蛋"的投资方式，称为降低风险的锦囊妙计之一。现在"分篮放蛋"的分散投资方式有其广泛的含义：一是告诫投资者千万不要把自己所有的钱全部投资于股票，还要分出一部分投资于其他证券（如国家债券等）。二是告诫股票投资者千万不要把自己所有的钱全部投资于某一只股票。要谨防：一着不慎，满盘皆输。

"分散投资，降低风险"的策略十分重要。为了降低风险，保障资金安全，许多投资于证券的大户将钱分别用在：储蓄、保险、国家债券、金融债券、房地产及股票。有经验的证券投资大户，不会把所有资金全部用于股票。因为，没有任何人能够准确、及时、无误地判断股票市场的未来行情和今后的变化；更不能精确判定出哪一种股票未来将发生什么变化。有些专做股票的投资人，也不会把所有的钱都用来买进同一只股票。由于股票市场有不可预测性，风险与机遇同在，克服这一矛盾的最妙方法是：分散投资。当投资者把资金全部用于股票市场时，也要将资金分散在不同种类的股票上。有投资者说，买20种股票，则能充分化解风险。

7.5.2 股市分散投资"三分法"

分散投资的方法是因人、因资金多少不同而灵活进行投资组合。一般情况下，分散投资可以采用"三分法"或者"二分法"。三分法是把资金一分为三：一组投资于高风险、高收益的股票；一组投资于低风险低收益的股票；另一组则投资于收益稳定的股票。二分法是把资金一分为二，一组投资于普通股；另一组投资业绩大幅震荡的绩优股。这样做，收入较稳定，风险不太大，收益也不薄。

许多投资者喜欢利用三分法进行投资组合。用三分法的操作方式是：用 1/3 的资金投向业绩好、收入稳定的长线股。业绩好是指：每股年收益在 0.6 元以上，主营收入增长率在 20% 以上。用 1/3 的资金投向有增长潜力的中线股。有增长潜力是指净利润年增长率在 50% 以上。用 1/3 的资金紧跟市场热点作短线炒作。短线炒作要随时关注热点板块中的领头羊。这些领头羊都是近期中的热门股。这些热门股，不论其业绩如何，只要有炒作题材（重组、并购、利好传闻），都会被主力机构炒作起来，特别是其中的小盘股（流通盘在 3 000 万元以下），股价一炒就"飞"。小盘股是热点板块中的"黑马"。例如，1998 年 3 月底，流通盘只有 1 464 万股的国嘉实业，股价由十几元被炒作到 48 元。采用投资三分法进行操作，虽然有不少优点，但是，不等于没有风险。因为，从你进入股市的那一天起，风险也就伴随而生。不过投资三分法仍然是降低风险较为理想的操作方法。

使用三分法操作时，仍然需要遵循一条通用原则：任何时候都不要"满仓"，手中要留有一定数量的预备金，以便采取应急措施。

7.5.3 减少风险的操作策略

分散投资，只是投资策略中的一种。减少风险，还可以采取其他投资方法。常用的操作方法有以下几种。

其一，采取"定式投资法"。常用的"定式投资法"有：定率法、定额法、变率法、尺度法、金额平均法等。用"定式投资法"进行投资的实质就是：在某一时间内，规定一个符合当时实际情况的获利百分比，只要股价一涨到这个百分比；就获利抛出。例如，某只股票在跌至 10 元时买进，若获利百分比定在 10%，当股价上涨到 11 元时，则应果断抛出，获利了结，不要再去考虑它还会涨多高。只要获利，就不要吃"后悔药"。"牛市"行情中，获利百分比可以规定得略高一点，不要想获利 100% 时再抛。请股民朋友记住：这个获利百分比的设定，一定要符合当时股市的实际情况。它是一个能够达到的实际数值，而并非是空想出来的指标。

使用"定式投资法"的经验是：不要太贪，不要把获利百分比规定的太高而无法达到。这条经验说起来容易做起来难。许多投资者在家里是胸有成竹，一到市场，看到红盘不断上扬，手中的股票不断上涨，喜在心头。掩饰不住自己的贪心，早把获利百分比抛到了九霄云外，于是，他的眼睛盯着大红盘，心里在盘算着："等它再上涨一点""再等它上涨一点"……等来等去股票突然出现大量卖压，股价一泻千丈，于是急急忙忙，挤入人群，打进卖单，却迟迟不能成交，因为贪心，延误了时机。

在股票交易大厅里，常常会听到这种声音："刚卖出去，又上涨了，卖亏了。"已经赚了钱，还说卖亏了，是典型的贪心者。这种声音，大部分是女人的声音。股市有句名言："只要获利，什么时候卖出都是正确的。"不要去吃后悔药，股市的后悔药是吃不完的。

这种"定式投资法"也叫做："定点计算，适可而止"的操作方法。股价上涨时，谁都很难判定股价会涨到什么程度；下跌时，又很难预料跌到什么程度。"定式法"是解决这个难题的最好方法，定点计算、适可而止、获利了结，不必再去预测股价的顶点而劳费心机。只要股价上涨到自己的获利价位，不论是否涨到顶点，都要适可而止，果断卖出。只要能克服贪心，这个难题就变得十分容易了。

其二，"定点计算，看跌出手"。这也是一种降低风险的操作方法。这种方法不是看股价上涨到什么程度再抛出，而是看股价下跌到什么程度卖出股票。具体方法是：假设某投资人以10元的价格买进了某一只股票，当股价飞涨到22元时还没有卖出。因为，他在想："股价是涨还是跌"心中无数。这时最好不去想"是涨还是跌"，您只想定点盈利100%就行了。他把20元价位作为抛出点，22元没有卖出，股价下跌了，当价格降到20元时卖出了手中股票。乍听起来，似乎是一种愚蠢的操作方法，其实，它却是一种非常保险的操作方法。因为，就在他犹豫之时，股票已经失去了22元的卖出机会。眼看着股票要一直下跌，20元卖出已获利100%，要比再等反弹强得多。再等反弹有两种结果：一是等了好长时间，股价又回到22元了。这时卖出虽然多卖了2元钱，但是，却损失了很多宝贵时间。在这一段时间内，把已抽出的资金用到别处，很可能早已找到比多赚2元钱更为理想的投资目标。时间损失要比金钱损失多得多。二是等了很久，股价不但没有反弹，反而跌的更深了。跌到20元没有出手；跌到15元更不愿意出手，就这样，左等、右等，股价又回到了10元价位或者更低。既损失了时间，又损失了金钱。"赔了夫人又折兵。"你们说，哪种方法更愚蠢。"定点计算，看跌出手"，这种操作方法最适应小本经营的股票投资者。首先，因资金太少，买不了几手股票，很难采用分批出手的操作方法。其次，在股价回落时抛出股票，如果不能盈利，至少还能够确保投资的本金。

其三，"定点计算，分批出手"。这是一种最为理想的操作方法。它不仅仅是为了使某些投资者少吃点后悔药，而且会比上述两种方法能赚更多的钱。"定点计算，适可而止"的操作方法的操作方法，虽然能赚钱。但是，股票出手之后，股价仍然上涨，总会有些后悔。为了不吃后悔药，可以采取"定点计算，分批出手"的操作手法。举例说明：某投资人以10元的价格买进了1 000股某种股票，当股价上涨到16元时，卖出500股；涨到20元时，又卖出300股；涨到23元时，又卖出最后200股。你们算一算他获利多少。"定点计算，分批出手"的操作手法可以赚更多的钱。但是，风险却比前一种大，尽管是逐步减少手中的股票。

降低风险的操作方法很多，在实际操作中，要根据自己手中股票的多少、盈利大小、股价走势而随机应变。当你手中的股票少，盈利目标又不高时，而且股价走势又很难判定，可以采取"适可而止"的方法；当股价最高点已经过去，下跌已经开始，可以采取"看跌出手"的方法；当手中股票多，可以采取"分批出手"的方法。若是股价上升幅度越来越小，在采用"分批出手"方法时，必须把最后一批股票的盈利点定的低一些，头几次出手要多一些。要想降低风险，只有随机应变。

其四，"长中短线相结合，降低风险有把握。"市场往往不以人的主观意志为转移。想做短线操作，当买进股票后，一套就是几个月、半年或一年。想长线操作，买进之后连续几个涨停板，你就不得不考虑及早卖出，再另选别的股票。市场虽然有内在规律可循，但是，每次操作都想摸准规律却十分困难。在精选股票并择股入囊后，短线操作赚钱机会多，赔钱的机会也多；长线操作，虽然时间越长，盈利较大，但风险也较大。长短线都各有其长，各有其短，把二者结合起来，则能降低风险。长中短结合，一是指操作方法；二是指选择股票。市场变化大，操作需应变。当股价波动频繁、股价走势难以判定时，在操作上应采取：能短则短，能长则长。在选择股票种类方面：应尽量选那些"长中短皆宜"的股票。选股的落脚点是"高成长、小规模、高转送"的股票。操作也好，择股也好，要时刻关注大盘的走势。"大盘缩量震荡，静观其变为宜。"不参与盘整，不盲目抢反弹。"沙里淘金，莫忘风险。"当某一只股票风险大于股市平均风险时，投资人不要选择、也不要买进这只股票。短线操作时，在关键价位要留心看：看是否有主动性买盘。是否有主动性买盘，是观察个股内在力量强弱的一种手段。特别是在5日均线、10日均线处，如果有主动性买盘，这只股票还会有不小的上扬空间。想买进时，干脆对着它的卖出价买进。还要看是否有主动性抛盘，如果有主动性抛盘，这只股票还会有不小的下跌幅度，若想卖出时，就要对着它的买入价或者低于它的买入价卖出。

其五，"把鸡蛋放在一个篮子里，只要这个篮子是坚固的。"这种投资方法与前面所讲的分散投资方法刚好相反。这种方法虽然有风险，但是，也有不少优点。在股票市场上，风险总是与机遇并存。考虑到风险的存在时，投资者总是把资金分散地投资于不同种类、不同特性的股票上。在这样的投资组合中，虽然有一部分股票下跌，但同时也会有一部分股票上扬，上扬就弥补了下跌带来的损失。通过投资组合可以降低投资风险，从而受到许多投资者的欢迎。分散投资对于资金少的中小散户投资人来说，很难把这一正确理论运用到操作实践中去。其原因是：第一，中小散户个人投资者手中的资金太少，如果同时分散投资到几十只股票上，每只股票所分得的资金寥寥无几，失去了投资组合的意义。第二，中小散户个人投资者多受时间和精力的限制，买进太多的股票会手忙脚乱，力不从心，还会增加出错的概率。第三，投资组合的正确运用，必须有相应的专业知识。大部分中小散户投资者的专业知识不丰富，对投资组合并没有深刻理解。多数散户投资者认为：分散投资，就是多买几只股票，这种机械地多买几只股票，就认为是投资组合了。其结果，往往达不到规避风险的目的，还会增加风险。盲目性越大，买进股票越多，风险也越大。第四，中小散户投资者受资讯消息的限制大。资讯消息来得不及时；消息朦胧，真假难辨；消息真相大白时，股价已经上扬了许多。没有及时准确的资讯，就不可能有正确的投资组合。

"把鸡蛋放在一个篮子里，只要这只篮子是坚固的"。"篮子坚固"这个投资前提条件很重要。投资人在精选股票时，一定要看好这个"篮子"。精选股票，看好篮子，集中投资，通常能收到"集中兵力打歼灭战"的理想效果。"看好这个篮子"就需要投资者把精力放在个股的研究、分析与选择上；放在对个股的熟悉过程上；放在把握股票的投资价值上。选好一个"篮子"，看守好一个"篮子"，总比同时看守几个"篮子"要容易很多。

风险是客观存在的，所有的股票都有风险，也都有收益。一般情况下，风险大，受益大，风险与收益成正比。但是，具体到某一位投资人身上，风险与收益不一定成正比。可能是赔的多，赚的少；也许有些失败的投资人全赔进去了。因为，"10人投资7人赔。""无赔也无赚"。

分散投资是投资策略中很重要的一个环节。因为，它能在确保资金安全的情况下提高利润。采取分散投资策略，也可以使分析、选股的过程变得相对简单一些。但是，分散投资只能降低风险，而不能完全消除风险。尽管如此，分散投资仍然是资金管理的一个要诀，是保障资金安全的投资上策，就像战争中的"化整为零，分散作战"一样，它是一种保存实力的有效方法。

　　"把鸡蛋放在一个篮子里"，也并非是一下子把这个"篮子"全放满。即使是这个"篮子"很坚固、没有漏洞，也要尽量采用"分批建仓，循环操作"的方法。在大盘急跌时，精选绩优强势股、强庄股和有题材的庄家股分批建仓，等待反弹。因为，每一次急跌之后总会有一个较强的反弹，并且，下跌越深，反弹幅度也越大，择机建仓，反弹出货；再等待新低建仓，再反弹再出货……"分批建仓，循环操作"，也是大势低迷时，短线操作的极好方法。这就是："风险中孕育着机会。"但是，在大势低迷，逐步探底的走势中，使用"分批建仓，循环操作"的方法，一定要密切关注基本面和大盘的盘面的变化，否则将会："屡买屡套。"

第 8 章　长中线操作策略

8.1　坚持"持久战",与庄家比耐心

8.1.1　为什么要比耐心

在股市中,庄家好像一朵艳丽的红花,散户就像绿叶。二者相辅相成,共存于一个统一体中。二者又是对立的。"马克思主义哲学认为,对立统一规律是宇宙的根本规律"。股市中庄家与散户又统一、又斗争,由此推动股市的变化。"对立统一是有条件的、暂时的、过渡的,因而是相对的,对立的斗争则是绝对的"。在股市的这种斗争中,谁胜谁负,有时则取决于信心和耐心。散户不能与庄家比资金,因为这是"乞丐与龙王比宝"。散户不能与庄家比"阔气",因为你没有庄家的"肚子大"。散户也不能与庄家比"手眼灵通",因为你没有"千里眼"和"顺风耳"。散户只有与庄家比信心和耐心,有时则会战胜庄家。

"信心"是股市中的重要人气因素,"耐心"则是投资人本身的素质因素。二者的辩证关系是:信心是耐心的基础,耐心是信心的表现形式。股市中对后市看好的投资者,就是以信心为基础的。这种信心又是建立在客观物质基础之上的。而客观物质基础的基石又是上市公司的业绩与成长性。业绩好、成长性高、流通盘子小、高含权、有题材的股票,会首先成为庄家选择的目标。庄家乐意进驻,散户愿意买进。庄家与散户同时进入这只股票,二者是朋友,又是对手。庄家需要散户的追捧,散户也想得到庄家的"恩赐"。二者在"上山"的途中是同路人、是朋友;到达"山顶"就成了对手。散户想抛开庄家"下山";庄家想把散户"套住",并永远搁置在"山顶"的"寒山寺"中。

8.1.2　庄家在哪里?(盘口特征)

股市有牛市与熊市,有高涨与低迷,庄家也有快庄与慢庄。在股市的上升期,通常会有快庄来活跃市场。快庄的特点:用大量资金集中建仓,采用"集中兵力打歼灭战"的方式迅速拉高,迅速派发。利用市场的"联动效应"与股民"从众心理",达到"一呼百应"的效果。散户若能把握时机,逢低介入,短期间获利空间较大。这种快庄虽然也是由大资金运作,但是运作周期较短。快庄在拉升之前,早已用部分资金悄悄吸筹。这时的吸筹动作,是个较慢的过程。特别是小盘股的股价经常起

伏波动。没有耐心的中短线投资者常常会获小利而抛出股票；没有耐心与经验的投资者常常会被庄家"清洗"出去。一旦发现股价异常波动，要认真对待，判明情况。众所周知，股市中的庄家在"坐庄"某只股票的全部过程是：低位吸筹—待机拉升—逐步派发三个阶段。不论是快庄还是慢庄都要经过这三个阶段。区别是：一个过程较短，一个过程较长；一个动作比较明显，一个动作比较诡秘。快庄的吸筹、震仓、拉抬、派发的操作动作比较明显。因为快庄是发生在牛市行情中，其目的是引诱散户跟风拉升股价，在高位获利派发。这时散户的操作策略应该是：发现快庄正在吸筹时，要立即果断，毫不犹豫地进货。尔后耐心等待拉升阶段的到来。如果是小盘股，在拉升阶段后期准备派发，争取把货出在庄家前面一小步。如果是中盘、大盘股，在顶部出现震荡时，再派发也不迟。

　　对于慢庄要特别留意。慢庄的特点是：在股市大盘低迷时，选择一些业绩好、群众基础好、口碑好的股票，分批在低价区建仓。而后等待大行情的到来，会有不少人追涨该股。因为慢庄的建仓过程时间长，行动隐蔽，又处在熊市行情阶段，不会引人注目。慢庄为了降低成本在低位吸筹，有时会利用利空消息吸货；散布流言震仓，在大盘低迷时，庄家何时吸筹、何时震仓、何时拉抬、何时派发，散户投资人难以辨知。但是，如果利用"每笔成交量"这个参数去进行观察，就会发现庄家的一些蛛丝马迹。观察原则是：庄家资金雄厚，下买单的数额较大。观察方法是：当发现"每单数额"较大（有人称每单数额为每笔成交量）则应进一步观察是偶然性还是有规律性。当看到"每笔成交量"虽然数额不多，但购进的次数不少时；并且买盘价几乎是对着抛盘价购进，可以初步判定是庄家正在吸筹。慢庄吸筹的时机一般是：在大盘长期低迷行情的底部，在"黄金交叉点"将要出现之前。慢庄为了达到"熊市坐庄，牛市发牌"的目的，吸筹方式一般采取：底部分批吸筹，逐步降低成本。而且吸筹的时间间隔较长。稍不留意，会把庄家吸筹当成是"散大户"的购进。对于慢庄，散户的操作策略是：庄家正在吸筹，跟着庄家一块"吃进"。庄家在低价区"震仓"时，散户再陪着庄家"多吃"一些。庄家在微微拉升时，先"按兵不动，静观其变"。一般情况下，不进入牛市行情，庄家是不会轻易派发的。慢庄吸筹是众人对后市一致看好，只要股市基本面看好，庄家会十分有耐心地等待大行情的到来。因为，一年内庄家只要能成功地做一个波段的上升行情，全年利润指标就可以完成。在熊市末期，庄家吸足筹码之后，一般不急于拉升。因为这个时期的中小散户尚未大举进场。庄家在等待政策面和消息面，更重要的是在等待"人气"的回升和高潮。跟着庄家一块吸筹介入的散户，一定要冷静沉着，与庄家比耐心。谁决心坚持"抗战"到底，谁就有最后胜利的把握。散户一定要有必胜的信心，坚持持久战。十四年抗日战争的胜利，就是坚持了"持久战"。

　　慢庄吸筹，有时是在"黄金交叉点"附近；有时距"黄金交叉点"甚远。通常情况下，大庄家、主力大机构对后市一致看好时，后市一定会好。因为，研究分析股市行情，他们是专家。吸筹的区域不论距"黄交点"是远还是近，散户投资人都应大胆而勇敢地跟着庄家介入。跟着庄家一块"坐进大花轿"里，而后耐心等待前来抬轿的人。先进"花轿"的人是新郎、新娘；后来的人是出力流汗的"轿夫"，有时还是流"血"

的"轿夫"。在时间上虽然只有一步之遥,却有着本质的差别。中小投资人要学会用"每笔成交量"观察庄家的动态。跟庄介入,共同坐轿,等待时机,派发离场,这才是"与庄共舞"。中小散户要避免在拉抬时盲目跟风,不被庄家引诱和抛弃,必须领先一步"上花轿"。要想领先一步,必须能辨别庄家的动态。"每笔成交量"就是一个辨别庄家动态的有效武器。

8.1.3 操作策略

有时候庄家为了在拉升前震仓洗盘,故意把股价搞得大起大落,引起人们的惊慌。这时候,中小投资人应首先稳住自己的心态,而后再用心观察。如果发现自己的股票有大幅度震荡,但"每笔成交量"还有新的增加,说明这不是老庄家在震仓,而是又有新庄家介入。如果出现"换庄接筹",散户要捂紧自己的股票,可以采取"坐山观虎斗""稳坐钓鱼台"的策略。耐心等待着:"新庄驻入后,大阳狂拉时"。一定能拉出大阳线。

耐心换来的是"蓄势"。常言道:"蓄势既久,其发必速"。蓄之既久,可能是"烈焰冲天的飙升",也可能是"飞流直下三千尺"。是"烈焰冲天",还是"飞流直下"?关键是要把握好股市大盘走势的"大方向"。由于股市长时间地横向震荡、调整、整理。从"日K图表"上看:蜡烛图就像满地的"基桩"。这时无论是大盘还是个股,都有一触即发之势。盘整是在蓄势,蓄势的结果,不是上涨,就是下跌。股市大盘是向上突破,还是向下突破?中小散户投资人一时难以看清走势大方向。这时的操作策略是:"看不清走势,暂时不要操作"。耐心等待大盘趋势的明朗。在大盘不明朗时,不要盲动。不要跟着别人瞎跑、不要被消息所左右、不要轻易抢反弹。盯住自己的股票,加强对趋势的观察。只要大趋势看好,手中套牢的股票迟早也会有表现的机会。要保持一份耐心,手中的股票不上涨就不要抛。因为,小行情有小循环,大行情有大循环,当你把手中长期不涨的股票换成其他股时,它又上涨。在散户交易大厅里经常可以听到这种声音:刚抛出去,它就上涨,气死人也。股市中最忌讳的就是把长期不涨的股换成其他股。这只股不涨,换那一只股票;再不涨再换……换来换去,最后的可用资金不多了。他不懂得:"否极泰来"的道理。他不知道这些远远落后大盘股指涨幅的、长期"睡觉"的个股,有大放异彩的时候。关键是要有耐心。

8.1.4 观盘技巧

如何判断大趋势的强和弱,股票分析师告诉我们有两种常用的方法:一种是从分析大盘着手;另一种是通过强势股来判定大盘的强弱。用第一种方法分析时,当日K线出现重心下移,连拉多根阴线时,大盘弱;当周成交量过大,量能趋于饱和时,大盘弱。日K线和量能是判断大盘强弱的标志。用第二种方法分析时,当强势股领先于大盘创新高时,大盘强;指数创新高,强势股未创新高,大盘弱。当强势股领涨,"一呼百应"时,大盘强;强势股上涨,其他股不涨,孤军深入,一呼百不应时,大盘弱。

老热点板块退潮,新热点形不成,补涨个股眼花缭乱,追涨意愿不足,补涨股昙花一现时,大盘弱。股评家的理论一般不会有误,广大散户朋友们不妨仔细分析利用之。"世上无难事,只怕有心人"。

短线操作更需要盘口分析技巧。短线操作寻找好股票比追踪热点板块更重要。短线操作寻找好股票不但要有耐心,而且要有方法。常用的方法有:一是寻找买入量小,卖出量特大,而且股价下跌不多的股票。因为,股价不下跌是由庄家的隐形买盘造成的。庄家在盘面上显示的买卖盘通常假的、骗人用的。而实质性的买卖盘是及时成交的,是隐形的。这类股票的价格随时可能上扬。二是寻找买入与卖出量都小的,而且股价有轻微上涨的股票。因为,庄家已经吃饱了货,正在等待时机,增大利润。三是寻找第一天放巨量上涨,第二天仍然强势上涨的股票。这种股票庄家实力较强。后期还有会一定的上升空间。四是寻找大盘横向调整时微涨,大盘下行时却逆市上涨的股票。"逆市飘红是好股",逆市上扬说明庄家在吸筹护盘。五是寻找个股利空放量而不下跌的股票。"该跌不跌,必有一涨"。这完全属于庄家行为,可以陪庄家当一段"同路人"。六是寻找无量大幅急跌的股票。无量大幅急跌,通常会出现"历史新低"。能买个最低价,是超短线操作的最佳股票。一旦大盘启稳,它的股价会立即回升。再者,被套牢的庄家也在等待机会给你发"红包"。要寻找一只好股票,不但需要耐心,而且需要细心。买进一只由庄家进驻的、品质优良的股票后,一定要坚持"持久战",与庄家比耐心。庄家不出货,你就一直等。要记住"不放长阳不出货"。

弱市之中需要耐心;强市之中也需要耐心。耐心不但体现了谨慎,而且更重要的是为了寻找机会与市场同步,与庄家同步。只有适应市场,与庄家同步,才能获得最佳的投资效果。

8.2 熊市做庄,牛市发牌

"熊市做庄,牛市发牌"。这种操作方法不但适应主力机构操作,而且也适合中小投资人操作;不但适应大资金运作,而且适合小额资金的调度。大主力操作时,是指主力资金在底部介入,又在上升初期通过震荡洗盘进一步吸足筹码,等待发动行情的"火候"。大有:"蓄势已久,其速必发"之势。随着股市新形势的变化,这种方法又有比较广的含义。

8.2.1 概念

"熊市与牛市"从时间形式上说,有狭义和广义两种含义。狭义的熊市是指股票市场前景长期暗淡,长期低迷,行情下跌,交易沉闷。狭义的牛市是指市场前景一片看好,行情一路疯涨,交易异常活跃,火爆行情能维持很长一段时间。从时间形式上说,狭义熊市和狭义牛市维持的时间较长。目前市场上又流行广义的熊市与牛市观念。使熊市与牛市又有了广泛的含义。广义的熊市是指在一定阶段时间内,股市大盘走势低迷,大盘指数逐波下移，股价多次慢跌，大盘指数与股价又回到"阶段性谷底"。广义的牛市是指在市场主力的参与下，阶段性拉升大盘指数，使局部性的热点板块中个股的股价持续上涨，引发一波火爆行情。从时间形式上说，广义熊市与广义牛市维持的时间较短。行情的形成热得快，退却时冷得也快。

"熊市与牛市"是一个相对概念。股民对这个概念的认识也是通过股市实践而不断发展、创新的。股民认识这个概念的过程与辩证唯物主义认识真理的过程一样，都是通过实践发现真理，又通过实践证实真理和发展真理的过程。真理和谬误同属认识范畴。二者是对立统一的；二者在一定条件下有时可以相互转化的。这就是辩证唯物主义认识论的真理观。股民对股市中熊市与牛市含义的两种理解是否正确，可以再把它放到股市中，让股民自己去进行再认识。

8.2.2 操作方法

股民对于熊市与牛市的认识不同，采取的操作方法也有区别。现将狭义和广义两种思维方式、两种操作方式分述如下。

"熊市做庄，牛市发牌"的狭义操作方法是指：当股市长期处在低迷阴跌状态时，看不到回升的曙光，行情正处在漫长的熊市之中。这时股民不要轻易退场。应在适当时机买进，等待大行情的回升。买进股票的时机一般是：大盘指数创历史新低以后；个股的股价也创历史新低以后。适当买进之后，等待行情回升。如果行情仍然是漫步下跌，又创历史新低，再买进一些，再等待大势回暖。一旦国家宏观经济好转，国民经济步入复苏时期；大盘指数已从谷底漫步回升至"黄金交叉点"附近时，再买进一批。耐心等待市场人气的活跃与大行情的到来。这时候股市的循环周期已经刚刚进入"正半周"。而后随着国民经济宏观面的好转，国民经济回升进入快步发展阶段，股市的牛市行情也就逐步来临了。在牛市行情的初升阶段，市场主力开始活跃市场、激发人气。一方面大搞宣传制造种种利多舆论；另一方面正在慢慢拉升热点板块中的领涨个股。当众人都一致看好后市，均认为牛市行情已经来临时，热点板块中的个股价格已经上了一个新的"台阶"。牛市行情已步入"上升时期"。这时大盘指数天天上涨，多数个股天天飘红。市场一片繁荣，证券公司门口又是"车水马龙"。股民争先恐后涌入交易大厅。各个窗口都排着长队买进。受"从众心理"影响，当99%的人都在争先买进股票时，市场已经进入了"高涨时期"。这个时期多数股票价格已经连续上了几个"台阶"。成交量持续放大，市场主力心里十分明白：社会上已经没有更多的游离资金再进入股票市场了。股市会开始变薄，购买会逐渐减少，股价也会开始回落。当众多股民看到成交量减小，上冲乏力的时候，市场主力正在悄悄地出货。从而完成了"牛市发牌"的目的。这时多数股票价格已经翻了几番，股价已经大大超过了他的实际价值。再买进已经不是便宜货了。主力已经"落袋为安"，市场风险日益加大。并且，上涨幅度越大的股票，风险也越大。明白人都明白了"高处不胜寒"的道理，趁高抛售。你一抛、他一抛、一传十、十传百……人们又受"从众心理"影响，纷纷抛售。股价"一泻千里"。大盘也由上升，开始转为下跌。等那些"跟着感觉走"的人恍然大悟的时候，已被牢牢地套在了"高高的山顶上"。这就是狭义的"熊市做庄，牛市发牌"的操作过程。

广义的"熊市做庄，牛市发牌"的操作方法要比狭义的操作更灵活，周期也更短。因为，广义操作不像狭义操作那样，严格遵循股市的四个变化周期，并且紧紧跟随大盘，与大趋势密切配合。广义的"熊市做庄，牛市发牌"的操作原则是："轻大盘，重个股"。利用这个原则，不论市场是熊市、牛市均可以在众多的个股中轮流操作。一般操作方法是：在个股的股价长期低迷，或创历史新低价的时候"介入做庄"。等待股价回升，或等待庄家介入拉升。这是一种中长线操作方法。它适应国家经济宏观基本面良好，市场人气未散，大势盘整或向下进行"箱型整理"的行情中，而且还要选对介入时机。否则，可能会"坐冷板凳"。你介入后，庄家不进入怎么办？要能忍耐寂寞。一般情况下，风险较小。因为，股价创历史新低，或者股价已跌破"发行价"，股票的内在投资价值已经凸显。中小散户"介入做庄"，风险不大。一旦股价回升，可以获得较大利润。这个"重个股"的操作原则，实际上是遵循了个股的股价曲线（移动平均线）的周期性循环规律。个股尤其是庄家股的循环周期远小于大盘的循环周期。

广义的"熊市做庄，牛市发牌"的另一种操作方法是中短期操作。也是一种"投机性"操作。这种"投机"操作方法既不遵循大盘的变化周期，更不遵循国民经济发展变化周期。它只遵循庄家的意愿，并且还要看有没有新型题材和新颖消息。它是在"庄家进入时进入"，或者"有消息时介入"；"庄家出货时卖出"，或者"消息证实后卖出"。这种方法适合于控盘能力强的庄家股、"消息题材股"（例如重组股及小盘活跃股）。中小散户的介入时机一定是："庄家进入时，你也进入"。出货时机一定要出在庄家前面。为了在庄家之前出货，要预先设定一个比较合理的"心理价位"。一到这个获利"心理价位区"要随时准备抛出。如果太贪心，或者是在股价持续升温时，在"热气沸腾"时介入。有可能会是："热脸蛋碰上个凉屁股"。"消息股，题材股"炒的就是朦胧的消息。一旦真相大白了，就没有"炒头"了。所以中小散户在刚刚传言该股有种种利多消息，很多人都不敢买进，股价还偏低时，要大胆介入。借机介入后，要密切观察该股动态。如果发现市场的传言消息与国家现行政策正好"合拍"时，股价就会有很大幅度的回升。中小散户也要学一学、并且当一当"投机者"。当众人一致看好这只股票，并且一齐追涨这只股票时，"散户投机者"与庄家就能共同"坐轿"。也体会一下"做庄"的滋味。当发现庄家有动作要"下轿溜号"时，"散户投资者"就要首先"跳下轿"，先"溜"一步。庄家吃了一肚子货，他需要慢慢地"出功"。但是，有些凶悍庄家出货时，像吃了"泻药"，"出功"特别快。跑得慢了就会跑不掉。

此法确实很灵，若能"活学活用"，定能远胜短线高手。"跟着庄家做庄，跟着庄家发牌"。

广义的"熊市做庄，牛市发牌"的又一种操作方法是巧妙地利用大盘的每一次回调"做庄"；利用大盘每一次反弹"发牌"。这种操作方法尽管股评家不认为是"熊市做庄，牛市发牌"的操作方式，但是众多中小投资者却能灵活操作。大盘不论是在牛市或熊市都会出现阶段性调整。大盘在横向整理过程中的调整更加频繁。利用大盘的阶段性回落、个股价格相对较低的时机"介入做庄",等待大盘出现阶段性回升。这种方法适应宏观政策宽松、中报与年报的报表出现之前。当手中持股的价格已经上升到预先设定的"目标心理价位"时,就立即出货派发。因为,大盘出现阶段性调整时,多数股票的价格在大盘回落时都会出现一次幅度较大的回落。借"大潮回落"时"上船",借"大潮升涨"时"弃舟上岸"。这种方法实际上是利用大盘每年运行周期之中的每次深幅震荡起伏(小周期)进行操作的。市场大行情在长达十几个月中运行周期规律会出现阶段性高点和低点;在大盘震荡整理的几十天中,其周期性运行规律也会出现阶段性高点和低点。凡能出现现阶段性高点和低点的周期性运作的行情,不论它有无运作周期的"对称性",都可以利用"潮起、潮落"的方式去操作。这种操作方式是中小投资者对"熊市做庄,牛市发牌"的"活学活用"。

广义的"熊市做庄,牛市发牌"的操作方法:是广大中小投资人在中国股市实践中对"熊市做庄,牛市发牌"的"活学活用"。尽管这些广义的方法还缺少哲理性,但是这种"活学活用"却能收到"立竿见影"的效果。

别人的经验好,自己的经验更宝贵,不要总是认为:"菩萨是远处的灵,老婆是人家的好"。

8.3　逢低买入不追涨

"逢低买入不追涨",是一种稳健的操作方法。问题是什么是低?多低才算低?这是一个古老而又熟悉的话题。大家知道"高"与"低"是一个相对概念。这里讲的高与低是指股票"价值"的高与低。股票价值,不光指股票价格,还包含影响股票价格的其他因素。如公司的盈利和收益、净利润、市盈率、每股收益、分红派息;环境与政策对股票价格的影响等。一只股票在诸多利好因素的推动下,才能吸引众多投资人买进。买进的人越多,股票的预期价格才会上涨。价格上涨,并不等于价值的提高。价格与价值是两个不同的概念。从某种意义上讲,这里的"价值"可以理解为股票的"内在价值"。有时候,"内在价值"与市场现行价格无关。尤其是股票经过主力恶炒之后,价格会远远偏离"内在价值"。大家十分清楚;低点买进,高点卖出,赚取投资差价(利润)是买卖股票的目的。谁都想赚取最大的利润。这个看起来非常简单的问题,在实际操作中却很难把握,很难确定何时股票"价值"是"低"还是"高"。有些人在价格很高的时候买入,是想价格还会升得更高;有人在价格下跌时卖出,是想价格还会跌得更低。人们的心理状态极其复杂,把一个简单问题复杂化了。买卖股票因素也多种多样。归纳起来,一是人们的操作不见得每一次都正确。就是股票专业投资人,也有操作之误。二是众多的人们误认为价值是由价格单方面决定的。三是众多的人期待、贪婪、恐惧各种情绪因素交织在一起。使这个简单的概念变得复杂、困惑,让人慌乱和难以捉摸。

8.3.1 相关概念

投资人都想找到某一只股票的历史低点买进；升到历史高点卖出。但是，有些投资人却忽略了一个十分简单的问题：不与历史资料相比较，你怎么知道这个数字是高还是低？不看历史资料，我们很难确定这只股票的价格是高还是低。投资人在买进某一只股票之前，要先看一下它近几年（至少一年前）的历史低点和高点。看一看它的利润、收益、市盈利等资料，才能明白目前它的价格水准。要解决这个问题，最好的办法就是平时注意收集、积累个股资料，建立个股档案。

"逢低买进"是说，当股票的价格相对于公司盈利偏低时买进。即是价格低，盈利高时买进。并不是说，等这只股票下跌而且下跌到历史最低价位时才买进。因为，"股市没有昨天，只有今天和明天"。股市没有过去，只有现在和未来。有时候，股市连今天和现在都没有，只有明天（未来）。既不要忏悔昨天的失误，也不要陶醉今天的成功。要考虑明天（未来）你会怎么做？不要对已经发生的事情表示忏悔，而对未来的事情不去拼搏。过去的历史高点、低点有可能永远过去了。不要试图再去寻找过去的历史低点和历史天价。"低价"和"高价"，是在分析上市公司的资料中得出的"相对价位"。投资人在认真分析公司的盈利情况、成长性、潜在利润增长点及目前的股价走势形态，才能清楚哪些价位是买进和卖出的理想价位。这样做虽然费时、费劲，但是，总比投资人一厢情愿操作，凭感情用事要务实得多。如果你从股市中赚钱是为了养家糊口，你一定不要贪图省劲，更不要耍小聪明。不要去想你比别人聪明多少，你的聪明之处就是：你要知道自己比别人愚蠢多少。

"不追涨"是说，当某只股票的相对价格升高，公司盈利相对降低时，不再介入操作。如果手中有持股，为了保持自己已经获得的高额利润，将手中的持股抛出，获利了结。这时候，会出现一个最常见而又困惑的问题："应该何时获利了结？"正当大盘天天飘红，个股价格节节上涨的时候，你能经受住"不加码操作"的诱惑么？你能不为这些天天上涨的股票心慌么？你能舍得抛出你手中正在上涨的持股么？你能克制自己，不去期待快速上涨的股票会继续上涨，而不进场操作么？这是一件很困难的事。投资人在"机不可失"的思想支配下，在情绪上也是不容易做到的。多数人会进场"加码操作"。另外，只要股票价格会继续上扬，而且基本面又不错，你就会抓住手中已经赚取了高额利润的股票，不会舍得抛出。你会临时把获利目标提高，再提高。在上述两种利益思想的驱动下，要想果断抛出，获利了结，决心难下。这时最好的方法是："冷静思考，反向操作"。冷静思考是想一想市场主力还能再拉升多高？主力什么时候出货？主力出货时，你能"走得"了么？均线图形是否已接近天价？……反向操作是思维的方式与常人相反："所有的人都在抛出时，你就买入。所有人都在买入时，你就抛出。"这就是"相反理论"的运用技巧。"相反理论"认为：当所有人都看好股市，并且疯狂地买入时，股市就要见顶；当人人看淡后市，并且大量抛出时，股市就要即将见底。相反理论提出投资买卖决策的全部基点是："群众行为"。只要你的思维与95%的群众思想相反，致富的机会就永远存在。被主力恶炒之后的股票"内在价值"降低，切忌不可盲目追涨而"加码操作"!

8.3.2 操作策略

股市中素有"买涨不买跌"的格言。其正确性关键是看你自己如何运用；什么时机运用。如果你手中的股票是"强势股"，并且正起着"领头羊"的作用；还有较大的上涨潜力；现在介入并不迟晚，你就可以进场"加码操作"。甚至"满仓作战"。这时候，"追涨强势股，逢高加码也赚钱"。否则，就在你进场"加码"之后，庄家只需要一个回档，就会让你处在十分尴尬的境地。"逢低买入不追涨"与"逢高加码也赚钱"，是两种不同的操作方法。正确操作的关键是：进场时机与判断正确。

"强庄股"与"强势股"是两个不同概念，当你手中的股票是"强庄股"时，一定不要去追涨。凡在高价区追涨"强庄股"者，十有八九要掉进庄家的陷阱里。庄股在扬升阶段，是要吸引更多的跟风者而准备出货。特别是小盘强庄股，庄家一旦出货，很快就"跌停板"。小盘强庄股，通常只有一两个主力，协调行动方便。既能让股价连续出现几个"涨停板"；也能让股价连续出现几个"跌停板"。盲目追涨，有套牢之苦。庄家是专业投资人，都是一些"套利"高手。他们赚的钱，都是用高价股票从散户口袋里换出来的。有时候，是中小散户"故意"让庄家从自己口袋中"摸走"的。

有些投资人总认为："逢低买入不追涨"与"放手让持股一搏"互相矛盾。听起来合情合理，做起来十分困难。难以做到的原因是：没有用辩证的观点分析问题。用辩证唯物主义原理分析："不追涨"与"让持股一搏"，二者是对立的统一。"不追涨"就是股价大幅扬升时，不再"加码"；不再"加码"，就是要让自己手中原有的持股在"顶峰"附近放手一搏。把手中的资金作为"预备队"，留有余地。手中的资金"不追涨"，则更有主动性和灵活性。这样，投资人能够主动出击，不必被动见招拆招。这种灵活机动的操作方法，就像一只潜伏的"警犬"，一旦发现目标，就会迅速出击。

"逢低买入不追涨"，在大盘跌势不止的情况下，对大盘而言，"逢低买入"的操作效果最好。对个股而言，使用起来却有一定的风险。因为，大盘在下跌，个股也在下跌，谁也不知道个股的价格会跌到什么程度。例如，一只股票从38元跌到28元，它还会跌到18元以下么？若在28元买入，还有跌到18元的风险。如果真的跌至18元以下，那么它的价格距市场的"底"也就很接近了。投资人可以准备再次介入，进行"补仓"。在使用这种方法操作时，要把大盘的走势与个股的走势结合起来，防止顾此失彼。

"逢低买入"也适应于股市暴跌。股市一路下行，股市价值不停地"缩水"，"内在价值"不断显现，投资价值不断提高。当遇有"利空"消息时，会使已经处在"下降通道"中的大盘指数加速下滑，造成股市暴跌。这时个股价格可能会纷纷"跌停板"。如果第一个"跌停板"是在观望的话，那么，在第二个"跌停板"时，就要准备介入。因为，在"股价暴跌，伺机买进"的格言驱动下，许多人都会以最便宜的价格买进自己最喜欢的股票。并且，这些投资人都相信："市场弹升便指日可待"。"逢低介入，反弹出货"，短线操作不会有多大风险。如果不能及时出货，将短线操作变成了"长线投资"，可能会搞得"灰头土脸，一败涂地"。由"短"转"长"之后，股市一跌，再跌，跌个不停……市场由弱转向更弱……"长线资金"将会长期被套，风险更大。

当市场进入弱市，大盘走势疲软时，投资者有两条路可走：一是及早卖出股票退场观望；二是抱牢持股等待机会。等待机会，也有可能避过"风暴"。因为，股市中机会是很多的。手中有"资金预备队"，只要你等待，机会就会来临。如果有人"一路买进，一路被套"，就需要静下心来认真分析一下基本面和技术面两个因素。如果基本面良好，则属于技术性调整（含大幅度长时间调整），市场还有机会。如果基本面和技术面都很坏，则有可能长期被套。再具体分析一下自己手中的上市公司；如果公司的经济状况良好，盈利大幅增长、净利润高、发展前景良好，其股票市场价格越来越低，则内在投资价值越高（注：股市暴跌，内在价值与市场价格无关并非二者必然都低）。如果发现股票价格远远低于其"内在价值"时，不但应该抱牢持股，而且还要待机"补仓"。只有把大盘分析与个股分析结合起来，才能避免"一路买进，一路被套"。

大盘在下降通道中运行时，中小股民不要担心错过买入机会，不要盲目抢反弹；也不要指望能抄最低点，更不要认为"底部"只是一天。股市格言："天价三天，底价百日"。底部有很多进货机会，只要你有钱。最常见的底部形态是W底和圆弧底。绝对不要去抢第一个V型反弹，因为它通常是一个左底，还有一个未出来的右底。一旦买入，可能被套。一般情况下，底部的确认有两个条件：一是各项指标必须向上突破下降趋势线。以均线系统为例：大盘指数突破5日、10日线后，又突破20日均线。如图8-1所示。二是在历史的最低点处弹升。以前的历史最低点处都是弹升的参考点，如果一年内有几次反弹都是在历史的最低点附近，这个位置很可能就是一个中期底部。

任何一种操作策略和操作风格都可以赚钱，也都可以赔钱。赚钱和赔钱取决于这种操作策略和操作风格与当时的市场的变化是否相吻合。

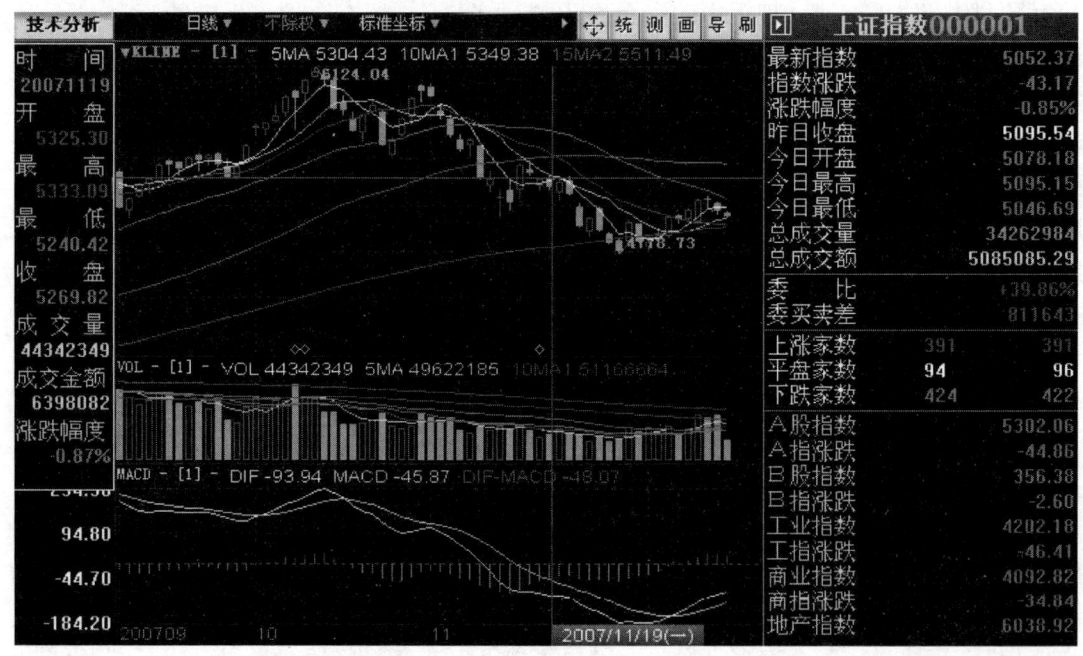

图8-1　上证指数日K线图

8.4 平时炒题材，年终炒业绩

8.4.1 题材与业绩的关系

新颖的题材有无以伦比的重要性，优良的业绩则是利润最大化的象征。题材与业绩是影响股价波动的两个重要因素，也是股市中的一对主要矛盾。这一矛盾将贯彻股票市场的始终。如果说业绩是股价的内在价值，那么，题材就像是一个怪物。这个怪物有时候能突然给股民带来巨大的潜在利润；有时候又会使众多的股民一夜间将处于非常尴尬的境地。

题材与业绩都影响股价波动，都影响投资股民的收益。所以，二者是密切相关的要素。"平时炒题材，年终炒业绩"，是这两个要素的对立与统一。也是辩证唯物主义原理在股票市场中的具体运用。

8.4.2 平时炒题材的原因

消息与题材反映到股票市场上往往是以"热点"的形式出现的。消息，题材有真有伪。但是，当消息与题材是处在朦胧利多或在朦胧利空中飘游的时候，不论是真消息、真题材；还是假消息、假题材，对股价的波动都能产生巨大的影响。也就是说，任何实质性的利多或利空题材，都可能会阶段性的左右股价。炒股就是炒朦胧性的题材。一旦题材真相大白，股价往往会停止急升，进入盘整阶段。

有消息、有题材的板块，就有市场主力。题材、消息是客观存在的也好；是有人制造的也罢。看题材、看消息，首先要看它出现的时机和实质。当大盘正处在上升阶段的初期，制造消息与题材的人很可能就是市场主力。市场主力为什么在这个时候"制造消息"，实质是为什么？市场主力很可能是在大盘处在底部盘整的时候，在某一个板块中已经吸收了很多筹码。主力是在等待机会拉升股价。所以，有消息、有题材的板块中，就会有市场主力。这是个一般性的结论。

有消息、有题材出现的时候，就是市场主力将要采取行动的时候。市场主力在吸筹和派发时，往往都是采取"无声无息"的行动。唯有在拉升股价之前，是大张旗鼓地搞宣传。大张旗鼓、大造声势。消息满天飞，锣鼓满天响。大搞舆论"宣传"，确能激发市场人气。把一潭死水，搞得"热气"沸扬。把股民的注意力吸引到这个板块上来。一旦上升的时机成熟，市场主力就会采取迅速的行动，主攻大盘。"初攻"一旦成功，就会迅速采取"步步急攻"的战术手段，不给人们喘气的机会，一鼓作气"攻上制高点"。让踏空者步步踏空。让"观战者"目瞪口呆。所以，当沉静的市场有消息、有题材满天飞的时候，就是主力将要采取行动的时候。这又是一个一般性的结论。

有消息、有题材的股票，就是"黑马"股。市场主力自己得不到好处，是绝不会替别人当"义务宣传员"的。当消息与题材集中在某一只股票时，这只股票就可能会成为一轮行情中的"黑马"股。理由：一是这只股票可能会成为"人气第一个股"。在市场主力的大量宣传与鼓动之下，根据利益驱动原理，一定会有不少股民加入到这个"队伍"中来。成为市场主力的追捧者和追随者。市场主力还会继续想办法从市场上"招聘"更多的、廉价劳动力来充当"轿夫"。就这样，人气"越鼓"越旺；"队伍"越聚越大。二是这只股票可能会成为资金流向排行第一股。人气旺盛，追者众多，大量资金源源不断地流向这只股票。老股民正在择股入市，新股民正在筹集资金……整个市场"莺歌燕舞，热闹非凡"。大盘天天飘红，成交量屡创新高，股市内部出现了"储蓄大转移"现象，这只股票内储集了大量资金。"万事俱备，只欠东风"了。三是这只股可能会成为联动效应和比价效应第一股。沪深联动效应越强，股市行情越大。板块联动效应越强，行情的主升阶段（主升浪）越大。大盘的联动效应越强，追涨领头羊的欲望越强。另外，比价效应越强，补涨效应越大；补涨效应越大，"空间原理"越突出。即一线股的上扬给二线股腾出上升空间；二线股上涨，又会使三线股上一个新台阶。它既可以从低到高循环，也可以从高到低循环。即可以纵向攀比，也可以横向攀比。从而形成行情的主升阶段。应当注意的是，当补涨效应使得最冷门的股票也产生轮炒效应时，行情就要进入调整阶段了。联动效应和比价效应可以完成行情的主升阶段和补涨阶段。四是这只股票可能会成为"涨跌幅度第一股"。领头羊一上涨，领涨板块一路上扬，就会"一呼百应"。领涨板块往往会领先于大盘发动，也领先于大盘整理。根据"空间原理"，股价即可以从低到高循环；也可以从高到低循环。所以，这只股票可能会成为"涨跌幅度第一股"。

新颖的题材具有无穷的魅力。新颖的题材是催化剂，能改变股市的轨迹。聚成大题材，才有大文章。时机一成熟，重要的题材就可能出现。重要的题材出现，就可能激发一波上升行情。所以，题材股有其自身的特点。首先，它具有"朦胧性"特点。消息股与题材股就像一位乔装打扮的、美丽的少女，又头戴一副面纱，她允许你看，但又让你看不清真面目。只要看一眼，就能让你日思夜想，思念白天，让你"非追不可"。其次，它有速变性特点。消息是一阵风，来去匆匆。大有瞬息万变之感。等你彻底清楚、明白过来的时候，它的价格已经是："轻舟已过万重山"了。最后，它有真伪性特点。消息与题材均有真假，中小散户要想对消息的真假进行研判又十分困难。实质性的热点题材，往往可以迅速造就一大批"黑马板块"。

8.4.3 操作方法

对有题材的股票进行操作，其成功性要大于失败性。有题材的新股更具有辉煌而吸引人的魅力。题材股能够风靡一时，绝非侥幸，是它代表了国家目前的一种政策潮流。题材股不但有强大的"号召力"，而且还有理论上的想象空间。许多股市老手都在朝思暮想地搜集各种消息和题材，目的是想介入题材股的操作。针对题材股的特点，对题材股应采取以下操作方法：首先，抓住导火线，做朦胧文章。朦胧题材出现后要介入。介入后要细心观察引起股价变动的导火索。例如国嘉实业，1997年年底重组见效，继仪征化纤之后市场又吹资产重组之风。1998年1月23日，国嘉实业开盘价16.91元，到

2月21日已升到21.50元。年报之后，该股有10送3.2转6.6的消息题材。这个9.8的股票拆细题材就是大势反转上升的导火索。3月底市场主力借拆细题材，股价从28.81元涨到46.86元。二是随机应变，投机进入，短线跟庄。当题材股相继涌现时，非实质性的题材仅仅是昙花一现。即使有实质性的题材，第一个阶段的炒作也是属于投机炒手性质。因为，人对题材的认识是渐进的。新的题材能带来新的利润，也能留下新的隐患。单凭朦胧题材，不能持久，难成大器。三是"宁可信其有，不可信其无"。捕捉新题材和把握介入的时机，既是市场主力追求的目标，又是广大中小投资人刻意追求的目标。有时候，新题材会不断涌现，炒作周期也会越来越短。当你花费了大量时间去研判消息、题材的真伪时，股价已经推高了许多。有可能失去炒作的机会。当某一只股票刚刚启动之际，市场传闻该只股票有种种利多。你就可可以抱着"宁可信其有，不可信其无"的心态适当参与。往往会有意想不到的收获。当股价持续大幅度上扬之后，市场还在盛传该股票又有种种新的利多消息时，你一定要"反其道而行之"。把手中的持股一次抛光。这时候你则要："宁可信其无，不可信其有"，以回避风险为上策。

在市场开始变得理智时，在价值回归的驱动下，股民发现题材的实质发生"质变"时，才深刻认识到：只有良好的业绩与成长性才能完成从"量变到质变"的飞跃。许多人开始分析企业内在的投资价值。如果把消息与题材当成股票变化的外因，那么业绩与成长性是股票变化的内因。毛泽东主席说："唯物辩证法认为外因是变化的条件，内因是变化的根据，外因通过内因起作用"。这是唯物辩证法的原理。如果把股票价格的变化当作"量变"，上市公司业绩和成长性的变化则是"质变"。量变和质变是事物变化的两种形式。事物的发展总是由量变到质变，由质变再到新的量变。这种量变和质变的相互联系和相互转化是质量互变规律的辩证关系。一只股票变化的内因是上市公司的基本面，是质的方面；外因是题材与消息，题材与消息是"导火索"，它能引起股票价格的激烈变动，是数量的变化。每一轮上扬行情或者下跌行情都是外因诱发了内因。在新的题材不断涌现的时候，投资者只有注重了业绩，题材才能始终保持活力。投资人的这种由感性认识到理性认识是在股票操作实践中得到升华的。一只股票在价值回归的驱动下，内在投资价值又开始凸显，人们又开始一批又一批地买进。这只股票又出现"生龙活虎"局面。股性又开始活跃起来。股性的活跃是股票的基本面、技术面、资金面、消息面的综合因素。谁能抓住"股性活跃"这个要素，谁就能及时、准确地踏准股市的节拍，成为赢家。

股市大盘的活跃与个股的股性活跃都是有周期性规律的。大盘的中级行情和个股的行情都有周期性规律。投资人不但要注重大盘，而且更要着重个股。只要选准了股性活跃的个股，就等于操作一个大牛市。所以，选择股性活跃的个股入市是一个重要法则。掌握了股性活跃这一内在规律，会使投资人步步登高。

股性活跃的个股，往往会成为"黑马"。选准"黑马"是短线高手看盘技巧和实际操作技能的综合技巧。机构主力投资人虽然都是专家中的高手，但是他们（机构主力）是人不是神。机构主力把大量资金介入的某只个股总会露出一些蛛丝马迹。除了消息会走漏之外，这些蛛丝马迹在大盘的显示屏上也会暴露。有看盘技巧的投资人士在"看门道"；无所用心的投资人是在"看热闹"。怎样从大盘显示屏中找出"动态黑马"和

"静态黑马"呢？股票分析专家告诉我们几个方法：一是观察个股的成交量。当发现某只股票的成交量有"突发性变化"时，说明机构主力有动作。观察盘口在关键价位是否有主动性买盘和主动性卖盘，是观察个股力量强、弱的方法。5日、10日、20日、30日均线处的个股价位，都是关键价位掌握了买盘和卖盘的性质，才能先发制人。二是观察涨跌幅度排行榜的前五名。从"监控器"上看，一目了然。要随时观察前五名超常活跃个股。三是观察资金流向排行榜。注意观察近几日资金流向排行榜前五名的个股。大资金不一定会选择流通市值较大的个股，因为，近两年多数大盘股的"形象"不好，群众基础较差。"形象"好者，屈指可数。也可以从每周资金流向排行榜上很容易挖掘出控股板块的代表。四是观察相关板块变化。根据联动与比价效应。同一行业、同一地域板块中的个股，受到本版块内领头羊的带动，其表现有时会更加突出。在同行业中，业绩好、盘子小的个股，可能会成为"黑马"。业绩最好、盘子最小的个股，往往会首先脱颖而出。联动效应与比价效应，会给个股带来巨大利润。五是把观察个股走势与大盘走势结合起来。大盘涨，个股涨势超过大盘；大盘跌个股跌势小于大盘。这种个股就是潜力股。六是注意成交密集区。当某只个股的股价远离成交密集区时，机遇也就随之而来了。根据以往的规律，深沪两市出现几次强烈反弹，都是先有空间，而后再借题材发动的。一般规律是：远离成交密集区，必有黑马诞生。也有股评人士说：压迫越深，反抗越强。就像弹簧一样，压得越深，弹得越高。远离成交密集区，绩优小盘股应是投资人的首选对象。绩优、小盘、高含权的个股，不要错过操作机会。

对绩优股的操作方法：根据绩优股的价格变化周期，可采取循环操作的方式，不断地进行"高抛低吸"。特别是对业绩持续增长的小盘快庄股，采取这种操作方法更加有效。因为有良好的业绩支撑、股本扩张能力强、后劲强，能保持较高的含金量。再加上有庄家控股，股性特别活跃。股价变化周期也较短。摸清几只小盘绩优股的价格变化周期，掌握几种庄家的操作手法，熟悉几只优良股票，一直盯着这几只自己非常熟悉的股票循环式操作，也能获取高额利润。这种周期性、波段性循环操作，也能远胜短线高手。

循环操作，高抛低吸，它适用于绩优小盘庄家股。它不适用由消息和题材引起的热门股。由消息和题材引起的热门股，高抛后不一定要低吸，有些高抛后坚决不吸。由题材引起的热门股，其本质是题材的生命力。有些题材有实质性，经得起推敲，有旺盛的生命力；有些题材没有生命力。没有生命力的"题材股"，抛出之后，就可以偃旗息"股"。

8.5 投资进，投机出

"贪婪与恐惧"是人生的两大弱点，这里两大弱点在股市中的股民身上表现得更为明显。"贪婪与恐惧"困扰着股民的一举一动。失去心理平衡而且浮躁冒进的股民，往往会成为"贪婪"的牺牲品；搞不清楚股市规律，看不懂技术指标的盲目跟风者，又往往会陷入"恐惧"的陷阱。"投资进、投机出"就是克服股民"贪婪与恐惧"的最好办法。

8.5.1 投资进,投机出的含义

"投资进,投机出"也是世界金融投机家乔治·索罗斯根据市场规律选择股票与操作股票的一个重要原理。1992 年打垮英镑,赚取了 10 亿美元;1997 年又在亚洲金融危机中大发横财,就是利用的这个原理。乔治·索罗斯在金融市场运筹帷幄,过关斩将,是一个冷酷无情的赢家。可以说是一位常胜将军。他用投机手段赚大钱,完全不讲"道德",他把市场竞争原则灵活运用并且推向极限。他一手投机捞钱,另一手捐款给慈善机构。他的投机基础是"三维结构",他的"宏观投资"就是在较长的时间里寻找行情好的股票。他选择股票的原则是精心的,是有长远观念的。他的操作方法是灵活机动的,他不断改变自己的"投资风格"以适应不同的市场条件。他不是根据既有的规则出牌,而是在"游戏规则"中寻求改变。只靠投机选择股票的人很难成为大赢家。"投资进、投机出",前者是择股的基本原则,后者是操作方法的灵活运用。要想成为中国股市的大赢家,乔治·索罗斯就是你学习的榜样。只要你谦虚学习,不断进取,你就会向乔治·索罗斯一样势如破竹,无往而不胜。你就会成为中国股市的"乔治·索罗斯",成为一个"伟大"的投机专家。

8.5.2 投资与投机的关系

现在市场有两种矛盾心理:一方面,看不起投机者。认为他们是在急功近利的驱动下,通过投机炒作牟取暴利,有"扰乱市场"之嫌疑。一夜暴富,一夜破产,投机之法不可取。另一方面,在"赚钱效应"的驱动下,又经不住短期高额利润的诱惑,自觉与不自觉地跻身于投机行列之中。

克服上述矛盾心理的最好方法是先搞清楚投资与投机的辩证关系。"投资与投机"是股票市场中的"一对孪生兄弟",是股市中的一对矛盾。这对矛盾自始至终贯穿于股市之中。二者的辩证关系是:既相互区别,又相互联系;离开其中一个,另一个就不存在;既有多样性,又有统一性;既对立,又统一,统一的基础是物质。这就是二者的辩证关系。从辩证唯物主义的观点认识股票市场,股票市场是一个小小的"物质世界"。这个小小的物质世界也是多样性的统一,并且统一性在于它的"物质性"。这就是股票市场的辩证唯物主义"一元论"的物质观。是辩证唯物主义的一个基本原理——世界物质统一性原理。简而言之,股票世界的真正统一性,也在于它的物质(金钱)性。股市中的"投资与投机"恰恰符合辩证唯物主义这一个基本原理。常言说:不论"白猫、黑猫",抓住老鼠就是好猫。股市中的这个"老鼠",就是物质金钱。"投资与投机"是在物质金钱基础上的统一。只要能赚到钱,采取什么操作方法都可以、都正确。

另外,从活跃市场的角度来说,如果没有投机者参与股市活动;如果没有"投机操作"这种操作方法,股票市场就是"一潭死水"。没有浪花、没有波动、股价曲线是一条非常"平静"的直线。无论是什么样的股市高手,无论是什么样的"绝色赢家",

你就是精通股市专家之中的"绝色专家",也很难利用"价差"赚取一分钱!一条平直的股价直线,没有价差,股市高手与新手的技术水平完全都一样。也就是说,股市需要有"投机操作"这种操作策略,也需要"投机人"在股市里不停地炒作。需要他们把股市"激活",使市场大趋势有一波一波的剧烈波动,使个股的股价有一起一伏的运动。有差价变动,才能从股市中赚到钱。结论:股市中需要"投机者"。也就是说,投资者离不开投机者;投机者也离不开投资者。二者就像一对正在度蜜月的新婚夫妇,谁也离不开谁。谁也不要说谁丑。

乔治·索罗斯说:我愿意被称为"金融、慈善、哲学投机家"。东南亚危机之后,有人骂乔治·索罗斯,说他是"金融杀手","金融大鳄"。我则认为他是国际金融证券市场的一条真正的"蛟龙"。亚洲金融危机的关键因素在于本国的"内因",乔治·索罗斯只不过是把"这潭已经浑了的脏水"又搅了搅而已。本国的"泡沫经济",再加上官僚腐败,才是金融危机的祸根。乔治·索罗斯的投资、投机生涯很成功。他有两条经验值得我们借鉴:一是不要害怕投机冒险;二是冒险时不要压上全部家当。用市场经济的观点看股票市场,股票市场中毫无"道德""理性"可言。谁能在最佳的时刻"投机",谁就是大赢家。不要埋怨市场的残酷,也不要嫉妒别人的辉煌。要知道,辉煌的人也曾亲身经历过市场的苦恼。

8.5.3 投资进与投机出的原则与方法

"投资进、投机出"的选股操作原则:"三维结构投资,放眼于长远趋势,寻找高利润绩优股票"。"三维结构投资"可以理解为:投资股票、投资期货、投资于政府债券和证券。也可以理解为:在股市中投资于大盘国企绩优股、小盘绩优股、题材与消息股。即是投资者从不局限于某一种股票。"放眼于长远趋势"可以理解为:从长远的观点看这家上市公司的高速成长性,看长期投资之后有没有高额"回报"。并且把目前的低价位与过去历史低价区相比较,看长远投资价值是否已经凸显。在看这只股票的长期趋势图是否走势强劲。目前介入后短期内有多大盈利。"寻找高利润绩优股票"就是指要从沪深两市的一两千只股票中选择出几只利润最高、业绩最好的股票。业绩好,风险相对较小。

"投资进、投机出"的一个十分重要而关键的问题就是:把握好"进"与"出"的时机。股评人士告诉我们投资"进"的时机是:在大盘正处在周期循环的阶段性底部时;有市场主力大资金介入时;有利好消息配合时;有新颖题材出现时;有热点板块形成时;板块中的领涨的龙头股"浮出水面"时;某只股票的价位超低时(超低是指股价低于历史最低价);某只股票价位跌破发行价时……投机"出"的时机是:大趋势变坏,大盘股指逐波下移时;基本面不好,坏消息满天飞时;股价破位下跌,看不到回升迹象时;股价升涨幅度已接近顶峰时;小盘股的价位升幅已超过50%时;庄家正在出货时;股价已经升涨到预先设置的"短线获利区"时;预想到的巨额利润来临时……

"投机"的技巧在于"热"和"新"。"投机"操作的一般原则是:"就热避冷、喜新厌旧"。一只股票的业绩优良、成长性高是投资的基本要素,是股票的"内因"。热点、消息和题材是"催化剂",是股票的"外因"。热点题材、新颖消息是追随热点、是投机操作的两大要素。热点题材会受到追逐,一是它符合大机构市场主力大资金短期内获取最大利润的目标。二是它又迎合了中小投资者的心理状态。"喜新厌旧"是股市的一大特点。所谓"新"是指过去没有的,或者老消息被多人遗忘时的、有潜在力的题材。"热点"的出现时机一般是:当股市中的消息、题材正好与国家产业政策的目前倡导"合拍"的时候。例如,股市中流传有资产重组、资产置换,并购消息时,这些题材刚好又是目前国家政策大力提倡、倡导的,二者刚好"合拍"。二者的"巧合"会给股市带来巨大的生机与活力。这种"巧合"又被市场主力借题发挥,扮演了救世主角色,就能成功带动当时的"热点板块"上涨。

抓住"热点"的形成时机,是"投机"操作的关键。股评家告诉我们:"热点"形成有初级、中级、高级三个阶段。"热点"形成的初级阶段的特征是:某只有代表性的个股,其股价大涨之后,使股民目瞪口呆,大家不敢买进。股民众说纷纭,莫衷一是。但是,这只股票的走势坚挺。胆子大的投资者已经果断跟进了;胆小者仍在瞪眼观看。"热点"形成的中级阶段的特征是:随着股价的上升和市场舆论的升温,市场股民有了再认识;以炒手为代表的短线"投机客"开始大批追逐。使这个"热点板块"又明显的升温。并且带动相关板块也升温。"热点"形成的高级阶段的特征:这个时候所有人都明白了这个题材是目前的"热点题材"。大家都抱着参与的态度一块涌入。使这个"热点板块"迅速再次升温。要注意:一部分在高位盲目追涨的人可能被"套"。股市有格言:当捡破烂的老太太也"杀进"去的时候,这个高涨阶段的爆炸性风险就在眼前!抓住"进"与"出"的时机,是投机取胜的秘诀之一。

"早、满、快"是"投机"操作的取胜秘诀之二。所谓"早"就是在"热点"形成的"初级阶段"介入;或者在热点板块中的"热门领涨股"升幅达到15%左右时进入。所谓"满",就是指"满仓操作"。热点板块的产生并非偶然。往往是市场渴求的"临界点",值得短期"满仓作战",以获得最大利润。所谓"快",是指抓住机会,快进快出;出局时要有一定的"提前量"。持续走高的热点板块中的高涨幅个股,风险日益加大。如果在技术上预计能涨到某某价位的话,至少要有10%的提前量出局。

"判定热点头部,设定心里价位"是"投机"操作取胜的秘诀之三。不论是在大户室里,还是散户大厅内,当众多的股民一致都在追涨时,或者众人都在高抛低吸该"热点"时,这时的"热点"实际上已经不热了。因为,市场主力的利润目标已经实现。为了保持一定的市场热度,就必须把"最后一棒"交给别人。筹码从市场大主力手中分派给"散大户",或者分派给广大中小散户。"山顶太寒",大主力不愿意在"山顶上站岗",他们正在选派站岗的"哨兵"。这时的"热点"是"虚温",价值是一个"空壳"。"热点"虽然体现了强势,但是从中期观点与周期性规律看来"目前怎么涨,将来就怎么跌"。所以,在"热点"向上启动的过程中,持仓量应该成倍递减;而且还应当预先设置一个"心理价位"。一旦升至这个"心理价位",不论这只股票是否继续上涨,都要坚决而果断地抛出!确保已经取得胜利的成果。贪心的人不是这样做,他受"从众心理"的影响。当股价从10元启动时,他买进1 000股;涨到12元。估计还能上涨,他又买进500股,又涨到14元。估计还能上涨,他又买进300股。这种"宝塔式"

操作方法不适应由"热点题材"引起的"热门领涨股"。他仅仅适应一般的、有几个慢庄控盘的、国企绩优大盘股。因为，由"热点题材"引发的"热门领涨股"，它升温快，降温也快；股价上涨快，股价下跌也快。对于"热门领涨个股"如果层层加码操作，只要一个"回档"，就会让你万分尴尬。

"正确利用消息"是投机操作取胜的秘诀之四。众所周知，有实质性的利多或者利空消息，往往能阶段性的左右股价。但是，这些消息通常都是在朦胧的利空或者是利空消息中游动。使投资人真伪难辨。当你花费九牛二虎之力判准了消息的真伪时，个股的股价已是"轻舟已过万重山"了。为避免这种劳而无功的做法，老练的"投机"者有其诀窍：当某个热点板块酝酿、个股的股价也刚刚启动之际，市场又传言该股有种种利多。你就抱着"宁可信其有"的心态大胆而适当地参与，跟进操作。当热点板块或者热门股的股价持续上涨之后，股价已接近"高峰"；市场又盛传该股的种种利多。你就要抱着"宁可信其无"的心态果断出局，以回避风险为上策。股评专家告诉我们：股市正处在低价低量区域，有利空消息可视作无利空；在高价高量区域，有利多可视为无利多。没有不受消息干扰的股市，关键是看投资人自己如何利用这些消息。消息的排斥和盲从，均有一定的前提条件。一般情况下，利多消息的强度决定了股价的升幅。二者的正比关系在一定条件下才能成立。一方面，利多消息越强，股价升幅越大；另一方面，股价的持续上扬本身就是在消耗利多题材和消息。在大盘持续整理时，是否有新消息、新题材出现；是否有新主力介入，是观察盘口的焦点。新消息是很容易被人发现的。因为市场主力认为，消息面的好与坏直接决定了这只股票是否有大量的人跟风。用这个朦胧利好消息来支撑持续上扬的股价。这种朦胧利好消息符合市场主流，迎合了投资大众的心声，能起到推波助澜的作用。当在主力的宣传、号召下，股民大众已经持续把股价向上推得更高时，这时候主力的宣传是为了配合出货。用辩证的观点正确利用消息，是一位成功的"投机"操作者。盲目跟风是一种愚蠢行动。盲从的人，多数都是输家。

"紧跟市场大主力行动"是"投机"操作取胜的秘诀之五。成交量是反映市场大主力动态的窗口。在"热点"形成初期，成交量巨大，有主力加介入，大胆跟进。"热点"刚刚形成，主力不会马上撤出。持续大幅上涨成交量逐波放大，说明上档抛压开始加重。这可能不是"天量出天价"的信号，可能是主力正在出货的信号。短线"投机"跟进者，应当以派发为主。在连续的下跌行情中，成交量逐波放大，有可能是下档承接开始加强，长线投资者应以买入为主。等待反弹。综上所述，在连续的上涨过程中，价升量增说明抛盘开始增加，不是短线买入的信号，是短线减仓的信号。同样，在连续的下跌过程中，价跌量增说明买盘开始逐步增加，不是中长线卖出的信号，而是买入的信号。这就是"相反理论"在股市操作中的应用。

"小盘股投资，大盘股投机"，是近几年国企大盘股业绩不景气所造成的一种投资心理障碍。但是，在新的制度下，绩优小盘股有无穷的魅力。绩优小盘股不但常常会受到市场主力的青睐，而且有非常良好的"群众基础"。盘子小，股价一炒就飞，而且业绩好，回报又高。这是大盘股所不可比拟的优越性。

"利用综合技术"操作短线是"投机"取胜的又一个秘诀。不少市场大主力都是依托10日均线、5日均线的作用，控制股票价格按照技术图形的要求运行。大主力是技术操作的典范，中小散户投资人又是大主力的"基本群众"。也必须学会利用技术指导操作，特别是短线操作。不懂技术的投资人好比"盲人摸象"，输是必然的。懂技术并且又会灵活运用综合技术操作的人，赢是必然的，输是偶然的。在势如破竹的持续上涨行情面前，许多人失去理智，盲目追高，给庄家抬轿，当吹鼓手。结果庄家振臂一呼，使众多中小追捧者成了"逆水寒"。一个成熟老练的操作者，会利用技术，结合实践选择操作时机，才能在起伏的行情中不断完善和超越自我。

第 9 章　中线操作策略

9.1　大势牛皮，上市就卖

9.1.1　"大势牛皮"的含义

回顾 2007 年中期，股市是在一系列政策利空面前，才逐渐放慢上扬的步伐，最终展开长达两个多月的调整行情。自从党的十七大后第一个交易日深沪两市"大红灯笼高高挂"以后，随后即进入下降通道走势。另外，"新股扩容忙，年报无行情"。这样，一方面大盘在下降通道中艰难运行；另一方面新股的发行又使市场感受到扩容的压力，市场人气消散。在这两种矛盾的作用下，大盘指数难以出现急升走势。"扩容压力在，指数急升难"。从 2007 年 5 月至 2007 年 12 月，大势行情一直处在"牛皮整理"之中。在二级市场风险较大的情况下，许多股民把资金转向一级市场。在一级市场上认购新股，虽然中签率很低、获利率也并不高，但也是大资金规避风险的战略思想。不论是大户还是中小散户，当在一级市场上购到新股以后，只要大盘走势是处在向下的"牛皮整理"行情中，一上市就应该坚决卖出！

9.1.2　上市就卖的策略

在下降通道中的"牛皮整理"行情，股票通常都是"跌多涨少"。有不少新股，一上市就是"高开低走"。有的新股票一上市，经过一段时间的抛售，已经危及到发行价，甚至跌破发行价。出手越快，获利越多。陷入下降通道中的牛皮整理行情，后市"无戏"，众人看淡，大户出逃，小户奋战，市场走势疲软。多数股票在二级市场几乎无利可图。长期的低迷行情，使二级市场一缺资金，二缺人气。即使有利好消息，市场也毫无反应。

大盘陷入"牛皮整理"，个股表现可能活跃。多空双方"激烈斗争"，都在寻求突破。持币观望，弄清趋势再选股。"不做死多头，不做死空头，要做一位最坚定的滑头"。等多空双方搏斗分清胜负时，再把视线集中到热点股上来。短线操作会有机会。不必担心将手中的新股抛出之后没有股票吸纳。大势牛皮，人要学的"滑头"一点才能有利可图。

新股过多发行，供求关系失衡。在二级市场缺乏资金时，大量发行新股，会给投资者的心理造成负面影响。如果入市资金不足，再加上"消息真空"，又会给市场造成很大压力。但是，新股发行也有"两重性"。它活跃了市场，给市场增添了新鲜血液；新股多，参与的人也多。股民有了更多的选择股票的机会；在政策面利好时，也能激发人气，使个股行情更加火爆。大量发行新股，积极与消极因素同时存在。两种矛盾的主次地位也在不断转化。当消极因素占主导地位时，会极大地影响市场人气，而且，发行时间越长，人气越涣散。

人气离散，市场疲软。大势则会处在长期的牛皮盘整之中，1.55万亿元额度尚未完成，大势已盘整了近一年时间。至党的十七大开幕这一天，股市还没有看到向上突破的曙光。

只要大盘走势处在"牛皮整理"行情之中，而且，短期内又难以看到向上突破的曙光时，即便是在一级市场上买到了廉价的股票，只要这只股票上市，就应该立即卖出去！中石油上市第一天，就应该卖出去。

自从2006年年末开始，一大批"超级航空母舰"陆续驶进沪深两地股市。中国银行、建设银行、工商银行、中石油、中国中铁……二级市场资金吃紧。市场不堪重负。无奈之中，投资者只好采取"利好兑现，纷纷出逃"的操作手法。这说明扩容对资金、对深沪两地大盘走势产生了负面影响。心有余悸，散大户及中小散户对个股的炒作都采取了"短、频、快"的手法，真正做到了"该出手时就出手"。

市场资金紧张、扩容有增无减，人气涣散、人心负面影响大，再无机构主力入市，跌破发行价看来只是个时间问题。东方航空上市7.60元，后来已跌至4.80元，率先跌破发行价。春节后开始以来，大盘连续阴跌数周，绩优股也节节走低。观望气氛愈加浓厚，市场人士都以焦急的心情期盼着增量资金的介入。

市场多头在呼唤"援兵"，而多头援兵千呼万唤畏缩不前。原因何在？一方面，主力机构资金入市的目的是："为年度利润目标而战"。众多的中小投资者是"为多赚钱而战"。谁也不想用投资的方式取得"平均利润"。在目前法制不健全的情况下，"投资"可以获利；"投机""过度投机"，甚至"操纵市场"更可以获得巨额利润。不到主力机构的最低建仓成本区，"援兵"不会到来。另一方面，市场目前的供需矛盾加剧，供大于求的矛盾日趋明显。缓和这对矛盾的根本方法也是需要大量的"资金援兵"。1.55万亿元额度是时刻高悬的"空头利剑"；2 007亿元国债的发行，更加剧了本来已十分紧张的资金面。首批国债，已开始发行6 000亿元国债；短短两周有八只新股票上市，总规模达63 770万股。11月5日市场走势阴跌，中石油、虹桥机场节节走低，都表现了这种矛盾的加剧。

1.55万亿元额度也好、6 000亿元国债也好、新股扩容加快也好、图形变坏也罢，都取决于市场资金的流向。"援兵"何时到？只要有耐心，只要有恒心，等待的岁月就会熬出头，"资金援兵"将会不请自到。有的人想把在一级市场上买到的股票捏在手中，待"援兵"到来，掀起一阵高潮的时候再抛出，这样做也行，不过到那个时候你已经是站在高高的"山顶"上向山下观望的"观战"者了。"山下旌旗在望，山脚鼓角相闻"，双方交战的热闹场面与你已无关紧要了。你不是参展者，已是旁观者了。

"大势牛皮"，难见曙光，"上市就卖"是一项最好的操作策略。不用再去忍受长期的寂寞，也不用等待"援兵"到来"解围"。把钱先装入口袋之中是最安心的事。俗话说："熊市要钱，牛市要股。"

"牛皮"市场，要多看少动，忍耐寂寞，会有机会。一个能做大事的人必须掌握火候，把握战机，捕捉热点；把握市场的共振频率，以减小投资风险。有的人喜欢追涨一段新股，没想到新股一买到手中，就开始下跌，又陷入新市场风险之中。追涨新股应该是在大盘上升过程中，追涨杀入，一旦大盘调整回落要及时出手。请记住：市场在下跌通道中进行牛皮整理，因大势是逐步向下。上市新股也不要去"追涨一段"，追不到"涨"，它只会跌！中石油由48元跌到29元，就是一例。

9.1.3 注意事项

有人说，"我在一级市场买到新股，不用担心，若是再有主力进入，它一天就会上涨100%、200%、300%……"这种说法在大牛市行情中是正确的。虽然不一定能涨到300%，上涨100%是常有的事。他忘记了现在的行情是：下降通道中的牛皮整理。股价在下降通道中运行，在未能看见曙光的时候，大主力是不会轻易进入的。如果这只新股一直没有主力进入，它可能会一路下跌。对新上市的国企大盘股，又会雪上加霜。当股价一路下跌，直逼发行价时，你会怎么办呢？

有人说："新股无正性，最好不去碰"。这话只说对一半。新股上市后，如果是步步走低，最好是暂时不碰。在股价低迷了一段时间之后，底部已经形成，则可适量介入。如果有一天这只股票突然放量走高，可能是主力借机进入。你则跟随主力前进，当一段"同路人"。谁都知道，没有主力炒作的股票其股价升落幅度不大，即是通常所说的"惰性股"。买到一只"惰性股"，十天半月不动一次。只要一卖，还得搭进去手续费。不论大盘走势如何，掌握主力动向十分重要。只要掌握了主力动向就掌握了制胜的武器。股市中个股是升还是跌，升得快还是升得慢，完全取决主力的意图。整个大市的走势要靠超级主力了。主力也有不同的面孔。有些主力操盘手法稳健；有的主力操盘手法凶狠；还有一些中小主力操盘手法是"快进快出"。主力不管用什么手法，其经验极为丰富，技术较为高明，很少出错。中小散户投资者必须随时随地留意股价走势变化及盘口变化，并且掌握好买进与卖出的时机，才能在股市中从主力身上分"一份餐"，"喝一碗汤"。

在大盘开始由底部向上拉升的时候，在一级市场上买到新股后，才可以不必急于出手，等待价格上升，以获取最理想的利润。2007年11月5日上市的中石油，因上市机会好，正赶上11月初深沪两地大盘指数已经上扬了5天。发行价为16.5元，开盘价47.6元。先成交仅1 000多手，后有400万元的封单。很快就把股价推向48元。"没有一追"，这只股票就一步就到位了。在一级市场上买到中石油后，捏在手里也不能久等。新股以较高的开盘价进入二级市场后又会有多大的上升空间呢？可以用公式计算一下。其计算公式为：上市首当天收益率的平均值＝（上市首日的收盘价－开盘价）×100/开盘价。如果考虑到新股上市后的继续炒作，可进一步计算5天内或10天内的收益率。能够在一级市场上购买新股的投资者可以获得极大的利润，必须是在市场大趋势向上扬升的时候。在下降通道中，将不会有多大的利润。中石油就是一例。在一级市场上发行新股能吸引大量的资金，是因为中签率或配售比例一降再降。

只要大盘是处在下降通道中的牛皮整理行情中，新股一上市就卖，是短线获利的最佳操作方法。

9.2 跟着庄家走，操作熟悉股

有人说，散户欲发财跟庄走。也有人说，操作熟悉的股票少赔钱。将二者结合起来才是：跟着庄家走，操作熟悉股，是多赚少赔的法宝。

9.2.1 跟庄的原因

"散兵游勇"只能打"土豪"，跟着主力大部队才能打大仗、打胜仗。操作自己熟悉的股票才能做到："知己知彼，百战不殆"。"股市无专家，只有输家和赢家"。要想多赢少输，一定要投资你最熟悉的股票。股市中的"常胜将军"也是投资自己最了解的股票。熟悉和了解也是股票获利的前提条件。熟悉和了解，就是很清楚地知道这家公司的主营业绩、发展前景，庄家进驻的时间和价位、庄家的操作手法与特点，以及这只股票的波动规律，并且能够掌握这只股票的上下波动价位，能正确地做到"低吸高抛"。掌握了这只股票的高点与低点，掌握了庄家的进和出，就算是踩上了庄家的步伐。你能及时跟进，并能顺利出脱，就算是个赢家。获利不在乎大小，关键时刻能跟着庄家学两招。目前两市大盘有1 500多只股票，有不少股票尽管各有庄家把守，但一个庙有一个庙的"神仙"。各路"神仙"实力不同，题材不同，炒作力度当然也不一样。像2006年5月以前那样全盘上扬，群涨群落的"激烈战场"已成为"昨日黄花"了。

2007年4月以后，股市是一派繁荣，不少股民纷纷入市。刚入市时，人家买啥咱买啥。有不少人在300元买进中船，结果套牢至今日。当时连中船这家公司是做什么的都搞不清，更谈不上了解流通盘大小、市盈率高低、成长性如何、收益如何。关注自己熟悉的股票，才可以避免投资的盲目性，尤其是对涉入股市不久的投资者更为重要。自己熟悉的股票有时候也会被庄家套住，由于自己对该股有过深入的研究，持股心态就会相对稳定，也能把握好自己的操作心态。因为已经摸清了这只股票的股价运行规律，又可以大胆地做一个波段。既可以规避风险，又能获取差价利润。只有当你对所买的股票了如指掌时，才能做到：买进—等待—卖出。操作心灵手巧，灵活自如。只有买自己熟悉的股票，才是应付变化莫测的股市的良方。特别是2007年10月以来，股市一路下跌。近两月的低迷路，又踩上了一波拉升行情，又遇庄家洗盘。刚刚舒了一口气，又落入不尽的后悔之中。赢了指数，赔了钱。几次操作，几次赔，原因就在不熟悉。另一个原因是没有把握好自己的操作心态。请朋友们记住："股市没有免费午餐。"

9.2.2 跟庄的技巧

"跟着庄家走，操作熟悉股"，是一项十分轻松、收益不薄的操作策略。"跟着庄家走",要首先摸清庄家的"脾气"。踩准了庄家的脉搏,才能跟上庄家的步调。根据股票市场大趋势的不同,股市庄家也有"慢庄"与"快庄"之分。"慢庄"通常出现在熊市之中,庄家主力一般是遵循"熊市坐庄,牛市发牌"的原则策略。在"熊市"中,庄家主力用一部分资金,在很低的价位,吸纳一些群众基础好、口碑好的股票。一旦大行情来临时,会有很多人追涨该股。庄家主力在进驻该股之前通常要放"利空",唱低调,通过"三镇出局"的办法把一些意志不坚定的股民清出该股。主力吸足筹码,当持仓量明显增大的时候,就意味着"蓄势已久,其发必速"了。

另一种是"快庄"。通常出现在"牛市"行情之中。其操作手法与"慢庄"截然不同。"快庄"采取的操作手法是:集中大量资金建仓,迅速拉高派发。短期内获利极高。在市场人气高涨的时候,也能起到"一呼百应"的效果。"快庄"的发财之道就是"集中优势兵力打歼灭战"。2007年3月底大主力伴战"原水"、启动"两桥"、主攻"发展银行",就是采取"主伴"配合,集中兵力打歼灭战的方法。短短一周时间,把发展银行这只有"重组"概念的股票价位由27.81元,急速拉升到46.86元。后市空间如何,仍取决于主力的意图。主力采取了有选择地拉升"资产重组"概念股,一是投合国务院"盘活存量,推动国企改革"的政策;二是符合国家充分利用"壳资源"的策略。"壳资源"越来越受到重视,有越来越多的国内优秀企业来改造本地不良的上市公司。目前"资产重组"是最有市场号召力的题材,它确实激发了人气。国嘉实业、四川长虹等一批上市公司经重组后,均已发生了"脱胎换骨"的变化。这些有实质变化的"重组股",仿佛一夜之间由丑小鸭变成了白天鹅。而其股价也是"轻舟已过万重山",翻了几番。

在二级市场上有强烈的趋利作用,跟着庄家走,投资于资产重组股,或者投机于可能资产重组的公司一时成为时尚。"壳资源"顿时身价倍增,成为目前炙手可热的品种,并且还大有"星星之火可以燎原"之势。

庄家最爱玩的就是"朦胧"题材,没有题材的股只要想"玩",可以"制造题材"。"题材"给市场增添了许许多多的想象色彩。正当这家公司的股票突然急速拉升而确无题材时,在众多股民的询问下,这家公司就会发布"警示性公告"。公告说:公司目前无任何应公开披露而尚未披露的信息,提请投资者注意防范投资风险。2007年4月上海市场在短短7个交易日内,大盘指数急升500多个点。交运与原水股份都发表了提示性公告。直到这个时候,庄家拉升这只股票的热度才减缓下来。也有的是我行我素,毫不理会,表示了庄家不达目的绝不收兵的决心与实力。在这真真假假的资产重组题材面前,中小股民投资者应该怎么办?如果你是跟着庄家的步调一块进入该股的,应该是:庄家前进,你跟着;庄家出局,你出局。如果你是半路"杀进去"的,踩不准庄家的步调,最好是在这家公司发布提示性公告时出局。从中长线的角度来看,资产重组题材随着改革的深化,将日益增多,该题材值得长期关注。

中小散户投资者在看盘时,在"平衡市"中要特别关注小盘股(流通盘小于0.5亿元)的波动规律。把自己有限的资金投入自己最熟悉的小盘绩优股,会有意想不到的收获。小盘绩优股大多数已被长期庄家或主力大户控制,股票价格的波动规律是按照庄家的操盘手法变化的,庄家完全有能力控制这只股票的升降。中小散户一定要牢记这个投资诀窍：跟着庄家走，才能赚钱。长期没有庄家关照的股是"冷门股"，资金暂时不要投入这种股票。因为，它的股价一年半载也无多大变化。

"跟着庄家走"是指庄家买进时，你也买进；庄家出货时，你也出货。这才叫踩准了庄家的脉搏。有人说，我怎么知道庄家正在买进或者正在出货呢？只要你留意观察每笔成交量的变化就能做出大致的判断。如果有一天，某一只你熟悉的股票成交量突然放大，股价也在慢慢升高，可能庄家正在吸货；成交量突然放大，股价也随之跌下来，很可能庄家在出货。每笔成交量是一个永远不会骗人的技术指标。

"跟着庄家走"，绝不是"跟着感觉走"。中小投资者不能凭自己"第六感觉"的假想去操作，也不能借他人的道听途说去操作，必须是跟着自己比较熟悉的庄家走。当你了解了庄家的操作手法了，了解庄家进出的时机与特点，熟悉庄家的获利空间，你才是位赢家。

在"平衡市"与"牛皮市"中，跟着庄家走更是一种有效的操作方法。在资金面短缺、供大于求的市场中，有限的资金难以推动大盘整体上扬，这时不少人的操作思路都是"轻大盘，重个股"。轻大盘是因为在一个时期内大盘不会有全面上扬的行情；重个股是因为个别股的走势不会因大盘的疲软而疲软。在个股行情里，看个股主要是看这只股票里有没有庄家大户。重个股除了个股本身的因素以外，也是指重视庄家的行为。一只股票如果没有庄家资金在内，很难活跃起来。散户资金少，意见和观点又很难统一；操作上又是各行其是，热点很凌乱，很难形成一波行情。在平衡市里，中小散户不跟着庄家走是很难赚到钱的。

在一波较大的中级行情中，跟上庄家的步伐，与庄家共同前进，也是取胜的法宝。有些大行情，也是热点板块轮流转换；强股弱股先后表现。凡是热点转换股，股价上升猛，都表现了庄家主力凶悍的炒作风格，这时大盘股指会一路狂奔。如果不重视主力凶悍的炒作手法，还会再次重演以前的"赚了指数，赔了钱"的悲剧。如果能跟上这些"杀法悍勇"的主力，也能赚一笔数目不小的钱。2007年4月底至5月底，大盘经过三十多个交易日的持续上涨，沪市已从4 200点上升到6 124点。市场主力采取了："闪电进场，板块轮炒；避重就轻，避冷就热"的战略战术，激发了市场人气和跟风热情。这个时候，中小散户如果不能抢在大主力前面捷足先登，很可能就会"望人项背"。有丰富经验的主力果断进场抢筹，以"集中兵力打歼灭战"的形式，快速完成筹码集结和热点切换。板块轮炒很容易使大盘形成"集团军作战"的态势，使大盘股指运行也更具有规律性和扩张性。遇到这种"杀法凶悍"的主力，如果没有跟上主力的前进步伐，你就别再指望着赚个大钱，只要能跟着主力喝点汤，赚个小钱也就心满意足了。跟着这些"作战悍勇"的主力，要十分小心谨慎，一旦发现股价有回吐增加、股价发生滞涨现象，就需要考虑出货。

碰到这种"杀法悍勇"的主力，更不要盲目跟风。若是投资你不熟悉、不了解的股票时，又面对纷至沓来的资讯，你就会感到不知何为真，何为假；不知何重要，何不重要。研究来，研究去，还是不能做到："去伪存真，去粗取精"，甚至越分析，越糊涂，最后不得不跟着他人的"感觉"走，这种无把握之仗，十有八九是要失败的。

有的中小散户担心，一旦庄家出货，自己的股票卖不掉。通常情况下，庄家出货是采取分批逐次进行的方式。机构主力大资金出货，更是如此。再说，庄家控盘，一般是控制30%左右。追求利润的最大化，又是市场主力的根本目的。不到庄家出货的价位，他们不会出货。庄家不达到目的，不会善罢甘休。另外，中小散户进场的时间先后、价位高低、获利目标、心理想法各不相同，不可能在同一时间一齐出货。这种担心是不必要的，流通盘再小，也不会影响几个散户出货。并且，庄家手中获利的股票要比每个中小散户手中的股票多得多。

还有的中小散户担心，跟着庄家走怕上当受骗。股市中上当受骗是常事，关键是要善于总结、摸清规律，减少上当受骗的次数。"骗钱"是股市的主渠道，庄家在"骗钱"，中小散户也想把别人的钱"骗"到自己的口袋里。凡踏足股市的人，都是为了一个"钱"字。赚钱是怎么"赚"的？只有把他人"骗到高位"套牢，才能把别人的钱记在自己的资金账户上。股市中没有不"骗钱"的人。短线投机操作者，都是"骗钱"的高手。股市中不但人在"骗"人，有不少技术指标也在"骗"人，因为这些技术指标的走势图都是由人"绘制"出来的。这个人，也是庄家大主力。股票市场上几乎所有的技术指标，庄家都能做出来骗人，唯独成交量不容易骗人。中小散户要时刻留意成交量的变化，跟着庄家走的方法通常看成交量。在成交量放大时，低价位跟进，而后等待股指与股价慢慢向上波动；当股票在某一个相对高位（利润大于20%）震荡时，或者成交量突然放大股价下跌时，中小散户也应卖出股票。把握股票上下震荡的规律，小心操作，就能减少上当的次数，在股市中站稳脚跟，慢慢地成为一位赢家。

"跟着庄家走，操作熟悉股"的一个有效原则是：紧紧盯着庄家，不放巨量不出货。对庄家已经控制的小盘股（流通盘在5 000万元以下），不论其业绩如何，只要有庄家主力的大资金进入，中小散户就应毫不犹豫地跟着进入，而且，"不放巨量，决不出货"。只要庄家不出货，中小散户就应一路持有。

"关注领头羊，操作熟悉股"。任何一波中级行情的启动都必须有大资金充当"领头羊"的作用。这些"领头羊"就是当时市场的主力。市场主力是以追求年度利润最大化为目的。市场大主力一般不会"为他人抬轿"，并且在主力资金进入之前，早已经过细心准备和精心研究。主力在"进攻"之前总是隐蔽"主攻方向"。"采取隐蔽手段，隐蔽主攻方向，达到突然袭击目的"是大兵团作战的一贯使用的战术手段。这些手段是"出奇制胜"的法宝。市场主力有时启动高价绩优股板块，有时启动国企低价大盘股板块。2007年3月底，市场主力又突然"攻击"原水股份和深发展。一下就调动了众多的"中小散兵"跟踪追击。主力兵团"佯攻"作战目的达到之后，立即"抽出兵力""主攻"国嘉实业等有资产重组概念的中价小盘股。并用较少的"兵力"（资金）轻易取胜。"佯攻"原水，"主攻"国嘉，均已取得赫赫战果。虽然是短短十天的战斗，但是，"战场"却热闹非凡。主力声东击西，散户东奔西跑。有不少中小散户想跟着庄家吃肉，结果，仅仅是喝了点汤。

9.2.3 注意事项

"注视庄家动向，跟着庄家吃肉"，需要有一定的技巧。根据资金的多少及操作手法的不同，庄家股可以分为：慢庄股和快庄股。庄家股的共同特点是：控盘能力强；行动独来独往；要么先声夺人，要么虎头蛇尾；要么先发制人，要么后发制人；而且，高潮时迅速退却。其表现是：庄家股与大盘的步调不吻合。显示了一定的控盘能力。在整个大盘飘绿时，它是"万绿丛中一点红"。有时候，大盘不涨，它可以持续上涨；有时候，大盘上扬，它却涨幅较小。庄家股通常是在大盘主升阶段的后期，成交量成倍放大。但是，它缺少后劲。一旦庄家出货时，股价下跌较快。对于流通盘为两千万以下的小盘股，更是如此。当你买进的价位高于庄家的建仓价位时，如若不及时出手，要遭受一段时间的套牢之苦。跟着庄家走，要时刻掌握它的"脾气"和可能出现的逆向操作动作。

跟着庄家走，要与庄家保持一致的步调。若庄家习惯短线操作，你也应采取快进快出的操作策略。在短线投机大盘加重的情况下，获利回吐是明智之举。若庄家习惯作波段操作时，你一定要与庄家比耐心。在低价位刚刚启动不久，跟着庄家一块补点仓。当股价在高位区震荡时，要逐步减仓，离场观望，待大盘回调重新企稳之后，再进场搏击。若成交量出现"天量"，股价出现新高时，股指却横向移动（即量价背离时），应果断获利了结，离场观望。高价位区震荡，通常是庄家正在分批出货形成的波动，如果这时候中小散户追涨求高，庄家大户很可能把自己手中获利的股票悄悄地派发给广大散户股民。

跟着庄家走，要适时紧跟庄家抽出"兵力"，转移"战场"。市场主力为了追求年度利润目标，会不断地转移热点。当高价绩优股升幅过大，回吐压力渐增时，股价会发生滞涨现象，热点会向中低价股扩散。当庄家从绩优股中抽调"兵力"（资金）时，"散兵游击队员"也要快速抽"兵"撤离，跟上庄家主力一块转移"战场"，开始新的"战斗"。否则，你就会停留在"旧战场"的"山顶上"站岗放哨。"风云突变，热点转换"，股市波浪起伏，都是由"股市蛟龙"引起的，这个股市蛟龙就是市场主力大户。股市蛟龙是不会为他人抬轿的，它不会牺牲自己的建仓成本，去让别人获取最大利润。自从2007年5月以来，众多的中小散户股民被套牢在高价绩优股中，盼望主力去"解放"，已经等了快两个月了。谁知2007年12月初，主力并没有介入高价绩优股，而是"集中兵力"主攻有资产重组概念的中低价股，形成了一段十分火爆的行情。跟着庄家炒作热点板块，每时每刻都要在乐观中保持一份清醒。

跟着庄家走，但不要跟着庄家走到股价的"尽头"。众所周知，股票具有双重价值，一是内在价值；二是心理价值。内在价值是企业的真实值，它往往会被市场高估或低估。股价波动应该是围绕内在价值进行，但它往往受庄家的人为影响。有时候，市场主力为了自己的目标利润采取一种逼空方式的推高手法。不给市场喘息的机会，推动股价一路升高。几天工夫，就能把股价推到"高寒"地带。大盘强劲十足，昂首挺胸，连克数道"关口"。场外踏空机构和中小散户在利益的驱动下，只好进场为主力"抬轿"。这个时候，在市场内已进行多天"奋战"的主力并不领情这批进场的"援兵"，继续进行逼空，把股价继续往"寒山寺"的高峰推进。市场已被这种热浪鼓动，殊不知正当人气高昂之际，行情在转瞬之间就会发生逆转。道琼斯说："连皮鞋匠都走进交易大厅去买股票时，股市离见顶就不远了。""金融杀手"乔治·索罗斯说："第一是不要害怕冒险；第二是冒险时不要押上全部家当。"他认为，金融市场中毫无道理可言，并且，金融股票市场又有"自我强化的本领，繁华之中有衰落的前奏。"

跟着庄家走之前，要事先设一个获利了结价位与一个失利停损价位。只要股价涨到这个获利价位就要坚决出手，即便是股价继续上涨也要坚决出手！一旦股价跌破停损价位，也要果断止损。在股价快速上涨时，切记不要太贪心；当股价暴跌时，不要抱有幻想。金融股票市场中"风云突变，热点转换；行情调整，股价震荡"是内在规律。股票市场中，多空双方每时每刻都在进行激烈地较量。金融股票市场就是一场不见硝烟的战场，失利者检点损失，获利者指点江山。在这个战场上，没有飞机、导弹、大炮和坦克，交战的武器是货币。它没有地域和空间概念；没有领土、国土概念，但却有"侵略者"和"保卫者"。

跟着庄家走，不能过于小心谨慎。庄家敢用大资金进驻的股票，都是事先作了全面研究和分析的股票。主力机构是不会"跟着感觉走"的。并且，追求利润目标最大化是主力机构的根本目的。它一旦进驻某只股票，不达到他们的获利百分比，主力不会轻易出局。主力考虑的是如何使股票利润最大化，来完成本年的目标任务。所以，在大盘天天上涨，庄股天天飘红时，中小散户投资者不可心有余悸，由于观望而丧失良机。其实，在强势中追涨庄家股，是获利的有效手段。虽然分析与直觉是所有投资者应具备的本领。但是，"金融杀手"乔治·索罗斯异于他人之处的本领却是胆略。他曾经说过，一个投资者所有犯的最大错误并不是大胆鲁莽，而是过于小心谨慎。有许多的投资者可以准确地把握市场的大趋势。但是，当市场有利的状况变得越来越有利时，反而会紧张得不敢相信自己。1992年打垮英镑，1997年又在亚洲金融危机中兴风作浪大发横财的乔治·索罗斯，就是凭着他的超人的胆略。"大胆"有时候会使人一下子变得聪明了许多。在金融股票市场上，正是有人愚蠢才使聪明的人赚了不少钱。乔治·索罗斯就是一位大胆、聪明、能干的金融行家里手。

"股票有庄心中不慌"。有时大盘虽然跌得凶，但有的股票并没有怎么跌；有时候还会逆市飘红。再打开电脑看看，外盘比内盘大，主动性买单多。这种股票有庄家护盘，根本就不用心慌。一旦一轮急跌结束，空方力量衰竭，这种股票就会趁机上扬，不到几分钟就会翻红。有时候绩优股分红方案不好，也可以跌停板。有庄家进驻的蓝筹股却十分抗跌（蓝筹股是高品质、高价格的股票）虎年3月业绩是1.59元、市盈率只有30倍，收盘价在49元的春兰股份，因分红方案是10送3派6，一下子跌停，这是一种特例。流通盘10 368万股。每股收益0.158元的延中实业已突破16元大关，正向20元挺进。

有人说，庄家进驻的是"垃圾股"，就像大粪坑一样臭的垃圾股，很有可能。但是，请您好好想一想，庄家携带大量资金，穿着崭新的西服，一条领带比您全家的衣服都贵，他敢往"大粪坑"里跳。而您只穿了一身破衣服，有的只穿了一条短裤背心。您为什么不敢往"大粪坑"里跳？请您记住：当庄家出来的时候，您只要"抱住庄家的双脚"就能把您从"大粪坑"里带出来。从"粪坑"里出来之后，您就能去买一身崭新的西装。

有强庄进驻的个股，其走势不受大盘的限制。它的股价波动速度也比大盘快得多。

因为，强庄股价格的升降，只取决于庄家的意图。叫它升，它就能升。

注视庄家动向，跟着庄家"吃肉"的秘诀是：庄家进，我也进；庄家不走，我不走；庄家出手，我出手。还有的股评老师说：盯着自己熟悉的股票，不到该价位就不买进，到了就坚决买进（即使可能再跌）。盯着自己熟悉的股票，不到该价位就不卖出，到了就坚决卖出（即使可能再涨）。还有的股评老师说：跟着庄家走，不放巨量，不出货。

跟着庄家走，盯着自己熟悉的股票"高抛低吸"，会远胜短线高手！

9.3 有消息时买进，消息证实后卖出

9.3.1 谣传的目的

"传言出现时买进，消息出现后卖出"，这是一句古老的谚语，也是一种延续多年的、行之有效的操作方法。个股消息有利多和利空，市场上散布谣传消息的目的是为了影响股价。消息的散布者往往是庄家大户，消息的听信者却是众多的散户股民，而且，越是消息"真空"，听信的人也越多。散户投资人愿意接受这些消息，也是正好迎合了自己的目的。有的是把股价打压得更低；也有的是为了把股价推高。众所周知，实质性的利空或利多消息往往能阶段性的左右股价。但是，更多的人们是在朦胧的利空或利多中游走。

9.3.2 谣传的途径

没有哪一位专业投资者整天根据谣传去买卖股票。市场上的传言虽有真假之分，但具体到某一只股票时，只有一种情况：要么真、要么假。在消息刚刚传出来时，许多人弄不清真伪。有的是为了打探消息，一个传一个；有的是为了关照朋友，一个送一个；有的则是顺风刮到耳朵中的，有的是一个说给另一个听……就这样，许多中小散户股民自觉与不自觉地充当了主力大户的"义务宣传员"。

还有的人嘴上说，"我才不去理会那些小道消息"，结果，回到家里则给家人谈起。如果家人说，这则消息有可能是真，这位"意志坚定者"第二天走进交易大厅后，又会把家人的话，再对别人讲一遍。其结果是：只得了一个"落后的义务宣传员"。如果，他看到有人用这则消息赚了点钱，下一次他就不会说，再也不理会小道消息了。

还有的人把消息传得更加神奇。说什么听某某领导干部讲，某某企业正在并购某某上市公司。又是一传十，十传百……当传到第三波以后，有人再问这位消息传播者：您这消息是从哪儿得来的？这位"灵通人士"又会说，是从"内参"中看到的。

股市中每时每刻都有许多消息在散布。你还不能不听，因为，它一直往你的耳朵里灌。

9.3.3 消息的分析

听了消息之后,不要盲听、盲从。要先做一个简单分析。消息有两种渠道来源:一是正道;二是小道。正道就是从中央人民广播电台的证券节目中和各种正规的证券报刊中得到。小道则是由"耳旁风"引起的"无线电广播"。消息不能不听,因为,它是了解市场资讯的手段,是分析资讯情况的重要材料。

虽然股市的发展有其内在的规律性,但是,信息是左右股价起伏的重要外因。投资者的操作行动不应随小道消息而随波逐流。应通过正当的新闻媒介了解目前市场状况,观察市场,再去把握主力动向,挖掘潜力股票。利用信息是一项重要策略。

用唯物辩证法的观点来看股市,决定股市发展的因素也有内因和外因,也是外因通过内因起作用。股市的一切外在因素,都能通过市场内部表现出来。所以,股票操作者只要通过观察市场现象,就能洞察到内部因素的作用,也能推断出外因对市场的影响。

有时候,用通过现象看本质的方法,十分困难。由于影响股价变动的内外因素太多,想要通过现象发现真谛,并非易事。想让投资者的思想不受消息干扰,又不现实,因为,众多的股民都是社会人,而不是真空人。

任何消息均可以通过人们的正确分析而决定其取舍。但也有的消息是搁置无用,弃之不忍,可以采取"静观其变"的思维方式。有时候,消息虽然真实:某只股票已公布了年报,但是,时机已经晚矣。因为,市场对于业绩和分红方案往往已是提前炒作了,等到公司公布业绩和分红方案时,股价已经上升得很高了。这只"高价绩优股"的股价中虽然包含了业绩与分红两个因素,但是,要想把股价再往上推高一个台阶已经十分困难了,它的上升空间已经不大了。当利好消息公布的时候,众多的股民不是头进,而是借助利好消息出货。有时候,消息不确实,传言很多,没有时间,也没有精力去证实真伪,而这只股票的价格却在一天天上升。例如,2005年3月底炒作的一波资产重组浪,有的确有实质性的题材;有的却是"借壳恶炒"。借资产重组题材恶炒的垃圾股,股价像"火箭一样"飞声,逼的上市公司不得不发布"警示性公告"。

9.3.4 消息的利用

真消息也好、假消息也好,二者都能被人们利用,这就看谁耍的手段高明了。"跟风者"也能赚钱,这就需要跟得有技巧。有不少"短线高手"都能巧妙地利用消息"跟风"。放出消息者,一般均为主力大户。当主力已吸筹完毕之后,就会放出这只股票的"利好消息"。有不少短线投资者对主力大户这一动作心领神会,进场一看这只股票正在回升,也有可能恰到"黄金交叉"位,遇到这种情况,中小散户可以试一试"跟风",勇敢杀入,再设一个不要太高的"限价获利位"。股票一旦上涨到这个获利价位,要领先于主力机构抛出,千万不要让主力机构把你套住,这种策略叫:一不做死多头,二不作死空头,要做一个最坚定的老滑头。用这种滑头策略去操作,确能获得不少好处。

有时候，主力机构或庄家大户后于散户进场，他们早已看好了中小散户手中的某一只股票，又不愿意拉升给散户创造出货的条件，灵机一动作"宣传"，放出种种"利空消息"。如果他们以前有少量资金进驻的话，也会不惜"血本"配合"利空宣传"刻意打压股价，吓跑了不少散户，大户却悄悄地"坐"到了散户的"位置"上。有些有经验的老滑头，这个时候不但不跑，反而跟进，并且手法是：买一点，跟一跟，看一看；再买一点，再跟一跟，再看一看……真有点像"摸着石头过河"。结果，却从庄家的屁股上抓掉了不少毛，获了不少利。

"滑头"不论是在过去，还是现在，都能吃得开。尤其是在股票市场上，这些"滑头"到处都有淋漓尽致的表现。老实人一开始就不应该涉足股市，因为，在股市上，老实人再用老实的方法，永远也赚不到钱。老实人如果想游刃于股市，你就得跟着"滑头"学。

有时候，真正的"利空消息"证实后，要想卖出持股，已经来不及了。因为，庄家大户比中小散户还要"滑头"。庄家是个大"滑头"，而你只能算是一个"小滑头"。利空消息证实后，庄家会立即来一个"封杀停盘"。让你的股票一整天也卖不出去。第二天、第三天一开始又是跌停板。你怎么办？2005年8月，思达高科连续14个跌停板。一旦该出手时没出手，后果不堪设想，唯一的好办法就是："小滑头"要想办法"挤"在"大滑头"的前后。因为，"大滑头"大贪心，"小滑头"小贪心。"小滑头"只有小贪心，才能走在"大滑头"前面。我在散户大厅里，经常听到炒股的下岗职工说：赚个买粮钱就跑！还得说是工人阶级觉悟高。否则，在股市中又得"下岗"。

有不少人总觉得：利好消息出现后卖出，会使人感觉卖得太早。有两种人会有这样的感觉：一是"限价获利位"设得太低；二是太贪心。若是"限价获利位"设得太低时，可以根据当时市场走势与个股走势的实际状况进行适当调整。若是太贪心，则无法调整。通过调整价位的方法，来调整贪心者，可能会越调越贪心。

9.3.5 操作策略

"有消息时买进"，是指已经把握了近期市场的脉搏。有一位股票大师说："股市操作是一门艺术，而不是一门科学"。这一句精辟论断，只有老股民体会的最深。股市的不可预测性，常常使众多的股民、股评师、股评家感到迷茫。许多事情会使分析大师绞尽脑汁，也常常会使许多理性人士丧失不少市场机遇。股市操作的确不是一门科学，否则股市专家、股票教授一定是最大的赢家，只会纸上谈兵的理论家，都能成为"股神"。

应该研究策略、研究技巧、把握当时股市脉搏，寻找热点、捕捉良机。只要把握了近期行情的热点，就算把握了股市脉搏，也就有了盈利的前提。只要找到了"主力"，心中有底，短线跟风，投机操作。在平衡市中，获利就跑；在牛市行情中步步紧跟，达到目标，退出观望；在下跌行情中，以退为进，等待曙光。在下降通道中，不抢短线反弹；在上升通道中，不抢"顶"部出货。

当庄家放出利好消息让你跟风时，你应该先看一下，当时的价位是否偏高？流通盘是否偏小（2 000万元以下）？拒绝风险，重在防范。如果价位不偏高，还有一定上升空间；流通盘也不偏小，适合庄家分批出货。不妨大胆跟进一试。因为，一轮行情一旦发动，就像火车启动一样，要奔驰一段路程，就算庄家紧急"刹车"，还有一段惯性前冲。即使庄家开始大量出货，也不一定一下子就能出完。一般情况下会形成一个高位震荡区，股价也不会一下子跌下去。因为流通盘较大，还有中小散户出货的机会。只要大盘在上升通道中，还没有确定头部形成之前，就不会去"抢顶部出货"。不要自己给自己假设一个"顶"，早早了结。但是，一定要时刻提醒自己，注意随时"溜号"。万一"溜号"不成，注意破位后的止损操作。中小散户要学会捕捉战机，首先要有点勇敢果断精神。一大群"凡夫俗子"，面对茫茫股海，虽然做不到"笑傲江湖"，但是在必要的时候应当敢于投机，战胜自我。

在基本面利好消息不断，刺激大盘走出一波上升行情的时候，即使是初升太强劲，只要不过分去失理智，管理层就不会突然降温。上升初期，跟风追涨，不会有很大风险。一旦大盘企稳之后，却需要稳定心态，不必过分追涨。中小散户在大盘已经出现高位震荡时，则应从"强庄股"中退出来，敏感地追跟"强势股"。因为，震荡时，需要在高位吐一吐，等庄家另有"新欢"时，或者另选好一盘肥肉时，你再去跟他抢。

有时候，上层越有利好消息，大盘越往下行。例如，2002年9月的"党的十六大胜利召开"、2003年"两会胜利开幕"，都有一点"利好出尽"的味道。不少股民都会说，利好出尽是利空；利空出尽是利好。有不少人就是根据这种思想去操作的。

"消息出现时买进，消息证实后卖出"，是一种投机味甚浓的操作策略。一旦跟风，发生亏损的风险很高。用这种投机操作的方式，最好是选择一只好股票。一旦短线跟风失利，可以退守中长线"战场"。在进行跟风短炒之前，一定先设好"停损价位"。精明的投资人不听信谣传，但是，谁也没有说过精明的人不要设一个"止损点"。

在跟风"三无"板块时，更需小心从事。在"三无"板块中，有不少垃圾股可能已被市场主力恶炒到极限位置。你若贸然跟进，一定会受损。从"三无"板块中放出的利多之风，可信度如何，值得认真推敲。在跟踪"三无"板块中的股票时，不但要看它的现在，还要看它的过去，更要看它的未来。用市场现价去全面分析它的历史低价和历史高价，并且，全面展示它过去与目前的"股价变动周期曲线"，得出正确结论。处在有利位置时，再进行"超短线"操作，用"短、频、快"的方式，获利就跑。不要轻易听信他人之言，就是好朋友的话，听了也要三思而后行。否则，将是："盲目跟风一场空"。

庄家别有用心地对"三无"板块中的垃圾股恶炒，高级管理层为保护中小股民的利益，会及时发出"降温信号"。请中小散户朋友注意观察中国证监会的言论。大家都有历史经验可循。例如，1997年管理层推出了32家历史遗留问题；40亿元可转换债券问题；处罚上市公司和证券商问题；提高印花税、增加新股额度问题，还有一系列的"风险教育"。1998年春天，中国证监会又处罚了违规申购的两个基金机构；处罚了一家上市公司，说它1996年7月12日期间，集中巨额资金，炒作自己的股票，非法获利8 400万元。中国证监会已没收其非法所得，并处以500万元的罚款。法规是无情的，它会揭老底。目前正在炒作资产重组股，有的重组股票价位已经飞上了天。报纸上有一家评论说，资产重组并非一组就灵，中小散户投资者，一定要十分重视高级管理层的降温言行，发现不妙，赶快"溜之乎也"。

综上所述：运用消息跟风操作时，为了减少风险，一是要对消息认真研究分析，去伪存真，得出正确结论。二是要把握好市场热点，踏准大势节拍。三是要把握住最有利的介入价位和介入时机、出货时机。四是要选择一只有成长性的好股票跟踪。炒作短线失利，可以转为中长线操作，要坚决防止"偷鸡不成反蚀把米"。五是要设置一个最高限价获利位与最低止损停损点。一旦达到这两个价位区，要坚决果断地出货。

股市消息满天飞，真假难辨，各有企图。散户大厅里用消息左右人者常常会受人左右；凡受消息左右者，多数都是失败者。

9.4 注视板块热点，捕捉白马好股

9.4.1 热点板块作用及形成

在股票市场资金短缺，股票供大于求的情况下，大盘整体全面上扬的可能性很小。这时候投资者应当认真分析、研究公司的基本面，挖掘"白马"品种，并适时追逐热点板块，才能跑赢大市。

把握了热点板块，就掌握了市场脉搏；紧跟热点的转换，就跟上了庄家的步伐。在大盘步步上扬时，主流板块明显，这时追逐热点板块比较容易。在大盘震荡时，或者在大盘连续阴跌低迷时，热点板块则不明显，甚至没有主流板块。"热点不明，大势不稳"。这句股市名言也从另一个侧面提醒我们：市场热点通常是在宽幅震荡中悄悄地转换。因为，大盘的调整是市场主力机构短期获利脱身撤退的结果；大盘调整又是市场主力思路的调整；大盘调整又是市场热点的调整。2001年6月底，市场主力发动的一波上攻行情，是以资产重组板块发起的，把沪市大盘指数从1 040点推到了2 245点；把有资产重组题材的个股，有只股票价位从十几元推到48元。只有消息重组的股票，其价位也"飞上了天"。2001年6月高级管理层推出了一批ST特别处理股票，才使重组板块降了温，使股价回到了投资价值区。在重组板块降温后的四年时间内，主流板块是"千呼万唤不出来"。深沪两市领头羊——四川长虹和深发展，连续破位下跌，使深沪两市大盘又回到了下降通道之中。交情清淡，人气低迷，市场处在弱市整理之中。主流热点板块能否较快形成，便决定了大盘调整时间的长短。在长达四年中，大盘总体表现是："向下政策托底，向上游套牢盘抛压"的弱市调整局面。尽管政策面频频利多（降低印花税，再次降低银行存款利率等），但市场主力却不予理会。主力按兵不动，市场热点难以形成。新的概念尚未被广大投资者接受，所以市场热点此起彼伏，像走马灯似的转个不停。近日热门个股是"车马辚辚"，明日就是门前冷落。个股热点犹如与投资者捉迷藏一样，近日上扬这只个股，吸引跟风者，明日甩手不管套住跟风者，目的好像是要把"肥"的投资者拖"瘦"，再把"瘦者"赶出这个游戏圈子。由于市场缺乏"明星板块"，再加上庄家和散大户的"呼风唤雨，各显其能"，使广大投资者对市场缺

乏信心。因此，短线越做越短，"稍微赚钱就跑"是当时众多短线股民的操作思路。

但是，市场机遇通常是在绝路中逢生，机会是在困难中再现。拨开云雾看调整，震荡之中孕育着机会。当震荡筑底成功之时，就是市场热点轮动之际。请广大中小股民记住，在大市疲软，交投清淡的弱市中，一定要树立信心，捂牢持股，底部吸纳，摊平成本，等待机会，赚钱派发。对持股有信心，耐心等待，只输时间不输钱，一定要冷静对待股评家们告诫的"逢高减磅"。

9.4.2 热点板块的轮换

"热点在宽幅震荡中切换"。大盘的宽幅震荡为后市提供了机会。市场热点的调整，就是市场主力思路的调整。市场主力在做完了重组题材的炒作之后，成功身退。在临近中报和年报时，下一个炒作思路有可能就是：从以前的题材炒作转向成长性和股本扩张性炒作，待到中报或年报出台之后，市场不再受制于业绩，市场炒作又可能向炒作题材转换。从大盘上看，市场震荡幅度越充分，市场热点成功转换的可能性就越大。因为，目前国有企业的改革需要借助于股市筹集资金；政治稳定也需要"宏观经济晴雨表"的股市反映良好；经济持续增长，股市也不应该随波逐流。由于基本面良好，因而伴随股指的宽幅震荡，后市机会就会缓慢隐现在盘面之中。有许多股民看不出：在股市初始震荡期，泥沙俱下，好股、烂股都呼啸而落。但是，就在一片下跌声中，就在众多股民纷纷"割肉"之际，先知先觉的主力机构投资者都已开始为下一轮行情悄悄地收集筹码了。所以，中小投资者应面对这一震荡带来的痛苦，应该看到阵痛所带来的后市希望。

在市场热点的轮换中，在大盘的宽幅震荡中，在股价的日常波动中，如何判断股票热点的轮换。首先，在短线上扬时，要弄清各种股票反弹的区别：有些是超跌反弹，有些是消息刺激反弹，有些是随大势上扬而补涨，有些是长线上涨的一部分，有些则是由弱转强的临界拐升点等。后两种短线介入价值较大；尤其是最后一种价值更大，它往往就是要寻找的"大白马"。在股价的日常波动中，短线上扬十分频繁。只要掌握了各种股票短线上扬的区别，就能做到精选个股，就有可能把握了"大白马"的机遇。一旦选定某只股票后，还要了解它的价位高低点的变化周期及变化规律，才能真正做到低点吸筹，高点抛出。判定个股由弱转强，仅仅看盘面和技术指标方向由弱转强是不够全面的，还必须看是否有内在走强的因素。是否有内在走强因素，必须对上市公司进行分析，弄清是否有高速成长性、目前的股价是否被低估、投资价值是否凸显、是否有内在潜力支撑其股价向上扬升。在确定了上市公司有内在潜力支撑股价扬升的因素之后，还应进一步分析这种因素能否得到市场公众的重视和关注，能否成为市场热点股票。某只股票只有投资价值凸显，而没有得到市场认可，也就是形成市场热点的条件尚未酝酿成熟，这只股票还难以脱颖而出，短线投资也很难做成，在大盘弱市整理的行情中尤其如此。

判断股票热点技巧，还可以从盘面特征判定：①个股成交量有明显、连续的增加。②股价波动幅度明显增大，并且收盘时经常有人拉升尾市。③这只股票的股价走势因换手率的增加开始由弱转强（股价由跌转升）。④大盘跌，这只股票价格不跌，或大盘暴跌，这只股票价格下跌较小；大盘上涨，这只股票的涨势超过大盘。股市素有"大盘下跌，价格不跌是好股"之说。应当注意的是：有时候庄家或主力机构利用隐蔽手法、利用大盘横向震荡、股价下跌之际悄悄吸纳，成交量是不会有明显增加之感；热点酝酿的过程就是主力资金转换的过程。一般来说，热点酝酿的时间越长，热点持续的时间也长；主题股的股价上升幅度也大。一般情况下，市场不会同时出现多个热点板块。在市场供大于求，场内资金紧张的情况下更是如此。如果市场同时出现几个热点板块，并且疯炒时，大盘可能要走完最后一浪。"当捡破烂的老太太也急急忙忙拿出钱去购买股票的时候，股价已经快到顶点了。"请中小散户股民记住这句股市名言。

当市场新热点形成后，旧热点会自然冷却，这就是大盘热点轮换过程的特征。热点轮换，择股也要改变，短线操作手法也要相机而变，操作步伐紧跟主力。理性投资者要顺势而为，适当调整手中的筹码结构。对于大幅上扬的个股，则要短线逢高派发；对于底部刚刚放量的个股，则应逢低买入。买入时应选业绩好、盘子小、高成长、高送配、有庄家、板块联动效应较强的个股。防止短线做不成时，改作中长线操作。千万不要频繁地割肉，割肉不是减肥的最佳方法。

9.4.3 如何操作ST股票

择股人一般情况下不碰垃圾股。但是，在某些特定条件下，也可以对ST板块大胆操作。有很多庄家也是专爱吃这些"臭豆腐"，因为它看着臭，吃着香。

自从出现ST股票之后，至今已经形成了一个大"ST家族"。一大群"丑媳妇"都排着队站在一起，反倒不觉得谁丑了。"ST"丑媳妇群体已经形成了ST板块。ST板块打上了"特别处理"的烙印之后，如同一位漂亮的小媳妇头上顶了一双"ST破鞋"。这个ST金印使众多的投资人越看越不舒服。许多人称ST股为劣质股。有不少股评家告诫投资者：少碰劣质股！一时间ST股如同吃人的老虎，使很多投资人望而生畏。

ST股票除具有其他股票的共同特点之外，还具有自己的特色：①公司连续两年亏损。②每股净资产低于股票面值。③股票报价日涨跌幅度限制为5%。④中期报告须经审计。⑤股票挂牌简称为ST（ST是特别处理的英文缩写）。ST股票若是再继续亏损，还有被摘牌的危险。辽物资是1998年4月底被打上ST印记的第一家上市公司。

公司股票被打上ST印记之后，用辩证唯物主义的观点看ST股。一方面是它的业绩太差，有其丑的一面；另一方面是：这个"丑"和"差"又可以激励公司干部职工奋进，一举摘掉亏损的"帽子"。这个观点在军事理论上称为："置之死地而后生。"经实践证实：有些ST股已进行了有效的资产重组，使自己恢复了生机，有的公司摘掉了ST金印。

另外，多数的ST股中都有庄家在内。股票被特别处理后，其股价连续跌停板，庄家也被套在其中。庄家不甘心被套，必然要寻找机会拉升。凡是有长庄在内的ST股票，都是以往股性较活、流通盘子较小、又有一定"群众基础"的股票。只要有良机，稍微一炒作，股价就会涨停板。"抓大放小，喜新厌旧"，是股市制胜的秘诀。

再者，ST股被特别处理后，其股价均已回归，有的已经超跌，其投资价值凸显。一是价值凸显；二是价位"超跌"，建仓成本小，风险也小，就给市场主力造成一种可乘之机，主力可以用少量的资金一举从ST板块上打开突破口，引导大盘进行反攻。

被特别处理的ST股，后续题材较多。有的是公司财务状况异常；有的因涉及经济纠纷；有的属于"政策性亏损"；有的是"历史滞留问题"造成企业负担过重；有的则是人为问题——一个败家子，搞垮一个厂。亏损的原因虽多，这些亏损因素一旦被纠正，则会立即反映到股票价格上，一旦经济纠纷依法解决，一旦下一年财务报表审计结果表明公司财务状况已恢复正常，ST板块中就会跳出"大黑马"。从这个意义上说，ST板块黑马多。2007年报前的ST深万山，2008年年初的ST熊猫，就是黑马。

前一段时间，ST股票被首次亮相，众多股民缺乏应急的经验。ST股票公布之后，跌势不止，无奈割肉，损失惨重。这种"壮士断腕"的不良效应，已成了股市中的危言之谈，使众多股民看到ST股票，就像遇到瘟疫一样，不敢摸、不能碰。任何事物都有两重性，这是辩证唯物论的观点。当ST股票的价格从高位跳空下来，多数已跌到历史低位，投资价值凸显。就在众多股民不惜割肉抛出之时，庄家或主力机构却趁机逢低吸纳。中小散户抛出之后才发现，自己抛出的这块"臭豆腐"却异常活跃，成交量不但逐渐放大，而且连续两个涨停板。若再过一段时间，当ST股票上了一个新的台阶时，回头看看自己抛出去的这块"臭豆腐"确是一块"金镶玉"。当自己从马背上跳下来的时候，却不知它是一匹即将狂奔的"千里马"。

ST板块经过前期大跌后，虽然风险已被大大释放，但是，并非所有ST股都能成为大黑马。有的ST股票大幅亏损、前途黯淡是暂时的，在一定时间内受优惠政策扶植，企业会走出困境，不至于出现企业倒闭、股市摘牌。一是管理层摘牌谨慎；二是企业内部在奋进。内外因素综合行动，有利于保护投资者的利益。ST板块中的强庄股，值得投资者关注。因为，强庄股走势强劲，对其他强庄股的示范效应很大，往往可以引发ST板块的联动效应，从短线操作考虑，应特别关注ST板块中的活跃个股。

例如，2006年6月底，ST板块被拉升，表现十分抢眼，许多ST股开盘不久便封住其5%的涨停位置。7月中旬一周中，ST板块又是异军突起，独占风光，给连日低迷的市场增添了一份活力。上涨有因：被打上ST印记之后，身价一落千丈，还原了本来面目，价位回到了理性投资区。许多投资者在低价区吸纳ST股票是为了摊薄成本，等待机会出手。他们的想法是：目前中报已经开始，如果中报业绩有较大的改观，投资者可能会解套而出。若是业绩没有改观，心理上也能接受，"本来就是这个样"、"死猪不怕开水烫"。也有投资者认为：现在逢低买进，以后会有希望，短线不成做长线。这些投资人认为：ST股票虽有摘牌的危险，但是在资产重组浪潮高涨之时，又有政府的支持，企业走好的概率极大。挑战与机遇并存，压力与动力同在。ST板块后市想象力最大，题材最多，"白马"可能就在ST板块中。

注意机构动向，踩住热点板块，选择白马好股。在大盘蓄势调整时，要追踪那些已有蠢蠢欲动、开始上扬的个股。这些个股大势下跌、股价下跌甚微、大势上涨、股价上涨更快，这样的个股可能就是弱市之中的白马股。对于这些白马股要进行跟踪、记录，便于在适当的时候买进。当热点板块凸显时，应选择自己关注已久的白马潜力股，择股入囊。当择好的白马股被市场确认,需要一个过程,在这个过程中,白马很可能会养成黑马。一旦大盘上扬时,它的股价上涨速度会超过大盘的上扬速度。这些大盘跌、它不跌的股就是好股票。"该股不跌,必有一涨"。选择了那些久处蓄势状态、眼下尚处于底部有发展潜力,或在回调时调幅较深、好像是完成了最后一跌的股票入囊之后,不用再担心大盘回调。做股票就是得要能守住"线",有耐心,作波段。只有潜力好的股,才是白马股,只要选得准,白马也能养成黑马。

在低迷的市场中,风险日益加大,稳健与安全是投资者必须首先考虑的因素。在其价值回归之后,选一些市盈率低的股票,逐步低吸摊薄成本,等待市场逐渐把目光投向白马股时,就是白马腾飞之际。

在低迷的市场中,短线投资者要密切注意庄家的动向。在强市上扬的市场中,更要注意庄家机构的动向。因为大盘连续上扬,这只股票掌握在机构投资人手中时,价格稳中有升。如果机构投资人突然脱售持股、抽出资金,这只股票可能会跌得很惨。任何一只股票,只要有众多投资人持有,或者有一大群股评人士看好,都非常值得怀疑。因为,总有一天突然有不少人急着获利了结,落袋为安。所以,机构投资人大量持有的股票随时都有可能出现强大的卖压,小盘股更是如此。

"股票有庄,心中不慌",这句名言的运用要分清场合与时机。一般情况下,如果某一只股票有30%已经掌握在机构投资人手中,这只股票一定看好。机构投资人喜欢它,它一定是好股。机构投资人"择股入囊"的股票,都是比较理想的、能赚钱的股票,包含ST"臭豆腐"板块中的股票。这时候中小散户可以跟着机构投资人一起吸纳,而且,"不见长阳,不出货"。只要放出长阳线,中小散户就应出脱持股,获利了结。如果机构投资人已出完了货,"你心中还不慌"?那么,你只有静心地在"山顶当哨兵"了。

庄家、机构投资人不喜欢某只股票,它的价格不可能大涨。"冷门股"就是缺少庄家关照的股。冷与热又是相互转换的,当发现自己手中的股票突然主动性买单增多、外盘比内盘大时,就可能是有庄家介入。有庄家介入的股票,当大势暴跌时,有庄家护盘,根本不用心慌,抗跌的股票多数都有强庄在内,这时候才叫"股票有庄,心中不慌"呢。

踩住热点板块,注意庄家动向,选择白马好股,待机获利了结。

9.5 大盘走势难确定,轻仓则是最上策

9.5.1 大盘走势弱的判断

在大盘连续阴跌下探寻底部之际,在市场走势不明朗、大盘走势及突破方向难以确定的情况下,轻仓则可能是最好的上策。保持1/3仓位,绝不超过1/2仓位;切记不可满仓。若已满仓,应见机清掉部分仓位。在特定情况下,为了规避风险,还可以"放空股票"。在军事上叫做:"以退为守"。国外有句名言叫:"退守,直到临睡点"。

大趋势大方向的不确定,常常会使许多人大伤脑筋,造成众多的投资者有一种挫折

感。在大盘走势难以确定的情况下，投资人根据自己的心理素质可以采取不同的策略。能承受风险、有耐心的投资者，可以采取等待策略，耐心等待大势行情的转机。心情烦躁、坐卧不安、无法静候大盘趋势发展的投资者，可以保持最低的仓位，这时清掉部分仓位，也可能是上上之策略。有些投资人则喜欢一次平仓，把所持有的股票仓位卖个精光。不论采取何种策略，都要遵循一个共同原则：把损失减少到最低限度。

9.5.2 弱市操作策略

卖掉部分股票，清掉部分仓位，在大盘弱市低迷、个股脉络混乱、中期趋势不乐观的情况下，是一个回避风险的好策略。清掉部分股票是说，要清掉手中一无业绩支撑、二无成长性的弱势股。大市疲软，交投清淡，操作上应以谨慎为主，逢高减磅则是主基调。大市交投清谈，市场人气涣散，淘金莫忘风险，仍需逢高减磅。当市场人气散失太大时，股市短期内出现一轮大行情的可能性则非常渺茫。股市大盘受下降通道的制约，下降通道压力大，在没有条件穿越上升轨道压力线时，后市的反复向下震荡将是不可避免的。手中持有弱势股，风险会越来越大，所以，投资者对于一些弱势股要坚决抛出，绝不手软。请中小股民朋友切记：斩掉弱势股，不可心太软。

"交投清淡，耐心等待"，对于心理素质良好的投资者也是一种有效的策略。在大盘走势虽然沉闷，但是基本面良好、政策面暖风频吹的情况下，等待大盘回升也是一种好策略。一方面，大盘整理蓄势需要有一个过程，市场表现沉闷，大盘步履蹒跚，只是技术面上压力较大，大盘处在蓄势过程。另一方面，当大盘回调时，又有政策的支撑，大盘不会深幅下跌。这时大盘可能："震荡筑底，酝酿热点，蓄势上扬。"短线机会少，个股炒作难度大，"耐心等待，保存实力"是比较理想的战略。军事上称之为："按兵不动，借机待行"。这种"耐心等待，寄予希望"是有国家宏观经济基本面看好和股市良好政策面的支撑为前提条件。否则，很可能就会："希望越大，失望越大"。

"弱市之中需谨慎，只要赚钱就派发"，这是弱市短线操作的基本策略。国家宏观经济持续增长也好，降低存款利率，放松银根也罢，"政策和策略是股市的生命"。虽说有政策利好的支撑作用，但是，市场的人气恢复、信心的树立还需要一个过程。一旦股市步入一个标准式的下降通道之中，技术上的大弹升也需要一个过程。这个过程不是三五天、七八天就能看到曙光的。大市疲软，个股虽然难做，但是，个股中也有不少的股会逆市飘红，有不少个股在表现自己。抓好了是个机会，接不好，庄家会把"最后一棒"交给你，让你套在最高点。这时短线操作者的心理状态是："想跟庄家走，又怕接到最后一棒"。这就像是在朦胧的露天厕所里，又想捡钱，又怕踩到大便上。有一种操作方法可以规避这种两难的心理状态，即是："长期跟踪个股，摸准价位规律；低点介入不追涨，赚个小钱就出手"。

"大盘下探，静观为上。"这又是大盘低迷下探时的一种短线操作策略。大盘缩量震荡下行，表示下跌动力越来越小，下跌能量不足。虽然下跌动力减小，但是，下跌并未止住。仍有下探的压力和下探空间，这时若去抄底，一是无底可抄；二是屡次抄底，屡次被套。轻仓观望者，心理状态最轻松。应该注重观察那些："大盘跌得多，股价跌得少;大盘反弹时,股价回升快的个股。"股市有句名言:"该跌不跌,必有一涨"。该跌不跌的股,就是好股。中小散户投资者,如果想买进这只股票时,还需到咨询柜台前请交易员打开电脑,看一眼均线系统。看一看股价是否在谷底横盘?或者,看一看股价距离五日均线、十日均线的相交点(黄金交叉点)还有多远?再判定一下现在介入的时机是否良好,而后再去操作。这叫做:"多看少动"。观望为止,并不等于一直观望,一直不介入。而是在观望的同时,一直在寻找介入的时机。即是:观望时寻找切入点。军事学中叫做:"伺机寻找突破点"。

"自我缩容,择优建仓"。这是在大盘低迷下行时的中长线操作策略。目前深沪两地股市的个股数量已接近两千家,上市公司的总数还在稳步增长。面对日益增多的新面孔,投资者没有精力去面面俱到的分析、观察,只能有的放矢,去抓主要矛盾。缩容是指应当压缩或者清掉自己手中那些流通盘大、业绩太差、成长性低的股票。缩容不是要卖光手中的股票。对那些行业前景不景气、由激烈竞争可能导致上市公司主营利润大幅下降,成长差的股票,要坚决"缩容"。清掉这些业绩滑坡,没有青春活力,老态龙钟的个股,有时却让人十分心痛。这些个股在手中握了近一年,账面亏损十分严重。要清掉它,需要割一大块"肥肉"。因中小投资者手中的资金有限,不把长期套牢的资金抽出来,就难以"择优建仓"。中小投资者可以在割肉与建仓之间作一个比较,采取有利的行动。"择优建仓"时,要首先选那些:"高成长、小股本、高转送"的个股。业绩的高成长是炒作股票的根基。题材只是股票的漂亮的外衣,成长性才是股票内在的实质,是投资价值的中枢。只有保持高速成长,才能不断把股价推向新高,才能不因股本扩张而稀释股票的"含金量",才能不断地跟上股票市场前进的步伐。股本流通盘的小规模是股票炒作的前提条件之一。特别是在市场资金面不足,缺乏大兵团资金作战时,小盘股是投资者首选的条件。这些众多小资金的中小散户投资人,虽说是些"散兵游勇",人数众多也能成为气候。流通盘在 2 000 万元以下的个股为首选;其次是流通盘在 5 000 万元以下的个股。对于中小散户投资人,选股原则更要是:"资金少、盘子小"。因为,盘子小,庄家一炒,股价就飞。高送配是股票炒作的动力。市场炒作股票的目的,不是推高股价,而是要获得转送股、多分红的高额利润。高转送是股价源源不断升高的动力。只有高转送,才能在除权后的再次拉高出货中获得利润。由上可知:首选那些高成长,税后利润率超过 100% 的;流通盘在 0.5 亿元以下的;高转送比例为 10:5 以上的个股,是弱市择优建仓的首要标准。其中,又以新股、次新股为首选标的。请记住这个百战百胜的秘诀:"抓大放小,喜新厌旧"。即是:抓流通盘子小、价位偏低、投资价值凸显的;抓住有新题材、新利润增长点、有新庄家进驻的新股或者次新股。

9.5.3 弱市操作技巧

大盘走势难确定,适时调整持股结构,这是在大盘做横向调整时的操作策略。当深市大盘走势与沪市大盘走势极为相似时,要引起投资者的警觉。例如,深沪两市连续几天都是:高开低走,向下调整的行情;日 K 线组合已形成三连阴、四连阴、五连阴。跌幅虽然不大,但是,对市场已经形成了沉重的心理压力。投资者介入的积极性明显减退，观望者增多，操作者减少。这时，对后市的研判就显得十分重要。特别是：当市场主力资金受到高级管理层政策调控的限制，对主力炒作不利时，主力会借机休战。主力的这种休战，通常是为成功撤退作准备。主力资金一旦退出市场，深沪两市大盘就会逐步进入下降通道。主力资金撤出，是大盘向下运行的征兆。遇到上述情况，投资人可以进一步从以下几个方面研判：一是从技术上判断，要看5日、10日、20日、30日四条均线对大盘的支撑作用。当发现大盘跌破20日均线时，市场空头特征明显，因为，20日均线是股市的中期生命线。二是看市场的热点形成过程。随着前期热点的退烧，新热点的形成需要一定时间去酝酿。如果酝酿了很久，还没有形成新的热点，就应该考虑：市场近期可能不会有热点了。"热点零乱，昙花一现"，说明本轮行情已经接近尾声了。三是观察周成交量的变化，若成交量一周比一周低，说明市场已经开始慢慢地下行了。

例如，2007年7月，市场主力从7月17日开始拉升，连续拉升13天，上证指数从3 896.19点，拉升到4 471.03点；8月14日，上证指数上升到4 789.09点。这个时候，股价继续上升，到10月16日，上证指数有上升到6 124点，此时银行地产股一直是热点板块，行情从10月16日开始向下调整，10月22日出现第一次新低点位5 667.33点；24日反弹至5 843.11点后，便开始下跌。11月7日已跌破30日均线，11月14日向上反弹，并反弹到5 412上方，终因成交量不能有效放大而失败。11月21日反弹结束，又破位下行，一直到12月份，也没有出现人们想象的中报行情。这一轮行情，从10月中旬银行地产板块热点退烧后，到12月中旬，也没有出现新的热点，周成交量一周比一周低，市场已经在下降通道中运行了两个多月。从这个实例中可以看出：当技术指标破位下行后，市场新热点难以形成时，周成交量逐步萎缩时，市场正处在弱市之中了。如图9-1、图9-2所示：当市场刚刚进入弱市下降通道时，有许多股评人士早已告诫股民。只因当时许多股民正在发烧，没有注意这一告诫。

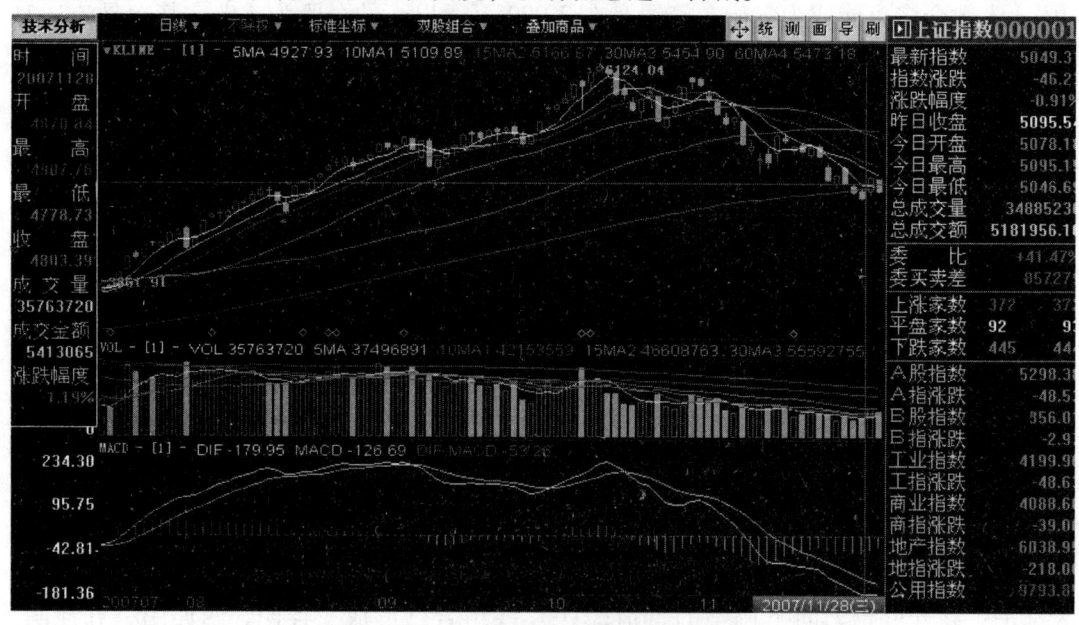

图9-1 上证指数大盘走势

第 9 章 中线操作策略

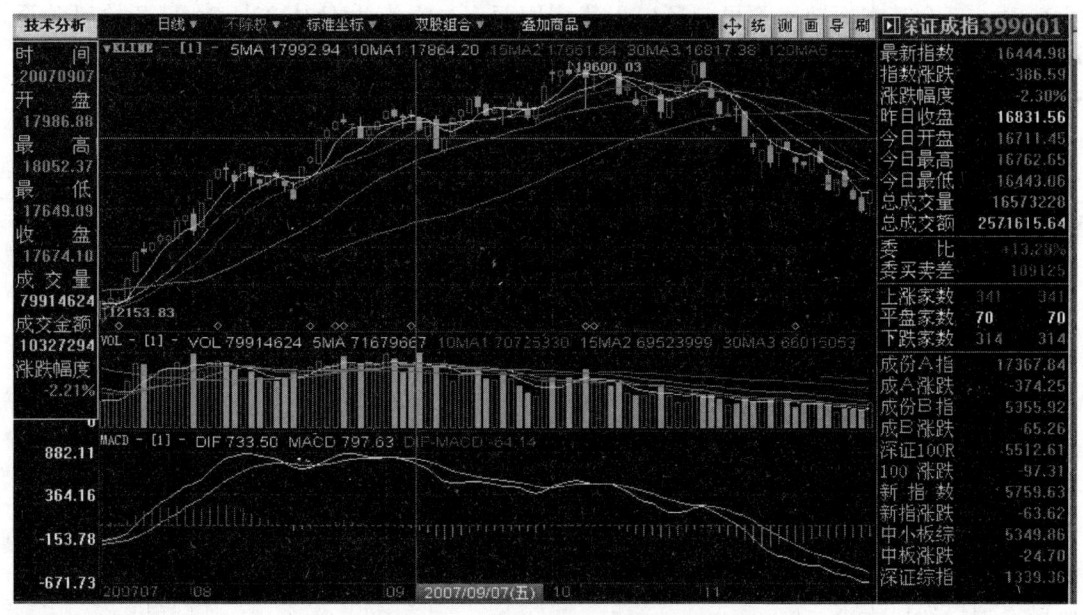

图 9-2 深证成指大盘走势

在市场将要进入下降通道时，轻仓则是上上之策。清掉手中的弱市股，留下强势股和绩优龙头股，等待反弹高点的出现。

"乌鸦立枝叫，不是好预兆"。这是我们家乡自古流传至今的一句农民语言。这句农谚也已被运用到股票操作上了。股市有句格言："三只乌鸦立枝头，后市走向要弥愁。"有不少股评人士认为：如果大盘是在近期，有两次走出了"三只小乌鸦"的看淡的图形，而且都是成交量大幅度萎缩，那么，大盘后市的走向就难以乐观。总是会有烟雾弥漫的感觉，有分辨不清道路之感。股评人士把"三只小乌鸦"的图形，作为大盘后市看淡的依据之一。从技术上说，可以用"以时间换空间"的形式展开；有时候又是"以空间换时间"的形式完成。二者的区别是：后者的调整时间要比前者长。这种调整，有时是短线调整；有时则是中长线调整。

例如，1998 年 5 月，短短十几个交易日内，沪市已两次出现"三只小乌鸦"的图形。第一次是 5 月初，图形出现后随即是一条大阴线；第二次是五月中旬，图形出现后随即是连拉了两根小阴线。"三只小乌鸦"有中期见顶，或小圆顶形成的看淡观点。又过了十个交易日，6 月 3 日沪市股指冲高到 1 421 点，收盘 1 420 点；6 月 4 日沪市大盘指数又冲高到 1 422 点，收盘 1 406 点。从此以后，沪市大盘指数再也没有出现新高。6 月 9 日深沪两市大盘同时拉出一根大阴线，无任何利空消息。从此，两市大盘破位下行，一直在下降通道中运行了两个多月。不少股评人士把牛市中的"三只小乌鸦"与熊市中的"红三兵"均视为短期意义上的象征。但是，当乌鸦压断了 5 日、10 日均线时，总是让人觉得有点心冷意凉。这个实例也说明：沪市两次出现"三只小乌鸦"的看淡图形后，大势的中期盘跌格局已经正在逐步形成。

做股票要时刻把握好"三个基本面"，即是技术面、主力面、宏观经济面。在研判大势时，三个基本面缺一不可。还以上述实例而言，上海大盘从3月24日开始启动至4月9日，13天上涨11.8%；4月9日至5月9日，大盘只上涨了3.9%，沪市大盘高位滞胀十分明显。表明市场主力攻击力度日渐衰竭，主力无心恋战，有撤退休整之迹象。再看技术面，成交量收敛，RSI、MACD顶背离现象明显，OBV犹如80岁的老太婆，一天不如一天，技术面要求短期调整。再看宏观经济面，上半年已经临近，国民经济增长率速度并没达到规定指标。就拿河南省来说，1998年前五个月，工业经济形势十分严峻，生产低速增长，销售、效益等指标严重下滑。据统计，全省1～5月工业总产值增速仅为4.9%，比全国平均增速低4.45个百分点，增幅排全国第24位。河南要保证实现1998年国民经济9%的增长目标，工业增长速度应达到10.5%，而前五个月的工业增速还不到计划指标的一半。全省工业生产5月虽有回升，整体上仍没有走出谷底。这与全国工业生产下降，利润下滑、亏损增多是密切相连的，表明全国宏观经济面不尽如人意（后来证明：只完成了7.8%，保8并没有保住）。股评家不能只凭某某人的讲话，去看经济增长，要透过现象看本质，才能把握股市大方向。当众人一致认为：短线见顶迹象明显时，还应该进一步研判"中期盘跌格局"是否正在悄悄地形成，否则就会误导股民大众。

　　地方老农认为，乌鸦的出现是不吉利的，它有一定的迷信色彩。股市大盘近期出现两次"三只乌鸦"的看淡图形，却有一定的技术色彩。大盘今天"沉闷"，说不定明天就会下一场"大雨"。"乌鸦枝头叫，不是好预兆"。

　　当投资人担心股市踯躅不前，大盘走势难以确定时，卖掉部分持股要比满仓明智得多。清掉部分仓位不但可以保住到手的利润，而且还能让投资人晚上睡得更加安稳。

　　不论是盈利还是亏损，当中小散户在要抛售股票、清掉部分仓位时，有以下四忌：

　　一忌"等它涨一点再涨一点"。价格已经上涨了几毛钱，还等再上涨一点，再出手，结果延误了时机，出手时反而下降。切记：不可太贪，不可轻信他言。止损要在恰当价位。

　　二忌"黎明前的黑暗"。因为，所有的投资人都在想：猛跌之后必有大弹升，结果，等来的却是连续下跌。

　　三忌"武断肤浅"。他认为已经升到或降到顶点或低点了，结果是：升的还在升，降的仍在降。

　　四忌"以静制动，以不变应万变"。这种观点没有用到该用的场合时，显得十分机械。在决心清掉部分仓位时，其结果必然是：损失大于收益。军事学中有一条作战指挥原则："敌变我也变，变在敌前面"。这条军事作战原则，完全适应于股市的清仓操作。

　　若要放空股票，必须把握良机。在清掉部分仓位时，不要全部放空。在走势难预料时，卖掉部分持股要比全部清仓的做法明智。这种做法，股价下跌时，投资人没有损失；股价上涨时，投资人也没有收获。特别是当市场还处在横向整理的走势中，有可能大盘正在等待利好消息。稍微有点好消息，就可能会大涨。有可能大盘正在等待着大资金的重新进场。大盘横向整理，走势虽然沉闷，但却十分稳健。如果没有支撑能力，大盘早就下跌了。所以，大盘的横向整理走势，市场可能已孕育了上涨的潜力。微小的利多，可能引爆强劲的上涨。

"逆势放空，受益减少"。逆势放空，是指大盘出现新高点，个股出现新高价，而且大盘趋势还会继续上扬时，放空股票。这样做虽然属于正常操作，因为，要想在"头顶"放空股票，可能是徒劳无功。但是，当大盘还正在上扬时，放空股票，为时过早。大盘或个股创新高后，可能会反转下跌，也可能不会。因为，股市的联动效应往往会使股市朝一个方向继续波动，直到明显反转，开始出现反方向的趋势为止。过早放空，会减少利润。放空股票的最佳时机是：在大盘显著反转后不久，或者个股出现利空消息之后不久。

大盘持续上扬时，不要放空抛光股票；大盘长期横向整理时，也不要卖光放空股票。当股价具有支撑力量、欲跌不易、欲升不能时，市场在这种力量的支撑下，稍有利好消息，就能吸引大量买盘涌入。所以，上扬行情有上升动力；长期的横向盘整行情，也有上升动力，这时放空股票不但会减少利润，而且还会带来不少后悔。

轻仓不等于放空。二者既有区别，也有共同之处。轻仓与放空，各有不同的最佳时机。轻仓是看不清大盘的发展趋势时，清掉部分仓位；放空是看清了大盘将要反转下跌，而全部卖光持股。二者的共同点是：轻仓与放空持有股票，都是完美的避险。二者只要配合运用得当，放空股票可以赚钱；轻仓也能带来利润。放空与轻仓操作，只是一种完美的避险，要想多赚一点，这套策略却十分有限。

轻仓与放空操作，虽然不是降低风险的锦囊妙计，但是，运用得当却十分有效。

第 10 章　中短线操作策略

10.1　资金少，找小盘

"资金少，找小盘"，这是散户交易大厅里众多中小投资人的操作经验。这条操作经验取之于民，又用之于民。许多下岗工人用这条经验赚取了自己本月的"生活费"。所以，"盘子小，业绩好，有庄家，高含权"的股票被越来越多的下岗职工青睐。

按流通盘的大小分类，是股票分类的方法之一。有些股评人士把流通盘在3 000万元以下的股票称作小盘股。也有些人把流通盘划定在5 000万元以下，或9 000万元以下。9 000万元也好，3 000万元也罢，有众多的人关心小盘股，说明小盘绩优股有极其诱人的魅力。

10.1.1　小盘绩优股的概念

小盘绩优股，不但会受到市场主力的青睐，而且还会招来众多的中小散户投资人。小盘绩优股既可以被多方主力利用，也可以被空方主力利用。在新的制度下，小盘绩优股具有大盘股所不可以比拟的优越性。

小盘与大盘不仅是个数量概念，而且更重要的是一个相对概念，小盘股与大盘股不是绝对的。中小企业发行的小盘股也会向大盘股演变。小企业可以充分发挥"船小好调头"的优势，不断调整市场定位，不断适应市场，不断提高效益。股本也随着效益不断地扩张，从一股分割成两股……从趋势发展的角度上看，小盘股必将逐步向大盘股过渡，小盘股最终会向大盘股发展。从趋势发展角度上说，小盘股是相对而言的。例如，"四川长虹"也是由小盘股变为大盘股的。

10.1.2　小盘绩优股的特点

小盘绩优股有其自己独特的优势。小盘绩优股经营方法灵活；产品适应市场快；主营收入高；股本扩张能力强；主力喜欢进驻炒作；股性十分活跃；股价上扬空间大；人气激发快，有时候还能左右大盘。例如，1998年3月底市场主力发动的一波行情就是由流通盘为1 464万元的袖珍股——国家实业带动引发起来的。新上市的小盘绩优股更能引起庄家主力和众多中小散户投资人的追捧。所以，"小盘绩优，喜新厌旧"成了许多人的选股原则。有特殊题材的小盘绩优股更是人们关注的热点。"小盘股投资，大盘股投机",是众多市场股民早已存在的心理状态。小盘绩优股有焕发青春的高涨热情,它的换手率很高,投资小盘股正方兴未艾。绩优小盘股更能充分体现市场主力"呼风唤雨"的本领。市场主力只要动用一点点资金,稍微一炒,小盘股的股价就会"飞上天"。小盘股的价格素有"一炒就飞"的魅力。绩优小盘股是最能迎合投资大众的意愿。市场主力比谁都清楚,只有迎合了投资大众的意愿,才不会使"庄家套牢"。绩优小盘股的独特优势在整个行情的某个阶段是显而易见的,有时候完全可以左右大盘。这是小盘股"外延"的魅力。目前沪深两市流通盘在2 000万元以内的股票共有70多家,已经形成了一个"小盘股家族"。只要有一处小盘股一领涨,就能迅速形成一个板块性的"联动效应"。小盘股有快速吸引市场人气的效应;市场主力进驻小盘股更是有:"投资少,见效快"的投资效果。市场内众多的中小短线操作手,他们的短线资金也跟随市场主力在中小盘股中和新股中翻江倒海。使得个股行情极为火爆,精彩纷呈,能推动大盘在短期内上扬。

　　小盘绩优股不但有自身独特的优势,而且还有自身的特点。一是股本扩张能力强。从一股分割成两股;又以两股分割成四股……这样的股票人人想而得之,真是越多越不嫌多,"多多益善"。二是填权迅速。一只股票在30元时。从一股分割成两股,几个月内股价又涨到30元,这家上市公司的高速成长性,令众多投资人叹为观止。三是投资回报丰厚。有不少投资人是在听到该股有高比例送配股的消息之后,才去购买的。并在除权除息之前一直捂在手中。为的就是高比例送配股及分红派息。他们长期投资的经验是:小盘绩优高配送,专门"买套"不怕套;分红派息拿手中,长期投资厚回报。这些人通常都是有工作经验的"上班族"。四是人气聚集快。小盘股板块一联动,随众人员极多。只要有丰厚回报,不怕股价一升再升。1999年,小盘绩优股"格力电器",股价从49.8元启动上升,一直涨到78元。除了主力的短炒因素之外,众多的中小散户都是中长期投资者。有了"格力电器"的股价高高在上,为沪深两市其他股价的上扬打开了上升空间。五是长庄进驻,跟庄方便。小盘绩优股,在涨跌幅度限制的制度下,都会受到市场主力的青睐。小盘股多被市场主力利用。一般都有长期庄家进驻。即使是该只股票被打上"ST"烙印,庄家也不会轻易撤出。"长庄股"的庄家是适时迎合市场人气做"波段式"操作。股价起伏周期有一定规律,只要紧跟庄家步伐,就会有利可图。六是股性活跃,换手率高。股性活跃,股价起伏大,差价也大,才能赚钱。换手率高,说明众人都看好这只股票。而且参与的人越多,换手率越高。换手率越高,股性越活。在上升期,很可能会成为热门股。七是相对价位较高。小盘绩优股因为追捧的人很多,很容易把股价推高。小盘股的上扬不但可以激发市场旺盛的人气,而且还可以为其他股的上升腾出较大的空间。1999年9月的一段上扬行情中,沪市本地小盘股与次新股异常活跃,起了激发市场人气的重要作用。如果碰到绩优小盘股暴跌或者长期低迷后处在超跌状态,就应毫不犹豫地抓住时机介入建仓。一般情况下,当大盘股处于停滞状态时,市价总额增减很小,这时候很可能有一些小盘股的价格变化较大,而且换手率也较大(换手率是指某一只股票成交的股数与其上市流通的总股数之比)。换手率反映了该股票流通的程度。小盘股换手率高,说明交易活跃,买卖频繁。中小散户投资人应当十分注意这个指标。

10.1.3 小盘股的操作技巧

小盘股成交量的变化比大盘股更有奥秘。其一，当大势长期低迷，小盘股成交量在前期底部附近，股价波动幅度也越来越小，成交量也萎缩到极限。正当交易量逐步萎缩时，突然出现放巨量现象，说明有大资金介入该股。中小散户投资者应立即跟进。其二，当某一只小盘股的股价在低档出现大成交量，而股价并没有进一步下跌，说明有大资金进货。其三，在某一只小盘股的相对低价区域，平时成交不多，某日突然出现大手成交；并且，这批大手成交出现后，股价还略有升高，标志着庄家机构愿意高价"扫货"。中小散户股民更要捂紧自己手中的股票，后市该股的价格一定会回升。其四，当大成交量出现后，可以确定主力已经介入。此时小盘股的股价上升并不需要成交量配合，因为主力已经控盘。在高价区，大盘涨，这只股票不涨反跌；成交量也有不时放大的情况，应当留心主力机构正在出货。其五，当某只小盘股的股价已持续上涨数日之久，大盘上涨而该股的股价上涨乏力；出现利好反而下跌，说明主力机构的资金正在撤出。有时候股价还会继续上升，但成交量却在逐渐递减，也表示主力机构的资金正在从股票中撤离。其六，有时候在大成交量出现后的某一时间，出现了价升量缩现象。但是，大资金并没有要流出的意愿；随后又出现股价的激烈震荡，可能是主力机构的"洗盘"动作。根据以上成交量的变化可以看出换手率的变化有一般规律：在低价区换手率高时，便是有大资金进入，庄家正在建仓；在高价区换手率高时，表示有大资金流出，庄家正在撤离。

中小散户投资小盘股跟庄操作时必须有"保本投资技巧"。必须预先设定投资总额中所需要保住的资金数额。中小散户定出所需保的"本额"为其投资额的80%，也就是说，当股价已跌去20%时，应当"停止损失"，卖出股票，避免更大的损失，从而保住"本"。决不能等股价已降至50%时再去"止损"。主力大户可以这样做，中小投资者不能这样做。因为，小盘股有高收益和高风险的特点。所以，中小投资人必须针对上涨行情预先设定一个"获利卖出点"。一涨到这个获利价位就要果断卖出，决不后悔。小盘股的"获利点"可以设定在20%～50%。要杜绝："等它涨一点，再涨一点……"的贪婪心理。还要针对下跌行情预先设定一个"停止损失点"。小盘股的"停损点"可以设定在10%～30%。

中小散户投资人追高小盘热门股要有一定技巧。目前有许多投资大众采取以下几种方式：一是集中手中的资金精心选择1～2只小盘股进行投资。二是只对人气相对集中的某一只小盘热门股投资、跟踪、监视。三是对小盘绩优股长线投资。四是只对有高速成长性的小盘股进行"投机操作"，在短期内决出胜负。五是不重视上市公司经济前景的好与坏，也不论其经营业绩如何，只是根据各种技术图形进行短线操作。只要是图形上刚刚"黄金交叉"，就果断介入。不管它是不是"ST臭豆腐"，只管吃进！六是听到有"利多"传闻后，不管传闻是真是假，迅速买入。"持股休息，等待回升"。七是逢低吸纳小盘股，适时调整持股结构，择强去弱，等待时机。八是不要追涨昙花一现的袖珍股。昙花一现，难聚市场人气，一旦追进，可能被套。九是大胆跟进有题材的小盘股。不必去分析、研判消息的真伪。许多经验证实,传闻并非是空穴来风,无风不起浪。近几年凡是有题材传闻的股票,上涨的准确率都很高。迅速的买入传闻要上涨的股票,如果真的要上涨,就全部获利卖出;如果不涨,则应马上撤出。追高小盘热门股,风险虽然很大,一旦得手,获利可观。在追高小盘热门股时,最好先做以下三项工作:一是国家宏观经济走势如何?宏观经济走势较好,股市则处在上升期。二是在过去的一两年中,这只股票的价格上下波动周期如何?若上下波动幅度较大,而且周期较短,又掌握了股价的高低变化规律,则应勇敢介入。三是有许多投资大众一致看好这家上市公司的未来业绩。只要该股未来业绩好,被套也是短期的。市场上早有:"小盘绩优股,从来不怕套"之说法。

要十分重视小盘股的股本大比例扩张后的业绩与成长性。业绩与成长性好,股本扩张与经济增长同步,除权之后填权也较快。否则,有可能会"永无翻身之日"。有许多人喜欢在"除权日"买进大比例分割的股票。当一只小盘股经过10送10的股本扩张之后,价格会低去很多,投资人不但能卖得起,而且除权后的股票价格往往会在相当短的时间内上涨。尤其是在大盘节节上扬、后续利多消息出笼时,涨势会更加喜人。但是,股本迅速扩张后,很快进入中盘股的行列。大多数的中小上市公司得不到国家优惠的产业政策扶植。一旦经营陷入困境,连年亏损而得不到资产重组时,就会毫不留情地打上"ST"烙印。当投资人准确判定这只股票不能走出一波"填权行情"时,不如干脆在"除权日"之前平掉仓位。另找一只好股。

10.1.4 操作注意事项

小盘股的操作策略:众多投资人看好有高含权、高配送的小盘股,并非是看好它分割股票的本身能使一股变成两股,而是股票分割、摊薄之后的盈利及填权情况。股票高比例配送后,价格不一定非涨不可,市场上经常可以看到价格不涨反跌的情况。投资人若能认清高送配股票背后的盈利情况,再决定是买进、卖出、抱牢,才能无往而不胜。因此,炒作小盘股也应该采取独特的操作策略。以下几种策略供投资人用作参考。第一种,以短为主,快进快出。有人说,这是一种投机方式。投资与投机都有一个共同目的——只看回报的高低。只要有高收益,投资与投机的结果都是一样的。不论是投资还是投机,一旦股票的价位达到或者超过"内在价值"时,就要果断卖出。不管"黑猫、白猫,抓住耗子就是好猫"。我们常说的"投资进与投机出",就是一对辩证关系。第二种,适时介入,顺势而为。小盘股票的价位远低于内在价值时大量买入,是最理想的介入时机。它的潜在利润大。众多的投资人士在该股的股价连续上升时才关注到的。错过了"最佳机会",还有"较好机会"。这个"较好机会"就是:5日、10日、20日、30日均线系统成多头排列,并且向上缓缓发散的时候介入,操作中仍然可以高看一线。在上升通道中介入,顺势操作,许多股民都能很好地把握这一趋势,成为赢家。第三种,跟踪监视,随机应变。小盘股素有"一炒就飞,一落千丈"的股性特点。买进小盘股的股票之后,要对这只股票进行"跟踪监视",随时密切观察股价的起伏变化情况。当股价向上变动已接近自己设定的"获利价位"时,应随时准备好"卖出单"。当股价在"获利价位"之上时，应随时准备卖出股票。当股价下跌到"止损价位"时，也要准备随时出手。第四种，紧随庄家，灵活机动。在低价区当发现某只小盘股突然放量时，说明有庄家进驻。中小投资人也应果断介入。介入之后严密观察股价的变化和成交量的变化，密切关注庄家的动向。当发现股价异常波动，庄家有出货的迹象时，应立即出货。一定力争把货出在庄家前面。否则，一旦庄家巨量出货，小盘股有跌停板的可能。如果连续出现三个"跌停板"，您就有被套牢的可能。为了防止这种令人难堪的局面出现，最好的办法是预先设定一个"获利价位"。股价一升到这个"获利价位"，就立即抛出，获利了结，退场观望。不要再去考虑股价还能再升多高？为了防止一批抛出后，股价继续攀升而后悔莫及，可以采取"分批递减抛售法"，而且"分批"不能多。小盘股采取"分批抛售法"时，必须首先弄清：股价大趋势必须是在一个相对较长的时间内上涨，并且是随着股价的上升逐步减少每次卖出的数量。否则，将会一败涂地。这种方法适合跟随操作手法比较温和的庄家。碰到"杀法凶悍"的庄家，决不能采取"分批抛售法"。

小盘股以充满生机与活力著称于股市，小盘股既能胜任领涨股，又能激发市场人气；还是启动大盘的生力军。小盘股有"促使满盘皆活"的特性。"小盘绩优，喜新厌旧"是目前市场的一个操作原则。

10.2　卖掉赔钱股，捂紧赚钱股

"卖掉赔钱股，捂紧赚钱股"、"赔钱时要停损，赚钱时要放手一搏"。这两句至理名言在市场上经常听到。

投资人进行了科学分析，并做出了正确结论之后，务必要狠狠地大赚一笔才缩手。十次操作，只要做对一半，而这五次操作每次都是赚了大钱。这种大赚小赔的操作，已经足够了，可以心满意足了，不必苛求十次都做对。

"卖掉赔钱股，捂紧赚钱股"，这个操作方法十分正确，也十分完美。聪明的投资人最好是卖掉正在赔钱，而且价格与价值可能继续下跌的股票。只要决心下定，快刀"割肉"就行了。同样，在账面上已经赚到不少钱的股票，只要基本面很好，还有较大的上升空间；或者刚发现有资产重组资讯；或者是"白马股"已经"养成了黑马股"，最好是捂紧持股，不到理想价位不卖出。由于赚钱股的情况很特殊，手上抱着赚钱股。切记：一定要设好赚钱目标价位。当价格上涨到这个目标价位，要果断获利卖出，即使可能再涨，也要坚决卖出了。"金钱落袋为安"，把钱装进您的口袋，才是您的钱。因为人有"贪婪"性，这件事说起来容易，做起来难，但却非做不可。否则，懊丧、后悔已晚矣！

10.2.1　一般概念

什么叫赔钱股？只要价格下跌，都叫赔钱。但是，赔钱的股票是否一定就是赔钱股？要判断它是不是赔钱股，还必须观察导致这只股票下跌的原因。如果下跌是由大盘的疲软所拖累，或者是属"正常"的波动，它有可能还是赚钱股。如果下跌的原因是：主营收入亏损、碰到税务或违章罚款问题、公司"吃官司"、或近期大势暴跌，则应当机立断，认赔杀出。只要这只股票的盈利长期受负面冲击，它有可能马上变成赔钱股，应果断认赔卖出，以免亏损扩大，同时，应另觅赚钱股。

价格一跌，不论什么情况，投资人都要付出代价，投资利润都要减少。有时候，应随时准备卖出；有时候，要先查明原因，再作决定。"具体情况，具体分析"，是唯物辩证法的一个基本原则。

要判断一只股票的价值，首先是看它的价格有无上涨潜力；判断价格有无上涨潜力，则必须看公司的盈利状况和成长性。有时候，赚钱股看起来不像赚钱股。以下三种情况，应视为特例，不要急于抛售持股：一是在每天的交易中，股票价格上下波动不停；二是股价上扬到另一个新的交易价位区间，接着是稍微回软；三是多头市场大盘重跌，任何赚钱股的价格都可能跟着下挫。这三种情况，都是相当常见的现象，均属于"正常"情况，不必惊慌，不要认赔"割肉"。鉴别是否赔钱股的标准是：价格正在下跌，而且可能会跌的更低的股票。下跌的理由要比上涨的理由强，而且，下跌的原因是：收益亏损并无成长性。

一般情况的大盘反转下跌，属获利回吐的回调，赚钱股不会变成赔钱股。当大盘跌势严重，似乎短期内不会停；好像要延续几个星期或几个月，就应认真考虑卖出持股。大盘跌势不止，多头变成空头市场时，大部分股票都会变成赔钱股。应退场观望。也有个别情况是：弱势大盘，强势个股。若手中持的是"强势股"，则不用担心。

10.2.2 "赔钱股"的操作策略

"赔钱股要小心处理"。手中握有赔钱股，不是简单的卖出股票就可以了事。处理赔钱股时，也有一套操作策略。有时候，想认赔了结，卖掉赔钱股，为时已晚。因为造成的伤害太深，股价已跌得太低，不够投资另一只股票。有时候，手中的股票价格在下跌，内在价值可能会增加。是卖出，还是持股，很难拿定主意。所以在处理赔钱股之前，要认真研究操作策略，是用补救的方法再买进更多的股票，是抱牢，还是脱售，需要一套特定的操作策略，而不是使用一般的方法。小心处理赔钱股，一般用以下几种特定的策略。

一是卖出持股，重建仓位。当手中的股票变成了赔钱股，而且股价需要很长时间才能回升，这时"时间就是金钱"的因素变得很重要。时间拖得越长，获利潜力会丢掉越多。应该"壮士断腕""忍痛割肉"，卖掉持股，抽回资金，把资金分配到别处，从其他股票赚回损失。决心已下，快速行动，以"市场价"脱售，成交会快一些。卖出赔钱股后，应立即买进新的、正要上涨的可能会赚钱的股票。在卖出旧的赔钱股之前，要注重考虑四个因素：首先，投资别处资金可以做到更好搭配；其次，在多头市场中卖掉表现不好的股票，选择更好的股票；再次，真要认赔，损失不要超过15%，运用这项策略时，需掌握好卖出时机；最后，市场大势疲软，低迷下跌，可以选择其他投资渠道，也可以在底部加码买进，建立更多仓位，反而更有利。

二是降低投资成本，重建"投资仓位"。卖掉赔钱股后，当价格继续重跌并有企稳迹象时，逢低加码买进股票，以摊薄投资成本。降低成本，重建仓位的操作策略，虽不明智，却很管用。由于短期因素，导致股价近期严重下挫，用这项策略更为有效。因为，不久大盘指数便会回升。这项策略也有风险，降低风险的方法是：可以逢低补进众人都偏爱的绩优股；可以补进高含权、高成长的股票；还要好好分析下跌的原因与回升的空间。

三是抱牢持股，等待回升。当赔钱股下跌幅度已超过20％，赔得太多，叫人心疼，下不了手。只好抱牢股票，等待机会。当跌势猛而急，且时间相当长，又无多余的资金逢低承接，降低成本。只有抱牢持股，等待"解放"这一招了。虽然账面亏损严重，但手中持股仍有回升的希望。比割一大块"肉"，心情要平静一些。抱牢持股的策略也要小心谨慎。当公布年报业绩时，如果这只赔钱股又成了亏损股，股价可能会跌得更低。要有心理准备，要能冷静对待亏损股。亏损只能代表过去，不能说明将来。当有其他公司"借这个壳"时，它又会变成资产重组股施展风采。

小心处理赔钱股应采取什么策略。不但要看个人的停损技巧，而且还要看个人忍受风险的程度。不管采取什么策略，决心下定，行动要快，抓住良机，减少损失。

10.2.3 赚钱股的操作策略

"小心处理赔钱股，让赚钱股赚大钱"，把二者有机结合起来，又构成了一项良好的操作策略。所谓赚钱股，是指盈利不断增长，新产品不断出现，市场不断开拓的股票，可以赚钱的股票。在此则更同意众多股民的定义：凡是能赚到钱的某公司的股票，都叫赚钱股。只要它能赚钱，就不必去问它的业绩如何。在投机味十分浓厚的市场里，这个定义更加确切。在股市法规不健全的今天，绩优股能赚钱、垃圾股也能赚钱，其关键是看这只股票有没有大量资金"关照"。

用辩证的观点说，市场上既没有绝对的赔钱股，也没有绝对的赚钱股。因为赔与赚是相对的，无赔就无赚，市场内既无"常胜股票"，也无"常胜将军"。我们说的："常胜将军"是勇敢而明智、多打胜仗、少打败仗的将军。每年都是赢得多，赔的少。那么，它每年都是"常胜将军"。"常胜将军"是一位赚多赔少的将军。

在某一个时期，某一个市场走势中，某一只股票，对某一个人来说是赚钱股。但对另一个人来说，可能就是赔钱股。凡是赚钱股就应该先抱紧不放，让赚钱股赚大钱，直到它赚钱的基本面开始变弱为止。当这只股票的价格涨幅已远远超过了它的盈利成长率时，它的价值就会降低，股价又会回落。所以，当股价猛涨之后，刚刚开始回落，或在高位震荡时，抛售股票，赚个大钱。

有的股票，只要它的主营利润和每股收益能保持长期增长，同时，股价也能继续上涨，它现在是赚钱股，将来可能仍然是赚钱股。有的股票其股价下跌后，大盘走势与个股走势仍在上升通道内，它仍然是赚钱股。如果一只股票的盈利增长率追不上价格上涨率，这只股票会很可能变成赔钱股。要立即抛出这只股票。不要等到股价深跌，再去忍痛"割肉""壮士断腕"。

"让赚钱股赚大钱",说起来容易,做起来难。怎样才能赚个相对值比较大的钱呢?这个问题,主力机构投资者,不用学。他们早已是赚大钱的老手了。但是,中小散户投资人,却非学不可。否则,你在主力机构投资者面前永远是个"常败将军"。这个问题学起来也很容易,中小散户投资人只要掌握了两项操作策略,就会有不小的收益。

一是设定价格目标,到了这个价位,要坚决卖出(即使可能再涨)。使用这项操作策略时,必须严格遵守价格目标。"贪心者必败"。股票价格上涨,唯一的原因就是买的人多,卖的人少。投资人被吸引,要买进这只股票,是相信它的价格将来还会上涨。众多人看好这只股票,并非都是被它的内在价值所吸引。当它的价格上涨到接近顶峰时,就不会有众多的人再买进了,也预示着它的价格将要下跌了。因为:"价值决定价格"是股市中一条铁的定律。"价值低估",才是投资者获利的良机。我们以前也分析过,股票的涨跌有多种因素,用来分析问题,没有错。正是众多的人分析来分析去,对这只股票的后市都看好,才会有众多的人想买进。前者是因,后者是果。只要记住:价格上涨,是想买进的人比想卖出的人多,赚钱效应指导自己的操作。赚钱股人人想要,众人推动股价不断上扬。上涨的股票价格继续上涨,并未到达价格目标时,不要急着卖出,让它赚更多的钱。一旦上升到你设定的目标价位就要坚决卖出。只有在实践中发现,你设的目标价位太低时,才可以边观察边持股,或再设一个新的、能升到的目标价位。切记:不能用贪婪的办法,等它涨一点、涨一点、再涨一点……

二是顺势加码,不断买进。随着大盘指数的上扬,个股上涨势头强劲。有明显的牛市行情特征。这时,股价虽然在继续上涨,但是,仍然有众多的人不断买进。中小散户也可以利用"顺势加码,不断买进"的策略去操作。其方法是(举例):

(1)以每股10元,买进100股;

(2)以每股12元,买进100股;

(3)以每股14元,买进100股;

(4)以每股16元,买进100股;

(5)以每股18元,买进100股。

这时总持股数500股;平均成本14元,平均成本要比当天市价便宜。等股票上升到20元时,一次全部抛出,即使再涨,也要抛出。顺势加码,潜在利润跟着一路攀高。主力大户经常用这套操作策略。

股价一路上涨,何时卖出股票,获利了结。就算是专家,也难做出回答。前人总结了若有下列情况之一,就要卖出股票,获利了结。

(1)股价涨到你所设的目标价位时。

(2)大盘指数上扬多,个股价格上涨少时。

(3)有更好的赚钱良机时。

(4)大盘指数继续上扬,股价在"高位"震荡时。

(5)停止操作,出场观望时。

让赚钱股滚利,赚更多的钱,是一项最佳的投资策略。要能正确运用,并且用得恰到好处，的确十分困难。这时，贪婪是最大的"敌人"。"贪者必输"。另一个"敌人"是犹豫。犹豫是错失赚钱良机的大敌。东南亚金融危机的制造者，乔治·索罗斯说，一个投资者所能犯的最大错误并不是大胆鲁莽，而是过于小心谨慎。

有时候，因投资人判断失误，或一时不曾察觉，等到股价开始下跌时，才发现情况不妙。这时因股价涨幅逾越了合理的价值，由于获利回吐卖盘开始涌现，价格开始下跌。主力大户回吐出货时，价格下跌更快。股评老师常说：虽然这个止涨回跌的反转点难以事先料到，但是，我们可以肯定地说，这个反转点便是获利了结的理想卖出点。

10.3 炒作新股，动作要快

10.3.1 炒新股为什么要快

新生事物有旺盛的生命力，新股本身就是新生事物。如果又有全新的题材，更会受到众多股民的追捧。有时候它还能使新股群体焕发活力。股民对新股的宠爱使其身价倍增。但是，新股上市定位的不确定性和股性的不稳定性，又常常会使不少股民在新股这条船上"落水"。所以，炒作新股既要把握好"火候"，还要动作神速。

新股与老股的辩证关系是：既对立统一，又相辅相成。新股的上网发行，一方面给市场带来了生机与活力，为股民择股拓宽了空间；也为老股再焕青春活力提供了机遇。新股体现了新生事物强大的生命力。另一方面，新股发行增加了市场扩容的压力。目前沪深两市的"流动血液"有限。新股在一级市场上吸足了"血液"之后，又回到二级市场上再"充补营养"；老股靠配股也在吸取"营养"。它们就像一只蚂蟥都想吸取股民的无私援助。你也吸，他也吸，市场上就会出现"供血不足"的现象。僧多粥少的矛盾会日益突出。再加上目前股市中的新陈代谢机制尚未健全，发行新股也是"能上不能下"。辩证唯物主义告诉我们："事物的普遍联系同事物的运动、变化和发展紧密不可分的"。"发展就是新事物的产生和旧事物的死亡"。一方面新股在不断发行，新事物在不断产生；另一方面，无生命力的、"老态龙钟"的、连年大幅亏损的却不能灭亡。目前的股市是一个新旧矛盾共处一体的"大杂烩"。高级管理层出台了一个新招：把一些连年亏损、"老态龙钟"的老股票列入了"ST家族"，后来又挂"PT"牌。"ST"队伍还有壮大的趋势。尽管股市还没有把"ST家族"装进垃圾箱，但是，从他们身上还是能嗅到一些"垃圾味"。辩证唯物主义基本原理是：任何事物都是相互联系、相互转化的。新股在刚刚上市运作的时候，身上没有"垃圾味"，久而久之，也会"染上""垃圾味"，时间长了新股也成了老股，也有可能进入"ST家族"。有些新股在上市的前三年中，是连续盈利，而且利润还相当高。从招股说明书中和报表中看到的全是"金玉良言"，上市以后却显得后劲不足。股息红利"回报"使股民大为失望。有些人在想：是否股民正在阅读招股说明书的时候，可能已经是"金玉在外，败絮其中"了。所以，炒作新股，动作要快。

有全新题材的新股，必然会受到市场主力和众多中小投资人的重视。新老主力都在绞尽脑汁设计操作新股方案，甚至在设定"开盘价"。股民群体对新股也焕发了极大的热忱。有人炒作新股发了财；也有人炒作新股"翻了船"。"翻船者"是因为没有把握新股的特性。

10.3.2 新股的个性特征

新股与老股相比，有不同的"个性特征"。掌握了这些个性特征对炒作新股有很大益处。这种"个性特征"就是毛泽东主席所说的"矛盾的特殊性"。马克思主义活的灵魂就是：对具体的事物作具体的分析。所谓"具体分析"就是分析矛盾的特殊性。只有弄清楚了新股的特殊性，才能在操作方法上"对症下药"。股评人士将新股的特征归纳如下：

第一，新股上市第一天不受涨跌停板的限制。自从实行新的涨跌停板制度以来，老股的涨跌幅度要受10%的限制，ST股受5%的限制。新股的第一天不受限制，它能涨多高就涨多高；能跌多深就跌多深。也是"上不封顶，下不包底"。第一天是众多投资人最关心的一天，这个第一天不但能为一级市场的投资者带来巨大利润，而且也能成为第一天介入的二级市场投资人带来十分丰厚的利润。

第二，维持新股刚上市时的现行价格，并非是新股的内在价值。二者是两个不同的概念。上市之初的现行价格，并不遵循"价值决定价格"的规律。它一方面是由上市定位的不确定引起的；另一方面，新股的现行价格又取决于市场的供求关系。新股能充分激发市场人气，并能在短期内改变市场的供求关系。因为，她是"新娘"，惹人注意。

第三，新股有上市定位的不确定性和不稳定性。由于新股上市第一天不受涨跌幅度限制，它的开盘价是由电脑撮合的当日集合竞价。这"集合竞价"是在正式开始前的一瞬间（9点30分）由电脑根据市场集合信息撮合定价，产生了当日的开市价。这个价格定位受当日买卖股票信息的影响，这种信息有不确定性和不稳定性，所以新股的上市定位就有了不确定性和不稳定性。不稳定性是指它的换手率与价格振幅。换手率是指股票的流通程度，又表明了股票交易的活跃和买卖的频繁程度。换手率是股票当日上市的一个重要指标。换手率高，说明此股该日市场表现活跃，买卖交易频繁。价格振幅 =（最高价 - 最低价）/最低价 × 100，是计算公式。价格振幅用来分析个股的价格波动振幅。价格波动振幅太大，称为"异常波动"。新股上市第一天一般不用这个指标，因为第一天新股价格波动再大也不叫异常波动。另一个不稳定的因素是"价格涨跌幅度"。计算公式是：价格涨跌幅 =（今收盘 - 昨收盘）/昨收盘 × 100，它用于分析个股的价格走势与大市一致程度以及相背离的程度。新股上市的前几天内，其换手率、价格振幅与价格涨幅都比较高，这说明新股上市后的一段时间内存在"异常波动"现象。这种现象就是由新股的不稳定性引起的。新股"异常波动"现象集中出现在新股上市后的第一个月内。随着主力炒作热情的减退，上市满一个月以后这种现象就基本消失了。

第四，新股有较强的"板块效应"。新股上涨往往会带动许多其他上市不久的次新股一起上涨。这种新股板块效应常常会影响大盘。它既能带动大盘的大势反转，产生一波中级行情；又能加速大盘下跌，产生深幅回调。这种"焦点式板块效应"使每一位投资人对新股都非常敏感。新股就像是一位"新媳妇"，想碰一碰她，又怕人家骂。

第五，新股有较强的"填权效应"。新股"除权"后，如果遇上一轮较大的行情，在这一轮大行情中新股的涨幅最大。新股的涨幅会超过大盘的平均涨幅。新股板块中的小盘绩优股更会一马当先。

第六，新股的股本扩张能力较强。新股没有历史遗留问题，历史包袱轻。没有H股和B股。特别是绩优小盘股，要想做到流通市值与企业迅速发展相匹配，必须进行快速的股本扩张。因此，投资绩优小盘新股，其回报利润往往较高。

第七，新股的成长性较好。新股的企业起点比老股高，再加上资产重组优势和较高的技术含量，所以，新企业的业绩绝对比老企业高。

第八，新股十分关注自己的企业形象。自身的形象与信誉是最好的"有形广告"。有些老企业质地很差，造成股票无人问津。给股民的印象是："死猪不怕开水烫"。

从新股以上八个特征中可以看出：新股对大盘有重要的调节作用。市场众多股民都已注意到，新股在大盘启动行情中常常会扮演重要角色。人们对新股后市看好，大盘的凝聚力程度就强。大盘即便是下跌，也可能是技术性回调。这时新股的凝聚力程度就成了聚集大盘人气的重要指标。新股低开高走，人气越聚越强。如果新股高开低走，有可能是市场的"底气"不足的征兆。如果新股上市，市场主力借助利空打压大盘指数时，大盘指数的大幅下挫反而有利于新股上市前后的缓冲作用。使新股更具有魅力。新股就像十六七岁的少女，有诱人的魅力。

股票市场的新主力从来不会为老主力"抬轿"。一开始就主动开发"新产品"，所以新股就成了首选的目标。主力选择新股主动建仓，并且在大盘"底气"旺盛的前提下，推动新股价格不断上扬。如果大盘正处在低迷状态，新股的发行与上市就需要在一、二级市场寻找平衡点。新主力往往是在市场平衡点找到之后再介入市场。

从新股的发行、上市还可以看老股的表现。大盘的周期性循环主要是受老股的影响，特别是指标股。一旦老股有表现，新股才会活跃。反过来，新股也会影响老股。如果新股发行节奏过快，而且都是大盘股，这些"航空母舰"就会影响大盘的上涨。老股也会受到拖累。有时可能会使大盘回调。反之，如果新股上市节奏适当，小盘股多，大盘股少，即使大势疲弱，大盘还有启动的活力。实践表明：新股发行过多，会导致二级市场萎靡不振；二级市场萎靡不振，又会导致一级市场发行更难。不少股评人士说：成也新股，败也新股。所以，新股不宜在手中捂得太久。

新股是市场主力攻击的突破口。如果新股上市之前，大盘指数偏低，市场的中级行情可能会通过新股来酝酿。因为，市场主力的大量资金需要选择一个突破口，寻找一个阶段性的"领头羊"。这时上市新股就会成为主力攻击的突破口。市场主力会把质地好、群体股民容易追捧的新股当成"领头羊"。顺应市场潮流，凝聚市场人气，发动一波行情。如果新股发行前，大盘指数偏高，这时"新股联动板块"已经有了"超前反应"，大盘的上升又会受到新股的拖累。市场主力又可以借助大盘回调介入市场。主力正是利用新股对大盘的调节作用，适时介入市场的。观察新股的上市节奏，把握新股对大盘的调节作用，就能以平静的心态在操作中进退自如。

10.3.3 炒新股的方法

炒作新股的要诀是："喜新厌旧，抓小放大；投机介入，获利就出"。抓小放大是指抓住小盘股，放弃大盘股。这个要诀是股民朋友在实践操作中总结出来的。股民说，新股上市前总是把自己打扮成窈窕淑女，这位"窈窕淑女"可能就是"美女蛇"。"美女蛇"并不可怕，可怕的是对她缺少戒心。"美女蛇"并非一上场就吃人。既然有那么多的"舞伴"与她一起"跳舞"，中小散户也可以围着她的"石榴裙"跳一阵，转几圈，当发现她的"脸色"有变时，赶快溜之大吉。

炒作新股时介入的时机有以下几种：一是利用新股上市恰恰遇到大盘技术性回调，是介入的最佳时机。在一个大趋势看好的市场里，暂时的技术性回调是新主力进场的时机。新主力是一个"喜新厌旧"的"大人物"，新主力主动进场，为大盘的再次上扬奠定了基础。大盘指数也再会上一个"新台阶"。二是新股上市恰遇大盘指数偏低，是介入的良好时机。因为大盘指数偏低，新股在一级市场上的发行价格也低，上市定位开盘价也低。新股投资价值凸显，盈利大于风险。三是新股上市第一天就介入。第一天不受涨跌幅度的限制，前一天追高还不算高。如果开盘前20分钟"打不进去"，最好是开盘后30分钟之内把"买单"打进去。因为，第二天、第三天的股价可能会更高。第一天的"换手"是在一级市场上的获利者，是"一传手"。如果在第二天、第三天才介入，很可能是从"二道贩子"手中进货了。四是大盘正处在下跌通道是介入新股的有利时机。当大盘正处在下跌通道时，就好比是一块大石头从山顶向下滚落，不等其落势已尽，就去贸然托起，是极不明智的行为。新股在下跌通道中，身价会一路下跌，有时会跌破发行价。市场主力在下跌通道中无法伸展手脚，正想为这些空置的资金寻找出路。新股上市为这些空置的资金提供了主动出击的机会。市场大主力一旦启动新股成功，就会带动大盘走出一波上攻行情。在这一波上攻行情中，新主力既可以获利；老主力也有可能解套。老主力早就想到了这个"围魏救赵"的策略，只苦于没有"援兵"。现在机会到了，老主力也把存量资金的一部分用来"围攻"新股。市场新老主力共同推动新股上涨，市场一波上攻行情就会展开。个股行情才会好做。

炒作新股的一般方法可以归纳为以下几种：一是上市第一天就买进，日后获利就抛出。口诀是："跟随主力上山顶，不到山顶就下山"。市场主力是利用新股定位不确定，投机介入，并且在股价的宽幅震荡中获利。对于流通盘在3 000万元以内的小盘股，散户出货一定在主力之前；对于中、大盘股，散户应该是："不见长阳不出货"。二是在一级市场买进后，该股上市，大势低迷，上市就抛。大势低迷阴跌，等反弹、盼反弹、反弹减磅心切。人人都在盼反弹，可能就没有反弹。另外，人心浮躁，无心恋战。两种因素就造成筹码的不确定性大大增加。一方面，一些专门从事一级、一级半市场的资金为了追求资金周转率，大势低迷新股上市就抛；另一方面，大势低迷，又怕利润流失过多。所以，这些机构和投资人不讲质地、不论价位，一上市就抛。2007年11月5日上市的超级大盘股中石油，发行价48.60元，仅20个交易日就下跌至30元，以后又跌至29.15元。三是抓小放大，另寻"新欢"。如果有两只新股分别在沪深两地同一天上市，一定要去抓小盘股买进，放弃大盘股。当发现自己手中的前期新股它的涨势停滞时，或者发现有向下回调的趋势时，要主动抛出，另寻其他新股操作。四是抓住最"沉默"的新股操作。新股与次新股的界限并非十分清楚，股民通常把上市在6个月以内，并且又无首次分红派息的股票称之为新股。这些新股资上市后一直表现不好，股价不是逐波向下慢移，就是长期构筑平台；而且成交量也小。像是一个被人遗忘的角落。请股民朋友想一想：如果主力手中没有大量筹码，他会轻易为别人抬轿么？殊不知主力也正在寻求那些上市不久，不引人瞩目的、有潜力的、质地良好流通盘适中的新股。主力为了达到自己另寻"新欢"的目的，故意去"吹捧"那些"明星股"，而"冷落"自己准备介入的新股。这种"韬光养晦"的策略，主力已试用过多次。如果能碰到一只上市新股，它的业绩一般，名气一般，流通盘中等，但题材较多的新兴行业时，主力则会不请自到。流通盘不大、不小，正适合主力大资金进出。那些受国家产业优惠政策扶植、绩优、高成长的小盘股，可能会受到新主力的冷落。因为，一方面有众人追捧；另一方面定位较高。五是下降通道炒新股，短期可获大利润。投机操作的短线客，利用上市之初新股定位的不确定性在短期内获利。一方面新股定位的不确定性容易产生宽幅震荡。新股在大盘的下跌通道中上市，第一天的涨幅绝不会超过100%，股价有可能会一路下滑，内在价值也会逐渐凸显；另一方面，新股价格最终在市场上的定位与它的上市之初的定位完全是两个概念。前者是受大盘趋势的影响而最终形成的价值回归定位；后者定位既不是价值回归，又不符合趋势规律，它只取决于市场的一时供求。这是新股的独有特性。六是牛市行情追新股，板块联动高兑现。在牛市行情中的主升阶段，新股与次新股板块的联动不仅可以形成"一呼百应"的效果，而且股价往往会"无法无天"。这是因为该板块中的历史套牢筹码少，并且又符合主力"以点带面"的操作策略。另一个原因是老主力介入该板块是要"借题发挥"，拉高减磅；老主力刻意营造炒新股的氛围是想抬高新股的开盘价，使手中的原始股高位兑现。所以，新股在牛市行情中同时受到老、新两种主力的青睐，股价往往会"无法无天"。第一天的涨幅有时会超过200%，并且日后能在很长一段时间内处在高位震荡状态。

随着市场的成熟、制度的健全、证券的立法，新股的特性有些会慢慢消失，但新股和老股这一对矛盾会贯穿股票市场的始终。这种对立统一，相辅相成的作用，仍然会使整个市场焕发青春活力。

"认识从实践开始"，人的正确认识只能从实践中来。中国股市在发展，人的认识也不会终止。毛泽东主席说："感觉到了的东西，我们不能立刻理解它，只有理解了的东西才能更深刻地感觉它"。又说："许多理论是错误的，经过实践的检验而纠正其错误。所谓实践是检验真理的标准"。新股的这些特性是否正确，操作方法是否恰当，请股民朋友在股市实践中自己去检验。但是，实践若不以理论为指南，就会变成盲目的实践。

10.4 操作便宜股，小心蹲冷宫

10.4.1 概念

在大盘长期低迷的行情之中，人们会经常看到许多价格便宜的低价股；在大盘横向整理的"平衡市场"内，也会看到不少价格便宜的低价股；在大盘步步上扬的上升行情中，还会看到一些价格升幅很小的便宜股。这些便宜货并非都是物美价廉。

从目前市场行情中发现，这些便宜货大部分是大盘国企股，既有工业股，也有商业股，还有其他行业的股。股票价格便宜，有不少原因。有的是主营业务亏损；有的是利润太低，成长性太差；有的是盘子太大，股性不活；有的是价值低估，未被发觉；也有的是无人问津，缺少"群众基础"。不论是什么原因，当你要操作便宜股时，需十分谨慎。这些冷门股的"温度"太凉，小心蹲"冷宫"。

低价大盘股多是国有企业经过股份制改造后的上市公司，它有自身独有的特征：一是相对业绩差，群众基础差。国企大盘股，因种种历史问题未能很好解决，企业包袱重，主营利润低，在群众中的影响不好。新一届政府要使国企三年走出困境，任重而道远，但后市可以长期看好。二是流通市值大，股本结构高，流通盘大，股本结构高于一亿股的国企上市公司多。三是成长性不足，风险性较大。有不少国企低价大盘股，公司主营业务收入近三年波动幅度小于10%的还有不少。营业成本高、主营利润低、成长性不足、相对风险较大。甚至有的企业经营萧条，收入滑坡，出现亏损，失去配股权，只剩一个"壳"。四是绝对价位低，心理价值高。低价股也曾经有过"辉煌"的短暂历史：2006年年底股市经一年多的调整后爆发"喷井"式行情。在主力的拉抬下，沪市很难找到8元以下的低价股。主力获利，散户被套。到2007年年底，8元以下的低价股更难看到。大家都知道，股票有双重价值：一是内在价值；二是心理价值。内在价值是企业的真实价值，它往往会被市场高估或低估，由此便产生了市场的长线投资机会。因为，股价的长期波动必然要围绕内在价值进行，投资者可以借助有效"修正力量"来获利。所以，有不少股投资者选内在价值被低估、市盈率偏低的股票进行投资。当低价股的内在价值凸显时，投资获利丰厚。心理价值是指人们对某只股票的心理预期，它包含了投资人对企业前景的美好想象及良好预期。它虽然仅仅是一种"祝愿"，但股票的短线价格总是围绕着心理价值而波动的。这就是股市中著名的"空中楼阁理论"。一旦低价股具备了内在价值与心理价值的投资组合，后期上扬是迟早之事。五是政策扶植，题材较多。为了使国企三年走出困境，国家给了这些上市公司很多优惠政策。例如，降低贷款利率、降低税率、鼓励兼并和资产重组、借壳上市、减人增效、国家基础产业资金优先……这些一系列优惠政策，又给这些股票充满了丰富的想象力，为这些大型企业提供了施展本领的大好机遇。

10.4.2 低价股的选择

低价便宜股有许多自身特点,选择股票的策略与实战操作方法,也应与其他股票有所区别。投资者从盈利的角度出发,以业绩分类,低价便宜股可分为:好、中、差三类。

选股方式应从战略角度出发。若从业绩和题材两个方面考虑时,首选股应当是:业绩稳定而且题材丰富的股票。次选股通常是:有业绩而无题材,但流通盘适中的股票。再次就是:业绩平平甚至较差,但题材丰富,具有很大想象力的股票。最后,对那些既无业绩,又无题材的个股,千万不要轻易选择。在低价大盘股中选黑马,比选美女还要难,你若操作,还得选。

10.4.3 低价股的操作原则

操作的基本原则是:逢低建仓,不追涨;高抛低吸,早了结;快进快出,免被套。

大盘股板块是股票市场的中流砥柱。其中,绝大多数是大型国企股,是国家经济的支柱,是流通市值与市价总值的杰出代表。有位股票分析大师说:大盘股板块是检验人气旺盛的"试金石"。"大盘股的强,才是大盘真正的强"。大盘股板块是一个重要的风向标。这位大师又说:流通市值和市价总值始终处于前列的大盘股板块就是大黑马。例如,深发展、上海石化和四川长虹等。

在大盘股中,按业绩和价位区分,又可分为:高价绩优大盘股、中价绩优大盘股、低价绩优及低价绩差大盘股四类。大盘股板块的真正意义就是它代表了股市的趋势,这就是大盘股的内涵。许多人认为低价大盘股就是垃圾股,没有必要选择,这是一种偏见。其实,就目前的低价大盘股而言,有许多股票内在价值已经凸显。这些价值低估的低价大盘股,就是后市的黑马。因为,"大兵团作战"时的主力大资金进出大盘股,则会更灵活,更方便。大资金对流通市值和市价总值都小的小盘股是不屑一顾的。主力大机构介入低价绩优大盘股,用少量的资金就能带动大盘,激发人气。流通市值大的低价绩优大盘股,才具有真正旺盛的生命力。

由于历史的原因,目前有不少国企低价大盘股,效率低、业绩差。一旦政企彻底分开、经济体制健全、机构改革顺利完成之后,企业将会"轻装上阵",焕发出青春活力。"大盘股效应"绝不会是昙花一现。只有国企大盘股走上升通道,才是国民经济总体上升的重要标志。所以,只有国企大盘股,才是国家国民经济的真正"风向标"。今后国企大盘股将主导股票市场;大盘的上升趋势,也将以国企大盘股为主格局;个股也将以成长性为主基调。随着证券法规的健全,主力机构对某一个板块的恶性炒作,也会趋于理性。

不要小看垃圾股。垃圾股就是股民常说的既无业绩,又无题材的"三无"板块中的 ST 股。有人称它为"绝版概念股"。这些上市公司的效率低下,主营亏损,陷入困境,只剩"壳源"。它已经失去了配股筹资权,要走出困境无力自拔。让"壳"已是大势所趋。许多有战略眼光的大集团，早就"相中"了这些"壳资源"；再加之这些"壳资源"又少。物以稀为贵，这些绝版概念的"壳资源"股，却成了股市"贵族"。一些没有配股资格的"壳"也被借走或买走了，这真有点像寄人篱下的"丑姑娘"，一下变成了趾高气扬的"白雪公主"。

这些"壳资源"一旦被另一个公司借走或买走，就又变成了"资产重组股"。"壳资源"已受到各地政府的重视，各地政府都采取了相应措施。鼓励国内优质企业来改造本地区不良的上市公司。一旦重组成功，这些公司就会发生脱胎换骨的变化，能给市场增添许多丰富的想象力。该题材更易受庄家们的大肆炒作。一旦大庄家进驻狂炒，"丑姑娘"身价倍增，该题材值得长期关注。

应当清醒地看到：目前的资产重组鱼目混珠，国企低价大盘股还众望难孚。不少朦胧幻觉中的、无实质性价值的"重组股"，被庄家炒作后，其结果均是：涨幅过大而跌幅居前。对于只有"幻觉"而无实质的"重组股"，一旦被庄家狂炒后，管理层会发出降温消息。中小散户股民一定要十分重视"重组股"中的两极分化现象，免得掉进"陷阱"，或者为他人踩响了"地雷"。买进"重组股"事先必须采取止损措施。

对于目前的低价大盘股，期望值不要过高，它要想彻底走出困境则任重而道远。目前国企大盘股的普遍性问题是：成长性差，盘子过大，股性不活，而且"群众基础"又不好。它只适应做短线，不适应中长线操作。中长线操作还是要选绩优高含权、高成长性的股票。千万不要贪图价格便宜就买进。有的低价大盘股买进之后，一年半载也不用去考虑出手了。如果没有主力资金进驻，你就得在"冷宫"里一直蹲着。

在低价大盘股中，确有一些是"物美价廉"的股票。其中，以新股、次新股居多。这些大盘新股或次新股，上市时业绩较好，而且走势也与低价老股迥然不同。这些新上市的绩优国企大盘股（每股收益大于0.35元），尽管股性不活，其中的佼佼者可能会成为大盘的龙头股。它们将会成为绩优国企大盘股扬帆远航提供了良好的背景。市场主力对这些内在价值被严重低估的绩优国企大盘股，不会熟视无睹。这些市场主力一旦迎合了广大投资者的心愿，当即就会显示"呼风唤雨"的本领。一旦国企大盘股成为上升浪的核心，真正的牛市就会有希望。

10.4.4 低价股操作注意事项

为了避免蹲"冷宫"，操作低价大盘股应注意以下几个方面：

一是要判定利空消息是否出尽？利空使股价下挫。但能对股票造成过大伤害的是利空消息接踵而来，利空未尽，股价还未下跌到位。

二是全面了解这家公司的盈利是否下降？盈利下降，主营亏损、股价会下跌得更多。盈利大幅下降是最坏的消息。如果亏损的可能性大，投资人应赶快撤出这只股票，"转战别处"。如果公司经营本质面不错，盈利也有较高增长，股价重跌的原因，只是受一时消息的影响，或者是受大盘下跌的影响，则可以继续持股，不必惊慌。大盘急剧回档造成的个股"超卖"，能产生很多物美价廉的好股票。大盘下挫，盈利再好的股票也要受"池鱼之殃"。投资人应特别留意业绩好的股票,以便在最佳时机买进。

三是要投资自己最了解最熟悉的"超卖"下跌的股票。买自己熟悉的、最近价格又低(市盈率也低)、成长性不错的股票。一旦短线做不成,长期抱牢心不慌。大盘回升,涨得快;大盘再跌,它不下跌。否则,若是只看价格便宜就买进,把现价与它的盈利相比,看似低廉的价格,其实很贵。如果您幸运,碰到多头市场,价格还能回升;碰到空头市场,下场可能更惨。例如,我在散户大厅里,常常听到不少股民朋友说,拿出2 000元碰碰低价股,投资不多,运气好,可以赚一大笔钱。我敢说,他们的运气都不会太好,这2 000元有可能是"肉包子打狗"。做这样的事,还不如拿钱去赌博,赢的机会还可能会更大些。

四是投资之前先研究资讯。了解这家公司的股价有没有上涨的希望。如果,你找的这只股票连股评分析师也不原意分析的话,你就不必自寻烦恼去投资。若是您甘心情愿为证券商白白打工的话,则是另外一回事。

五是不要急于买进成交量太小的低价大盘股。成交量太小,说明群众基础差,主力资金不愿进驻,说明是冷门股。成交量低的股票,价格也往往偏低。众人不买进,是怕蹲冷宫。别人不进,你偏进,最好多穿点"棉衣服",准备寒冬持久战。

六是要时刻观察量价关系的变化。"价涨量增,价跌量减"这句背熟的话,大家都会说,关键是怎样正确分析引起量价关系变化的内外因素,及这些因素对大盘、对个股产生的深远影响。成交量与股价的上涨下跌,不是一成不变的关系。而且,"价涨量增,价跌量减"是一种相对现象,并非是绝对规律。有位股票分析师说:大谈"价升量增或价跌量减"的人,只不过是个初学者。经过十多年的中国股市实践,许多老股民与股票分析师都有同一个相似的观点:在单日行情中,价升量增是好事。后日超过前日成交量,后日涨幅可能超过前日涨幅。但是,在连日的上涨过程中,价升量增,则表示为主力拉抬准备出货或者正在出货。这个时候的价升量增,反而是中小散户减仓的信号。同样,在连续下跌的过程中,"价跌量增",才表明了买盘的逐步增加,是大盘将要反转的信号,也是中小散户买入的信号。多次的实战操作表明:在连续下跌的过程中,"价跌量减"大多都是反弹无力,这并非是否定"价涨量增,价跌量减"的普遍性意义。如果,"价跌量减"是矛盾的普遍性,那么,"价跌量增"则是矛盾的特殊性。二者的关系是:共性和个性的关系,这是唯物辩证法的观点。

"价涨量增,价跌量减"具有普遍性指导意义,不能片面强调一方面而忽视另一方面。股市挟量上扬,而在量小时下跌,整个市场人气看涨。如果股市上涨时成交量没有明显放大,反转信号可能就会出现。大盘下跌时,成交量增加,往往是空头的信号,这是很多人都已经熟悉的普遍性观点。

观察量价关系,既要看到量与价的普遍性;又要看到量与价的特殊性。既要看到它们的表面现象,又要通过表面现象观察它的本质。

最后,操作低价大盘股,多数人是以短炒为主,长短结合;看准热点,及时转移。有丰富魅力的题材,往往是主力炒作低价大盘股的"风向标"。谁也没有想到:中国船舶,由7月初的130.03元价位,被主力炒到10月初的300元。如图10-1所示。

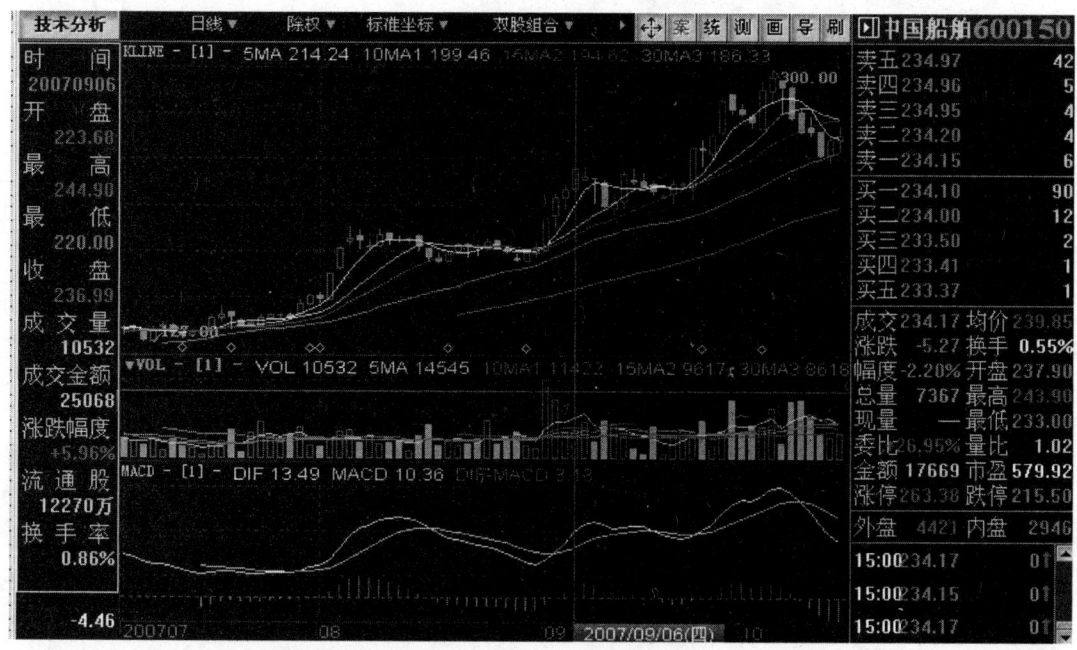

图 10-1 中国船舶走势

10.5 分批建仓，循环操作

10.5.1 知识要点

"分批建仓，循环操作"，适合于有一定资金实力的操作者。当后市大方向走势明朗，为了防止"顶"上还有"顶"；"底"下还有"底"时，而采取的一种比较稳健的操作策略。

从辩证唯物主义的观点看股市中的"顶"和"底"，股市中的"顶"和"底"则是一个相对概念。股市中没有绝对的"顶"和"底"。因为，运动是股市的根本属性，运动的过程就是股市永无止境的发展过程。再者，从人们认识股市的广度和深度上看：人们认识股市的广度，有待于扩展；人们认识股市的深度，有待于深化。人们在一定条件下对股市运动的客观过程及其发展变化规律的正确认识总是有限的。这就是认识股市真理的相对性。所以，股市中的"顶"和"底"是一个阶段性的相对概念。股票操作者不要再试图花费巨大精力去研判"绝对"的"顶"和"底"，而错过了正确的操作时机。你可以用"分批建仓，循环操作"的方法去试一试，看一看哪种方法更合算。

股市大趋势的运动、发展变化有周期性规律。这种周期性运动规律，可能与国际经济变化周期相似；也可能与国内经济变化周期相似。也就是说，这种周期性变化规律既受国际经济变化的影响，又受国内经济变化的影响。政治的、人为的因素，只能影响一时的变化。人只能发现和利用规律，不能创造规律。因为，"规律是事物发展本身固有的、本质的、必然的、稳定的联系。"辩证唯物主义认为，股市规律有四个特点：一是规律是股市本质的联系；二是规律是股市的必然的联系；三是规律是股市的稳定联系；四是规律是股市运动、变化和发展的必然趋势。从这四个特点中可以得知：稳定性也就是它的重复性。只要具备一定的条件，某种合乎规律的现象就必然会重复出现。这也是股市普遍的真理。股市的这种周期性变化规律，用人为的因素很难改变。股市周期性规律总是体现、贯穿于股市发展的现实过程之中的，是股市的本质联系在股市发展中的表现。股市的周期性规律与一定时期的经济运行周期大致相同。投资者可以根据"重复性"规律，进行循环操作。

例如，1996年中国上海股市出现过1558点的高点；也出现过1047点的低点。1997年又出现过1499点的高点和1066点的低点。1998年又出现过1422点的高点和1070点的低点。1999年2月又出现了1064点的低点；6月又出现了1756点的高点。如果把1996~1999年四年中的高点与低点连成曲线，就可以清楚地看到这四年股市变化的周期性规律。

股市的周期性规律可以分为四大类：长期周期性规律、中期周期性规律、季节性周期性规律和短期周期性规律。国外的期货、股市分析大师们早已把这种时间周期性规律运用于预测期市和股市了。正确运用这些周期性规律来指导投资者的操作，已经逐渐成为中国股民关注的热点。

股市的大趋势有周期性规律，股票的个股行情也有周期性规律。而且，这种周期性往往又有其对称性。只要看一看近三年的大盘指数日K线和个股的股价日K线图，就会发现周期性与对称性二者有惊人的相似。有周期性，就会有循环性；只要有循环性，就能用来指导股市的操作。这种循环性大多数又是对称性循环。所以，在进行循环操作时，"只要知道某一只股票的过去和现在，就可以预测它的未来。"股票价格的涨与跌、大盘指数的涨与跌，都会遵循物理学中的"能量守恒原理"：它怎么涨，就会怎么跌；它怎么跌，就会怎么涨。

"分批建仓，循环操作"，已被越来越多的股民运用，是因为它有很多优点。这些操作上的优点可以归纳为以下几个方面：一是采取这种操作策略，不用花费大量精力再去研判"顶"和"底"。二是知道它过去的走势，就可以预测它的未来的趋势。三是进出时机便于把握。只要了解某只股票过去的相对低点和高点，就能自如的进与出。四是可以避免各种人为消息的干扰。这种周期性循环只遵循自身固有的规律，这种周期性规律，不受人为因素干扰。五是大势下跌时，可以避免屡买屡套现象；大势节节冲高时，又能少"吃些后悔药"。六是在时间上"有律可循"。有很多神奇的数字可以揭示股市规律。黄金分割率：0.191、0.382、0.618、0.819……比例分割法：比例因子1/3、1/2、2/3、1等，用来计算涨跌幅度。整数心里预测法：以沪市大盘为例，1995年的整数关卡从小到大排列为600、650、700、750、800、850……（如图10-2）。这些整数单位常常会造成人们心理上的障碍。在上升时，会产生整数阻力关卡；下跌时，又会产生整数支撑力。这些神奇的数字通常会表示这个系统中会出现的"随机概率"。统计学的"概率派"，实际上就是股市中的"技术派"。"懂技术的人赢是必然的，输是偶然的"。七是在空间上"有对称性可循"。大盘指数的变化与个股价格的震荡都有周期性和对称性。只要股价到了周期性的对称点，就会形成周期性的对称，产生不以人们意志为转移的"循环周期"。利用空间上的周期对称性,可以较好地把握进与出的良机。利用周期性和对称性规律还可以发现"潜伏的底"。理论中"缺口"的牵引力,实际上就是对称性原理在起作用。

10.5.2 基本操作方法

1. "分批建仓,循环操作"的基本方法

周期性循环按照时间的长短可划分为:长期周期、中期周期、短期周期、季节性周期四大类。操作的方法也有长、中、短几种。操作成败的关键是:"择机建仓"。

分批建仓的时机一般是:"谷底建仓"。这里说的"谷底"有三层含义:一是在上涨行情里的股价止涨下跌的"回档";二是在下跌行情里的股价止跌时,出现低价的"探底";三是在进行箱型整理行情里出现的下轨线的"价格谷底"。在这三种含义中,当第一种与第三种情况出现时,建仓时机容易把握。当在下跌行情里出现"探底"时,却难以把握建仓时机。因为,"探底"并非一次成功。可能会出现二次、三次探底。这时的建仓时机应选择在:第一次"探底"出现"横向整理"的状态时介入。一般规律是:第一次"探底"出现"横向整理"之后,会有反弹。所以,"横向整理"时介入,反弹之后出货,也不会"屡买屡套"。例如,1998年8月12日,沪市大盘指数下探至1 158点,13日反弹至1 205点;14日(周五)大跌至1 165点;17日由暴跌至1 068点;18日虽然最低探至1 043点,但是全天是在1 054~1 094点作横向整理。尾市收报1 071点,比昨日上涨1个点。如果在18日建仓,19日、20日两天大幅度反弹(两天上升87点),21日尾市收报1 177点,又上升28点,21日就可以出货。要把握暴跌之后是不是短期的"底",一定要把基本面、政策面、技术面、消息面结合起来进行综合分析。股评大师的话,不能不听,也不能全听。

2. "循环操作"的基本方法

其一,循环低点出现,择优"分篮放蛋"。循环的类型有长、中、短、季节性四种。若按循环时间的长短进行操作,其操作方法也是四种。这四种循环低点的出现顺序是:短线低点、中线低点、季节低点、长线低点。操作方式也是按上述顺序进行的。每一个循环低点出现之后,应同时选择两个以上的绩优股建仓,这种方法叫"分篮放蛋法"。操作原则是"循环低点出现,逢低吸纳绩优股"。这个原则既适应资金雄厚的大户;也适合中小散户投资者。采取"循环低点出现,择优分篮放蛋"的操作方法,能在获得利润最大化的时候,同时将风险降至最低水平。

其二,逢暴跌分批建仓,主选绩优强势股。暴跌是指股市运行轨迹跌破了正常轨道。暴跌通常是由外界因素影响的,并且这种影响是短期的。例如,1997年2月邓小平同志逝世引起的股市暴跌;1998年8月中旬长江流域发生特大洪水引起的股市暴跌。还有政府因素引起的股市暴跌;1996年12月中央电视台的"风险教育";1997年5月中央电视台发表了增发300亿额度新股,严禁国有企业炒股、禁止银行资金违规流入股票市场;2007年5月30日印花税由1‰,提升到3‰等政策。使沪市指数一个月内由6 124点暴跌至4 360点。使2007年下半年的股市萎靡不振。政策性因素的影响往往会比自然因素的影响时间要长。政策性利空（利好）是中国股市的一大特点。逢暴跌分批建仓，主选绩优强势股操作，会有意想不到的收获。因为，每一次急跌之后，总会有较强的反弹。"风险中孕育着机会"。只要基本面和政策面不变坏，逢暴跌择机建仓，逢强烈反弹出货；耐心等待新低，循环进行操作。是下跌行情中操作的绝妙的良策。

其三，把握个股循环周期，逢低介入强庄股。个股行情是指在大盘指数走势疲软时，某些股票的价格走势却十分强劲，这些价格处在上升通道中的诸只股票就构成了一族与大盘走势不同的行情。个股行情对大盘的连绵阴跌起牵制作用。由于个股价格的变化周期是受投资者的调控，所以，个股的变化周期要比大盘的变化周期快。尤其是当大盘进入调整格局时，个股行情则更加活跃。"逢低吸纳"并非意味着任何个股都可以考虑。只有符合国家产业政策具有扩股潜力的中小绩优成长的强庄股才是考虑吸纳的对象，其中那些高含权的次新股和有巨大除权缺口的高成长性个股往往是下一步行情的主要资金聚集地。这些股票在下跌行情中会显示出极强的抗跌性。它们才是应该首先考虑吸纳的对象，是后市真正能脱颖而出的佳品。

强庄股与强势股是两个不同的概念，二者不能混为一谈。常见的操作失误就是把强庄股与强势股的操作手法相混淆（这个问题讲过几次了，应充分重视）。强庄股与强势股各有以下特点。强庄股的特点是：(1) 控盘能力强。能控制流通股达到30%以上的持仓量；(2) 没有一定的规律。运行轨迹是由庄家的操作手法独来独往而定；(3) 有抗跌性。在大盘下跌过程中跌得少，可以成为投资者的"避风港"；在大盘上升过程中表现不太好，要么"先声夺人"，要么"虎头蛇尾"；(4) 庄股与大盘的节拍很不吻合。控盘能力强，有自己的个性特征；(5) 有逆向操作动作。大盘不涨，它可以持续大涨；大盘上涨，它却涨得较小。若是掌握不住这些特点，该出手时，没有及时出手，就会遭受一段时间的"套牢"之苦。强势股的特点是：(1) 庄家（主力）控盘能力弱。控制流通股的10%左右；(2) 有一定的运行规律；(3) 强势股由多个主力介入。多家做庄，在主升阶段过程中，升幅明显；升幅比庄股活跃，强势股有"指标股"的风采；(4) 强势股与大盘的节拍相吻合。强势股的走势与大盘吻合，变化周期也大致相同。并能对大盘起调节作用。强势股的这种同步性是庄股望尘莫及的；(5) 强势股有领先作用。强势股操作手法的领先作用表现在：它领先于大盘下跌；它领先于大盘盘整；它领先于大盘上扬。所以，当强势股下跌时，应以减仓为主；强势股反弹时，应以增仓为主。

其四，"金交介入，死交出货"。从技术图形上看，"黄金交叉"与"死亡交叉"是一个运行周期。当5日均线掉头向上与10日均线呈"黄金交叉"时，短期内将"由空转多"。当10日均线掉头向上与20日、30日均线交叉，并且呈"多头向上排列"时，股市中期趋势开始向上走强。所以，当5日线与10日线"黄交"时介入，时机最佳。这时市场心态较好，主力资金会源源不断地进场。当一波上升行情持续一段时间之后，主力机构（庄家大户）获利回吐，大盘指数在高位震荡一段时间就会下跌。如果在高位震荡你没有出货的话，那么，当5日均线与10日均线形成"死亡之交"时，你就一定要出货。否则，就会赔得很惨；"套得更深"，可能永无翻身之日。例如，1997年5月16日以48元的价格买入的深发展，至2006年6月6日未能"解套"。

其五，定点利润，分批出手。当投资者在循环低点买入股票之后，正当股价上涨之时早早获利了结；虽能赚钱，出手后股价仍然上涨，总会有些后悔。为了不吃后悔药，可以采用"定点计算，分批出手"的操作方法。具体操作方法举例说明：如果投资人以10元的价格买进1 000股某种股票。在价格上涨到12元时，先卖出400股；涨到14元时，再卖出300股，涨到16元时，再卖出200股；涨到18元时，再卖出最后的100股。这就叫"定点计算，分批出货"的操作方法。所谓定点计算就是在股价上涨时，预先计算一个获利百分比。多计算几个"获利点位"，只要到了这个"获利点"就卖出一批……则是分批出手方法。因为，股市素有："上涨不言顶，下跌不言底"之说。为什么"不言顶和不言底"？因为谁都很难精确地判定出股价会涨、跌到什么程度。

"定点利润，分批出手"的优点是：不必再去为预测股价的"顶峰"而劳费心机。因为，这种方法不考虑股价是否涨到了"顶点"，只考虑股价是否升到了我的"获利点位"。一旦到了"获利点位"，不论是否涨到"顶点"，都要果断出手！运用这种方法的注意事项是：获利百分比不能定得太高。即是，"不要太贪"！否则，有可能一批股票也出不了手。采取"逐步递减"的方法抛出手中的股票，只能减少风险，而不能杜绝风险。所以，这个利润点既不能定得太低，又不能定得太高。

其六，"季节性循环，波段式操作"。埃里奥特波浪理论告诉我们：股票市场波动的重复性节奏循环规律是由波浪式进行的。这种波浪式循环周期有大、也有小。我们把这种小周期的波浪式循环叫做"季节性循环"。季节性循环的显著特点就是大家都熟悉的"中报"和"年报"循环。随着"中报"和"年报"的展开，每年至少有两次周期性循环。循环的规律遵循波浪式理论规律：波动的重复性节奏分五个主要（上升）波浪与三个次要（调整）波浪，有五升三降规律性。波浪循环规律告诉我们：没有永恒的上升波浪或者下降波浪，只有在上升过程中不断涌现向下调整的波浪，这个上升趋势才能保持下去。

按照波浪循环规律操作的方法是：在第1个上升波浪形成时介入；在第5个波浪出现时抛出。第5个波浪是5个波浪中最长的波浪；股价进入波浪5以后，投资人应谨慎从事。因为，股价已可能接近"顶峰"。如果投资人在第5个波浪中未能出手，股价会进入a浪的调整波浪。a浪调整之后，就会出现b浪的反弹波浪（这时5日均线与10日均线会形成"死交"）。这个b浪的反弹浪则是投资人一次最后的、最好的止损机会。请看图10-2波浪理论简化图。

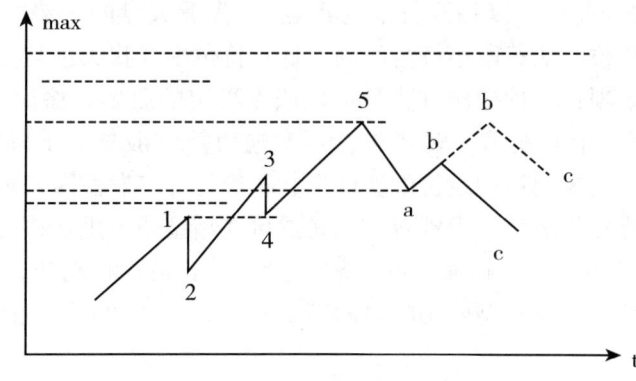

图10-2　波浪理论简化图

操作注意事项：波浪1属于前期波浪的反弹浪，又是5个波浪中最短的浪，它很容易被人误认为是一个小小的"反弹"而忽略了它是5个波浪中上升波浪的基础。波浪a常常被误认为是正常的调整波浪，而实际上，a浪的出现表明在较长时间内，原来上升趋势已经结束。随后将进入完全地调整期，股价走势可能完全转向，开始进入下跌通道。波浪b是a浪的反弹浪；它可以给对股价判断错误的投资人一次"止损"机会。它是一次最好的、也是最后一次"止损"机会。因为，b浪可能会反弹至浪5的高点（形成双头顶图形），甚至可能会超过浪5的高点，再创"新高"。波浪c是调整趋势的最后一个波浪。如果c浪的低点比波浪2的低点还要低，又创"新低"。就可能孕育着一个新的上升趋势。投资人可以准备再次介入操作。

其七，"横向震荡，箱型操作"。箱型理论是专门研究股价变化呈箱型波动趋势、寻找变化规律，指导投资人操作的理论。当股价波动趋势为箱型走势时，股价自有高、低之分。股价变化呈箱型运动的趋势，归纳起来有三种：上升趋势、下降趋势和平移趋势。如图10-3所示。

箱型理论告诉我们一个一般的规律："如果股价突破箱形走势的阻力点或支持点，股价将继续前进相等的距离"。这个规律既适应股价在箱型轨道内运行，也适应股价走势突破箱型轨道而上升或下降同一个箱型时的运行。以图10-3举例说明：当股价在上升通道箱型内运动时，如果股价向上突破B点价格，则股价会继续上升到C点的价格；如果在C点受阻，获利者大量抛售股票时，则股价会继续下跌到D点价位。股价在下降通道和平移通道内运行，也是这样的规律。股价突破箱型上轨线或下轨线；向上或向下运行同一个箱型时，也是这样的规律，向上运行的规律是：股价趋势跌破箱型上轨线（上界限），表示上升阻力已经克服，股价将会继续上升一个相等的距离。又向上建立了一个新的上升箱型。向下运行的规律是：股价趋势冲破箱形下轨线（下界限），表示下降支持力已经失败，股价将会继续下降一个相等的距离。向下建立另一个新的下跌箱型。

股价趋势呈箱型走势时，其变化规律与正（余）弦变化规律相似。所以，股价的高点和低点容易推测。操作方法是：股价回落到"低谷"附近，遇到强力支持时，买进股票。等待股价上升到"高峰"附近时，抛出股票。只要股价在箱体内运行，就一直这样反复操作。直到股价冲破箱型上界限或下界限时，再改变操作策略。箱型操作的原则是："以大趋势为前提，以每段行情为重点"。先看大盘的走势方向，再寻找每段小行情的高、低点价位。从每段小行情的高、低点价位中寻找买进与抛售时机。

箱型操作注意事项：这种操作方法最适应股性稳定的股票。徐徐上升，徐徐下降。二是要"顺势而为"。上升箱型，多买进，不要逆市放空股票。下降行情，先观察变化，再进行操作。三是短期箱型股价的波动形状很容易受突发性因素影响，产生不规则变动。所以，箱型操作最适合中投资者。四是股价在箱型通道里推移的时间越长，斜率越大，说明股价的"趋势性"越强，可以放心操作。五是平移趋势，表示股价在进行自我调整，自我消化。平移箱型所用的时间越长，下一个"冲刺"（上升或下降）就会越有力。

箱型操作的特点：每一次冲高回落，都会形成一个低点。低点买进，收益大于风险。当股价走势冲破箱型上轨线（阻力线）继续上升时，一旦回落，这条阻力水平线自然就形成了支持力。过去的阻力线，就是新一个箱型的支撑线。箱型操作判定上升、下跌的价位比较容易。长线投资者不用理会平移箱型的出现，只要注意持股时间及底线和顶线的突破。若发现"突破"后股价相反运动时，说明预测有误，应尽快处理手中的股票。箱型操作下降趋势也赚钱。

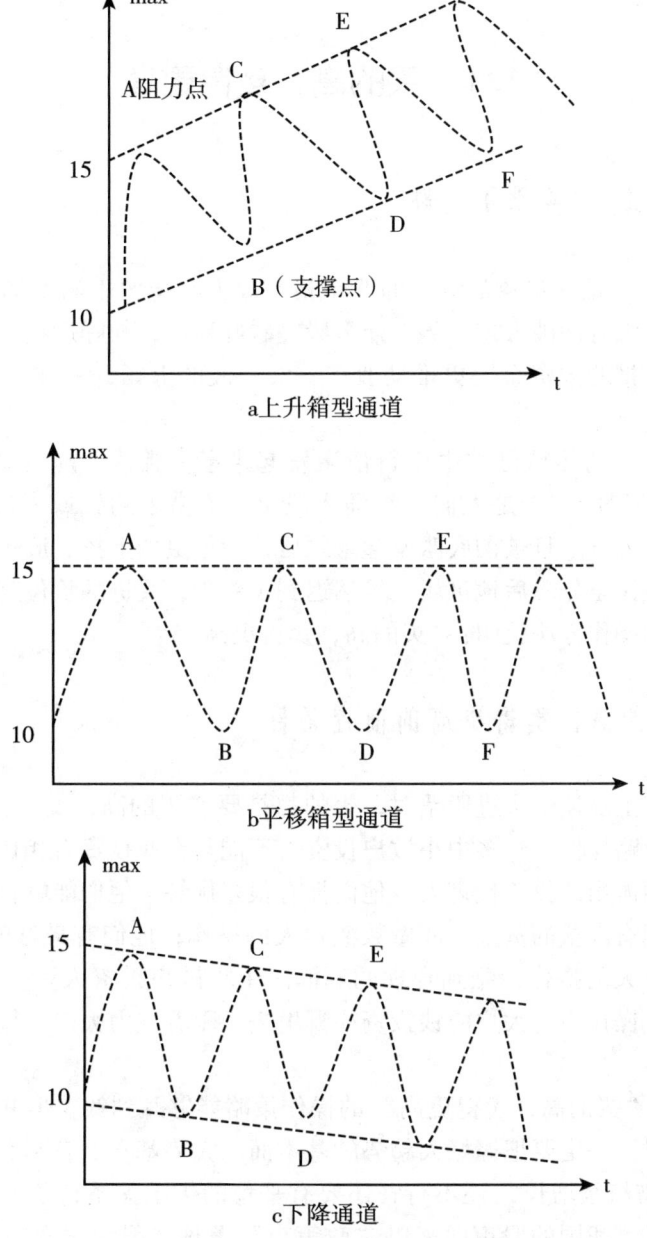

图10-3　股价变化呈箱型运动的趋势图

第 11 章　短线操作策略

11.1　买的高，卖得更高

11.1.1　股谚："买涨不买跌"

"买涨不买跌"，是一句经常听到的股市格言。大盘指数不断上扬，股票价格不断上涨，势如破竹，大有冲破云霄之势。众多股民看好后市，前呼后拥，不断有大量资金流入股市。一批一批的大资金，更推动股市一波一波的上扬，一波大的上升行情就在眼前。

这时候众多股民的热情已被牛市行情激发起来了。赚钱效应驱动着每一位股民，"此刻不赚，等待何时"。于是人们纷纷涌入股市，把借来的钱或者准备过大年的钱，也拿来买股票了。人气一旦被彻底激发起来之后，股市更加上扬、股价会更加上涨。没有及时进场的新股民争先恐后地进场，虽然迟到了一步，买进的价位高了一点，卖出的价格会更高，这种操作方法就叫："买的高，卖得更高"。

11.1.2　买的高，卖得更高的前提条件

许多投资人在上涨途中买进股票时，想的都是要"买的高，卖得更高"。专业投资者也常常用这一策略操作。众多中小散户投资人不能与专业投资者相比。股票专业投资者是大机构证券商派出的投资代理人，他们拥有很多优势：他们能够得到最及时、最可靠的消息；他们拥有大量的资金，能做数额很大的操作；他们有最好的分析判断手段；他们可以做金额很大的操作，赚到合理的利润。中小散户投资人资金虽少，但操作灵活。只要找出专业操作主力大户的钱投资往哪里去，跟着主力大户一块走，就有了胜利的基础。

在股票市场，"买的高，卖得更高"的操作策略能够赚到钱，但并非全无风险。利用这套操作策略时，一定要把握好大趋势的基本面。大势基本面有利后市的发展，光有"政治稳定""经济持续增长"还不行，还要有平稳的供求关系；还要有资金面的有效配合与政策的春风。我国的股市向来以"政策市"著称，因为"政策和策略是党的生命……"政策和策略也是股市的生命。"政策市"是我国历史的必然，当经济体制由计划经济向市场经济转轨的时期，政策调控是无法避免的。2007 年 5 月，市场就是在政府的干预下结束了强劲的上扬行情，转而展开了长达两个多月的调整回落走势，而且在

2007年11月中旬又有显示熊市特征的迹象。回过头分析，国家选择强制性干预市场走势，虽然当时牺牲了一部分机构和个人的利益，但对后来抵制通货膨胀起到了积极作用。我国股市的稳定、健康发展也需要政策来规范。

自从2001年6月沪市从2245点下调，许多中小散户在高位被套牢，给股民造成了谨慎和恐惧心理。特别是新股民，初次入市的冲动所造成的损失，已使他们增加了许多防范心理，买涨的欲望减少了，甚至是越涨越不买。老股民经过几年的市场洗礼，已经习惯了"高抛低吸"的短线操作手法，新股民也慢慢地跟着老股民学：做短线，不做长线；做投机，不做投资。因此，新老股民几乎都采用了"短、频、快"的操作手法，而且，周期越来越短、换手越来越频，时间越来越快，好像都是吃了一堑，长了一智。他们情愿少赚但求不被套。有人动摇、有人怀疑"买的高，卖得更高"这套操作策略的正确性。

"买的高，卖得更高"是一套正确的操作策略，并且已被众多的投资者验证了它的正确性。2007年5月的教训，并非是这套策略不正确，主要问题出在：众多股民防范风险的心理不足。晚入市的股民，即使是在5月5日买进高价股票，5月6日、7日也赚了钱，就应该出手。该出手时没有出手，还想叫它再往上涨一点、再涨一点……结果，钱没有赚到手，如今还在高位上"站岗"。请广大中小股民朋友牢记这条经验："该出手时就出手"。

有许多短线操作的投资人利用"买的高，卖得更高"的策略，结果因为大盘指数和个股的股价起伏不定，惨遭上冲下洗，已亏损出局。他们常常是在股价强劲上涨，而后回调时买进；在股价又跌回原先的价位时卖出。这些投资人不知道，股价跌回原先的价位区，并不表示手中的股票一定是赔钱货。市场大盘重跌时，股价下挫，股票的内在价值可能保持不变，价格下挫，会使某种股票的投资价值更高。很少人能够抗拒这么物美价廉的东西，时隔不久，大家就会又抢先买进。股价回升可能需几天、几周、几个月，甚至更长时间。但不管如何，股价终究是要回升的。这就是说，投资人在使用"买的高，卖得更高"这套操作策略之前，一定要花费点精力，去研究一下哪些股票有更好的投资价值；哪些股票是机构主力大户正在做的，或者将来可能做的。凡是有机构主力进驻的股票通常都是表现很不错的股票，并且主力大户确知它有成长潜力。否则，机构的大量资金是不敢轻易进驻的。请中小散户投资者记住"凡是跟着庄家进入的股票，只要庄家不出货，你就永远别出手！"

有些情况需要另行对待：当企业并购案最后不了了之，并购不成，通常股价会跌回原先的价位，或者更低。如果投资人在价格接近高点时买进，最好的做法可能就是"壮士断腕"，认赔出脱持股，以防赔得更多。

处于并购热的股票，往往是在套利客、企业并购家或其他购股团体的互相拉扯下，使股价来回起伏不定。这些人的动机就是：在股价升降不定中牟利。如果他们赚钱，钱一定是从别人的口袋里换出来的。

玩弄资产重组或企业并购的双方，在买进与卖出力量交互冲击下，使股票价格走势不平顺，这时企业的盈余状况变得毫无意义。"玩"者非常兴奋，"跟"者就要倒霉。对于新股民来说，这绝不是理想的投资环境，因为价格很可能在极短的时间内，从高得不像话的价位，一下掉落到十分离谱的地步，新手来不及反应就被"套牢"。

有些时候，也有人拿价格相对偏低的股票玩这种游戏。不管这只股票的盈余如何，甚至亏损也能"玩"。盈利客可以从较小的波动幅度中赚到钱，达到套利炒作的目的。因为，他们有很多优势。在这种情况下，中小散户投资人往往是输家。

"根据实际情况，决定工作方针"。这是毛泽东主席的一贯教导，股票操作也是这样。投资人在使用"买的高，卖得更高"的操作策略时，一定要紧密结合当时的实际情况，要使自己的操作适合于股市的客观规律，如果不合，就会在实践中失败。有人说："失败是成功之母，吃一堑长一智。"这句话本身并没有错。关键是在吃了一堑之后，并非所有的人都能"长一智"。中小散户朋友，手中就只有那么几个钱，你绝不能去吃一堑，再吃一堑……

如何才能正确运用"买的高，卖得更高"这一套操作策略呢？怎样才能使自己的操作符合股市规律呢？最简单的方法就是掌握股市的变化周期。股市大盘有一定的变化周期；个股的价格走势曲线图也有一定的变化周期，并且，变化周期是有规律性的。只要掌握了股市的变化周期，也就掌握了最基本的规律，股票操作就能取得预想的结果。

一般情况下，股市变化周期是随经济变化周期。每一个变化周期一般都分为上升期、高涨期、下降期、停滞期四个阶段。股市变化周期比经济变化周期会提前一个阶段，所以，股市行情是看经济发展状况的"晴雨表"。股市变化周期如图11-1所示。

四个阶段的操作策略：

上升时期的操作策略：这时应采取"买的高，卖得更高"的操作方法。因为，大盘指数天天上扬，个股价格日日上涨。升得多、跌得少。适当买进一些风险较大，收益较高的股票。因为，这一类股票在前一个停滞期受冲击最大，价格也常常跌到较低水平，而且，在上升期又会较快恢复到正常水平。虽然其他股票也会偏低，但是，风险高的股票可能已处在最低限。所以，它在上升期的回升趋势也最大。在上升期，指数上升，多数股票价格在上升，使用这一套操作方法，会有较高的收益。

高涨时期的操作策略：这时应采取"短线投机，高买高卖"的操作方法，并且，停止购买风险大的股票，适当买进风险较低，热门强势上涨的股票，而且获利就走。在这个时期，众多投资者都看到了上升趋势和美好前景，争先购买，促使股价更加上涨。此时，风险高的股票上涨最快，可能已经接近最高水准了。它已经再也不是便宜货了，应该停止购买，果断抛出。这个时期，几乎所有的股票都在上涨，只是升幅不同。中小散户投资者最好都不购买，多看少动，静观其变。若要购进，一定要选择风险小、业绩好、收益高的、有高送配方案的强势股票，采取"短促出击，快打快走"的战术手段。切记：不可太贪，"该出手时就出手"！因为，这个时期是主力机构和主力大户出货赚钱的时期。反应迟钝，很可能会在高位套牢。特别是小盘股，在大机构主力出货时，会"飞流直下三千尺"。中小散户要把2007年5月上旬的教训牢记在心，不要好了伤疤忘了痛。

第 11 章 短线操作策略

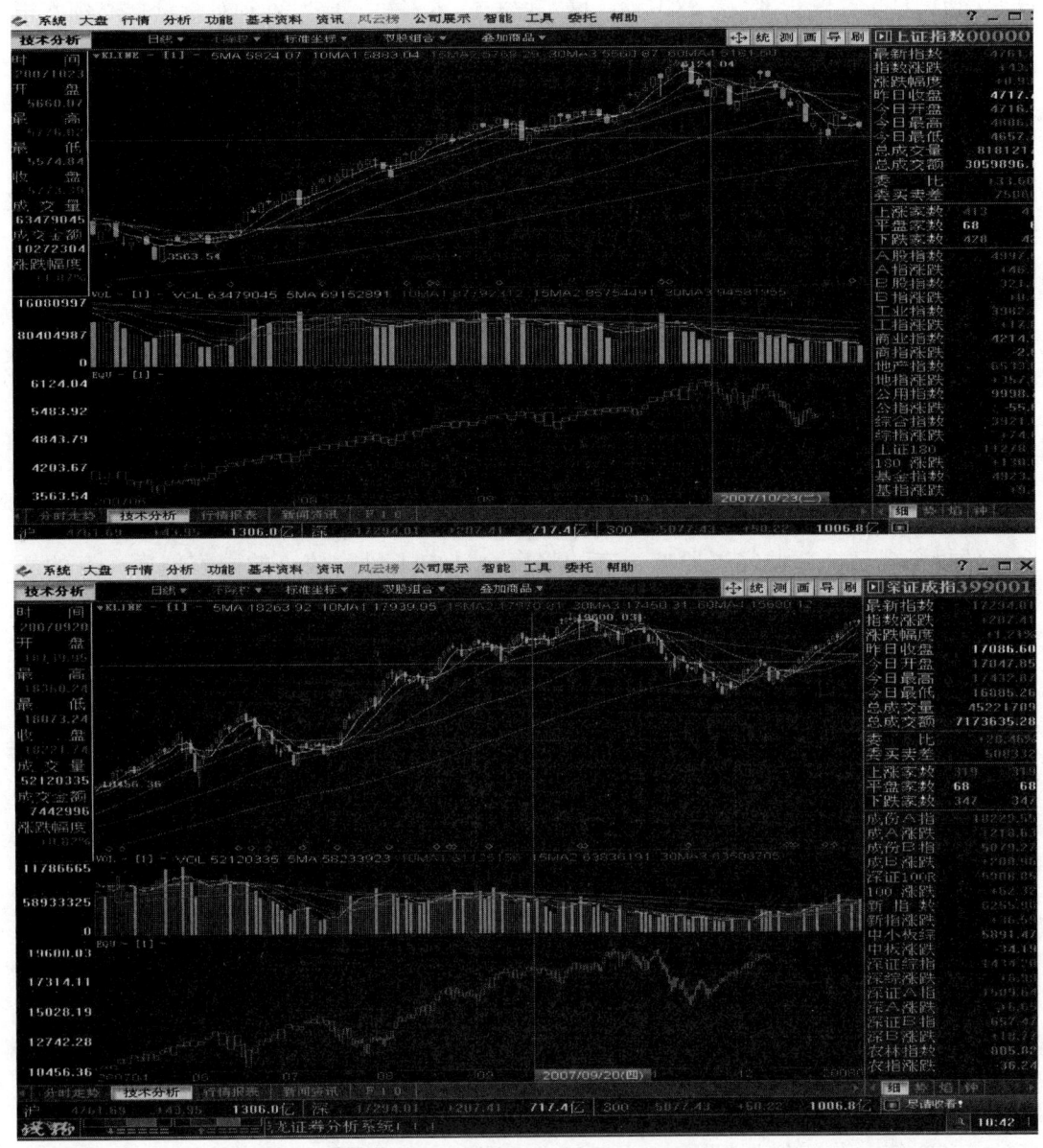

图 11 −1　沪深大盘变化周期

下降时期的操作策略："分批抛出，先劣后优"，是下降时期的主要操作方法。股市下降主要是抛出多，购入少。获利者争先恐后抛出股票，众多的投资者一块抛出，造成股市下跌，这是正常因素造成的下跌。这个时期，投资人应首先抛出高风险的股票，收回资金；而后再分批抛出其他股票；最后抛出优质股票。回笼资金，以备市场回升。"先劣后优"，是因为下降期刚开始时，许多股票从高峰开始下跌。高风险劣质股票下跌的速度比上涨速度还要快，所以，要先抛出。其他股票视行情的变化，采取分批抛出的策略。这个时期，中小散户投资者最好是一次将手中的股票抛完，即使是不获利也要抛出，因为大幅度的下跌还在后边。有不少中小散户投资者喜欢在下跌时期去"抄底",结果是:一路买进,一路下跌,屡买屡套,还不知"底"在何处。抄底必须在市场走出下降通道后,再进行操作。

停滞时期的操作策略:"战略建仓,等待曙光"。

这个时期,"空方"暂时战胜了"多方"。主力大户、中小散户手中大部分股票都已抛光,只剩下一些没有来得及"撤退的勇士们"在"山顶"站岗放哨。一开始这些在高位站岗的勇士们等待着"援军"的解放,殊不知这些期待的"援军早已撤离了战场",他们只好"孤军奋战"。有的败离了战场;有的鼓足勇气"坚持抗战""坚持久战",因为他们被"套得太深了"。他们是被"空降到战略最高点"的,面对着万丈深渊,怎么忍心往下跳呢?别无选择,只有"打持久战"。盼望有朝一日能"坚持到抗战胜利"。抗日战争打了八年,他们也最多坚持八年。在停滞时期,"多方"与"空方"的战斗并没有停止。今天你战胜我了,明天我又战胜了你……战场总形势是"拉锯战"。大盘在低迷中震荡徘徊,股票价格上下起伏。要经过很长的调整震荡时期,才能迎来下一轮的上升时期。在这个时期,由于大部分股价迅速下降,众多的投资者已全部抛完了股票。有的将资金转向了风险较小的国家债券;有的暂时撤离了股市,这样做的确减少了损失,增加了安全性。但是,市场上仍有一批有志之士正在寻找股市"战略低点"。经过长期的震荡徘徊,"战略低点"很容易被有心人发现。他们有战略家的眼光和胆量,他们能够抓住时机,在"战略低位"建仓。一旦低位吸筹完毕,他们会耐心等待。因为,他们知道这是"黎明前的黑暗",曙光就在眼前。

把握市场行情的变化,正确判断股市行情目前处在变化周期的哪一个阶段,对于缺少历史资料的中小投资者来说,往往十分困难。经济学家是根据国家市场经济的变化,判定股市的变化。因为,股市的变化领先于经济周期的变化。只要把握股市各个阶段的大致转折点,也就算掌握了股市的大趋势。把握市场行情变化的目的是:分析预测,把握时机,及时买卖。只要能及时买卖股票,获利也就有了把握。

我国股市经过2001年6月~2005年6月,四年多的盘整阴跌,市场元气大伤。"资金缺乏,人气不足"是2005年3月"两会召开"时期的股市特征。"轻大市,重个股",已成众多投资者的操作策略。有人提出:"不看大盘,看个股"。这也算是牛皮市场的一种对策。大盘在连续阴跌,个股却在上涨。有不少投资者掌握了某一只股票的变化周期,利用周期性变化这一规律,也能把握这只股票的高点与低点,也能做到:及时买卖,获利就走,使不少人获得了小利。多数人没有获利的原因,还是大盘连续多日的下跌。当大盘各项技术指标都已破位下行,各股都难逃下跌的噩运时,你就不得不重视下跌通道中的大盘了。如图11-2所示的下跌通道图。

据国外专家统计:有52%的股票价格随整个市场行情的变化而涨落;有13%的股票价格随工商企业因素的变化而波动;只有12%的股票价格随公司本身经营好坏而变化。由此可见,把握市场变化非常重要。只有把握市场股市变化周期,明确四个阶段的操作策略,才能够正确运用"买的高,卖得更高"的操作策略。否则,当你在高涨时期闯入市场,糊里糊涂买了个高点,只能是"买的高,套的深"。

第 11 章 短线操作策略

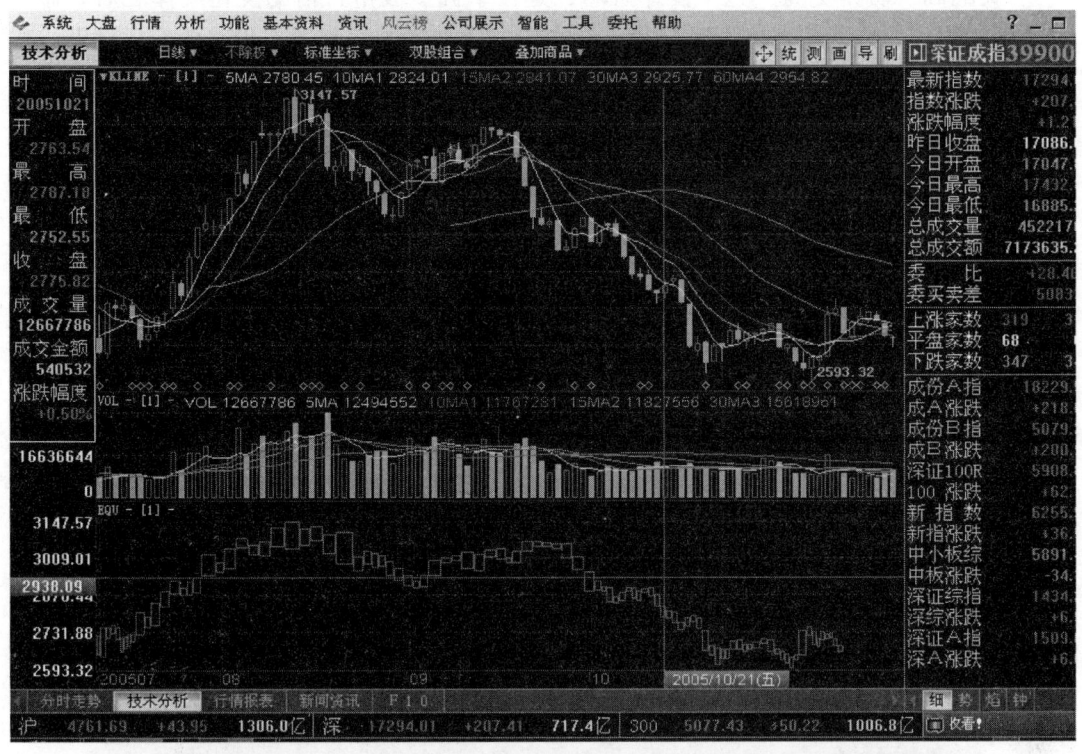

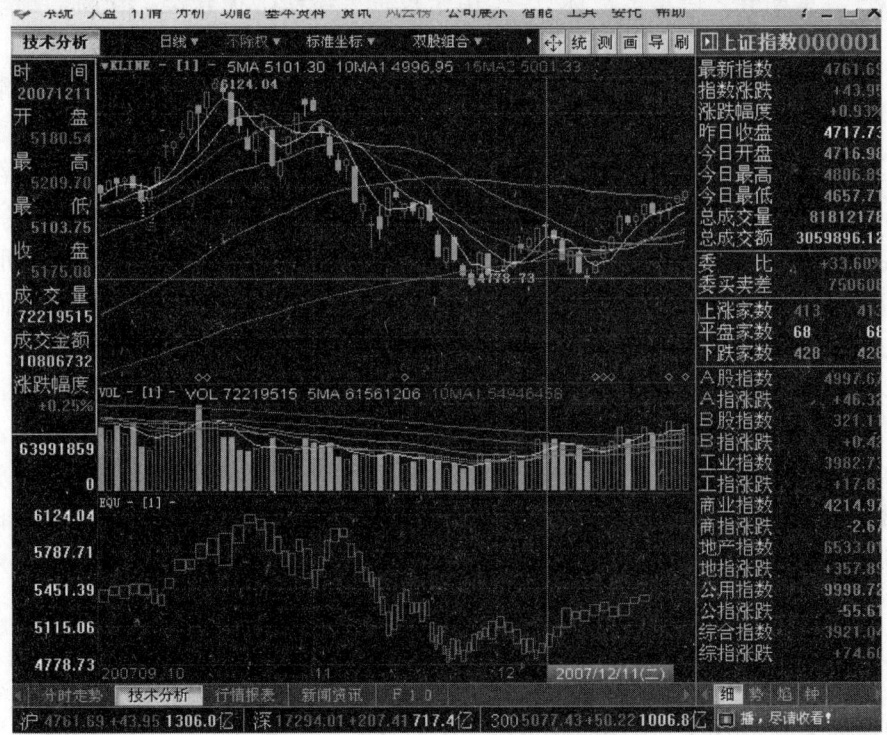

图 11-2 沪深下跌通道图

"买的高，卖得更高"这一操作策略，是在掌握了股市行情的变化规律之后，做出的操作对策。如果不能把握大势规律，至少应非常熟悉某一只股票价格的变化周期，对这只股票的高点与低点的出现时机，要清清楚楚；什么时候进，什么时候出，要明明白白。"要从客观存在的事实出发，找出办法来。"要使"大家明白，不论做什么事情，不知道那件事的规律，就不知道如何去做，就不能做好那件事。"这句话是毛泽东主席的教诲。

掌握股票价格变动规律，运用"买的高，卖得更高"这一套操作策略，能使你永立不败之地。

有的人会问，为什么价格这么高了还会有人买进？因为所有的投资者都希望自己接的不是"最后一棒"！

11.2 短线投机操作，谨防周五波动

11.2.1 知识要点

有很多中外股市专家，花费了不少时间，研究股市趋势和历史资料。"周一买，周五卖"长期以来被视为一种短线投机操作策略。每个星期的星期五，是本周最后一个交易日。星期五之后是"双休日"，由于投资人纷纷平掉仓位，交易会出现异常的波动。有时候这种波动是"自行其是"，它与平时市场的各项技术指标无关。凡有重大节日的星期五，更会引起投资人的关注。不少投资者都在提防星期五可能会出现的大幅度波动现象。目前，因为我国证券制度还不健全，尽管中国证券会采取不少措施，但波动现象并没有避免。投机在所难免，投机热会依然存在。如果在这个时期内有重要消息公布，波动则会更大，这时候，许多操作大户会卖掉获利的股票，寻机再买进价位较低、获利较大的其他股票。因此，周五的行情会随着周末股票选择权的变化而上下起伏。进行超短线操作的投资者，要谨防周五行情的波动而遭受不必要的损失。

有时候星期五的股票也会变得有吸引力。有的股票大量资金涌入，使股价上涨，恐怕下周一、周二再继续上涨而失去本周五进货的机会，自己又经不住这只股票上涨的引诱。有的股票受大量获利抛盘的影响和解套盘的影响，使股价下跌。不少投资者觉得这只已跌到低位的股票具有较大的内在投资价值，也怕失去差价进货的机会。这时候，也可以借周五股价波动的机会买进自己熟悉而又喜欢的股票。

周五投资人应该注意：防止股价下跌时发生损失；寻找买进良机；在股价弹升时考虑获利了结。

周五波动的方向有时难以预料，这时候通常不是短线操作的理想时机。有不少短线操作者想在周末放手一赌，下场往往是被起伏的巨浪"上冲下洗"。很多投资者都有这种"经验"。好好掌握投资良机，是长期投资策略的一部分。投资人必须小心谨慎为宜。请投资者记住1997年5月16日"黑色星期五"的暴跌教训。深市股指从6 010点

下跌到 5 100 点；又下跌到 4 560 点；7 月 7 日又跌到 4 280 点，从此，我国股市进行了长达两年多的"牛皮整理"。

11.2.2 投机操作策略

有不少中外股市分析师做过数字统计，结论是："如果 100 个周一里面有 43 次收盘价低于周五，那就表示有 57 次收盘价高于上周五，或者维持平盘。"虽然以前的表现不能用来预测未来会发生的事，但是，它有一定的操作参考价值，至少可以做到"有备无患"。

"周一买，周五卖"，具有一定的操作效力，这种操作效力曾给不少人带来过好处，获得不少利润。但是，在进行实战操作时难度却很大。原因是：首先，它属于"超短线操作手法"。不但需要有广泛的操作知识、技术分析能力，还需要非常熟练的操作技巧。其次，这种超短线操作，不但需要了解大盘趋势，而且还要求熟悉个股，二者缺一不可。最后，还要有承受损失的心理准备。周一买进，周五卖不出去（套牢）咋办？是忍痛"割肉"？还是亏损出局？你能忍受吗？

不具备超短线操作能力的人，最好不要去试。我在散户大厅里看到不少这样的投资人：他们看到或者听到别人"今天买，明天卖"，赚了钱。自己也想快点让手中的这几个钱"快快生子"。于是，效仿他人，今天买了这个，明天丢了那个……有点像"猴子掰玉米"，最后还是夹了一个"套牢股"。

做过数字统计的人说，周一、周二、周三股票升的多，降的少。周四、周五股票降的多，升的少。例如，1999 年 5 月 19 日的"井喷式"行情，持续到 7 月 1 日（周四）时，突然大跌。沪市一天暴跌 129 点。投资人可以翻开近几年股票操作系统的历史看一看，有些数字虽然缺少哲理性，但却是很有意思的数字，使人捉摸不透。不论这些数字准确与否，"周一买进，周五卖出"已成为许多超短线投机操作的策略，生怕遇上一个"黑色星期五"，而被"套牢"。

有许多事情找不出来哲理性，一些"至理名言"也随时间的推移而有新的内容。名言有什么意义可以不去理会，只要对投资人有价值就要重视，对自己的操作有实际意义就应该去试一试。"赔钱时要停损，赚钱时要放手一搏"。自己看准了的事情，就要去做。不要被他人的意见左右自己的操作。散户投资人面临的最大的问题就是"犹豫"。犹豫的成本很高，造成金钱和机会的损失很多。散户投资者只有减少犹豫，才能增加交易获利的机会。"周一买进，周五卖出"，为什么有的人赚钱，有的人赔钱？有很多时候都是因为"犹豫"而失去了赚钱的机会。股票捏在手里，上涨了出还是不出？"等一等再看"。也许有人左右你的思想，正要操作的手又停了下来。结果是：等一会儿，再等一会儿，等了一天也没有卖出去。"第二天再说吧"。结果，第二天一开市就往下跌。"今天比昨天要卖出的理想价位低，不卖"。再等。"不比上一次的价位高，决不出手"。又等了两天，股票价格又回到了原来买进的价位。价格又回到原位，就更不出手了。又等了几天，股票又下跌了 20% 还多，他再也沉不住气了，不等了，"割肉"。真是一位"割肉"老手。赔钱的原因何在？"是犹豫！"

超短线的投机操作者，在看准目标后，使用的手法都是："短、频、快"。这种手法不但需要正确的决心，而且更需要果断、快速的操作动作。"时间就是金钱"，这句话在股市上体现得淋漓尽致。"犹豫"是散户投资者操作的最大干扰。造成犹豫的心理因素很多，主要因素是：自己缺乏主见。

有些统计数字可以显示若干倾向与形态。一般情况下，市场不会因为这些数字形态而变化。从另一个方面说，这些数字形态是由股市形态创造出来的。股市形态改变，数字形态也会跟着改变。股票市场根据这一内在规律，完全可以把数字形态运用于股市，指导股民的实战操作。实际上，早已有许多股票分析师这样做了。

被人们广泛称之为"黄金分割率"的奇异数字：0.236、0.382、0.618、0.764，其中 0.382、0.618 是常用的两个数字，被广泛用于分析股市。股价上涨时，上涨幅度接近或达到 38.2% 与 61.8% 时，就会遇到阻力。股市反转下跌时，下跌幅度达到或接近 38.2% 与 61.8% 时，就会遇到支撑。

股市的奇异数字很多，也很有意思。许多数字可以使投资人在规划投资战略时，参考利用。要注意这些带有多年经验的、人们还没有揭示出内部规律的奇异数字与股市名言。要善于积累资料、要善于学习他人的长处，变这些名言为自己的经验。会掌握大势行情的人，一定不会吃亏。

股市的周期性与对称性也是由一些奇异数字显示的。中国经济的增长为五年一个循环，这与"五年计划"有关。中国股市只有短短几年时间，大盘也有周期性与对称性。从 1 428 点上升到 1 558 点；又回落到 1 052 点、928 点。1996 年完成 928 点的对称 894 点；接着又完成 1 052 点的对称点 1 047 点。1997 年完成 1 428 点的对称点 1 425 点；1997 年 5 月 7 日又完成 1 558 点的对称 1 499 点。1998 年 6 月又出现了历史高点 1 422 点；8 月 17 日又出现了历史低点 1 043 点。1997 年 2 月底又出现了历史低点 1 067 点；6 月 30 日又出现了历史高点 1 756 点。如果把这些奇异的数按照时间的变化连成一条曲线，这条曲线与数学中的"正弦波"曲线有惊人的相似。这就说明，股市大盘有周期性与对称性，这一个内在规律，早已被股市"专家"利用了。

大盘有周期性与对称性。同样，个股也有周期性与对称性。这种个股的股价以一定时间上下震荡的现象，早已被新老股民熟知和利用。"低点买进，高点卖出"，就是利用了个股股价变化的内在曲线规律。只不过是许多人的知识还停留在"感性阶段"。股民朋友只要看一眼当天的证券报，看一看各只股票"移动平均线走势图"，就能理解这个道理。如图 11 - 3、图 11 - 4 所示。

股票价格每天都在波动，股票"能量"每天都在转换。股票价格每隔一段时间就会循环一次，而且这种循环有周期性和对称性规律。"只要股价到了周期性的对称点，将产生不以人们的意志为转移的循环周期"。明确了这个道理，中长线投资者运用周期性与对称性内在规律，能及时发现股价潜伏的"底"。在低价位买进股票，等股票上升到周期对称性高点附近时卖出股票。短线投资者利用周期性与对称性的上涨和下跌行情，及时调整自己的操作策略。上升时，根据周期性与对称性原理，分析它的上升空间有多大，目前跟进能否获利；下降时，分析它的下降空间有多大，目前停损是否合适。

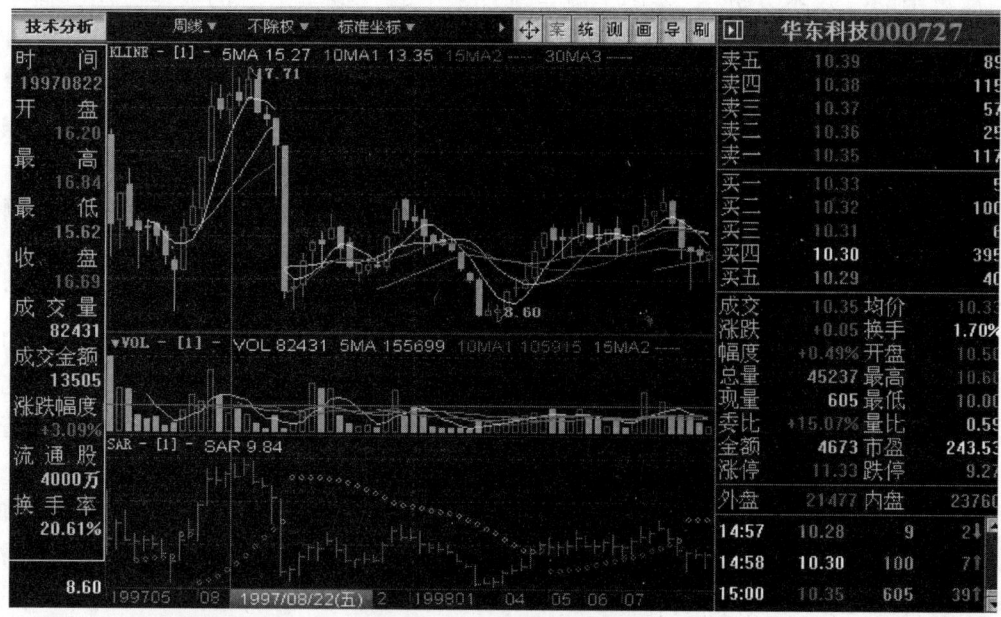

图 11-3　华东电子走势

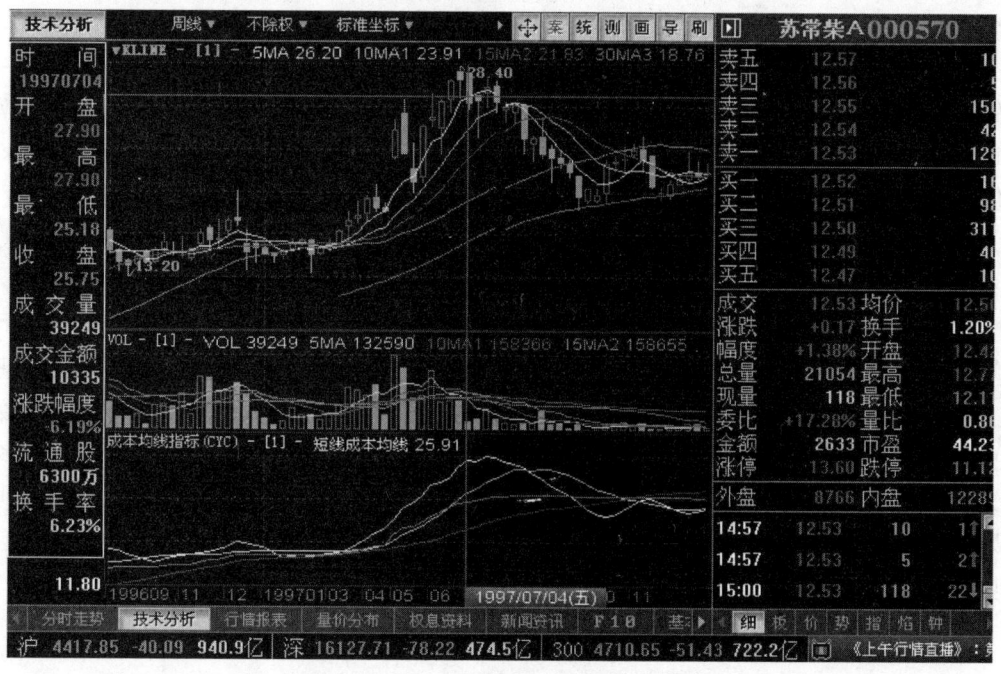

图 11-4　苏常柴走势

股票的循环周期有长、有短。多数股票分析师认为，股票循环周期可以分为三大类：长期周期、中期周期和短期周期。股票分析师们早已将时间周期性规律广泛运用于股市预测，并且已成为投资者关注的热点。

股市中的"技术分析",实际上就是统计学中的"概率论"的具体应用。概率论是研究随机事件的规律性的一门科学。把概率论用于股市分析也同样具有科学性。股市上有不少人嘲笑"技术派"是片面的。股票市场上的"随机事件"与概率论中的随机事件一样,都具有偶然性和必然性。就其个股来说,"出现"与否可能是偶然的;但是就其总体上来说,却是具有内在的必然性——即规律性。在股市中,在一次操作中,"随机事件"可能发生,也可能不发生(预测要涨,而没有上涨;预测要跌,而没有下跌)。但是在大量的重复操作中,还是可以发现就其总体上来说是有内在规律性的。它"出现"的可能性是可以度量的。正如伟大的导师恩格斯所说:"偶然的东西是必然的,而必然的东西又是偶然的"。"在表面上是偶然性在起作用的地方,这种偶然性始终是受内部的、隐蔽着的规律支配的,而问题只是在于发现这些规律"。这种规律就是统计规律。那些嘲讽"技术派"的人,并非懂得概率论的基本知识和马克思主义的辩证法。

股市中的"随机事件"虽然有很多不确定因素,但是运用技术分析可以从总体上把握股市的内在客观规律性。所以,股票分析师的话不但要听,而且要听懂。只有看不懂技术指标的人,才去寻听小道消息。

会运用统计规律把握大趋势的投资者,也能运用统计规律去把握个股。能把握这一规律的短线操作者,则能十分巧妙地避开许多次周五的波动。因为,许多个股的股价变化规律与大盘趋势的变化规律一致。只有熟悉大盘,才能掌握好个股。

有时候股市的走势令人难以捉摸,个股的变化更是让人眼花缭乱。要投资某一只股票,不花费心机,不绞尽脑汁,不收集资料,不研究适度的投机方法,你就做不成短线操作,更谈不上周一买进,周五卖出。有不少人说:"动那脑筋干啥,人家怎么做咱们怎么做"。只能是一个"碰运气"的"跟风派"。不在股票市场上反复实践,不在实战中反复搏斗,不在实践中积累经验,要想长久立足于股票市场,永远也不可能。

"周一买,周五卖",是超短线投机操作的股民为了提防周五波动,防止损失而经常使用的超短线操作手法。使用这种方法的前提是:建立在熟悉大盘,了解个股的基础之上的。只要有了这个前提条件,散户投资者也可以留心去试一试,选择一只业绩较好的"热门股",用"投资进,投机出"的方式,短线操作一次,对投资人也不会有多大损失。看准了的股票,迅速抓住时机,勇敢果断地操作一两次,有时会收到意想不到的效果。一两次侥幸的收获,并不是一位成功者。但是,它是成功者的初始尝试,是走向成功的第一步。

11.3 认赔杀出,动作要快

11.3.1 "认赔杀出"原因

人间有一句俗语:"该做的事情,早做早好"。"认赔杀出"不是一件愉快的事,没有一个人愿意干这种事。这种心情与军事家打了败仗的心情一样。毛泽东主席说:"我们不能要求事实上的常胜将军,这是从古以来就很少的。我们要求在战争过程中一般地打胜仗的勇敢而明智的将军——智勇双全的将军"。股票市场犹如战场,战场要流血,市场要输钱,二者的心里都不痛快。不想干的事还得干,不痛快的心情是常有的。在股票市场从正红火之时,突然暴跌,而且众人对后市一致看淡,大有"败军如山倒"之势,你就不得不考虑要做点这样的傻事——认赔杀出。

积极进取的投资人,难免也要干"认赔杀出"的蠢事。常胜将军虽少,明智的将军处处皆有。有三个同样条件的仗,打胜二个,这样的仗就可以长期打下去,这位指挥战斗的将军就算是"常胜将军"。在股票市场上,要能做对2/3,就算是个大赢家。许多投资大户,相信自己只要做对一半的次数就可以了,投资人总有认赔杀出的时候。因为,"赔"是不可避免的。投资人只要回顾一下自己的投资历史,总会发现有忍痛"割肉"的时刻。

"蠢事"一旦形成,必须得趁早了结。"傻事"一旦决定要干,必须做得干脆利索。一旦决定认赔杀出,动作要快,不能犹豫。要雷厉风行地去执行这一决定。因为,"股市大趋势就是生命线"。"趋势线就是生命线",许多投资者都坚信不疑,只有新入市的股民理解不深。不理解者,请回顾一下1997年5月的行情。"五四"青年节刚过,5月5日开市,恰好是个星期一。深市大盘成分指数5月5日上涨200多点;6日又上涨近300多点;7日继续上涨200多点。连续三天,每天均以200多点的速度暴涨,市场在一片欢腾之中。等待入市的股民排成长队;已经入市的老股民,几乎人人都是"发烧友"。又有多少人会想到5月8日的大暴跌呢?成分指数从7日的6 000点,跌至5 598点,一天暴跌近400点!5月9日是一个反弹,收盘指数是5 865点,9日则完全有时间认赔杀出,因为9日是一个星期五。有不少人还要"等一等""看一看"再说。5月12日又是一个暴跌!紧接着13日又是一个反弹,收盘指数是5 882点。如果说9日没有卖出去,13日则完全可以卖出。因为有人还在犹豫,一部分投资者又失去了机会。5月14日又暴跌至5 505点。尽管5月15日又反弹至5 622点,但是,紧接着就是5月16日的大暴跌。大盘指数又从5 622点下滑至5 125点,一天跌去497点!刚好又是一个星期五。许多"发烧友"称1997年5月16日这个星期五为"黑色星期五",一时气愤。怪谁呢?头脑一旦失去理智,就会"发烧";一旦"发烧"就会把"风险"二字抛到九霄云外。发起烧来之后,又不马上"降温"。不降温,头脑就难以清醒;不清醒,则不可能采取果断行动。不采取果断行动,就会失去战机。从那个"星期五"以后,股市虽经几次反弹,很长时间也没有走出低迷的趋势。有许多人在等待。他们说,"红五月失色"等待"红7月的回归日"。结果到7月1日"回归"后,7月7日股指又猛跌至4 270点!沪市的最低点时1 066点!等待又失去了曙光。"迎接十五大胜利召开,9月股市一定会上涨!"有不少人在大喊。等吧,在等到9月看看。好不容易盼来了9月13日"十五大"胜利召开,希望深沪两市的长期的震荡盘整中能走出一波像样的行情。结果又是怎样呢?从9月13日"十五大"开幕到9月23日胜利闭幕,深市大盘指数又从4 450下降到3 689点(最低探至3 661点)。希望又如"肥皂泡"。于是,有人叫、有人喊、有人骂,不少人纷纷"割肉"离场。又能怪谁呢?怨天、怨地,最后还是怨自己。怨自己当时没有采取果断措施。股市是遵循自己的内在规律行事，而不是根据哪一个人的希望。不要埋怨股市残酷，股市对多数人来说都是残酷的。

"当断不断，后悔莫及"。一旦决定认赔杀出，绝不能再犹豫。此时不要抱有幻想，而要力挽狂澜，减轻损失。有不少新手，常常犹豫到最后一刻才"出手"。他要等股价再升高一点才去卖出，这时候却无法成交。因为，一是股价不会停留在原来的价位，有时候会跌的更低；二是早有不少"卖单"已积存在那里了。随着时间的消逝，卖单的数量会越来越多。卖单数量逐渐累增，就会出现一种现象："上档卖压严重"。就算是有利好消息出现，这只股票也很难消化这些上档卖单，很难迅速上扬。一旦有利空消息时，这只股票会跌的更惨。因为，下卖单的那群人，全都抱着相同的想法：知道情况不乐观，纷纷将卖单的限价调的更低。有些卖单好不容易撮合成交，但价格已经压得很低了。在这样的困境中，变得十分耗时费力，投资人也感到非常泄气。

11.3.2 如何止损

股票市场虽有新老、高低之人，常胜将军却很少见。高手一旦发现自己搭错了车，买进了正在下跌的股票，会迅速止损卖出，将损失控制在最小限度。新手则不然，他寄希望股票有一天会上涨，总是等来等去。当看到无上升的可能时，才卖出，结果，价格已经下跌了许多，损失很大，后悔莫及。如何止损，掌握了止损技巧，才能在股市中站稳脚跟，不会"血本无归"。股市有句警言"收回利润谁都会，停止损失尚需学。"能够买低、卖高，赚钱谁都懂。一旦高买之后，却不一定能在合适的低值卖出，以减小损失。当发现高价买进之后，股价没有上升，反而下跌，而且大势也不妙，就要迅速卖出。否则一落千丈，老本赔尽。

许多投资人都有强烈的赚钱欲望。但是，这种欲望往往会使人们翻舟。他们不愿意正视自己的错误。有句股市谚语："当留下的只是'希望'二字时，你就明白了自己的投资投错了方向。"这时候就要正视现实，迅速反应，减少损失。犹豫不决，会一败涂地。不能优柔寡断，遇到这种情况，解决的方法很简单，一旦决定卖出，就要壮士断腕，尽快认赔了结。

在股市上常常听到有人说：要是在××时卖出多好！"当断不断，后悔莫及"。2007年5月30日以前入市，至今还被"套牢"的股民，还在等待着"大军来解放"他们。他们错过了一次又一次的机会，手中又无多余的钱在低价位回补。等待虽然是一种无奈的选择，也只有等待。这些等待"大军的解放者"往往是一些股市上最贫穷的散户投资人。他们都想进股市赚点钱，没有想到等待他们的却是"残酷和懊丧"。现在，股价已经跌去了一大半，谁还能下"认赔杀出"的决心？谁都明白，认赔是从自己身上"割肉"，但是，这块肉割的太大、太重了。

即使是认赔杀出来了，拿到这一点为数不多的钱，也难找到更好的投资方向。若是再投资，再赔钱，还不如等待"大军"来解放。等三年、五年、八年、十年……他们有"长期看好"的信念。他们总是这样想：只要中国股市不崩溃；第二次抗日战争不再来，总会有机会的。抱牢这些没有卖出、明知赔钱的股票回家睡觉，也可能是一种最好的心理安慰。

"闭门思过"，可以使不成熟的股民变得更加成熟，不老练的股民变得更加老练，可以使幼稚的投资者变成精悍的壮年。面对这残酷的股市，在大浪淘沙催人泪下的同时，历经磨难的股民也学会了在"冷枪"中微笑、在"刀口"下镇定。

在漫长的"股海中行舟"，不怕摔跌，不畏荆棘，在艰难困苦中自我完善；在跌宕起伏的行情中，超越自我。"当你艰难的战斗到最后一刻时，敌人也正是强弩之末。"一位智勇双全的将军，把握战机，就像在股市中"安排操作"一样。一个能做大事的人必须会把握"火候"。市场主力之所以能呼风唤雨，振臂一呼可以把中小投资者陷入尴尬的骗局，关键是掌握了行情转变的契机所在。股市有内在规律可循，掌握了它的跳动脉搏，就能有的放矢。就不会盲目跟风，也就可以避免在高价位时买进，在低价位时杀出。

11.3.3 箱型操作

"积极主动，灵活机动"是战场歼敌的一个基本原则。在股市的下降通道刚刚形成时，破位下跌即在。采取明智的停损，就是为了今后有更好的机会，这也是一种"积极防御"。在上升通道中，去努力把握领涨板块，也是看到了股市内在运行规律之后所采取的一种"主动出击"方法。主动是战场的生命，谁掌握了战场的主动权，谁就能胜利，股市也一样。主动是生命力持久旺盛的表现，主动出击才能克敌制胜。

"打得赢就打，打不赢就走"，是运动战中歼敌的一个基本原则。"天下没有只承认打而不承认走的军事家"。今天的走，是为了明天的打。股市中的买进与卖出，就是运动战中的"打"与"走"。不要在危机发生之后，再去后悔，也不要知错不改，一错再错。一旦发现有危机的前兆，就应将手中获利的股票立即出手，尽管是微利。历史的经验告诉我们：已经大跌的大盘，能出局就是机遇。

"看涨即跌"，是股市警言。人们往往在大涨的时候"得意忘形"。你追涨，他追涨，我也追涨……你我他都把"跌"字抛于脑后。他们不知道，主力这时候早已在高高的"山顶"上坐着，并且大笑着往下看这一大群"正在爬山顶"的人。当这一大群人已经爬上了"山顶"，主力却坐着"电梯"下来了。众人再找"下山"的路，只能是"站高望渊"。这时想要往下跳，必须有很大勇气。否则，就得在"高高的山顶上站岗"。我也钦佩主力的"操作技巧"，能把众多的投资人引向"山顶"。盲目地跟风者却成了"山顶哨兵"。

等着吧，山上的朋友们，"在持续暴跌之后，一股新生力量已经悄悄诞生，这种力量随着暴跌的持续，反而会迅速膨胀。""一旦火候具备，随时会汇成一种狂流。"这种狂流会把一叶小舟推向"山顶"，请你们要忍受长期的寂寞。

"股市无大师，输赢靠运气"。这种颓丧的心情可以理解。这种股民很多，他们在股市中输了金钱、输了心血、输了时间，浪费了青春，输了也是输的不明不白。股市中只靠运气的人，多数都没有好运气。"股市无大师"，但股市确有内在运行规律。一旦掌握了内在运行规律，就能够与市场共舞。短线高手都是捕捉市场共振频率的能手。他们有时也是困难重重，市场主力也是经常想把他们甩开，或者想把他们"套住"，但是，他们很精明。当市场主力把"套子"刚刚举起来的时候，他们已"溜之大吉"了。有时候市场主力想通过"三振出局"的办法，把他们赶走。这时，他们愈战愈勇，非与主力共舞不可。他们就像一位死皮赖脸的"舞女"，不但摸熟了市场的共振频率，也摸透了主力大户的"跳舞步伐"。他们才是最后的赢者，连市场主力也无可奈何。有些中小散户经常盯着这些"舞女"，也能做到："她吃肉，你喝汤"。喝汤也比赔了钱、饿着肚子好受点。

"认赔杀出，动作要快"。与此相反，"决定抱牢，要会忍耐"。在股市中，忍耐也是一种超高技巧。它不但要有超高的勇气，而且还要有无比的耐心，能经受长期的寂寞。这种人要比前一种动作"雷厉风行"的人更有坚强的毅力。"忍实质上又是一种动态平衡"。在上升通道中空方能够忍；在下降通道中多方也要忍。对于已经深套的多方来说，一是跑；二是忍。如果你不跑，那就一定要忍，别无他择。忍可能会错过一些机遇，只要不受大伤害，就要决心等待多空能量的转换。有时候，善于忍耐的人，也会取得不小的成功。

毛泽东主席说：人类总得不断地总结经验，有所发现，有所发明，有所创造，有所前进。股市中的错误与挫折是常见的，失败也在所难免。一个成功者是要从失败中总结经验，吸取教训，改进以后的操作方法。"愈受困，愈坚强；愈危急，愈奋战。"谁能克服困难，勇敢奋战，谁就是胜利者。

11.4 股市暴跌，伺机买进

11.4.1 基本含义

"股市暴跌，伺机买进"。每逢股市暴跌后，这句金玉良言就有人提出。这句话有很多人相信它有一定道理。不少"抄底"的老手更是坚信不疑。但是，有许多股民把它作为一种操作策略运用时，其中不少股民却被搞得一败涂地。也确有不少股民运用这一套操作策略，尝到不少甜头。同样都是运用了这一套策略，为什么会有胜负之分？失败者所犯的错误是："离开了当时当地的实际情况，主观地决定自己的工作方针"。列宁说："对于具体情况作具体的分析，是马克思主义最本质的东西，是马克思主义的活的灵魂。"对于具体的事物作具体的分析，也是股市的灵魂。看问题要看它的本质和主流，看股市也是一样。

这套策略运用的恰当，能够"克敌制胜"。运用不当，能够"一败涂地"。其关键是要根据股市当时的具体情况，作具体的分析。既要看到股市当时的本质与主流，也要看到非本质与非主流。正确地运用这套操作策略，有两种时机值得重视：一是股市大势众人一致看好，因有一个特大利空消息，突然使股市暴跌。二是股市连续暴跌多日。

11.4.2 实例说明

1997年2月19日（星期三），改革开放的总设计师邓小平同志逝世。当天早晨突然广播了《告全党全军全国各族人民书》。当天深沪两市一开盘，大盘指数同时暴跌。不到半个小时，几乎所有的股票都"跌停板"。许多小户纷纷"割肉"出逃，股市大有"街头溅血"之预兆。在众多的人争前恐后地"割肉"之际，有不少人却悄悄买进了自己喜欢的股票。第二天股市则大幅度回升。"割肉"的人哇哇痛叫，进货的人却默不作声。昨天进货，今天抛出，纯赚10%。为什么有人"割肉"，有人进货呢？"割肉"的人只看到这则消息是特大的利空，并且消息已成为事实。唯恐对股市产生长远的不良影响。凡视这则消息为特大利空的股民，都从自己身上割下一块又大又肥的肉，尽管并非情愿。进货的人则不然，他们既看到这则利空消息的影响；又看到了当时股市的基本面良好。我国经济高速发展，通货低膨胀，是本质、是主流。良好的基本面决定了股市不会长期暴跌。因此，不少股民逆市勇敢而行，在许多股民争先"割肉"出逃之际，他们却悄悄买进了自己长期梦想得到的股票。

11.4.3 操作策略

使用"股市暴跌，伺机买进"的操作策略时，应注意的第二个问题是：股市大盘连续大跌几天，不少绩优股也是连续大跌，甚至会出现两三个跌停板。当绩优股出现一两个跌停板时，你就可以买进一部分。当出现三个跌停板时，应坚决买进。因为，绩优股出现这么多"跌停板"，是很少见的。即使是众多股民对大势看淡，中线观望，也要坚决买进。理由是：由于业绩优良，会受很多人的偏爱，短线有反弹机会；二是有业绩支撑，心中不惊。它已跌了两三个停板，价位已跌去了两三个10%，"水分"已经快挤干了。内在投资价值已经提高，相对市盈率也已偏低。许多股民看到它有较大的投资价值，就会纷纷进货。这就是"暴跌必有反弹"的道理。连续几天的暴跌，必有一定较大幅度的反弹。在反弹的过程中，又通常是超跌的绩优股回升最快。股市暴跌时，若能选对股票，将会尝到不小的甜头。问题在于：一定要选对股票，选对股票就需要研究个股，研究个股，不但要看到它的过去、现在，而且还要看到它的未来。在股价一路下跌期间，你确实认为它的水分已经挤干，相信自己买到的是便宜货，就可以赚到一笔钱。

有的人害怕股市下跌，天天跌，低价之下还有低价。这种现象也是可能的。股市连续阴跌几天、几周、几个月，甚至更长的时间，并不足为奇。个股的股价变动有它自己的周期性；大盘走向的大趋势，也必然会有反弹。没有只涨不跌的股市，也没有只跌不涨的股市，个股也是这样，这是唯物辩证法的观点。最重要的，一是要选对个股；二是要掌握好进的时机，二者缺一不可。

在大盘连续阴跌几周、几个月时，可以在大盘底部初现之时，精选个股，做好介入的战斗准备。一旦大盘底部形成，就坚决果断地"杀入"。不管它是双底，还是多重底。这个时候进去，即便是被套，也套不深、套不死，不用担心。原因是：大盘连续下跌数月，个股升降、起伏，一直在不停地"缩水"。股票的内在价值也一直在不停地提高，介入股市的资金也在不停地增多。"人气"也在不停地焕发。长期大幅度的阴跌，必有长期大幅度的弹升，这也是股市的内在规律性决定的。

我国股市，目前有一大特点：在股市连续低迷下跌时，有良好的政策面在支撑着。毛泽东主席说："政策和策略是党的生命。"政策和策略也是我国股市的生命。我国股市自从1996年初，股市十分火爆，管理层连出"十二道金牌"也未能阻止大盘股指的上扬。政策利空频出，股价反而上升不止。到1997年5月初，股指已狂涨到最高峰，股民像发疯似的涌入股市，头脑中全无风险二字。管理层不得不发表评论员文章，而后又采取了几种措施，才抑制了股市的非理性上扬。股市是一个综合性很强的市场，投资者的心理又十分复杂，有时也会出现非理性投资。在上涨中，越涨越买，越买越涨。在下跌时，越跌越抛，越抛越跌。股市高涨时，越吹冷风越高涨。只有到了一个顶部，才会走向反面。2005年5月正是股市低迷之时，高级管理层讲了很多有利于股市发展的话，但股市还是低迷。有时候，股市低迷时，越讲好话越不利。像2007年5月之前，越吹冷风越上涨，形成了一种反差，这也是众多投资者复杂心理矛盾的表现。不管怎么说，股市有其内在规律，它只遵循自己的规律，不会"轻信"某人的讲话。股市运作也有一个惯性问题。从上涨到下跌，从下跌到上涨都需要有一定的转变空间和时间，人气的带动也需要一个过程，这也是由股市周期性决定的。只要股市不出现非理性，管理层不会再出政策利空消息。遇有政策性利空消息时，造成大盘暴跌，不要急于买进。防止利空消息接二连三地出，买入后接二连三被套。要等政策性利空消息出完了，再买入已经严重超跌的、自己熟悉而又喜欢的股票。买进股票时，要选择业绩好、风险小、成长性高、有高含权的小盘绩优股。一旦政策暖风频频吹之时，就是大盘将要回升之日。

有人想利用大盘连跌数周，抢几次短线反弹。"大盘连续阴跌抢反弹，多数人冒险，少数人获利"。不少中小散户投资者都有过这种教训。2005年2月9日开市以来，大盘一直在下降通道中运行。若是在2月中旬、下旬，即3月上旬、中旬补仓，也是次次补仓，回回被套，也有少数投资者做对了。做对了也只能赚个"称盐买菜"的小钱。为什么只有少数人做对了？因为大多数的人都没有跟上庄家的步伐。股市下跌，有少数个股"逆市飘红"。这些"逆市飘红"的个股，并非都是好股。多数的个股都是"庄家行为"。大盘破位下行，众多股票下跌，只有"万绿丛中一点红"最为引人注目。这时会有不少人说："逆市飘红是好股！""逆市抗跌的是好股"……不少人经不起这"逆市上升""物美价廉"的个股引诱。他们不知道，庄稼的建仓成本要比你买进的成本低得多。庄家一个人头顶一只"红帽子"上山，他需要有人为他抬轿。谁进去，谁得当他的"轿夫"。大盘下跌，抢反弹，只有跟着庄家的步伐走，才能赚个小钱。所以，大盘连续下跌，短线炒作，仍需谨慎。

大盘连续低迷数周、数月，所有的中小散户几乎都离开了证券市场，说明大盘的转机就快到了。经过长期的阴跌，大盘阶段性底部构筑已基本完成，再跌也跌不到哪里去了。除了个别被庄家炒作的，几乎所有的股票都已下跌到位，有的股票已经威胁到发行价。在阶段性底部即将构筑完毕之前，要密切注视大盘动向，并做好大资金的介入准备工作。一旦阶段性上升行情已确立，则要果断介入。本轮上升行情的热点板块会是哪些？是高科技、房地产、建材、还是国企大盘股？对主力大机构来说，这些都不是问题，你不用为他们操心，他们会非常好的安排自己进入哪个板块。对中小投资者而言，要能猜到哪个是热点板块，并非易事。猜不出来，就不猜，不用去花费那个脑筋。教给大家一个最懒、最省事、也最有效的办法：把你的资金准备好，天天盯住大盘，寻找个股；发现哪一只股票突然启动，并且放出能量，它就是热门股，这个板块也有可能是热点板块。一旦发现有主力建仓的股票，不论盘子大小、不管业绩如何，不用区分"香臭"，大胆介入。有人说，庄家是很精明的，他们会用隐蔽手法吸筹，并用各种方法欺骗我们。是的，庄家是很精明。因为，他们是一批"高智能"的人。中小散户朋友们千万不要忘记一个事实：他们的钱要比你们的钱多得多！"隐蔽操作，分批建仓"也会露出"尾巴"来。打开计算机，只要看看买入单就知道了。他们不但会用舆论、消息，而且会用各种方法欺骗中小散户投资者。"声东击西""明修栈道，暗度陈仓"，都是主力大户惯用伎俩。有一句股市名言：股市中什么事情都可能会骗人，唯独成交量不会骗人。"股市暴跌，伺机买进"在这个时候，才最为有效。股市、重挫到这个地步，"跌无可跌，即将回升"时，才真正是千载难逢的买进时机。

许多人把股市的重跌当成进货的良机，是因为"有暴跌，必有暴涨"这句金玉良言在指导着众多投资人的行动。有不少时候，有暴跌，却无暴涨，至少在短期内没有暴涨。这个金玉良言虽有片面性，但是，对众多的投资人仍有很大的指导作用，这是有"利益驱动"的结果。

大盘暴跌，所有股票都难逃下跌的噩运，股价超跌是正常现象。在买进超跌的某一只股票时，中小散户投资人一定要了解一下这家公司的业绩如何。如果这家公司严重亏损，你手中的股票则永无翻身之日。有时候，这样的股票价格会跌到很低，有人觉得它是便宜货就买入，想投机操作一把。结果是："偷鸡不成，抱牢到终"。

在股市暴跌时，有不少短线投机客认为：4元的股票价格上涨两倍，要比20元的股票价格上涨两倍容易些。在很多情况下，却事与愿违。原因是：价格上涨并不完全由价格本身决定，上涨是由多种因素促成的。如果投资人要在"股市暴跌，伺机买进"，一定要先研判一下这家公司是否有成长性。否则，你买进这个公司的股票，就像抱了一只刺猬，抱也抱不得，扔也扔不得。

11.5 趋势背离，及时反应

11.5.1 趋势背离的概念

有人说，股市永无安宁之日，没有一天是"平静"的。市场总是"波动"不停，不是涨，就是跌；跌不下去，就要涨。市场每天的走势十分重要，它不是强化当前的大趋势，就是偏离当前的大趋势。对于短线投资者来说，市场每天的"波动"更为重要。要随时观察趋势的变化，一旦发现趋势背离，要及时采取操作措施。

什么叫作"趋势背离"呢？股票分析师们早已回答过这个问题。分析师说：当股价走势一峰比一峰高，某些技术指标曲线一峰比一峰低；或者股价走势一峰比一峰低，技术指标曲线一底比一底高，这种现象称为"背驰"，也是通常所说的"趋势背离"。这种现象一旦发生，表示短期走势已快到达顶部或者接近见底，在操作上应该及时采取相应措施。

常用的技术指标有：移动平均线、随机指标、指数平滑异同平均线、相对强弱指数、动向指数等。这些技术指标也是中央人民广播电台经常采用并广播的指标。分析趋势背离，经常用随机指数和相对强弱指数几个技术指标。

随机指标，它在图表上是由%K和%D两条线构成，简称为KD线。其中K线为3日线或5日线，称为随机快步指数；D线为9日线，称为随机漫步指数。%K和%D线在同一张图纸上描绘而成曲线。%K一般用实线表示；%D线一般用虚线表示，两条曲线均在0～100波动，据此研判买卖信号。超买与超卖的判断法则是：K线是短线敏感线，90以上为超买，10以下为超卖；D线是中期主干线，80以上为超买，20以下为超卖。

投资者要进行大资金运作操作时，一定要十分重视KD线所处的位置，并首先对"循环低点"与"循环高点"做出判断。当KD线处于20以下区域时，大盘实际上已处在一个阶段性底部区域。当KD线处于80以上区域时，大盘已处在一个阶段性顶部区域。在底部区域不要频繁杀出；在顶部区域不要盲目追高。当投资者发现：你手中持有的股票，股价走势一峰比一峰高，随机指数曲线却一峰比一峰低，说明已发生"背驰"现象，应该果断抛出手中的股票，赶快获利了结。当投资者发现：你手中持有的股票，股价走势一底比一底低，随机指数曲线却一峰比一峰高，也说明有"背驰"现象，不要盲目"割肉"，股价弹升即将来临。

相对强弱指标（RSI），是根据平衡原理，通过一段时间内平均收盘涨数和平均收盘跌数，分析未来市场的走势。取样时间通常是9日和14日。强弱指数的取值范围是0～100；它是把每天计算出来的强弱指标（RSI）的数据描绘在图纸上，形成一条随时间上下波动的曲线，如图11-5所示。波动范围也是在0～100之间。

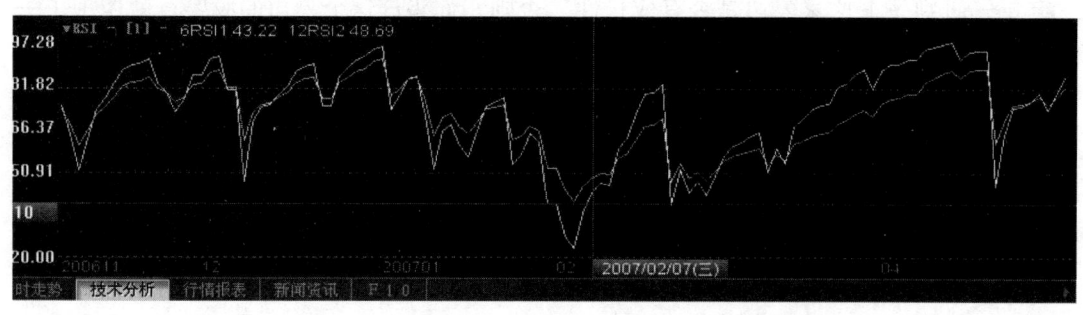

图11-5　相对强弱指数

投资人使用强弱指数的判断法则是：

（1）强弱指数（RSI）取值范围是：$0 \leqslant RSI \leqslant 100$，RSI在0附近，表示股价在几天

内天天下跌；RSI 在 100 附近，表示股价在几天内天天上涨；RSI = 50，表示股价在几天内涨跌持平。

（2）当强弱指数小于 40 时，为弱势区；当强弱指数小于 100，大于 60 时，为强势区。

（3）当股价创新高，强弱指数也同时创新高，表示后市仍强；若强弱指数未创新高，反而一峰比一峰低，说明已发生"背驰"现象，走势很可能会反转，抛出手中股票，及早获利了结，这种现象称为"顶背驰"。

（4）当股价创新低，强弱指数也同时创新低，表示后市仍弱；若强弱指数未创新低，反而一峰比一峰高，也说明发生"背驰"现象，走势极可能回升，不要盲目杀跌，持股待升，这种现象称为"底背驰"。

（5）当强弱指数大于 90 时，是市场反转的强烈信号，投资人则应坚决果断卖出股票。例如：2007 年 10 月 10 日、11 日、12 日的相对强弱指数分别是（12 日）：92.87、95.87、96.86。果然，10 月 12 日深市大盘指数突然从 19 600 点降至 18 200 点。这是一个历史教训。

（6）当强弱指数小于 10 时，也是市场反转的强烈信号，股价回升指日可待。投资人则应果断买进，等待股价回升。

（7）股价在盘整阶段时，强弱指数一峰比一峰高，表示多方势力强，股价还能再涨一段时间。反之，若强弱指数一底比一底低，则为"割肉"卖出的时机。

强弱指标的最大特点是，它会领先于股价和指数而先行。即是，强弱指标的变动会比股价变动先出现峰和底。所以，它能预先表示股价变动即将改变的方向。也就是说，强弱指标可以及早、有效地掌握未来股价变动出现反转的时机。投资人若能善于运用强弱指标来研究股价未来变动的方向，在实战操作中将会有意想不到的收获。

强弱指标显示未来行情的特点是：股价或指数未上涨，强弱指标先上升，则行情看涨。股价或指数未下跌，强弱指标先下跌，则行情看跌。这个特点在股价的高峰与谷底反应最明显。

因为，强弱指标的取值范围是 0~100，它必须在 0~100 内波动。强弱指标的数学公式决定了它既不能等于 0，也不可能等于 100，这就回答了众多股民经常提出的一个疑问："多高算高，多低算低"。

强弱指标与移动平均线一样，也会出现很多图形。例如，常见的图形有：头肩顶、头肩底、复合头肩顶、复合头肩底、双重顶、双重底、三重顶、三重底、三角形、旗形等。这些图形都是多空双方在战斗中"短兵相接"的表示。股价的变动就像演兵场上的士兵在不断地变换着队形。股价与股价方向，不变是相对的，变是绝对的。由上升行情转为下跌行情，或由下跌行情转为上升行情，这种走势的转换称之为"反转"。投资人就是要及时掌握住这只股票反转时的转折点。在转折点出现时，脑子要及时反应，操作手法要及时跟上。

近几年也有很多投资者利用五日乖离率（5BLAS）和九日平滑移动平均线（DEM9）来研判趋势是否反转，也有特殊的效果。根据多数股票分析师的实战操作经验表明，对大盘来说五日乖离率 5BLAS 在 -5 以下，以逢低吸纳为主；5BLAS 在 -10 以下，坚决买进，一定不要被市场的空头气氛所吓退。

9日平滑移动平均线DEM9的简单用法是：当DEM9在0线之上，说明近期建仓成本略大，而且市场正处于涨势之中。并且，DEM9越大，涨势越大，而且将延续一段时间。反之，也是同样。当股价创新高，DEM9并没有明显放大，表明多头力量不足。当股市的股价在整理时，DEM9反而逐步缩小，表明有一部分多头离场。因为，强势股的DEM9领先于大盘，所以，短线炒手们常常运用DEM9中的（DEM5）抢反弹。

综合观察股市，不管基本面是如何利空或利多，市场大主力如何挖空心思，股价若离开均线太远，随时都会发生反转现象。

五日乖离率近两年被广泛运用于股市。许多投资者认为它最敏感，是一个比较准确而实用的短线技术指标。乖离率也有"背驰"特性。当某一只强势股的股价不断创新高时，而五日乖离率不能创新高，表明股价顶部就要到了，随时有反转的可能。投资者只要每年能掌握几次五日乖离率的大震荡，则能为你提供几次"抄底"或者"逃顶"的机会。五日乖离率是克敌制胜的法宝之一。

股市目前的趋势如何，将会朝着什么方向变化，是短线投资者最为关心的事。有些短线技术指标，都会给你一个比较满意的答案。大盘的长期趋势指出了市场的整体方向；短期趋势则指出了大趋势相反的回档走势。每天的波动趋势之所以重要，是因为它有助于另一种短期趋势的形成。通常情况下，个股的趋势形态走势是按大盘的整体趋势形态运行的。了解趋势、掌握趋势方向，有助于投资人抓住买进与卖出时机。不论是短线投资者，还是长线投资者，都同样有用，都可以这么做。

11.5.2 趋势背离的判断方法

股票分析师把市场上1 000多只股票划分成若干板块，通常是同一种板块的股票齐涨齐跌，股票价格也常常往同一个方向波动。"背驰"现象也会先后发生。股价反转的规律也基本一致。除了市场主力的"庄家行为"之外，还有联动效应和比价效应的作用。联动和比价效应完成了这个板块的主升行情和补涨行情。从市场行情的波动、高潮、退潮、形成周期，都有预警信号。各种股票形成同一类的波动方向，便构成了一种趋势。各种趋势若有"背离"情况，趋势可能就会反转。能注意趋势和技术指标"背离"现象的投资者，才能利用这些良机。趋势变动的一般规律：首先是出现预警信号，接着是回档，最后是方向的反转，几乎所有的反转都是这种顺序。

判断趋势是否可能会发生"背驰"现象，有时候只看一种讯号可能会叫人捉摸不定。因为，股市中每天都有许多人在里面买卖股票。机构大主力主宰市场并玩弄手法，引起个股判断失误的事是常有的。有些个股不随大盘的走势而变化。在判断是否会发生"背驰"现象时，要多看几项短线技术指标，并进行综合性分析。

11.5.3 操作要点

我们在市场上会经常看到：有一部分人都在缩手不动，等别人先行。因为，他们相信市场可能下跌,还有一部分人正在采取操作行动买进股票,并希望能以他们的行动来证明前一部分人的看法是错误的。在多空双方交战之下,多方与空方人气在互相消耗,直到空方战胜多方。参与多空交战的市场投资者,会想法利用各种信息传递工具,指导、传递资讯,以支持自己的观点和买卖行动。这时候,单凭市场交战双方产生的"战场新闻"来分析判断趋势的"背驰"则十分困难。因为,这些"战场新闻"都是被交战双方夸大的,并且是被各取所需利用的。会使用技术分析的投资者,在观察市场交战的同时,还要多看几项技术指标。多空交战双方即将产生的信号,都会首先在技术指标的趋势上反映出来。这些技术指标趋势会首先看到趋势的"背驰"现象,如图11-6 所示。

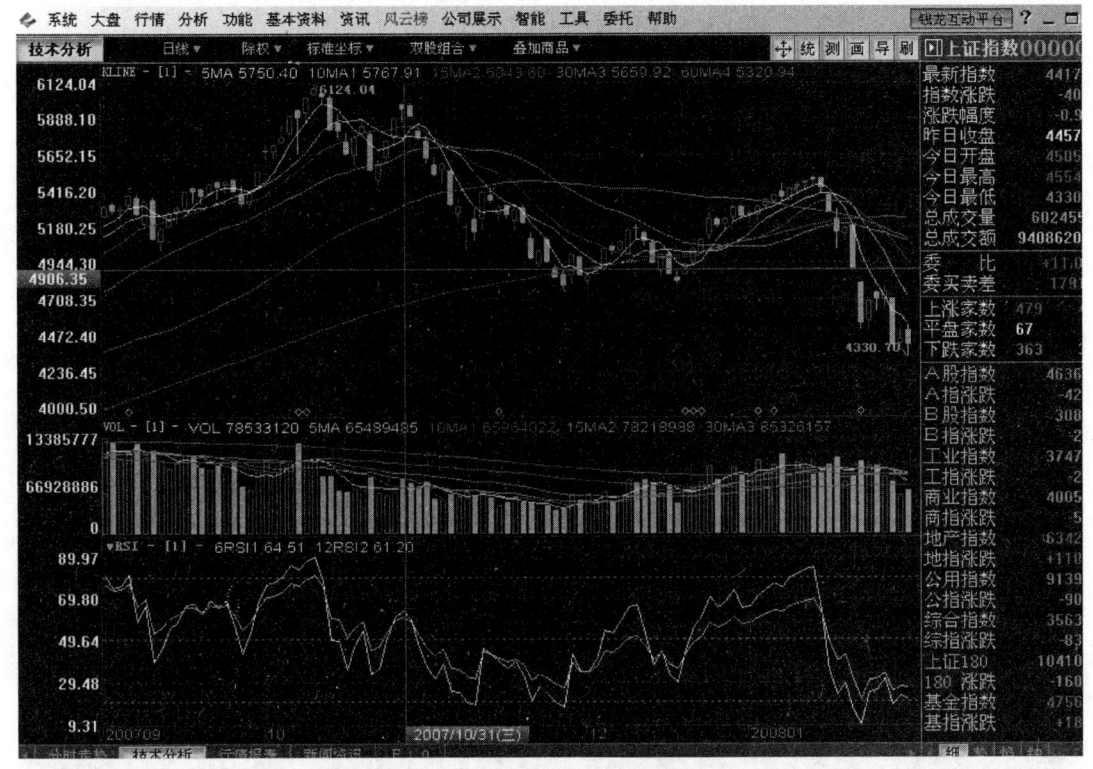

图 11-6　大盘走势"背驰"图

例如,2007 年 10 月~2007 年 12 月,沪市大盘就出现了有趣的"背驰"现象。2007 年 10 月上旬,技术指标 MACD 首先出现"死亡交叉"后,各条移动平均线也相继"死交",随后沪市出现了一波较为强劲的下跌行情。下跌行情持续了一个月。到 2007 年 12 月下旬,一根长阳线使 MACD 发生了"背驰"。随后,2007 年 12 月上旬又出现了比第一底还要低的第二波下跌行情。大盘指数虽创新低,但是,指数平滑异同平均线 MACD 却没有创新低,并且随后又发生了"背驰"现象。沪市大盘从 2007 年 12 月中旬下降,很长时间未出现明显的转机。12 月上旬,许多短线投资者都已发生了这一"背驰"现象,并抛空了手中的股票,免遭一场"套牢"之苦。

随大盘趋势而变化的个股,大多数也都有类似的现象。各种技术指标趋势如有背离现象，就是股市即将反转的早期预警信号。投资者头脑反应要快，应该果断采取相应的操作措施，力求把损失减少到最低限度，或者及时抓住获利的时机了结。

"趋势背离，及时反应"，不但是短线投资者的操作策略，也是中长期投资者的操作策略。大盘趋势背离时，股市则需要经过一段时间的反转。不是涨，就是跌。当股市不停的上下波动，进行调整时，不是强化目前的趋势，就是偏离目前的趋势。时刻注意观察趋势的"背驰"现象，才能使自己处于主动地位。"有了准备，就能恰当地应付各种复杂的局面"。只有打主动仗，才能永远立于不败之地。

11.6 多头向上，勇敢跟进

在股票市场上每逢大盘上涨时，总会听到："强势上涨，大胆介入"和"多头向上，勇敢跟进"两句操作名言。所谓"多头向上"就是指各条移动平均线，在形成"黄金交叉"以后，经过一段时间的上涨走势，形成了5日线、10日线、20日线、30日均线等向上发散排列。1997年12月，四川长虹由33元向上启动突破时，这一段上涨行情也持续到1998年1月中旬，长虹的价格由33元也上涨到43元，有不少人发了长虹的财。1998年3月10日的长虹走势，如图11-7所示。

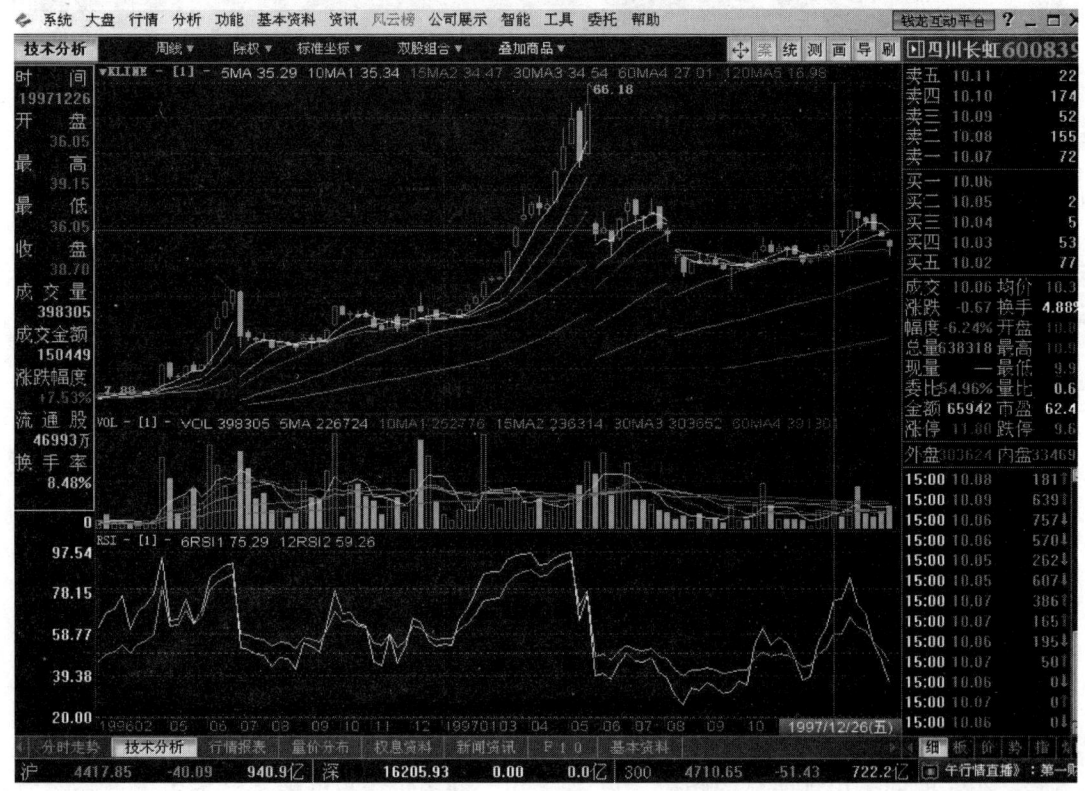

图11-7　长虹走势

春兰股份 2005 年 5 月从 35 元启动上涨；清华同方从 23 元启动向上突破，均有类似情况。在这两只股票"多头向上发散"时，有很多人跟进，都赚了大钱。所以，"强势上涨，大胆介入"，"多头向上，勇敢跟进"是一种时间短、获利大的操作策略。这种操作方法正被越来越多的投资人熟练运用。

11.6.1 操作技巧

深市的"深科技""天大天财"科技板块的走强，也给不少投资者带来过丰厚的收益。

"多头向上"首先是指个股的各条移动平均线的走势图；其次才是大盘。有人说，你弄颠倒了，应首先看大盘！没有关系，颠倒了照样也能赚大钱。其原因是：有时候"大盘震荡，个股活泼"。深市大盘在 4 250～4 050 点，从 2005 年 9 月初～2006 年 1 月初，大盘震荡了近 4 个月，却有很多个股上涨幅不小。有时候大盘下跌，许多个股却"逆市飘红"。大盘该跌时一直下跌，个股却一直在涨。从 2005 年 9 月～2006 年 1 月市场上流行一句听熟了的老话："不看大盘，看个股"。这句话道出了一个简单的道理：观察个股的今后走势，要比分析大盘的今后趋势容易些。他省去了花费大量时间收集资讯，分析大盘的过程。他也不用花费更多的脑子。只要去操作几次计算机，就能看到你所选股的移动平均线的走势图形。一旦发现"多头向上发散"的图形，不管"三七二十一"，勇敢跟进。不要去问它是什么股、不要问它的业绩、不要问它的成长性如何。因为，你是短线操作。短线手法用的是"快进快出"而获取差价。有人"怕套"，不敢跟进。只要"多头向上发散"是刚刚开始不久，进去是套不住你的。方法是：庄家出货，你也出货。不要等各条移动平均线在高位"钝化"之后，再去进入。如图 11－8 所示的陕长岭，当你 2006 年 1 月中上旬进入，2 月初出货，也不会被套。如果你硬要在 2 月初进货，你就是情愿拿钱去"买套"。庄家出货，你进货。庄家"刚出门"，你就进去坐上了"庄家的宝座"。那么你就只好再等庄家回来了。庄家不回来，你就一直在他高高的"宝座"上坐着，狠过一把"庄家瘾"。"不看大盘，看个股"，是在已经掌握了某只股票的高低点变化规律后，而进行的操作方式。这种短炒方式，虽然能给短线投资者带来不小收获，但是，这句话有一定的局限性。当深市大盘连续阴跌，每天下跌一百多点，很多个股"跌停板"，你还能不看大盘么？

"先看个股，后看大盘"，也绝不是不去看大盘。只有在大盘后市看好，在大盘震荡盘升的过程中，个股收益才有保障。怎么分析大盘的强弱呢？这里有一个简单的方法，请朋友们试一试。分析师们说：

（1）日 K 线如果连续出现重心下移的四根阴线，大盘弱。
（2）指数创新高，强势股未能创新高，大盘弱。
（3）周成交量趋于饱和，大盘弱。
（4）领涨股持续涨，其他股无动静，大盘弱。

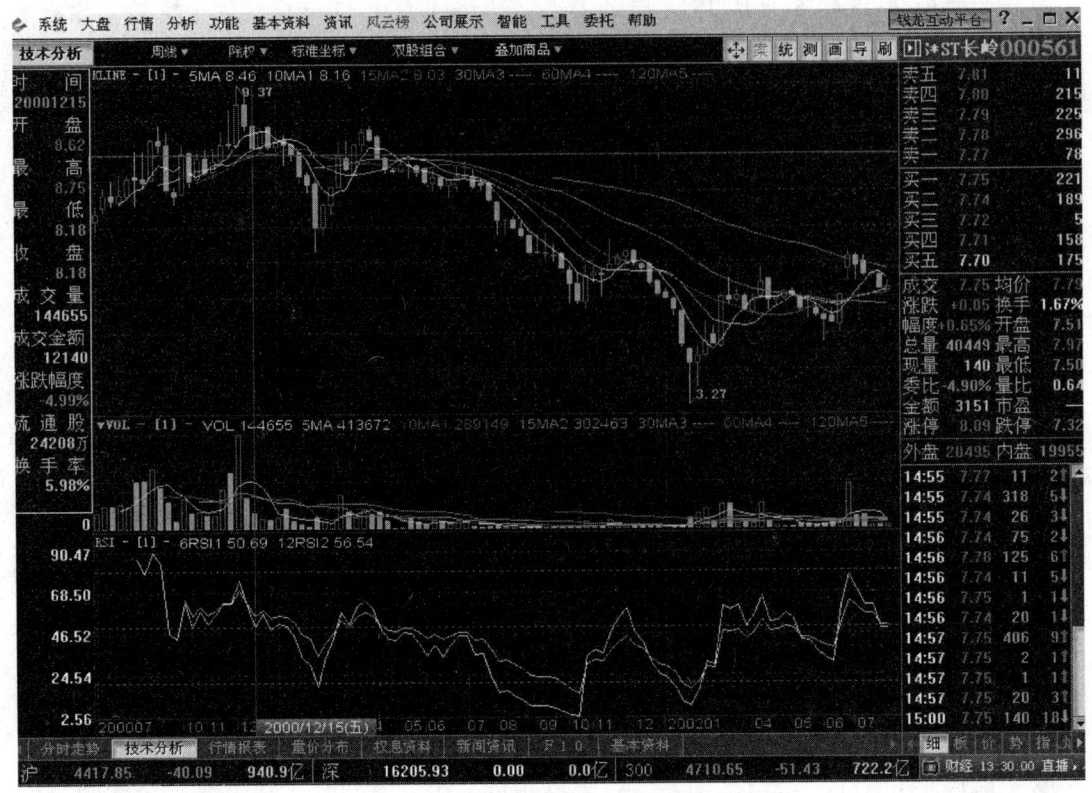

图 11-8　陕长岭走势

熟悉了大盘的强弱，才能少走弯路。许多分析师通过强势股来分析大盘的强弱。他们说：强势股领先大盘创新高，大盘强；强势股领涨一呼百应，大盘强，因为，热门的强势股板块才是新姿态的主流行情。

为什么"强势上涨，大胆介入"呢？"强势"是指大盘的总体趋势。只有大盘的总体趋势不断上涨，才能激起一波大行情。大盘指数天天上涨，成交量天天放大，说明众多的投资者对后市看好。市场"人气"已被充分激发起来了。人们不惜拿出自己储存多年的血汗钱去买卖股票，这时的大盘可能会一涨再涨。股市天天涨，天天有资金进入。股市把众多股民手中的"小钱"，汇成了金钱的"大江河"，使股市充满了生机与动力。股市在"金钱大江"动力的推动下，又会有"轻舟已过万重山"之势。抛出手中的股票，想再捡，已无法捡回。"大盘强势上涨，傻瓜入市也赚钱"，你为什么不大胆介入呢？再说，你也绝对经不住"赚钱效应"的引诱。当深沪两市大盘指数屡创新高，深市大盘指数已接近 19 600 点；沪市大盘指数直逼 6 124 点时，你能坐得住么？当市场正在一片欢呼声中，比你晚入市的左邻右舍、亲戚朋友都赚了钱，你能不动心吗？大盘强势上涨，个股行情也相当火爆，老股民的心情不会平静下来，他会不顾一切地杀入股市，他不会错过这个赚钱的大好机会，因为有日日上涨的大盘在左右他的思想和行动。2007 年 3～5 月的行情就是如此。

有许多中小散户投资人，大盘强势上扬刚开始时，他们在观望、犹豫，错过了

"金交"后的良好机遇。大盘与个股都正处在强势上扬的途中，这时若是毫不犹豫地跟进，仍然能做一段中短线行情。他们还在左顾右看，等待低吸的时机。结果，每一次回调都使他失望。不是回调幅度很小，就是价格并没有降下来。他们不懂得，一旦市场人气旺盛聚集，就会产生排山倒海之势的力量。在个股行情相当火爆、有许多投资机会，这些不敢轻易入场的股民，最终也沉不住气了。他们不管不顾胡乱买了几只股票，没有过几天这些股票却纷纷下跌。没有赚着钱，反而在高位套牢。因为犹豫错过了良机，该进场时没有进，不该进时却进去了。这也与当时股评人士营造的"不怕套牢，就怕踏空"的氛围有关，有"一曝十寒"之感。

也有不少投资人特别喜欢追涨，越涨越买。因为有一句名言："买涨不买跌"。这句话在指导着他们的行动。越买越涨，越涨越买，众多的人不分青红皂白，争先买进，唯恐踏空。股市走牛已成共识，场外资金正源源不断地流入股市，许多投资者总是觉得："满仓"要比"空仓"好得多。在股市启动初期，很多投资者"身处底部不知底"，失去了初期进货良机。现在股市暴涨，决不能一错再错。为了安全起见，往往将绩优股作为建仓的对象。殊不知绩优股已被市场主力拉升已久，股价快要到"顶"了。追涨绩优股的人，心里并不踏实。在大盘连续攀升后出现震荡行情，而且绩优高价股的滞涨会使很多"满仓"者忐忑不安，这时股评界又在时刻提醒股民："谨防头部，谨慎操作"，"逢高派发"……更激起"满仓"者的恐惧心理。当他决定"抛"时，主力大户已经出货了。他已被"轻度套牢"。不赚钱，不松手，不获利润不离场，于是手中的股票又捏紧了。大盘震荡后又回升，股价刚刚升至他进货时的价位，突然大幅度回调。几天后，股价更是："飞流直下三千尺"，他又被"深度套牢"。15元进的四川长虹，41元进的深发展，在他手中一直持有半年之久。犹豫不决可能失去赚钱的机会，盲目追高却可以使你发生严重的"账面亏损"。

市场主力通过绩优股的良好业绩和成长性拉升绩优股激励了市场人气，推动了整个股市上扬。绩优股价位大幅上升，又给二线股腾出了上升空间，一批从高价绩优股中游离出来的资金又涌向绩优二线股。这时，若是中小散户投资者跟随主力及时进入二线绩优股，一定有不小的获利空间。

高价绩优股"高价不下"，因为，其中"套牢"盘多而无法下；另外，二线绩优股的大幅上涨，又"封住"了高价绩优股的下跌空间。一线股、二线股已轮番上攻一次，有人又在挖空心思拉三线股。这时经常会看到三线股中的"垃圾股"会逆市飘红。有不少投资人明知是垃圾股，经不住飘红的引诱，想跟进去捞一把。他还动员左邻右舍："不管黑猫白猫，抓住老鼠就是好猫"。决定一旦做出，将会十分危险。在三线股上扬也许还未到来的时候，等待市场疯狂而失去理智的时候，垃圾股才会有狂涨的土壤，这个时候大盘就会出现阶段性高点。

深市大盘上涨，沪市大盘上涨，绩优股上涨，垃圾股也上涨，市场疯狂，人们的头脑在膨胀。你追涨、我追涨、他也追涨，市场越追越涨。这时，如果有人提出"风险教育"，会遭到市场四面八方的骂声。头脑膨胀的股民听不进去"风险教育"。赚钱效应会把股民推向"山顶"，也会把股民甩向"深渊"。

"多头向上，勇敢跟进""强势上涨，大胆介入"，这两句话，只告诉了你一种操作策略。从词义上看，并没有告诉你介入的时机和方法。在运用这一套操作策略时，一定要掌握好介入的时机。一般情况下，在行情启动初期介入，能赚大钱；在行情上涨途中的中期介入，也能获得理想的利润；在上涨行情的后期，即"高涨期"介入，风险较大。不是熟悉个股行情的短线有经验者，不要盲目在高涨期介入。否则，将会遭受"套牢"之苦。

11.6.2 跟进注意事项

"多头向上，勇敢跟进"，介入的最佳时机是：整个均线系统刚刚开始向上发散。这时候介入，建仓成本低，获利空间大，可以说只赢不赔。大盘整个均线系统开始向上发散时，多数个股，特别是"50指数的股票"均线系统都会跟随大盘向上发散。也有的股票反应得快，提前向上发散；也有的股票反应得慢，推迟向上发散。也有个别股横向震荡不向上发散，这些股票可能就是业绩特别差的垃圾股。垃圾股通常都是在别的股票均已上升后，有一个小的"补涨"。"强势上涨，大胆介入"，是让你介入上涨的"强势股"，而绝不是让你介入"垃圾股"。股评界都是让你看到无限光明的曙光，向上跃起奋战，而绝不是让你往臭不可闻的"大粪坑"里跳。

另外，各条均线系统的发散程度决定行情的大小。均线系统呈多头排列，缓缓向上，发送程度大，后市行情也大，操作中可以高看一线。均线互相交织，特别是5日、10日、20日线与日K线交织在一起，常常是"整理行情"。如果你手中的股票出现"整理"，要密切关注其突破方向，以便采取相应的操作措施。20日、30日线是衡量市场中期强弱的标志。一只股票，只要是中长期看好，就不用惊慌。处于强势板块中的强势股，如果有某一只股票的均线系统领先于大盘移动平均线的走势，这只股票就是潜力股，很可能就是一匹"黑马"。

中长期趋势的判断是：当黏合了很久的20日、30日、60日移动平均线开始同步向上发散。大盘的中长线开始呈多头排列，向上发散，是长期上升走势的重要标志。而且，发散程度越大，这个行情越大。这一发散一旦形成，就不会去理会短期的调整。若是短线操作者抛空之后，很难在理想的价位再补回。忽视了移动平均线的"多头向上"，就是忽略了股票市场的本质属性。移动平均线系统在实战操作中能把强势上涨行情表现得淋漓尽致。移动平均线系统是广大股民的真正朋友。

"战役和战斗的基本原则是速决战。"在战役和战斗中，争取速战速决，旷日持久的战斗是不利的，股票短线投机操作也是同样。"多头向上，勇敢跟进""强势上涨，大胆介入"这一套操作策略，更适合于短线操作。使用这套操作策略时，一定要"速战速决"，获利就走。因为，这一套策略是"属追涨行为"，追涨不当则被套。股价虽然呈现上涨趋势，均线系统也是强趋势，但是，主力大机构一旦出货，股价也会一落千丈。对于小盘股（流通盘在0.5亿元以下）更是如此。小盘股良好的均线系统，一有主力大机构出货，就会被破坏。

"速战速决"不是心理上想要如此做就能做的成功的，还须加上不少具体条件。主要条件是：充分准备，不失时机。充分准备就是介入之前要研究这家公司的财务状况；

研究主力机构进入的时间、建仓价位、吸筹数量及操作手法；你自己觉得什么价位介入最合适、什么价位出货最理想等。不失时机就是在什么价位介入、什么时机介入、什么价位出货等。决心坚定，动作迅速，才能做到不失时机。操作不果断，会失去良机。"强势上涨"该介入的没有介入，会失去赚钱机会；该出手时没有出手，又会遭受套牢之苦。所以，介入要掌握好时机，获利出手要坚决果断。"该出手时就出手！"否则，你只能坚持"战略上的持久作战了"。

只要条件成熟，战役和战斗的速决战，是克敌制胜的法宝。只有灵活主动，得心应手地掌握了这一套操作策略，才能使你在短线操作中立于不败之地。

11.7 下跌破位，短线不碰

11.7.1 什么叫下跌破位

大盘下跌，个股飘绿，多方节节抵抗，节节败退。连续下跌之后，股价已跌破20日均线。不论是"国民经济稳定持续增长"，还是"政策暖风频频地吹"，这种破位下跌都是一种不祥之兆。

2007年5月的股市暴跌，有人把它说成是"政策利空"，管理层进行"风险教育"所致。那么"香港回归十周年"的"红七月"股市暴跌，又是什么利空呢？9月"十七大"胜利闭幕股市又一次暴跌，又是什么利空所为呢？2007年12月13日，深沪两市大盘同时暴跌，其真正内幕又是什么呢？在政策暖风频频吹的虎年的春天，深沪两地大盘又破位下跌，这是何故？这些观点的正误，不必去细说。股市有股市的规律，股评家有股评家的看法。内在规律也好、客观影响也好、主观利空也好，股市暴跌，总有股市暴跌的原因。

我们可以回忆一下股市的历史情况，1997年5月以后的股市下跌情况：5月7日深沪两市大盘指数纷纷创历史新高。5月22日深市大盘指数已从6 000点降至4 780点；7月7日又降至4 270点（沪市最低1 066点）；9月23日又降到3 661点。是什么原因使大盘屡屡下挫。是周边股市的影响？是乔治·索罗斯制造的亚洲金融危机？是香港百富勤公司的清盘对内地的影响？是短线获利盘回吐的压力？还是接二连三大盘国企股的发行给深沪两市大盘雪上加霜？东南亚金融危机给我国股市带来了种种不良效应，新股的大规模扩容是否又给投资者的心理蒙上了厚厚的一层阴影。不论什么原因引起大盘的破位下行，投资者都不要去盲目抢反弹。从1997年5月开始，大盘一路下跌，一路抢反弹，屡屡被套的投资者不在少数。"大盘破位下行，短线操作不碰"，是一条历史经验。

11.7.2 下跌破位的特点

"下跌破位"是指大盘指数已下跌到20日均线以下，并且还有破位下行的可能性。

当大盘指数下穿5日、10日、20日及30日均线系统之后，大盘的运行就会处在下降通道之中。当大盘一旦在下降通道中运行，市场几乎没有短线操作机会。在市场氛围十分低迷的情况下，各路庄家都不敢轻举妄动，其余个股都是在散户的买卖下小幅度波动。只要当天的涨幅不在前五名，就别想赚钱。涨幅在2%连手续费都不够。就算涨幅靠前，赚的钱还不如交给国家和证券商的多！刚刚够个手续费，自己不赚钱，光给证券商打工了。

有人说，精选个股还是有钱可赚。谁都会这样说："不看大盘，看个股"；"捕捉热点，选白马"……股评家几乎天天告诫股民朋友。要在1 500多只股票中，事先就能挑出明天能上涨榜首的，或者挑出上涨在前五名的，这跟大海捞针有啥区别？

2014年的春天，深发展业绩公布之后，市场仍然在矛盾中运行。对于5亿元的巨盘大股深发展来说，能取得每股收益0.56元的业绩，确实难能可贵。并且，这种业绩是在经历1997年东南亚金融危机并受到证监会的处罚之后取得的。由于不分红，跌多涨少的股票不少。除深发展之外，还有前期公布的格力电器、天大天财、深科技、青岛海尔、春兰等多只股票。最近的市场是：一方面，近一段公布业绩的股票效益明显好转，基本面也暖风频吹；另一方面，市场却弱市难改，在下降通道中缓步下行。有不少人说："现在这市场，短线是不能做了。""买垃圾股会抱一颗地雷，买绩优股也怕年报地雷爆炸，买其他股就不怕踩着地雷？"一时间，喜欢打短差的短线投资者均显得英雄气短。

有人说："大盘构筑成双底了，现在该抢反弹了。"谁知"杀"进去之后，"双底"后面还有"底"。他们不明白，在下降通道中抢反弹，意义不大。这种反弹多数都是"赚个手续费"，给证券商白站一天岗。这种反弹还是不抢为妙，搞不好就掉进去了，还是老老实实精选个股，耐心去做中线操作，或者留作资金看新股。2007年5月30日，沪市大盘指数与5日、10日线"死交"后，四天又与20日、30日线"死交"。深市5月30日大盘指数也与20日、30日线"死交"。两个市场双双下跌破位后，5日、10日、20日、30日均线系统呈"空头排列"。一直到9月25日"两会"胜利闭幕，大盘还没有上攻的迹象。看空者仍多于看多者。"短线看空，中线看淡"，再加上部分高价绩优股分红方案不好，绩优股纷纷下跌，主力大户纷纷出逃、撤退，只留下众多的散户在坚持抗战。两市大盘在下跌通道中，不能盲目反弹、抄底，要抢反弹。必须在市场走出下降通道之后，再进行操作。

在交易大厅中，常会看到不少下岗工人。这些工人朋友把家中仅有的一点钱投入股市，想从股市里赚回点称盐买菜的钱。没有想到刚刚踏入股市就被上了一课。殊不知炒股是一门变幻莫测的学问。入市前不但要有承受风险的心理准备，而且还要有投资的技巧。他们中的大多数人都有一种："有钱不息，战斗不止"的心理。他们勇气十足，"屡败屡战"。屡买屡套，屡套屡买。直到把钱都用光，才偃旗息鼓，账面损失越来越大。因为，他们不具备"神机妙算"的功能，抄不了底，逃不了顶。他们不晓得决定股票价格上涨的动力，来源于市场主力的"呼风唤雨"。他们刚从自己熟悉的岗位上下了岗，又在股市的高高的"山顶"上"上了岗"。

11.7.3 弱市的操作策略

在 2005 年年底，2006 年年初的一段时间内，市场没有大机构主力进场，市场不是缺少政策暖风，而是缺少大量资金。在股市中"奋起抗战"的是一些散大户及中小散户。并且，散大户又比中小散户股民"高明"得多。他们大多数是"超短线"操作的老手。他们的主要操作手法是："短、频、快"。有时候他们也能把一些无知识的中小散户股民套住。真是"山中无老虎，猴子称大王"。也有很多时候，这些"齐天大圣"用追涨杀跌的操作手法在市场上也很难维持，因为，大盘指数已破位下行，短线机会难得。

在大盘指数破位下行时，看多派也自有看多的道理。在股市下跌过程中的反弹中，他们都是这么说："你看现在这成交量，萎缩得这么厉害，杀跌力度明显很小，市场正蕴涵着新的转机"。市场的反转，不能单单从"下跌量减"上去判断。有一位著名的股票分析家说：大谈"价升量增或价跌量减"的人，只不过是个初学者。他还说："在连续的下跌过程中，价跌量增才是表明买盘开始逐步增加，反而是买入的信号"。下跌量减又是一种事实。杀跌力度减少，说明该卖的早就卖了，现在不卖的可能被套得很深；也可能准备做长线，坚持抗战到底。

该跌的都跌过了，该涨的自然会涨。在下跌通道中，面对无量的加速下跌，多方力量已在悄悄地"集结"成长，"价跌量减"这也是一种普遍性。持续暴跌之后，会有一股新的力量在悄悄诞生，这种力量随着暴跌的持续，反而会膨胀。这就是"下跌量增"的特征。二者都是趋势反转的信号，只是时间上有差别。

大盘连续阴跌不止，投资者的进场意愿不强。交投清淡，成交量萎缩。从表面上看空方好像是战胜了多方。众人一致看空，市场底部就快形成了。这时候，短线投资者也可以改变一下操作的"战术"；"逢低买入，不追涨"。研究哪一只股票超跌，它的业绩又不错，还有较好的分红方案，并且有一定的成长性。不论它是什么板块，只要流通盘不大，就可以吸纳。不要买进那些逆市飘红的股票。在下跌或盘整行情中，某一只股票大家一致喊多，鼓励散户们都去买，这正是为庄家出货创造良好机会。庄家不把散户"套住"，怎么能让你的钱流入他的腰包？

大盘连续下跌，不宜频繁换手。大盘指数在破位下行之后面临一个逐步探底与不断震荡筑底的过程。这时，市场交投人气涣散，热点零乱，板块效应也不明显，也看不清主力大户的企图，所以，换股不宜过分频繁。特别是不要急于抛出手中持有的长期未有表现的个股，而去追涨短线热点。在市场下一个阶段的炒作重心尚未明朗，而且个股通常又表现为轮番炒作或者补涨特征。短线炒作者应采取耐心持股的策略，"以静制动"，"静观其变"则会更有效。若是需要调整手中的筹码，也要等待更为有利的时机。大盘每一次向上反弹的过程，都应视为逢高派发前期获利筹码的机会。即便是微利出了手，把利润"捐献"给证券商，也比踏错节拍，导致亏损强一点。

"下跌破位，短线不碰"，并不是让你停止一切操作。已经破位下行了一段时间，并且有筑底的可能，你还能"不碰"么？不碰是暂时的，是相对的；操作是永恒的、是绝对的。因为，市场一天也没有停止过操作。大盘上升也好、下降也好、震荡也好，都是多空双方不停地战斗的结果。双方任何时候都没有停止过操作。短线炒作一直是市场的主流，是股票市场的主要战场。没有短线操作，市场就没有生气。没有短线炒作，市场就没有起伏震荡；市场不震荡，股票指数与股票价格就会成为两条平行的直线；在两条互相平行的直线上站立的股民们谁也没有赚钱的机会。当然，有赚就有赔，这也是股市规律。赚与赔也是相对的，是可以互相转化的，这是唯物辩证法的观点。会赚钱的高手都想叫大盘在大幅度范围内上下起伏震荡，不震荡，怎么会有"低吸高抛"呢？大盘不停地起伏震荡，就像大海中的波浪，一浪推动一浪不断向前。这些大海深处的"蛟龙"，就是短线主力机构的炒作高手们。

　　在大盘向下震荡的过程中，短线炒手如何操作。这个问题对市场主力大户显得格外简单，他们是市场"蛟龙"中的高手。中小散户，一是要抓住时机，适当调整手中筹码，优化持仓结构；二是看准热点板块，适时追涨一段告结；三是逢低买入不追涨；四是低位建仓中长期持有。前两项操作策略需要有一定的短线技巧。如果短线操作不十分熟练，则应以后两项操作策略为主。只要大盘的长期上升趋势不变，中小散户投资者就应当持股，不必派发。若是短线追逐市场热点，也只能适当进行追涨杀跌。一是要掌握好追涨杀跌的进出时机；二是要设好停损价位。只要大盘在某一个阶段是震荡向上走势，就可以去捕捉强势热点板块中的强势股。热点板块通常是由主力机构轮番炒作。一旦看准热点，力争抓住获利机会。不管这个板块是高科技、房地产、公用事业、资产重组，还是低价国企大盘股。只要有大资金流入这家公司，"丑小鸭"就会变成"白天鹅"。当市场热点在短线急攻之后，通常会有一个回调整理走势，以消化获利筹码。在回调时能否跟进，要看当时的具体情况，更要看庄家的手法和意图。"调整筹码，优化结构"，通常是把仓位调整成为高成长高含权的"白马股"。因为，将来能真正带领大盘上涨的还是高成长高含权的绩优股。庄家、主力大户只有拉升绩优股，才能真正带动和激发"人气"。市场主力也常常把该板块股票作为一轮行情的"人气股"或者"龙头股"进行操作。这些高成长高含权的绩优"白马股"具有极强的生命力。"逢低买入不追涨，底部建仓长线持有"，虽然是一种稳健、准确的操作方法，但是，对于已经习惯短线操作打短差的人来说，他不愿意这样做。这种稳健的操作策略比较适合于中小散户投资者。它的优点是获利稳定，又省去了分析技术指标的时间。美国著名股票股资专家巴菲特投资诀窍之一就是：买入一个成长性好的股票，并且长期持有。如果你这样做，你也会致富。如果有人在2006年年初买进一万股深发展，到2006年年底，他已经是一名百万富翁了。买深发展的人不少，成为百万富翁的并不多。原因是：短线炒手多，持股一年的人太少了。买股票，应当是买其未来的增值。只要买进一种高成长性的好股票，就不要去考虑它的周期性波动。只要股价快速增长，只要你坚持长期持有，你就一定会获大利。这个道理，多数短线投资者都明白，但是，要他做起来却十分困难。原因是他不喜欢这种"打持久战"的战略。他习惯并且能够灵活运用"速战速决"的战略战术。投资之道，既深奥又简单，机会时刻就在你眼前，就看你怎么做。

　　中小散户投资者在进行短线操作时，一定要遵循："宁可不做，不能做错"的原则。要使操作稳健、准确，一定要执行这项操作原则。在大盘强劲反弹，个股飘红的时刻，一定要保持良好的心理状态。大盘反弹，个股飘红，会激发压抑很久的心理，这时候最容易犯的毛病就是急躁，甚至不理智。在别人借利好出货的时候，你可能会往里钻。很多人都会犯这些不应该犯的常识性错误。

短线操作除了选好个股，还要把握好市场的节奏。选股不要过分强调"短线品种"，还要与中线选股配合起来。不但要看招股说明书，还要分析市场；不但要看技术指标，还要看穿庄家的嘴脸。要研究庄家的操盘手法。运用"长短结合"的操作策略，力争做短线；一旦短线做不成，可以转入中长线。如果你只做短线，很可能会掉进庄家的陷阱。当大家都争先去跟"万绿丛中一点红"的股票时，庄家已经把装钱的口袋准备好了，正在笑盈盈地等待着你往里投钱呢。当你只选了一个"短线品种"的股时，当你把钱投入庄家的"大嘴"里的时候，你只有"长征一条路"可以走了。"前途一片光明，形势一片大好，满盘飘红……"只能是在"长征途中"的信念罢了。要取得二万五千里长征的胜利，路途何等艰难！

在股市暴跌中，不论是在大户室内还是在散户大厅里，常常会看到不少现场"割肉"的人。他们多数是在股市低迷时，跟随那耀眼的"红花"上了山顶。没有想到大主力"振臂一呼"使他们都陷入了尴尬的骗局。据说这些忍痛"割肉"的中小散户也有辉煌的时候："先是小赢，后是大赔"。"割肉者"并非本意，有的是见了别人在割，他也割；有的是在他人的恐说下"割肉"。"割肉"是无能人在无奈中的选择。他们中很少有人这样想：在现场练习"割肉"技巧，还不如暂且躲避一时。我看到不少女同志咬着牙，流着泪还在"割"。你若是以后碰上这些"割肉"的事，还是躲一躲的好。"割肉"多痛啊！在你挥泪"割肉"出局的时候，往往又是市场朝相反方向悄悄变化，出现生机的时候。伟大的导师毛泽东主席教导我们："当天空中出现乌云的时候，我们就指出：这不过是暂时的现象，黑暗即将过去，曙光即在前头。"

11.8 获利就走，不要太贪

11.8.1 获利就走

"获利就走，不要太贪"，这项操作策略会被不少人讥笑。但是，这套操作策略一旦被众多的中小散户投资者运用，就是有"呼风唤雨"的机构大主力也拿你毫无办法。有很多中小股民运用这套操作策略，尾随机构大主力前进。当主力机构在前面设好了"埋伏圈"，布好了"口袋"要逮这些中小"散兵游勇"时，这些"散兵"却在半路"溜之大吉"了。还有的中小"散兵"一直跟着主力大户的屁股后面走。主力大户往前走，"散兵"在后面尾随跟进；主力大户停下，"散兵"也原地不动……这样，你走我也走，你停我也停。这些"散兵"像一块年糕紧紧黏在主力大户的"尾巴尖"上。踢也踢不住，甩又甩不掉。当主力大户"高高抬起手"要下"家伙"的时候，还没有等主力抬起手臂，"散兵"一看大事不妙，又"溜之乎也"。气得主力直跺脚，骂这些"散兵游勇"是"土民"、是"刁民"……而"散兵游击队员"却得意扬扬地说：想当年"土八路"就是用土办法对付洋鬼子的。一种操作方法,能使主力大户"头脑发胀"毫无对策。对中小散户投资者来说,它一定是一种最有效、最成功的操作方法。

11.8.2 操作策略

有一句古诗格言:"看好的人能赚钱,看淡的人也能赚钱,只有畏首畏尾的贪心者才永远赚不到钱!"有赚必有赔,无赔也无赚。一部分人赚到钱的总数额应等于另一部分人赔进去的数额。机构主力大户要想赚到钱,必须要把中小散户和散大户"套住"。只有中小散户和散大户出现了"账面亏损",机构大主力才会有"账面盈利"。机构大主力整天都在绞尽脑汁、费尽心思地研究,怎样才能把中小散户和散大户"套牢"的有效策略。因此,机构主力隐蔽"作战企图";隐蔽作战的"战略和战术";隐蔽"主攻方向"(即资金流入的板块和个股);隐蔽操作的手法;隐蔽建仓的价位;更是隐蔽出货的时机与出货的方式。为了配合机构主力的"作战行动",他们还不失时机地进行"宣传",不失时机地放出一些"消息"。有很多时候,这些"消息"能左右不少中小散户与散大户的思维,影响他们的操作方式。自觉与不自觉地上了机构大主力的"贼船"。这也是"跟风者往往被套"的原因。用"消息宣传"能够不费一枪一弹"瓦解敌军",是"一本万利"的生意,所以,"消息"是机构主力惯用的手法,也是机构主力"克敌制胜"的法宝。

股价的变动,除了受经济、政治因素影响之外,主要是受人为的推动。对股票市场的大趋势,你看好、我看好、众人都看好。你买进、我买进、众人都买进。把股价从低潮推向高潮,并且,一浪高过一浪。一波一波的上升行情都是"多方"不断向上推进的结果。这样,众人都争先要买入而无人去卖,买者将无处去买;卖者就会乘机提高价格。这样,越买越涨,越涨越买。空仓者更是抢着补仓;满仓者舍不得抛售,总想着让自己手中的股票上涨一点,再上涨一点……结果,已经涨过了机构大主力的获利价位,主力要出货了,这些中小散户还没有察觉,还再等:"涨一点,再涨一点"。等这些中小散户们醒悟的时候,股价已是"飞流直下三千尺"了。他懊丧、他后悔,全都无用,只好眼睁睁地看着股价又回到原来的价位。

反之,也一样,你看淡、我看淡,大家都看淡,都要卖而无人买,股票下跌,再下跌。股价就是在这种看好与看淡的矛盾中被不断推动的,市场也是在多方与空方的不断"交战"中前进的。

贪心者的共同特点都是:价格低的时候,还想叫它低一点,再低一点,再买进。价格高的时候,还想叫它涨一点,再涨一点,再卖出。结果,都失去了良好的机会。许多股评专家不断告诫大家:不要瞻前顾后,不要畏首畏尾,不要过于惜售,不要过于贪心,要抓住机遇,不要错过时机。

人生有两大弱点:贪婪和恐惧。这两大弱点始终困扰着人们的一举一动。在股票市场上表现得更为明显,更为突出。在股指大幅飙升时,常常会看到一大群急功近利、浮躁冒进的跟风者,他们往往是"贪婪"的牺牲品。在股指大幅暴跌时,他们又是惊慌失措,为消息怦然心动,往往又会掉入"恐惧"的陷阱。有位股票分析师说:在股海中搏杀好比人与鳄鱼相斗，恐惧之心总是占上风。又有人把自己比作股海中的鲨鱼，其贪婪的面目总有表现。股市在下降通道中，有噤若寒蝉和声泪俱下的"恐惧"表现。股市在飙升的通道中，又有高度紧张，贪财失理的急迫感。而且股价越飙升，这种"贪婪"心理越大。前人的经验告诉我们："获利就走，不要太贪"是克服"恐惧和贪婪"的法宝。

2007年4月，若在10元价位买进四川长虹；5月7日在16元抛出，也不会遭受半年之久的"套牢"之苦。若在27元价位买进深发展，5月7日在47元抛出，净获利20元，也不会被套一年。逢高获利了结，不要失智太贪。要讲究些投资策略，提高控制风险的能力。"涨幅越大，风险越高。"这是一条历史经验。

"获利了结"，说着容易做着难。难在两个方面：一是难在如何获利；二是难在正在大幅上升、股价飞涨，不舍得抛出。第一个问题多属选股技巧；第二个问题是心理矛盾。解决第一个难题的最好方法是：选股应从战略角度出发。大牛市和平衡市的选股原则有很大差异。大牛市，选大盘绩优股，它有风向标的风采；平衡市选小盘绩优股，而且有题材者为首选股。即一是业绩好、有题材的个股；二是选有业绩、无题材、盘子小的股；三是选业绩平平、题材丰富的强庄股，踩准庄家的节拍，短线操作，当一名"快枪手"。对那些一无业绩，二无题材，三无政策扶植的"三无板块"中的个股，不碰为妙。这些"三无"股，即使庄家进驻后迅速拉升，也不要盲目追进，谨防被套。必须明白："空中楼阁"虽然美丽诱人，倒塌也势在必行。一旦倒塌之后再想"重建"，谈何容易？大行情选大盘绩优股。因为，在大牛市中，人气旺盛，资金充沛，应该始终关注对人气和资金有较大承载能力的高流通市值品种。如四川长虹、深发展等。在平衡市中，应该始终关注那些业绩好、盘子小、高含权、高成长、有庄驻、次新股及行业独特的股。因为，在平衡市中，资金总量相对减少；扩容不断，人气飘忽不定；大盘股，特别是国企大盘股会受到一定制约，这个时候中小盘高含权绩优股确有明显的优势。这些高含权、高成长的绩优股，万一短线未能出货，捂在手里也不用担心会被"套牢"。"绩优、含权、高成长，买进之后心不慌"。

"想收益，找热点"。不论是什么行情，热点板块总是获利较大的板块。热点板块有大资金进入，有强庄"关照"。庄家运用"联动效应"与"比价效应"的原理，轮番推动各种板块的运作。某一段时间炒作高价绩优股，某一段时间炒作低价股，有时炒作科技板块，有时炒资产重组，有时又炒房地产，甚至炒作三无板块中的垃圾股……选股要跟着市场的节奏走，要踩准庄家的节拍。所谓"轻指数重个股的择股原则"，就是让你跟着"热点板块"中的热门股走。在平衡市中，才能争取较大的盈利面。若按指数操作，很可能是："赚指数，赔差价"。2007年3月中旬，资产重组板块走势硬朗。这一次领头羊不是仪征化纤，而是国嘉实业。国嘉实业走势"天马行空"，短短三周，股价从20元拉升至45元。其后市场上空间完全取决于控盘主力的意愿。在国嘉实业、联农股份的激励下，4月初上海本地股也在"重组传闻"下从冬眠状态中复苏，呈现腾空走势特征。然而，就在重组后涉足高科技行业的国嘉实业的涨升幅度让人们看得目瞪口呆；浦东股也在"欢心笑语"时，已经有机构主力在悄悄吸纳中价绩优的高科技股了。很可能在上海本地股"休息之日"，就是这些异地突起的中价高科技股"粉墨登场"之时。从目前的市场热点来看,资产重组股中的个股有吸引力,似有很强的机构主力控股。有的股票"没有一追,就一步到位了。"虽然还能吸引一部分资金涌入,但是,这些股都没有明确而扎实的底部形态,是一种"跟风操作行为"。眼下上证指数已是 6 124 点,在以板块轮炒来推动大盘上扬的市场格局下,中小散户投资者一定要把握好脉搏,踩准热点。指数上扬代替不了赚钱,只有买对股票才能"拉出阳线"来。

"贪者必败"。股市中什么人都可以赚钱,只有贪心的人不能赚钱。"贪者必败,贪不能胜",这句话确有道理。原理很简单:买入股票是为了有利可图,但由于不知足,屡次错过卖出良机,最后反而被套了进去!有人说,炒股票就像吃一条鱼,你能吃到中间的嫩肉就不错了,连鱼头和鱼尾也不想给别人留,是不是太贪了一点?股票市场就是战场。这个战场是用计算机网络作枪炮,利用钞票做弹药。要想在这个无硝烟的战场上成为赢家,除了要号准市场脉搏并掌握其内在规律以外,还要有良好的理性思维。良好的理性思维,其一,"不能太贪",要懂得"贪不能胜"的道理。其二,要有"平常心"。进入股市,赚与赔是常事。做股票就是"打心理战"。心态好赢多输少;心态坏赢少输多。行情大幅震荡,是对有无良好心态的考验。只要拥有"平常心",才不至于盈利时大喜过望,乐极生悲;也不至于亏损时悲观失望,怨天尤人。有的人只有"赚钱心",一心想赚钱,赚大钱,结果往往总是输。股海逐浪,每个人都有自己的苦乐与梦想。还是"现实"一点好,不要老是"做梦"。其三,要学会放弃。股市中的放弃就是止损。有句格言"学会赔钱,才能赚钱。"股市上所有的人,都有"败走麦城"的历史。所不同的是,有经验的投资者胜利的多,败的少。每次买进之前,都要给自己先设定一个停损价位。当确信大势还要暴跌时,则要果断"割肉"。优柔寡断不会停损是炒股者之大忌。虽然"割肉"是痛苦的,但是,"割肉"是对自己错误的承认。有错就需要认真总结教训,改进操作方法,争取下一次胜利。有的人不会总结,只会"割肉"。割来割去只剩下"排骨"了。我们要"总结经验,发扬成绩,纠正错误,以利再战。"其四,要能忍耐寂寞。股市中的"寂寞高手"都有超人的忍耐力和甘于寂寞的心理。为了寻求较好的买点和卖点,有时需要寂寞等待很长时间。要做到稳定收益,没有忍耐和寂寞的心理是不行的。资金规模不在乎大小,操作水平不在乎高低,能忍耐寂寞的人才是高手。在硝烟弥漫的战场上,只有良好心理状态的将军,才能表现出临阵不乱的"大将风度"。

一获利就手舞足蹈,得意忘形;一亏损就高度紧张,不知所措。恐慌能使人们失去良机;贪婪能使人们陷入危险而不自知。

记住一位股票大师的话:"见好就收的人,远比账面上获利数倍而滞留其中的人来的聪明"。

11.9 热点零乱,谨慎择股

何为股票市场热点?多数股评人士认为:能够足以吸引增量资金大胆介入,并对市场原有转暖升温的迹象能起"催化剂"作用的临界点。能够吸引盘中资金货场外资金迅速介入的题材，称为热点题材。"热点"与"新颖"是热点的两个要素。市场热点会受到人们的追逐，是因为股市有"喜新厌旧"的特点。追逐的股民越多、增量资金越大，市场热点的"热度"就越高。"新颖"就是过去没有而现在被挖掘出来的，或者是潜在的题材又被现在借机运用的。新颖的热点题材是股市新闻消息的焦点。

11.9.1 热点形成有三个阶段

（1）"热点"形成的初级阶段。"热点"形成的初级阶段往往是首先表现在某只有代表性的股票上。这只股票的价格出现大幅度上涨之后，众人目瞪口呆，众说纷纭，众人都不敢买进。观看的人正在增多。

（2）"热点"形成的中级阶段。随着舆论的升温，该热点股票的走势坚挺，股票价格大有"芝麻开花"节节高之势。经过市场实践的再认识，一部分胆子大的短线炒手开始介入追逐。又使这个"热点"股票明显升温，而且又带动相关板块升温。个股或整个板块成交量明显增大。这时候正在观看的人也像跃跃欲试。

（3）"热点"形成的高级阶段。随着舆论的进一步升温，介入的股民越来越多。这时消息满天飞，人们奔走相告。不但该只股票的价格在飞涨，而且整个相关板块也在天天飘红，股价节节推高。那些长期观摩等待的人再也忍耐不住了，开始排队抢购了。这时候似乎所有的人都明白了"这个题材是现在的热点"。普遍参与，大量介入，"热度"一天比一天高。就在人们疯狂炒作的时候，爆炸性的风险却随着"热度"的升温正在孕育着。这时整个相关板块都成了"市场追逐的热点"。个股上涨，大盘上扬，市场处在一片繁荣之中。

11.9.2 热点形成的特征及注意事项

1. 热点板块形成过程中的盘口特征

（1）个股或整个相关板块成交量明显放大，并且能连续增加。股价与成交量争相递增。

（2）个股的股价波动明显增大。收盘时经常有人拉台尾市或打压尾市。

（3）某一只代表性个股的股价开始由弱转强。大盘跌，该股不跌；大盘涨，该股涨势超过大盘。

（4）某一只代表性股票或整个相关板块的"换手率"明显增加。

2. 热点板块形成过程的注意事项

（1）热点酝酿的过程，就是主力资金介入的过程。一般规律是：热点酝酿的时间越长，热点的持续时间也越长；板块中"龙头股"的股价上升幅度也越大。

（2）在市场资金短缺的情况下，市场一般不会同时出现多个热点板块。如果市场热点板块增多，热点转换频繁，庄股振幅加大，或者出现多个热点疯狂炒作时，很可能是大盘正在走最后一浪。

（3）当市场新热点形成以后，旧的热点会逐渐冷却，降温。新热点代替旧热点。

热点转换成功，大盘有望在升。

（4）在市场热点的转移过程中，大盘往往会有一次宽幅较大的调整。没有较大的调整，主力机构的资金是不会再次介入的。主力机构一般不为他人当"轿夫"，不会为别人"抬轿"。

3. "热点"的出场时机

"市场不怕风险，就怕没有机会"。市场"热点"题材的诞生，符合主力机构资金在短期内获取最大利润目标。赚钱最重要的是时机。一是有题材登场，被主力借题发挥。当市场有资产重组，资产置换、并购，外资控股，政策消息等题材登场时，这些题材能被主力借题发挥，市场热点就会形成。二是"疲惫之旅"借机换筹。市场主力在某一个区域潜伏了很长时间，大资金运作不利，机构被捆住手脚。一定会寻找"出山"的机会。这时市场正处在："大盘等消息，个股等机会"的局面。市场主力会借机行动。例如，1998年3月底，重组板块又重新升温，刚好给投资绩优股失望的人以"改过自新"的机会。主力以独特的眼光和强大的实力，把握了重组板块长期走软的趋势。以国嘉实业为龙头的个股走出了一波上扬的行情。重组板块升温之后，投资绩优股的人想利用良性循环达到较好的操作效果。谁知重组板块资金越滚越大，高价绩优股板块资金越滚越少。不少人从高价绩优股中撤出资金，又重新投入重组股，结果又被套在重组高位区。散户交易大厅里不少人在说：一步错，步步错。他们有谁晓得，重组板块形成热点之后，越来越多的资金涌入该板块，实际上是庄家主力向社会，特别是像大量的下岗职工招聘了一批廉价的"轿夫"。

11.9.3 热点凌乱，昙花一现说明了什么

"热点"零乱说明了什么？"热点"零乱，一是说明目前的老热点该降温了。主力已达到盈利目的，正在高位震荡出货，资金减少，老热点降温。二是市场在呼唤新热点。热点转换频繁，是由于资金短缺，一时难以形成新热点。三是市场正在酝酿新的领涨板块。有新板块领涨，才能进一步推动市场人气高涨。四是指望市场内的多头主力能营造大盘普涨是不现实的。成交量不能有效放大，一则表明多数主力仍然是"作壁上观"；二则表明市场多头主力的实力有限。五是说明市场正在寻求时机。选股与选时是市场炒作的关键。选股当然是主力的强项，选时就成了主力入场的首要难题。在1998年3月底的一波行情中，主力为什么不进驻绩优股？是因为年初一大批绩优股筹码落入中小散户手中，入住绩优股，无疑为他人抬轿。六是说明广大中小投资人的追涨热情受到抑制。观望情绪浓，信心不足。从以上六个方面可以归纳出一条基本规律：当市场热点零乱，群龙无首，热点转换频繁的时候，市场就难以持续升温；大盘走势很难坚挺；市场新热点也难以形成。这波行情可能已经接近尾声。

如何把握市场热点，踏准大势节拍，是投资者普遍关注的一个重要问题。市场热点零乱，通常出现在大盘走势的最后一波或者出现在"平衡市场"里。庄家在"平衡市"里何时建仓，只有他们自己清楚。但是从盘口的成交量观察：如果有沉寂已久的板块整体走强，也可以捕捉到追踪主力的蛛丝马迹。根据移动平均线的短、中、长三条线相互

交叉来判断主力的进出。当短线与中线、长线一次相交后，三条线相近、平行向上时，说明主力正在边吸货边拉升，可以大胆追进。当短线与中线、长线从顶部依次向下相交叉，并且长、中、短线按自上而下的顺序并列时，各条线均呈下降状态，不可跟进。当短线向上拉升太急，与长线相距太大时，短线应出货。当短线向下运行，中长线趋势仍然强劲向上，此时被套也不必惊慌。主力出货未完，还有自救机会。

11.9.4 热点转换频繁，如何正确选股

热点转换频繁，如何正确选股，又是股民关心的一个重要问题。追涨热门股可以采取以下几种方式：一是追涨人气非常集中的热门股票。这种股票有非常良好的群众基础。追进去之后，不会立即退热和降温。二是追涨小盘、绩优高成长、高含权的热门股。这种股票做短线不成时，可以改做中、长线操作。一时被套不必惊慌。可以通过配送股、送红利解除被套之忧。三是追进价为严重超跌的"ST 股票"。对价位超跌的"ST 股"采取快进快出的"超短线"操作方式。四是追进股价已经跌破发行价的国企大盘股。国企大盘股，有些效益虽然较差，但是它受国家产业优惠政策的扶持。前景光明。一旦股价跌破发行价之后，可以勇敢地介入。等待股价反弹。大势低迷，市场热点散乱，择股应当十分谨慎。热点零乱选股比选美要难得多。

有时候热点成功转换后，可以再次领涨，大盘会再次焕发生机。有时候热点散乱，群龙无首，大盘也会转向低迷。对于热点短期头部的判别也十分重要。当众多的散户从来不敢买，到一致追涨，从观望议论，到一致高抛低吸该热点，这时的热点的价值已经成了一个空壳。因为，连续升温已把股价推至最高峰；连续的高量筹码已从主力手中分散给广大中小散户们。此时领涨热门股，特别是领涨的小盘热门股会开始无反弹的大幅度下跌。只要有一个回档就会使许多中小散户处于十分尴尬的局面。有时候市场主力采取"慢火煮青蛙"的战略。也会使更多的中小散户们陷入更尴尬的境地。主力就是在这不温不火的推升战略中，达到自己安全出货、锁住中小散户的战略目的。主力早已安全撤退，散户还在奋力"抗战"。判明热点短期头部，对追涨热点有关键性作用。热点短期头部一旦判明，中小散户就应采取："避热就冷，搜寻亮点，等候突破"的操作手法。如果发现世道不对，及时退出也不迟。

在"平衡市"中，有时大盘步履蹒跚，个股却异彩纷呈。什么"重组型""高科技型"……真真假假，让人眼花缭乱。一则新题材的挖掘，需要有一个重新发现的过程。新热点的出现也需要有充分的时间。二则新题材、新内容的挖掘，需要有企业基本面的支持。请股民朋友们想一想：一个无法挽救下岗职工生活的大盘国企股中，会有多少"高科技"成分？到目前为止，中国真正的高科技股还没有上市，它就是"中国科学院"。不论什么题材，凡是能赚钱的题材都是好题材。例如，最近国企大盘股中的"股价跌破配股价、股价跌破发行价、基金也跌破面值"，这些也都是好题材。不论大盘股走势如何，只要股价跌破发行价，你就果断介入。股价一定会反弹到发行价以上。请你再想一想：如果国企股都跌破了发行价而长期不回归，新股还怎么发行？不发行新股，三年国企改革的攻坚战怎么完成？经济改革无出路，政治改革怎么办？经济与政治二者

密不可分,"经济基础决定上层建筑",这是政治经济学中的基本原理。"跌破配股价、跌破发行价、跌破面值"是股市中的一种缺陷,也是投资者的"投资理念"扭曲错位后形成的"市场盲点"。从政治经济学的观点看:"市场盲点,蕴藏着投资良机"。只要股民对国企改革报有信心,国企大盘股中就蕴藏着投资良机。否则大盘就会"红花难遮绿叶"了。

把"平衡市"中的超跌股作为首选股票,相对风险虽然较小,但还要看它有多大上升空间;还要看它有没有内在品质支撑和炒作题材的配合。超跌股一旦内在价值凸显,就会成为"平衡市"中反弹的主流。

在热点多元化的市场中,一定要重视选股与选时相结合。当寻找到一只好股票,准备择股入囊之前,还要选择一个好时机。当成交量在底部盘整中日益萎缩,中期底部可能已经筑成。则可视为择股建仓的良机。调整市道,孕育机会。有时候选时比选股更重要。二者都需要谨慎。谨慎永远不会错。

第 12 章　超短线操作策略

12.1　追涨强势股，逢高加码也赚钱

在大盘天天上扬，股价一路攀升，天天以红盘报收的牛市行情中，"追涨强势股，逢高加码也赚钱"。这一操作策略，主要用在牛市行情中。

牛市行情的操作方法一般均是：大盘一路上扬，个股一路买进；逢高一路派发，回调一路吸纳；大盘一路上升，股民一路赚钱。在大盘节节上升，个股一路飘红的牛市行情中，股评师会告诉您："在大盘一路上扬的过程中，什么时候买进都是正确的。只要不在最终的最高点"。很多股民都懂这个道理：大势攀升，逢高加码也能赚钱。这里说的"逢高加码"，不是让你等到股票上涨到最高点才去加码，也不是在每一次回调的"峰尖"上去加码。

12.1.1　基本概念

"追涨强势股，逢高加码也赚钱"，这项操作策略明确告诉您：追涨的必须是"强势股"，不是弱势股，更不是垃圾股。什么样的股是"强势股"？多数股评家的结论是：强势股是由多个庄家在内，是被市场认可的，有一定运行规律，并且在行情主升阶段过程中，强势股比庄股更活跃。强势股有指标股的风采。请中小股民记住：强势股不等于庄家股。二者有不小的区别。强势股与大盘节拍相吻合，并对大盘走势有微调作用；强势股有领先于大盘的作用；领先于大盘上涨，领先于大盘下跌，领先于大盘调整，领先于大盘反弹。所以，在"追涨强势股"操作时，观察强势股，必须与大盘结合起来看。庄家股却几乎没有这些特征。

12.1.2　基本操作方法

在弱势行情中，"追涨强势股，逢'高'加码，比逢低加码更可靠。"在弱势中，"价格摊平法"虽然是一项很聪明的操作策略，但是，必须要选对股票和选对时机。降低平均投资成本的"价格摊平法"有两种：一种是追涨强势股，逢高加码；另一种是随着价格的下跌，逢低加码。这里的高与低都是相对概念。股票价格突然下跌，投资人来不及反应，会有套牢的可能。在大势大跌途中，投资人价格摊平也有两种选择：一是抱牢持股，等待反转；二是价格下跌，逢低买进。两种选择皆有风险。前者需等很长时

间，也不一定能解套。看着浪费的是时间，其实是金钱的流失，或者可能会屡买屡套。股评家告诫我们：在大势下跌时，什么时候买进都是错误的，只要不在最低点。"逢低加码"有屡买屡套的风险，只有在价格已跌到谷底，跌无可跌，将要反转时，买进股票才是正确的。在大势下跌的途中，抄底是非常困难的。因为，低点之后还可能有低点，所以，逢低加码的操作策略执行起来十分困难。但是，在价格下跌很多时，买进股票，确能摊平投资成本。其关键在于：选对股票与把握时机。大势下跌，价格下跌很多，选股票一般应选择：业绩好、高含权、高成长、盘子小，有庄家在内的股票。这些股票一旦回升，速度较快。进场的时机，通常选择在大盘阶段性底部已经形成。从K线图上看，就是股价上升时与5日线的"黄金交叉"位，逢高加码，也是指股价回升至5日均线交叉位时，再去增加筹码。弱市之中也有强势股。"逆市飘红是好股"，但不一定是强势股。"逆市飘红"经常是一种庄家行为。弱市中的强势股，不能只看有没有庄家，还要看其他几个条件。弱市之中也有强势股上涨，因为，主力机构、庄家大户中的多方是不会因为弱市而停止战斗。所以，弱市之中寻求强势股，并且在股价回升至5日线交叉价位增加筹码更为可靠。有几个庄家在内的股票，有时庄家都暂时"偃旗息鼓"。因它不被人重视，价值会严重低估。一旦发现，果断进入，它是最理想的强势股。在弱市行情中寻找强势股在"金交"处"逢高加码"，要比弱势股"逢低加码"更可靠。因为，强势股逆市上扬的空间较大。

"追涨强势股，逢高加码也赚钱"的操作策略，通常运用在强市走势中。大盘强势上扬，个股纷纷飘红。投资人不断买进，潜在利润跟着一路攀高。股票价格继续上涨，内在价值也在上升。这时，市场内一不缺资金；二不缺人气，缺少的是有内在价值的股票，这种有内在价值的强势股就成了"热门货"。你也想要，他也想要，争先恐后，忙得不可开交。在股市上升的高涨阶段，大家都这样：只要个股和大盘的上涨力度仍然强劲，就不要卖出持股，让它的滚存利润更丰厚，这就是想买的人多，想卖的人少的真正原因。而且，越是别人不想卖，他越是想要，就造成了"追涨强势股"的人越来越多，都想在股价上涨途中，买进更多的股票。这时，股评分析师几乎天天在说：只买上涨的股票，如果不涨，就不要买。请中小散户股民牢记一个前提条件：众人相信这只股票价格会上涨。操作策略是：只有股价正在上涨途中的时候买进。

"追涨强势股，逢高加码"的操作策略，也有风险，但风险要比逢低加码小。在情绪上，当一波中级行情来临时，逢高加码的操作方法，也容易接受一些。并且，获利的希望也比逢低加码高一些，这是一种激进式的操作策略。

对投资人来说，逢高加码的风险程度可以抑制。当大盘走势不好或者坏消息纷至沓来，突然急转直下，手中的持股价格下跌了很多。如果投资人仍然相信这只股票有它的投资价值，就不必在意涌现出来的抛盘卖压，反而应该再买进一些，更有利于摊平成本。

对投资人来说，逢高加码操作的另一个好处是：只在股价上涨时才有动作。节约了时间，提高了效率。从投资心理上讲，多花钱买价格正在上涨的股票，要比买价格正在下跌的股票，更叫人安心。"追涨强势股"，在操作之前，一定要慎重考虑用停损的方法保护自己。事先设定一个获利价位和停损价位，到了这个价位，要坚决卖出了结。

"追涨强势股，顺势加码"，常常是在股市已进入高涨期的操作对策。追涨强势股，并非是要你去追风险高的股票。恰恰相反，应该停止购买风险高的股票，可适当买进收益高、风险低的绩优股。如果是已经购买了高风险、高收益的股票，应该在股价未升到顶峰之前，半路下车。否则，要是股价下跌后，公司又出现了亏损，并且数额较大，股价会下挫的更深。这只股票的价格可能要花几个月，甚至几年的时光，才能涨上来。

"追涨强势股，顺势加码"，一定要打开电脑，看一看这只股票的"均线系统"。如果上升空间巨大，则应毫不犹豫地介入；如果是在高位区震荡，则应处于观望状态；如果上涨空间也接近顶峰，则应赶快获利了结。

也有一些人，优柔寡断，过于谨慎，发现了强势股也不敢果断介入。一直是等啊等……他想等到深幅回调后再进场，眼睁睁地看着时间在流失、"白银"在流失。在牛市行情的"高涨期"，这些想法都是"梦幻"。中小散户股民应该从现实出发。在大盘一路上扬，股价一路盘升的上涨过程中，任何一次小回档，都是进货的好机会。每一次冲高的小"山峰"，都是出货的良机。在牛市行情中，请朋友们牢记：逢高加码，不是在股价上冲到小"山尖"上，再去加码。逢低吸筹，也不是等股价降至最"底部"，再去补仓。"上涨过程不谈头，上涨过程没有底"。

在大盘上涨时，盈利好的公司中，有不少职工抢购自己的股票。如果得知这一信息，千万不要错过机会，也应伺机跟进。因为，公司会提高每股的盈利，这只股票上涨的推动力一定很强，要顺势加码操作。

买进股票就是赌博于未来，要尽可能限制自己所冒的风险，才是最聪明之举。采用限价获利位和限价停损位的策略，顺势加码操作，才可以增加风险的控制能力，既能在股价明显上涨时，扬帆前进；又能在股价下跌时，及时退场。

12.1.3 注意事项

在"追涨强势股"时，要特别注意主力机构或庄家大户的"整批交易"的变动情况。一天的交易中，常常会看到某一只股票的成交汇报中出现一万、两万或更多股数的整批交易资料。在散户的交易大厅里也会常常看到某一只股票价格向下跳动时，会出现很大的成交量，这就表示主力机构或庄家大户可能正在脱售股票，股价可能还会下跌，最难办的是一下跌停板。这一天中小散户就没有再卖出股票的机会。如果明天、后天，一开盘又连续两个跌停板，中小散户就有被套牢的危险。对于流通盘比较小（2 000万元以下）的股票，更要引起注意。相反，如果某只股票价格向上跳动，成交量成批放大，也说明机构大户正在买进这只股票。碰到这种情况，当你手中刚好也有这只股票时，要在头脑中多问几个为什么？分析主力机构的意图，跟上主力机构的步伐。与主力同步，与市场共振，中小散户才能游刃于市场之中，获得最大收益。

巨大的成交量突然涌现，使股价上蹿下跳，是庄家大户、机构主力惯用的策略。其目的只有一个：套利。获取巨额利润是庄家机构的根本目的。为了达到这个套利的目的，使用的战术手段是多种多样的。强庄股的操作者，更是狡猾。常用的手段是：向上逼空，向下封杀，诱你追涨，三震出局，快速转移热点等。当整批成交量出现时，市场活跃，人气旺盛，有时难以判定是利多还是利空。主力机构用这些"套利游戏"来误导大众，成了欺骗经验不足的人上钩的诱饵。有人说，这种游戏玩的多了，就不灵了，不好玩了。但是，对于没有经验的新股民，它永远是胜利的武器。

"逢高加码与逢低加码"，是价格摊平、降低成本的两种方法。只有选对股票和选对时机，才能使这两种方法更有效。二者均有风险，二者都有做错的可能。做对者，称它是一种超激进式的赚钱策略。做错者，说它是"拿自己的钱来擦屁股，是一种无奈的选择"。笔者则认为：这些聪明的方法，专供聪明人使用。要把"顺势而为"与"停损保护"结合起来。

12.2 下定决心后，动作如脱兔

有的投资人想用市价买进某只股票，在填写完买单之后，还在问身边的人：这只股票怎么样？这个时候才想起来提出这个问题，为时已晚。因为，抢市价买进股票，动作要迅速，立即行动是头等重要的事。就在你填写买单的时候，已经可能有数百位、数千位的其他投资人也同时填写了同样的买单，股价可能在几分钟内发生很大的变化。

"下定决心后，动作如脱兔"。这种操作方式是告诉投资人，一旦下定决心后，采取买卖股票的行动时，就应该以最快的动作，争取有最早的机会去行动。等一分钟、等一个小时，情况就会发生不同的变化。又想操作，又犹豫不决，犹豫在这个时候是操作的大敌。时间就是金钱，在这个时候体现得更淋漓尽致。

12.2.1 犹豫的原因

犹豫的原因，多数是投资人没有事先研究好投资策略和投资规划；或者研究了，但研究的不明不白，心中无数。研究投资规划、选择投资方向、确定操作方法，不是在大户室、也不是在散户大厅里、更不是在填写好委托买卖单之前，而是早已经准备好了。再回到家里，利用闲暇时间研究各项技术指标、判明大盘走势；研究个股走势及股价波动规律；选择个股，判定个股的获利空间；根据业绩、分红方案，再判定消息对这只股票价格的影响；研究这只股票中有无庄家、机构有无大批资金介入；最后再想一想，现在跟进去晚不晚；目前的价位合算不合算等。这些都是下定决心之前的事，都是事先在家里早做准备的事，不要在要下"委托单"的时候再研究的工作。投资的程序是：先做准备，再下决心，后去买卖。

12.2.2 操作策略

"动作如脱兔，抢在他人前"。是说，买卖股票掌握好进出时机十分重要。看准时机，动作迅速，更为重要。动作迅速，抢在他人之前，不仅仅是个时间问题，而是一个盈利大小的问题。动作慢输掉的不是时间，而是金钱。市场主力在"机动作战"时，其关键时刻，主力的动作是非常迅速的。动作快的让你步步踏空；动作快的让你来不及出货。"积极主动，灵活机动，近敌歼敌"，是军事学中的一项作战原则。这项军事作战原则，早已被机构主力运用到股票市场中了。市场主力非常清楚：大兵团作战，失去主动性，其结果必然是失败。主力大机构要想牢牢地掌握市场主动权，一定会灵活、迅速的"集中兵力"，有时候还需要"声东击西"。

市场主力运用大资金操作，有以下几种操作形式：一是"慢庄操作"。其方法是：活跃股性，塑造形态，吸引群众，待机派发。庄家主力选择一些流通盘较小、盘口较好、有一定群众基础的股票收集筹码。通常是反反复复洗盘"唱低调"，不少股民见其走势疲软，抛出筹码，庄家主力吸足，等待大行情来临时，再推高股价，则会有不少人追涨该股，而后主力在高位震荡派发。多数情况慢庄主力也是采用迅速派发的形式，特别是对小盘股（3 000万元以下），迅速上扬，一鸣惊人，众人追涨，快速派发。二是快庄操作。主力只要认为某一时间阶段内大盘趋势看好，便运用大量资金集中建仓，而后迅速拉高，迅速派发，达到快进快出的目的。三是分散进驻，化整为零，隐蔽企图，逢低介入，推高派发。庄家明知某只股票是"大黑马"，用大量资金明显介入，迅速推高时，会引起"全国股民一次性大抛盘"，而主力不能获得最大利润，采取隐蔽手段介入，派发时可以达到"出其不意"的效果。隐蔽进驻，是为了迅速派发。四是主力迅速进入刚刚升温的板块。因为，主力十分清楚这个刚升温的板块有良好的群众基础，后市会不断看涨，而且上扬的趋势将会维持一段时间，才会把大量资金介入整个升温板块。五是单边介入。在市场基本面良好，在政策面的支持下，当整个均线系统开始向下或向上发散时介入市场。

12.2.3 金字塔四步操作法

"收入最大，后悔最小"的操作方法是——金字塔操作法，这也是市场主力及众多股民惯用的一种操作方法。非人为性的股票价格波动规律一时难以摸清，买卖时机又不容久等，就会出现：抛出后，仍然上涨而且涨幅还很大；买进后，仍然下跌而且跌幅还很深。上涨时，不能获得最大利润；下跌时，不能使损失降到最低，不免有些后悔。金字塔操作法在大量进货或者出货时，动作也要迅速，慢了就会延误战机。金字塔操作的具体方法是：当投资人预测某只股票的股价会长期上涨时，事实上也是如此，要一买再买，乘胜追击。但是，买进去的股票数量要随着价格的上升而逐次减少，并且在预期限定价位停止买进。在停止买进后，如果股价真的像预测的一样，股价还会继续上涨就开始分批卖出。分批卖出的方法是随着价格的上涨，逐次扩大出手的股票数量。就是这样，买进时要分批买进，而且越买越少；卖出时要分批卖出，而且越卖越多，在最高价位一次迅速的全部出完，它的买卖图形就像埃及的金字塔，如图12-1所示。

例如，某人预测某一只股票会长期上涨，用金字塔作操作，具体方法如下：

① 买进方法：在8元价位时买进300手；12元价位买进200手；14元价位买进100手；16元价位时买进50手；18元价位买进10手，并且停止买进。

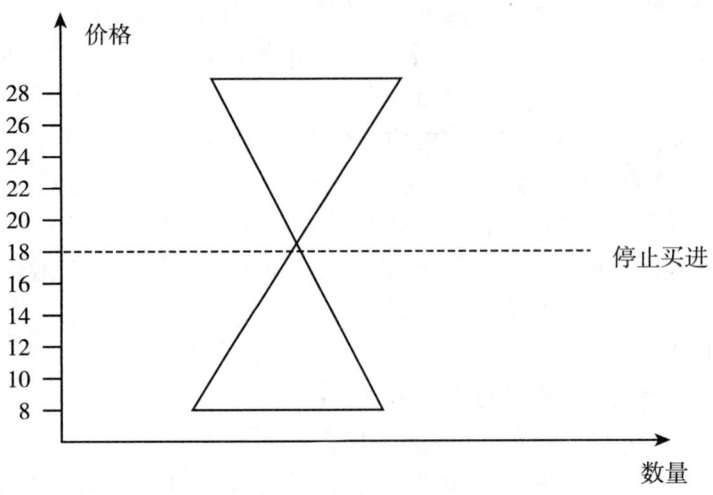

图 12-1　金字塔法买卖图形

② 卖出方法：在上涨到 20 元时卖出 10 手；上涨到 22 元时卖出 50 手；上涨到 24 元时卖出 100 手；上涨到 26 元时卖出 200 手；上涨到 28 元时，一次性卖完最后 300 手，不要考虑股价是否还会再上涨。

金字塔操作方法能做到：以攻为守，步步为营；收入最大，后悔最小。请朋友们试一试。

为了方便中小散户投资者使用金字塔操作，我们还可以把它归纳为：金字塔四步操作法。

第一步，在买进股票时采取：价格上涨，递减买进的方式。随着价格上升逐渐减少买进的数量，这样做是为了降低买进股票的平均成本，使平均成本比最低的买进价位略高一些。降低买进成本，可以有效防止在买入阶段，股价因异常因素突然下跌而造成的损失。

第二步，在买进股票时采取：分批递减买入法。只要股价像预测的那样，继续上涨，就能赚一笔大钱。此乃"以攻为守，寸利必争"。

第三步，在停止买进以后应采取：逐渐递增抛出法。卖出时，并不是一次性全部抛光，而是逐步递增抛出。这样做可以"静观其变"。随着价格上升逐渐增加卖出的数量，既降低了风险，又获利最大。此乃"分批递增出手，稳操胜券观时"，是一种"静观其变，随时机动"的操作策略。

第四步，分批出手时应采取：价格上升，出手递增的方法。见到价格上涨，就出手一批股票；价格再上涨，再出手一批股票……直至最后全部抛完。分批出手时，每次出手的数量要随价格的上升呈递增趋势。此乃"获利最大，后悔最小"也。

12.2.4　用金字塔法的注意事项

使用金字塔操作法时，必须注意以下五个要点。

① 股价大趋势必须是在较长时间内上涨，否则，会一败涂地。

② 在买入阶段，必须随着股价的上升逐步减少每次买入的数量。切勿倒置！在卖出阶段，必须随着股价的上升逐步增加每次卖出的数量。

③ 停止买进点与开始卖出点价位的选择要适当。过早会减少利润；过晚必冒风险。这个买卖点很难把握。有个基本原则："在价格上升趋势还十分明朗的上升阶段就停止买进，在超过最高建仓成本的一定数额时果断出手。"一般首次出手时的价格，应高于最后一批建仓价格的 10% 左右。

④ 在买入阶段，若价格上涨很快，买入的次数多，而买进的数量要少，反之，则相反。

⑤ 这种操作方法最适合实力雄厚的投资者；最适应流通盘较大、流通市值高、口碑较好，有一定群众基础的股票。

使用金字塔操作法，在买进点、停止买进点、最后一批卖出点，下定决心都要果断。并且，每一次的买进或卖出的动作要迅速。一定要"下定决心后，动作如脱兔"。

用这种办法以少额资金操作小盘股时，动作应更加迅速，最后一批货一定要出在庄家之前，否则，会有套牢之苦。

交易规则的规定是："时间优先"原则，如果因为涨停或跌停时申报，先申报者先成交；后申报者后成交。这个时间优先原则，对于短线操作更为重要，短线操作讲的是快进快出。这里的快，不但是指动作，更重要的是决心。买卖动作需要快，下定决心更需果断。针对上涨行情设定获利卖出点时，到了这个卖出点时，卖出动作一定要迅速；针对下跌行情设定停损点时，到了这个停损点的卖出动作也要迅速。在许多时候，卖出动作的迅速比买入动作的快更为重要。

"动作如脱兔"，对于"抢尾市"也十分有意义。因为，买卖人每天能够确定的最佳入市时间，都是股市每天的敏感时间；最敏感的时间往往是每天收市前的 10 分钟。这最后 10 分钟就是所谓的尾市手法。在尾市手法中，常常有尾市拉抬与尾市打压两种手法。尾市拉抬手法是庄家通过抬高收市价格，达到封死下一个交易日的下跌空间，达到有效封杀下跌趋势的目的。这时庄家的操作手法是：在全日跌停的情况下诱空，一举吃掉全天堆积起来的做空筹码，使做空者很难在更低的价位上再吃回筹码。庄家采用这种手法，既能够达到护盘目的，又能够达到以较低的价格进行吸筹的目的，此乃一箭双雕也。尾市打压手法恰好与此相反。尾市这 10 分钟时买入方与卖出方入市的最后机会，可以视为最敏感、最真实的时刻。若是再不入市，这一天就算是白白的上了一天班，耗费了精力、消费了时间，没有结果，在交易所"白站一天岗"。

尾市手法，庄家有庄家的目的；散户有散户的动作。庄家拉抬尾市，可以被散户利用；庄家打压尾市，也同样能被散户利用。关键是看谁的决心果断、谁的动作迅速。动作迅速，来源于决心的果断。

实际上，每天开盘之后，有许多买方与卖方会整天捉迷藏，庄家与散户捉迷藏，其目的都是一个——找到一个好的价位。只要你对某一只股票有兴趣，买时可以不急于进，等待一个最好价位。可以采取：先观察行情，再决定买卖。但是，这种"静观其变"的方法，绝不能静坐一天。开盘之后半小时、一小时，不做任何决定。收市 10 分钟前，你还能不做任何决定吗？

有人说：动作如脱兔，影响"卖头"和抄底。应该确切而准确地说：只有白白观察一整天，一直到最后一分钟交易完毕，才能准确地判断当天的头和底，你能一天一天的都不操作么？今天的头和底找到了，明天、后天、下一个月的头和底又在哪里？股市早已有：上涨时不言头，下跌之时不言底。这句名言有极其深刻的道理。不要指望能卖个最高价；也不要指望会抄到最低点。因为，这样的神人还不到万分之一。

只有动作迅速，才能起到出奇制胜的效果。"下定决心后，动作如脱兔"是告诫投资人：下决心之前，要准备充足，下定决心时，要果断；操作时，动作要快，不失时机。下定决心之前有一个漫长的准备材料的过程；下定决心之后，操作动作要迅速，这与军事学中的"战略的持久战，战役和战斗的速决战"，有相似之处。

12.3 频繁操作，赚钱不多

在大户室里，经常可以看到一些散大户采取："四面出击，频繁操作"的方法打短线，好像是赚钱的概率与操作的次数成正比，却不知频繁操作的失误率也不小。在上升行情中用惯了这种超短线操作方式的散大户，在盘整行情、甚至在下跌低迷行情中也是如此操作。后来，在交易大厅里的中小散户投资人也开始学习大户的这种操作方式，行情越做越短。在"T+0"时期，一笔资金一天能打十几个来回。不同的操作方式，对股市有不同的思维方式。在大势低迷下调时，有人看成是乌云压顶；有人看成是黎明前的黑暗。大势回升时，有人看成是一个反弹；有人则看成"艳阳高照"。

12.3.1 频繁操作，赚钱不多的原因

"频繁操作，赚钱不多"是因为：一是对某一只股票缺乏了解，匆忙进入，容易吃亏。在买进某只股票之前，应先对这家上市公司的财务报表浏览一遍，看一下业绩，分析一下成长性；万一被套，能否解套。看一下流通盘与当时的换手率，分析一下大资金的留驻情况；想一想现在进去，能否跟上庄家的步伐，然后再看一下该股的各项技术指标，分析一下短期、中期趋势；再想一想现在进驻的时机是否最佳，做到"知己知彼，心中有数"，减少盲动性。对一只股票缺乏了解而盲目进入，失误率最大。二是频繁操作容易疲劳，大脑容易发胀，神智容易不清，操作容易失误。三是沉迷于频繁操作，就像赌徒沉迷于赌博。股票频繁操作，类似于赌博。刚赢了些钱，马上又塞回去，甚至所有的钱都输个精光。频繁操作又像赌马，输了钱不甘心，还要再赌一次，希望有捞本的机会。沉迷于频繁操作的人和沉迷于赌博的人一样，有可能把一笔数目不小的金钱，在一个时期内输个精光。比较幸运的人，顶多只能打个平手，或者只能赚个"蝇头小利"。"打个平手"，或"赚个小利"，反而会更加激起他们的斗志。操作更加频繁，每天都有要买卖几笔股票的欲望。否则，就会觉得十分难受，白坐一天，更觉得吃亏，晚上也难以入睡。

有看到不少投资人都是这样，整天沉迷于频繁操作。"有钱不息，战斗不止"。最后结果，不是赔钱"下岗"，就是高位套牢"站岗"。输了钱，回家又怕老婆骂，只好在交易大厅里"混日子"。于是，有的吹牛谈天，但总是闭口不谈自己的失败；有的打扑克；有的打瞌睡；有的去当"老师"，指导比自己更无知的人操作……混到该吃午饭的时间回家。

"大户室"里的投资人多数都十分自信，他们都有过"辉煌"的时候。他们自信自己的操作策略很成功，但有时候却会发生损失。也有的是：成功的时候赚小钱，失败的时候赔大钱；越赔越是加快操作，真是"越战越勇""屡败屡战"；最后，钱也赔光了，没有再战斗的"动力"了，只好被迫"撤退"。几乎每个"大户室"里都有几个这样的勇敢的"悍将"。

以上是说，整天沉迷于频繁操作的人，不是正在赔钱，就是快要开始赔钱了。有不少投资者，是用亲朋好友凑来的钱操作股票，而这位操作者缺乏耐心，用"西瓜袋"去操作股票，无法应付股市的每天变动。尽管忍耐有时能赚钱，他也不去等待。抓紧时间，频繁操作，一心想赚大钱，结果，损失越滚越大。沉迷于频繁操作的人，则完全放弃了操作原则和操作策略。他不断地操作，寄希望终会有极大成功的一天。他既没有耐心，又缺乏弹性；他很少去分析市场，更不愿去分析自己哪里做错了？

12.3.2 如何避免过度频繁操作

有时候我们很难控制自己不去过度操作。特别是利用电脑操作股票之风兴起之后，更难控制这个度。利用电脑操作股票十分方便，而且查阅资料又十分快捷。有不少证券公司条件很好，"散大户"一人一台电脑。投资人可以随时进行操作，只要账户上有钱，总是难以抵挡用电脑操作的诱惑。怎么样避免过度的频繁操作呢？一是好好整理并经常查看自己的操作记录。把自己的记录装订成册，详细记载操作日期、大盘走势、个股选择、操作方法、盈利情况、经验体会等。通过查看操作记录，总结出自己最理想的操作方法，并用这些成功的操作方法去指导自己今后的操作。二是找出失败的经验教训。只有找出错误出在何处，才能避免重蹈覆辙。不论是买进还是卖出，只要有赔钱交易出现，就应该重新检查自己所有的操作策略，检查自己对目前市场趋势和个股分析与跟踪有无遗漏之处。三是查看各种技术指标。进行技术分析，从中找出最佳的操作形态。充分利用电脑查看均线系统、随机指标、指数平滑异同平均线、相对强弱指数、动向指数、威廉指数、乖离率等项技术指标，并从中找出最佳的操作形态，把握好最佳的进货与出货时机。通过查看各项技术指标，不但可以找出最佳操作形态，而且还能找出某一时期的股市中长线变化周期和变化规律。用这些规律指导自己的操作行动，则会"无往而不胜"。股市规律才是自己真正的老师。请记住："趋势是你的朋友，规律是你的老师。"找到了"老师"，就找到了最佳的操作时机。才能把握好买进的相对低位；卖出的相对高点。通过技术分析可以寻找出买卖股票的最佳时机，而技术分析又是将股票价格、指数每日变化情况，通过绘图的方式呈现出来。自己坚持绘图，不但可以避免过度的频繁操作，而且还能提高自己的操作水平。四是利用电脑查看上市公司的业绩及财务报表,进行公司基本面分析。基本面分析是以上市公司的业绩、前景、宏观环境、股票的内在价值为基础,给投资者描绘未来股票价格发展的长期趋势,能给投资者选股提供重要指标。所以,公司基本面分析对选股非常重要。它就像未婚小伙子选对象一样,可千万别把那些"丑媳妇"选到自己的家中来。技术面分析与基本面分析是股市理论分析的两大支柱,二者又是相辅相成的,一个偏重于选股;一个偏重于股票价格的变化趋势(选时),也就是说,小伙子一旦选准了新娘之后,还要沿着正确的路线把她牵到自己家里来。否则,不但会选错新娘,而且还会进错洞房。涉足股市,就需要对股市行情作一番分析,单凭感觉频繁操作想在股市中稳操胜券者,几乎是没有的。把基本分析与技术分析结合起来,才能驰骋股海;操作才能得心应手。五是收集资讯,利用消息。平时要多收集资讯,并将这些资讯连贯起来进行分析。通过分析达到"去粗取精、去伪存真"的目的。这些资讯都能在电脑上、报纸上、广播中或咨询中得到。关键是平时积累与善于分析。积累是分析的基础,分析是利用的前提。只有平时多收集信息,才能正确利用信息。"平时不烧香,临时抱佛脚"是要落空的。六是互相交流经验,取人之长,补己之短。这一点越是"大户",越是难以做到。原因有:一是向别人学习怕失去"大户风度";二是私心重,怕别人知道。有人说,股市中的人,心里只有一个"钱"字,而且钱越多,私心越重。这句话虽然太绝对了一点,但是,确有一定道理。因为,涉足股市的人,不是要赚钱,就是要输钱,没有别的路可走。几个大户投资人,若能经常坐在一起研究分析趋势、交流择股情况,定能开阔思路,拓宽眼界。对沉迷于频繁操作的人,收益会很大。有人认为,坐在一起交流,是消费时间。殊不知"磨刀不误砍柴工"也。

12.3.3 频繁操作策略

喜欢频繁操作的、爱动不爱静的投资者,为了能避免其过度操作,最好采用以下操作策略。

第一,要十分清楚成本决定操作。首先必须清楚自己的建仓价位、税收、手续费等叠加在一起后的成本。想办法降低成本,解除被套之忧后,才能把想赚的钱赚到手。不论怎么操作,都需要根据自己的建仓成本而定。如果因庄家出货,股价跌破10日均线,已经到了你的成本价之下,这时你已经被套住了一点。只要股价没有触及20日均线,就不必害怕,等待反弹到达成本价之上,够了手续费和国家的税金后再出手。这样做虽然没有赚钱,但也不赔钱。如果你的建仓成本与庄家成本一样,为了防止庄家出货可能引起的股价直线下滑,你可以先出货一半,把该赚的钱先赚到手,剩下一部分再陪庄家玩到底。这样做既防止了越套越深,又可以在反弹时逢高赚钱,也可以克服"先出手又怕一涨再涨;高沽不买,又怕拐个头被套"的心理状态。这是一种保证收益,不会赔钱的稳健的操作方法。

第二,静观其变,学会捂股。当股价在高位震荡时,要卖出观望,暂停操作。当你手中的股票涨停板后,没有放量,主力没有出货迹象,要捂紧股票,而且不放巨量不出货。防止主力快速拉升,诱多出货。一般情况,主力不会今天拉高,明天下砸。震荡洗盘，再度盘升是主力的操作手法之一。当大盘暴跌，急转直下，股价跌破5日均线、10日均线、20日均线时，要学会捂股。捂紧股票，超低建仓，等待反弹。有暴跌，必有反弹。这时候，许多人惊慌割肉，纷纷出逃，殊不知此时主力正张着大嘴等着吃"你的肥肉"呢。

第三，大盘深跌未企稳，不要轻易抢反弹。股市中早有"大跌不言底"之说。股市大跌一般都是多杀多的恐慌性抛盘所至。大盘指数及个股价位屡创新低，技术指标严重超卖。这时候若去抢短线反弹，则会吃尽苦头。常常听到有人言："到了底部会反弹。"当大盘弱市下跌时，底在何处？抢反弹的人被套，却屡见不鲜。殊不知股市早有："反弹不是底，是底不反弹"之名言。要防止股指如洪水，一泻千里。

第四，多空厮杀未分胜负，按兵不动观望为上。多空双方展开"拉锯战"，势均力敌。上有压力，下有支撑。反映在指数与股价上，就是横向整理行情。遇到这种情况，应按兵不动。坐山观虎斗，当一方取胜时，方可乘胜追击，再度介入。

第五，"稳中求准，步步为营"。这条军事术语早已被股市运用。稳中求准，就是要积极主动地对待时刻变化的股市，从变化中找出对策，指导操作。不但要看当时大盘趋势，而且还要观察当时价位；不但要看成交量，而且还要看换手率；不但要看主动性买盘，还要看主动性抛盘……稳中求准，才能操作最佳，效益最好。建立自己的操作原则，不要被短线左右。也不要被他人左右，这条军事原则，塑造了不少常胜将军。

第六，调整操作思路，大脑适当休息。操作思路的调整，是为了跟上大盘中热点的变化。当大盘热点从重组股转到绩优次新股上来时，操作思路要随时改变。需要把手中的股票清理一下，重新调整持仓结构，找出不断创新高的强势股。如果20日均线被击穿，要及时清仓休息。如果大盘再破30日均线并在下降通道中运行时，休息也不得安心。在股指小幅度上冲后又步入了逐波下降通道之中，并且高点一波比一波低、低点一波比一波更低；反弹一波比一波弱，就是告诫你"该休息了。"做股票也要"劳逸结合"，涨时做一波，跌时就休息。那些涨时做，跌时也做，一年四季手中股票一大把的人肯定不赚钱。在交易大厅里经常可以看到不少小散户盲目跟风上去了，盲目抄底套住了。一年四季都是这样："坐电梯上去，又坐电梯下来。"

第七，留心周边大市场，观察五个基本面。国际大市场、亚洲大市场，对我国股市都有一定影响。尽管这种影响目前还是间接的，但它是客观存在的。亚洲金融危机已经对我国经济产生了负面影响。要观察：基本面、技术面、资金面、市场面、消息面的变化。观察这五个面的变化，才能确定中国证券市场是否日渐好转。

第八，个股形态要看准，先做超跌反弹股。研究并弄清个股形态，是正确操作的基础。有些个股的股价因大势疲弱而下降了好几个台阶，并长期在底部徘徊；有的个股已跌破了发行价。这时候，应选择均线系统刚刚"黄交"的、业绩优良的、成长性较好的、流通盘适中的、群众基础好的个股，逢低吸纳。立足短线操作，短线做不成，再做中长线，也无风险。也就是说：超跌时，选那些业绩优良、长中短皆宜的个股。

第九，"街头溅血，伺机买进"。每逢股市暴跌，就会有人提出这句金玉良言。当股市暴跌时（如2007年5月30日，上市一天暴跌321点，深市暴跌1033点）。只要选准股票和选对介入时机，都会尝到不小的甜头。"跌幅巨大，必有反弹"。不论什么原因，一天暴跌几百个点，总会出现报复性反弹。有人会问，我已被套怎么办？最好的办法就是："就地卧倒，等待回升。"

第十，冲破上轨线，小心谨慎好。当股价长期在一个"箱形上升通道"中缓慢运行之后，要冲破上轨线，需要小心操作，不要盲目跟进。一般情况，刚开始冲破上轨线时，因受乖离率的影响，股指有被拉回箱形通道之中的可能性。还有不少技术人士，把股指冲破上轨线当成是后市看淡的表现，说成是"最后的疯狂"。有经验的短线操作者，习惯在股票箱内上下来回操作。当股价下跌到下轨支撑线时，买进；当股价上升到上轨压力线时，卖出。利用上升股票箱这种进三退一的慢牛走势，并利用股价低点与高点的差价可赚取稳定的收益。只有确信冲破上轨道后并又进入另一个上升股票箱的时候，才紧跟热点向上递进。箱形操作，下降通道也赚钱。

综上所述，频繁过度操作，对任何投资者均无多大好处。减少操作次数，提高操作的正确性，才能以较少的投资，赚取更多的利润。采取赌博式的频繁操作，只能给证券商多赚几个手续费。看准个股，不要紧跟着别人跑，不被消息所左右。不要轻易抢反弹，加强对趋势的研究，盯着自己熟悉的股票做等，这些都是减少盲动的有效措施。有位股评家告诫人们："许多人总是想去抓'大黑马'，结果总是两手空空，因为动的太多，赚的总是不够赔的。在他看准了目标是在想动时，已经到了不能动的境界"。看准目标，减少盲动，不要去做"赚了指数赔了钱"的傻事。

做惯了频繁操作的人，让他多看少动，一定很不舒服，听不进劝告，总想沿着老路再去试一试。这些人的结果一般都是：吃一堑，吃一堑……。吃十堑也不长一智。

12.4 跌停板后，回家睡觉

常言说："涨重势，跌重值"。"势"与"值"有密切的关系，这种关系又是由"势"的"涨"与"跌"来决定的。势与值二者相比，势比值更重要。"势"就是股市的走势、股票价格的未来变化趋势。"势"有时候会脱离经营业绩而受消息、受市场人气、心理因素的影响而剧烈波动。有时"青云直上"，有时"一落千丈"。

当大盘受重大利空消息的影响，大盘指数会"一落千丈"，股价向下"跳水"。这时候，所有股票几乎都难逃下跌噩运。许多股票"跌停板"（例如，2007年5月30日，沪市一天下跌321点，有612家股票跌停板；深市一天下跌1 033点，有456家股票跌停板。消息是国内印花税由1‰，提高到3‰），当你手中的股票"跌停板"后，怎么办？最妙的操作方法就是："跌停板后，回家睡觉"。等待股市回升的时候再来交易大厅。

有人会问："回家睡觉"也叫操作方法？是的，这叫"以静制动"操作方法。也有人说是"以不变应万变"，也能沾点边。还有人说："这叫黎明前的黑暗"。黑暗怎么度过，做好的方法当然是"睡觉"。有人骂这叫"狗屁操作法"。不管你叫它是什么操作法，它的确是客观存在的方法。这才真正是："以静制动更从容"。大势只要不转入熊市，只要投资大众对后市一致看好，这种"回家睡觉，以静制动"的方法，才是"止损"的最有效的操作方法。有时候"孬法"也能顶大用。

一般情况下，暴跌之后必有报复性反弹。实际上，2007年5月30日的例子也是如此。在6月4日、5日、6日三天，沪市三天反弹205点。四川长虹由18日的跌停板，到21日的涨停板。深市也是三天反弹362个点。"大势暴跌，终有反弹"。跌停板后，就要回升，这是股市的内在规律。有人说，"这叫压迫越大，反抗越大"。实际上这是由"乖离率、移动平均线距离股价太远，所发生的反弹拉回现象"。这种内在规律不以消息面如何利多或利空而转移；也不以主力如何地挖苦心思操纵市场而转移。

"大势暴跌，终有反弹"，以短线反弹最为明显。特别是群众基础好的、业绩优良、净利润增长迅速的绩优股；有高配送高含权的小盘绩优股；有重组题材或并购题材的热门股；甚至打有"ST"金印的"臭豆腐股"，都会率先反弹走强。所以，"跌停板后，回家睡觉"，待股价回升后再来交易并不误事。这种，"狗屁操作法"能让你养足精神再来赚钱。

股市暴跌、暴涨，一时波动十分频繁，但是这对长线投资者来说，并不十分重要。长线操作看重业绩与主营利润的增长速度，并且操作的周期较长。只要相信公司业绩能给投资人带来利润，他可以完全不用理会这种短期涨跌的激烈地波动。短线投资者及投机者，则应看重这种上下激烈波动。因为短线操作看重的是题材与消息。当股市突然暴跌时，"股评家被套""庄家也同样被套"。中小散户没有跑掉、庄家也未能脱身。你手中的股票，只要是庄家没有跑，你就不必担心。回家睡觉，度过黎明前的黑暗。如果庄家正在"割肉"，你又不愿意陪着庄家一块表演"割肉技巧"，最好还是回家睡觉。

股市暴跌，由于心理因素，会使许多人心惊肉跳。有沉不住气者，往往无法抗拒暴跌带来的恐慌。用"割肉"的方式"逃命"。股价下跌一次，他割肉一次；再下跌，再割肉……越割越"苗条"。吃减肥药也比割肉强。在散户交易大厅里，经常可以看到不少散户，这个时候不是冷静、耐心地练习操作技能，而是在练"割肉"技巧。自己割了肉，再与他人讲讲，想让他人照着自己的示范动作也去"割"。这样的人，多数是女股民。她希望自己能培养一批"减肥能手"，但是往往适得其反。

有人说："跌停板后，回家也睡不着觉。如果你手中还有资金的话，可以到电脑前去观察五日乖离率（5BIAS）。准备进行一次短线操作。熟悉技术指标的股民都知道："短线指标以5日乖离率最敏感、最准确、最实用。"当5BIAS在负五（−5）以下时，要考虑逢低吸纳；当5BIAS在负十（−10）以下时，坚决买进你最熟悉的绩优股、高成长股。不要被市场的空头气氛所吓倒。一旦股市反弹，就立即出货。也可以当5BIAS在正五（+5）以上时出货。例如，2007年6月18日暴跌之后当日四川长虹的收盘价是9.45元。如果你敢在17日、18日两天大胆建仓，即使套住也是极短暂的。结果，19日、20日、21日连续三天反弹，长虹价位一直升到12.76元。凡买进长虹者，均获利匪浅也。可惜的是，正当股指一泻千里，市场一片恐慌时，有不少投资者却在战战兢兢地往下"割肉"。

"把握个股趋势，才能百战百胜"。在资金面短缺、股票供大于求的情况下，有不少股评人士告诫股民："轻大盘，重个股"。这个时候往往是："大盘短期向淡，个股出现分化"。大盘无力上攻，板块热点零乱，股价结构调整。中小散户投资人不必花费心意去研判大盘是涨前蓄势？还是冲高回落调整？只要把精力集中在热点个股上，把握好热门股，也能百战百胜。这种大盘与个股的关系，就是整体与局部的关系。就是战略与战役的关系。战略态势一时不明确，也不影响某一次战役或战斗的胜利。八年抗日战争就是这样度过的。有不少投资成功者，也是八年股市抗战中度过的。股市抗战也像当年的"平型关大捷"一样，关键是要牢牢抓住"局部战机"，这就是股评人士常说的"不看大盘，看个股"。所谓"不看大盘"就是指大盘长期处在上下震荡的"箱型走势"中，这种上下两难的走势已被投资大众"熟视无睹"了。当大盘"青云直上"或者大盘"一泻千里"时，你还能不看大盘么？看个股就是在震荡市场中寻找热点板块，最好是找到领涨板块的个股。这只领涨个股就是"黑马"。如果前期热点已经降温，主力成功身退，短期内就难以形成真正的热点板块。这时市场就会出现："震荡整理，热点零乱"的局面。板块轮炒，没有领涨个股，难以推动大盘单边上扬。今天这只股票飘红，明天那只飘红，均难成大器。没有领涨板块，并非没有上涨个股。在震荡市场里，找不到"黑马"，可以找"白马"。黑马固然好，但黑马通常都是强庄股。其股性是：宽幅震荡洗筹、大幅连续拉升、高位跳水出货。庄家把你玩得心惊肉跳。理性投资者多数喜欢高含权、股性温顺、不耍脾气的白马股。它虽然缺乏"朦胧美"的题材，但它内在素质好，有"绩优不败"的美称。这种"绩优不败"的白马股，不会理会大盘短期的涨跌，也不会为市场的短期热点而心动。买入白马股，一路持有，是最简单、最有效的投资策略。也能战无不胜。

"热点退潮，大盘调整"。前期的热点板块，特别是领涨个股为什么会退潮降温？根本因素是庄家已经出货或者正在出货。庄家已经达到了自己的盈利目标，这些股价已经处在高价区，再拉升就无群众基础。无人跟风，自己被套。在这个简单的问题上，庄家要比散户聪明些。老热点退潮后，新热点会向其他板块转移。在老热点已经退潮，新热点尚未形成时，这时的操作方法通常是："多看少动，静观其变"。待新的热点逐步形成时，再介入操作。一旦新的热点形成后，股评人士又会告诉你："抛开指数的影响，介入新的板块，以短线炒作为主，仓位2/3为妙"。还告诉你在调整市中的择股原则：盘小、绩优、含权，高成长于一身；行业前景光明，目前价位较低；注意在新股、次新股板块中"选美"，要"喜新厌旧"……这些话都是忠告，必须得听。因为股评家十分清楚："久盘必跌"这个道理。例如，2001年6月底，沪市大盘从2 000点急升到2 200点，只用了13个交易日。大盘在2 200～2 245点震荡确进行了一个多月。最终因资金短缺无力支撑大盘，大盘于6月下旬开始破位下行。并逐步进入了第一个下降通道。八月上旬指数又开始迅速下跌。从8月4日～18日，沪市大盘指数由1 970点急速下滑到1 795点。并且开创了2005年的新低点——998点。股指大有"长江洪峰"一泻千里之势。牢记股市震荡整理时的操作方法与择股原则。当股指向下突破时，会有更好的心理状态，并能减少重大损失。

在大盘股指逐日下滑、个股价格日益下跌时，则应更加看重股票的价值。这与"涨重势，跌重值"是统一的。"涨重势与跌重值"，二者并不对立。在任何时候，二者都是辩证的统一体。有人过分强调"重势不重值"，带有一定的片面性。"势与值二者相比，势比值更重要"的前提条件是：大势呈上升趋势，或者股价未来的趋势是上升的。趋势上升，指数上升，股价上升。只要大势上升，买卖股票就能赚钱。在赚钱的前提下，不必过多地去计较股票的价格。这时的"重势"是看大势，跟着大趋势走。这时趋势是你的朋友，顺势投资，就能赚钱。大势上升时，只要跟着趋势走，"傻瓜也能赚到钱"。就是在大势上升中，价值也是追求的目标。也不可能不重视价值。"重势不重值"，并不是让你不过问价格，上来就买。而是说："不要过分追求几分钱的小价值，而失去了赚大钱的机会"。在大势上升时，不要在价格方面斤斤计较，而坐失良机。把握上升大势，抓住最佳机遇，不要顾忌几分钱之差，要尽快入市场购买，才能有理想的利润。这时候动作迅速才能跟上庄家的步伐。否则，庄家会让你步步"踏空"。在大势下跌时，就不能不重值了。在任何时候，投资人在买进股票时，总是越便宜越好。价格越低，上升时差价越大，利润越多。大趋势下跌时，不但要注意股票的盘面价格，而且更要重视股票的内在价值。大势下跌，当一只股票的"内在价值"没有凸显时，价格再便宜（如从30元降到25元），也要暂时不介入。"重势不重值"要全面理解，不可偏义，以免误人误己。相比而言，"涨重势，跌重值"则更全面。股市良言："趋势是你的朋友，价值是追求的目标"。

"涨重势，跌重值"。并不是说在大趋势呈现下跌时，可以不重趋势。有不少人，一路下跌，一路买进，一路被套。就是没有重视大趋势一路下跌，盲目抢反弹所造成的错误。一般情况下，在大盘刚刚从高位向下破位之时，不宜短线补仓。因为破位之后还要下跌。

大盘持续暴跌后，中期负乖离率较大。即使再深跌，也必然会有一个回升过程。这个过程不是一天就能回升到位。就是弱市反弹，也会反弹到下跌幅度的1/3以上。大盘暴跌后，各均线系统加速向下发散，不知底在哪里。这时既不适合补仓，也不适合斩仓，最好是索性离场。

12.5 观察成交量，跟上"快庄家"

12.5.1 二者关系

不论是在散户大厅里，还是在大户室内，几乎所有的投资人都在千方百计地寻找"庄家踪迹"。投资人都喜欢自己手中的股票里有"庄家"。其目的不必细说。股民自己讲："背靠大树好乘凉"；也就是说："股票有庄，心中不慌"。散户喜欢庄家；同样，庄家也青睐散户。二者就像红花与绿叶一样，缺一不可。庄家与散户有密切的缘分，二者是"亲家"，是朋友；又是"冤家"，是对手。他们是相互利用的、同床异梦的"夫妻"。

庄家与散户是股市中的一对孪生兄弟，又是始终贯穿于股市之中的一对"矛盾"。他们既统一，又对立；既相互联系，又相互斗争。股市中正是因为有这一对矛盾的统一和斗争，才不断地推动股市向前发展。也就是说：是股市内部自身的矛盾推动了股市的运动和发展。

庄家与散户在股市中的同一性和斗争性的关系是：同一性是有条件的、暂时的、易逝的和相对的；斗争是无条件的、绝对的。毛泽东主席说："有条件的相对的同一性和无条件的绝对的斗争性相结合，构成了一切事物的矛盾运动。"这个"一切事物"也包含了中国股市。中国股市中庄家与散户的同一性和斗争性相结合、相对性和绝对性相统一，就构成了中国股市发展的内在源泉和动力。

在股市中庄家是主动的、散户是被动的。散户是在跟着庄家转。但是，有时候却是庄家在故意吸引散户。有时候二者好像是在"捉迷藏"。没有庄家找庄家；有了庄家又胆怯。散户的这种矛盾心理状态，就像山旮旯里的大姑娘刚刚找到男朋友的心理状态。

庄家以操作方式分类：可以分为慢庄和快庄。慢庄是以活跃股性、塑造形态为主。等待时机，拉升派发。慢庄的择股原则是：选择口碑好、有良好"群众基础"的股票。吸筹时机是：在大盘低迷时，以最低的价位吸筹、建仓、进驻，而后就耐心等待着大行情的到来。如果庄家在低位吸筹不充分或者发动行情的"火候"未到时，庄家不会急于拉升股价。免遭"全国股民一次性大抛盘"的压力。慢庄在大盘上升初期玩弄的手法通常是：反复洗盘"唱低调"；反复拉升再打压。庄家的目的是：造成走势疲软、上冲乏力的状态，使意志不坚定的股民或者已获微利的股民"换手出局"。挤出短线客，进一步吸足筹码。为拉升股价减轻压力。由于慢庄在阶段性底部已经出现大量吸筹、建仓，所以大有："蓄势已久，其发必速"之势。慢庄通常都采取"熊市做庄，牛市发牌"的手法。因为慢庄是选择口碑好、成长性高、有"群众基础"的股票，所以，当大行情到来时，一定会有不少股民追涨该股，慢庄能够很轻松的配合大盘发力上攻。能够使该股的股价快速上涨，有"一鸣惊人"的良好效果。

12.5.2 快庄特点

"快庄"就是指以大量资金迅速建仓，迅速拉高，迅速派法的主力机构。快庄与慢庄相比，有自己显著的特点：一是大势把握得准，时机选的对，有"一呼百应"的效果。二是短时间内集中大量资金迅速建仓。建仓时机通常选择在大盘长期低迷的末期，在"黄金交叉点"附近。在大盘长期低迷后处在横向盘整的时候，快庄最先看到了"黎明前的曙光"。三是迅速拉高。边拉升边吸筹，一鼓作气把股票指数推向高处，把股票价格推向高处。没有回档，使空仓者步步踏空，迫使空仓者在高位追高。四是迅速派发。人气激发起来之后，市场一片沸腾，股民纷纷入市，有一呼百应的效果之后，庄家就开始派发。派发过程有时候比较隐蔽，一般是渐进式高位震荡。造成股价回档，再度上攻的态势，吸引更多的人追涨，让更多的股民参与"山顶战斗"。大的市场主力机构，因介入资金过多，又怕自己全线套牢。所以出货十分隐蔽，一般不采取打"停板"的方式。正当大盘指数在高位慢慢上升、退一进二的时候，个股的股价并未再创新高。等大家发现该板块上冲乏力，热点退烧；新热点零乱，冷门股纷纷飘红的时候，主力机构已经出货完毕。请朋友们回顾一下1998年3月底主力发动的一波行情，再回顾一下1999年的"5.19行情"，都就是这种典型的特征。快庄采取的操作手法是："集中优势兵力打歼灭战"的方式。优点是：在短时间内获利极大。中小投资人若能跟上快庄的建仓步伐，能发一个大财。有股评人士说：穷人发财靠该股。五是控盘能力强。庄家主力拥有的流通股多，持仓量大。完全可以控制其盘面走势。快庄的择股原则是："选择有国家产业政策优惠扶植的、国家倡导的、股民关心最多的、能迅速形成联动效应的、有良好"群众基础"的热门股票。快庄股的弱点是：快速升温，又快速减退（升涨快，退潮也快）。小资金运作的庄家股有时候不与大盘同步，大盘上扬时，它的表现不好。快庄股有"先声夺人，虎头蛇尾"之势。要么先发制人，要么高潮迅速退却。中小股民说它是：有逆向动作。大盘泛绿，它飘红。庄家股的优点之一是：在大盘下跌过程中，往往可以成为"避风港"。往往会形成一道靓丽的风景线。

12.5.3　如何跟上快庄家

如何观察成交量？怎样才能跟上快庄家呢？观察成交量与跟上快庄家，二者有密切的联系。观察成交量是掌握快庄家动向的基本方法。只有摸清楚了快庄家的行动踪迹，才能紧跟快庄家的步伐。从盘口的成交量的变化中看出快庄家的走向，是一种看盘技巧。常言说得好：会看的看门道，不会看的看热闹。成交量是反映庄家主力的动态的窗口。对于大盘来说，庄家主力的建仓原则是："在大盘的日成交量极度萎缩时建仓"。在这种接近"历史低量"的无量下跌和无量盘整状态中，大盘还有一点略微向上倾斜的时候建仓。作波段操作的市场庄家大主力几乎都是遵循这个建仓原则。

要正确观察成交量，必须首先弄清量与价辩证关系。避免片面性、局限性和绝对化。对于大盘来说，"价升量增"是"上升阶段"最理想的涨升形态。在"上升阶段"的初期和中期，随着"价升量增"的态势，股民可以大胆而勇敢地介入。这时候的"价升量增"是市场的经典。当大盘连续上涨，成交量逐次放大，并且出现了"天量与天价"的时候，说明大盘已经到了"高涨阶段"，个股的价格也早由谷底走向峰顶。说明上档抛压开始加重，股民则应以派发为主，不要再去追高，避免去接"最后一棒"。在股市大盘、个股价格的变化周期正处在"高涨阶段"时，在高量面前要随时有"风险"这根弦。这种量变到一定程度就会发生质变。量的变化会引起价的变化，而"价"的变化又是股市的"内在规定性"，是股市本身"质"的规定性。价与量是辩证的统一，二者又是遵循"质量互变规律"。在一定条件下，二者又互相转化。只有明确了二者的辩证关系，才能正确认识"价升量增"这个股市中经典理论。

对个股来说，在股市周期处在"上升阶段"的"初升期"或"初升期"之前；在"黄金交叉点"附近，要密切观察热点板块中个股成交量的变化。当发现某只股票的每笔成交量突然放大时，好像突然有一巨量"从天而降"，这就是"天量出天价"的信号。因为，在"上升阶段"初期，在"黄金交叉点"附近，一波中级行情刚刚启动，大行情尚未来临，这个"巨量"绝不是庄家主力出货的预兆。结论是：当大盘运行周期已处在"正半周"；股市行情正处在"上升阶段"的"初升期"；个股的每笔成交量突然放大；一定是庄家主力正在吸货。中小投资人要坚决果断、大胆勇敢的跟进，介入。跟着庄家主力在同一水平线"齐步走"，这时候才真正踏准了庄家的步伐。中小投资人跟庄的最佳时机是：大盘处在"上升阶段"的"初升期"（即"黄金交叉点"附近);个股每笔成交量突然放大时,两个条件缺一不可。凡是在这个时机"跟庄前进"的中小散户股民,都能发个不大不小的财。

股市的变化周期有:上升阶段、高涨阶段、下降阶段、停滞阶段,四个时期。其中上升阶段与停滞阶段的时间较长。停滞阶段的时间最长,可以长达数月。高涨阶段与下降阶段时间较短。了解了股市变化周期;看清了个股成交量的变化;选准了跟庄进入的时机,也就跟上了快庄家。在量、价、供求,三者呈现"正方向变动"的时候,才能导致"量增价升"。成交量增加,带动供求增加,推动股价进一步上涨。在价格上涨阶段,随着价格的上升,成交量逐步加大;成交量加大又反过来带动股价上涨。在"高涨阶段"股价与成交量的循环规律仍然是:价格上升——成交量扩大——价格进一步上升——成交量进一步扩大。只要不出现"天量和天价",就是股市周期正处在"高涨阶段"。中小投资人也可以大胆的"短线跟庄"。只要不太贪心,也可以获得良好效益。

12.5.4 对快庄股的操作方法

快庄股的跟踪方法:介入快庄股之后,对快庄股的跟踪与慢庄股有很大差别。对快庄股跟踪操作,可采取以下几种方式:一是中线介入后(在黄交点附近介入),因建仓成本低,可以进行"高指标"跟踪。所谓"高指标"就是把获利价位定的高一点,达到指标后再出货。获利指标一般设定在50%~60%。对于小盘股,因流通市值小,庄家大量出货容易造成"跌停板"。如果遇到几个"跌停板",你会遭受很大损失,甚至造成无法出货的局面。跟踪操作手法比较凶悍的快庄时,出货一定要在庄家出货之前。设定一个获利百分比价位,升到这个价位就抛出。也不用费心去研判庄家什么时候出货,能省很多心思。对于中盘股、大盘股,因流通市值大,不用担心"跌停板"。应采取"不见长阳,不出货"的方式操作。二是短线介入后,也可以采取上述操作方式。区别是,对小盘股设定的获利价位百分比要低一些。也就是说,短线介入后,可采取"低指标"跟踪方式。获利指标可以设在20%~50%。三是采取"金字塔"操作方式,依次分批出货。其方法一般是:随着价格的上涨,逐次逐批扩大出手的股票数量。随着价格的上升,抛出的数量也依次递增。中小散户也可以一手、两手的抛。用"金字塔"操作法,能够做到:"收益最大,后悔最小"。买入股票时也可以采用此方法。买入与卖出的操作区别是:买进股票时采用"正金字塔"法操作。即在最低价位时买进的数量最多,而后随着股价的上升逐次减少买进的数量,一直到某一个价位时停止买进。抛售时采用"倒金字塔"操作。先少抛一点,而后随着价格的上升,逐次增加抛出数量。最后在高价区一次抛完最后、数量最多的一批。四是"抬轿抬到半山腰"。散户给庄家当"轿夫"的时候,只能把庄家抬到"半山腰"。当你手中股票的价格已经上升到1/2"颈线价位"时,要随时准备出手。不要等庄家"套你"。当发现庄家想"溜"时,你要比庄家"溜"得更快。晚来的"轿夫",如果还想往上抬,最多抬到2/3处。放下"轿子",溜之大吉。"要想捉住狐狸,必须比狐狸更狡猾"。否则,打不着狐狸反惹一身臊。五是预先设定一个"停损价位"。快庄小盘股,因庄家手法凶悍,会使许多盲目跟风者成为"逆水寒"。"上贼船容易,下贼船难"。当你在"高水位"无法"下贼船"

时候，一定要"跳水"逃之。六是把自己放在市场主力庄家位置。要想一想，如果我是庄家，下一步该怎么办？把自己放在庄家位置所得出的结论一旦与盘口动向印证一合拍，就能抓住庄家的最新动态。顺市场新潮流，跟庄家新动向，就能跟着庄家一块"吃肉"。七是研判股价是否会再创新高？量与价有内在联系，一般规律是："价升量增"，正向循环；有时候庄家股更容易出现"量价背离"情况。因为强庄股的走势图是经过庄家的手"画出来"的。中小投资人不要因"量价背离"而慌张出逃，丧失赚钱良机。投资人只要将目前的成交量与先前（一个月前）的成交量一对比，就能看出征兆。例如，前一波的上升水准是200万~300万股；而第二波的上升水准应在300万~400万股以上。如果第二波的上升水准已经达到或者超过了第一波的成交量时，才能再创"新高"。第一波与第三波行情的间隔时间越短，越需要有较高的成交量来推动。这样，就衍生出一个结论：当股价的头型已经完成了2/3时，若成交量不再递减，反而大幅度递增，股价节节上升，就是要创"新高"的形态。

12.6　跟上热点，骑上快马

12.6.1　热点概念

所谓"热点股"是股性活跃、上蹿下跳，题材丰富，频繁炒作，有主力介入，获利空间较大的热点板块中的"热门股"或"投机股"。这种股票不一定是成长性好的股票；但是，这种热点并非是昙花一现。它有自己的特点和规律。

这类股票的特点是：题材朦胧，盘口较小，有庄介入；股利甚微，股价不稳，振幅很大；知名度较高，群众基础较好；波动周期短，波动幅度大；股市低迷时，无人问津；股市上涨时，常有主力关照。只要择股时机正确，即使买入的是"垃圾股"，也会获得极大利润。

这类股票一般都有一定的周期性规律可循。由于这类股票有一定群众基础，多受市场主力欢迎，有些庄家会长期占有，反复炒作。它的循环周期的大小，不但与庄家的操作特点和操作手法有关，而且也与大盘指数的运动轨迹有关。它的股价运动轨迹遵循非正（余）弦变化规律。有时与大盘"同步"运行，有时与大盘"异步"运行。投资人"偏爱"它的原因不是其轨迹有律可循，而是它有较多的炒作题材，有极大的获利空间。

由热点题材引发的热门股，对已经转暖的市场起催化剂作用。它能够迅速吸引盘中资金或场外增量资金的大胆介入。其根本原因是由热门股的"热"和"新"两大要素的作用。"喜热避冷，喜新厌旧"是股市的一个最大特点。

"热点"的出场时机是众多投资人关心的首要问题。因为，对短线操作者来讲，择时比择股更重要。任何股票都是有涨，也有跌。择时正确，什么股票都可以赚钱，甚至"垃圾股"也能赚大钱。投资人只要把握好一种股票的买进与卖出时机，就可以发一个不大，不小的财。"热点"的登场时机，一般是在大势时机与个股时机同时具备"看涨条件"时才出场。大势看涨,个股也看涨。这时众多投资人纷纷买进股票,这时的"热点"既符合大主力短期内获利最大化目标;又符合广大中小散户短期获利的愿望。"热点"一登场,众多中小投资人努力参与;不少股评人士宣传鼓动;许多新闻媒介"热点聚焦"……众人在"不怕有风险,就怕没有机会"的传言下,驱使"热点"更加"升温"。大家都想骑上"快马"。

中小散户如何从阶段性特点去把握大势时机与个股时机,是买卖股票的关键。一般情况下:当大势看涨,个股看跌时;不能买入,而要坚决抛出,另寻好股票。当大势看跌,个股看涨时谨慎买入,短线操作,逆市上行,注意风险。当大势看涨,个股也看涨时,应择机逢低买入,逢高减磅。当大势看跌,个股急跌或超跌时,应该择机买入超跌股票,等待反弹出货。因为,"超跌必有反弹",这是规律。也可以选择无量下跌的股票,择机建仓,等待庄家拉升。因为,大势下跌,个股无量缓慢下滑,说明其中有"庄家"在高价位"锁定筹码",由于大环境的影响,难以拉升出货,只好让散户自由支配,随大势去沉浮。请您相信,庄家一定会等待时机,蓄势拉高。"无量下滑",也有时是庄家手中的筹码不够,悄悄打压,低位建仓。选择无量下跌的股票介入,一旦它放量上行,上升速度就会很快。应该注意:"无量下跌"是一个相对概念,平时要注意记录和建立"个股档案"。用记录的历史数据(时间、大盘指数、股票名称、价位、最大与最小每日成交量、股价图形……)与目前数据相比较,才能弄清是"无量"还是"有量"。

12.6.2 热门股的操作

根据辩证唯物主义原理可知:股市中没有永恒的"热"与"冷"。"热"是由冷逐步升温而成;"冷"是由"热"逐步降温而成。"热"与"冷"又与环境大盘趋势有密切联系。大盘节节上涨,个股会天天飘红;"冷门股"也会"热"起来,这时的热点板块和热门股就会增多。否则,大盘天天下滑,热门股就少,"热"不起来。

中小散户如何在大盘升温时,放手一搏;如何在弱势中趋利避险,是众多投资人关心的操作技巧。只有掌握了这种操作技巧,才能行之有效的获取收益,减少损失。下面简要介绍大盘升温与降温时,"热点"出现后的操作技巧。

1. 把握好"热点"登场的时机是操作必胜的诀窍之一

在众多的各类题材中,只有被市场主力借题发挥、巧妙挖掘的题材,才是真正的"热点题材"。只有真正的"热点题材",才能扮演"救世主"的角色。只有扮演了"救世主"角色的题材,才会迅速聚集、快速升温。即使是"疲惫之旅"也会借机换筹。每一组"热点题材",都会有一批"快马"出现。只有正确掌握了"热点"的登场时机,才能骑上真正的"快马"。任何"热点"形成的过程都有:初级、中级和高级三个阶段。"热点"从形成的初级阶段到发展至高级阶段,需要一定的时间,而且也有一个形成过程。凡是在"热点"形成的初级阶段骑上"快马"的人,都可以迅速致富,"一夜之间"成为暴发户。这种"致富"是由另一批在高级阶段盲目追涨热点的人"输出"的结果。这一赢一输关键是把握好"热点"的出场时机,并且及时介入。这时候

"机会"就是"金钱"。要正确理解:"不怕有风险,就怕无机会",这句股市格言。能够在"热点"形成的初级阶段或者中级阶段介入的人,等"热点"发展到高级阶段时出货的人,就是"致富专家"。在"热点"形成之后的高级阶段盲目追涨"热点"的人,就是"扶贫专家"。

2. "早进、全进全出"是操作必胜的诀窍之二

这里的"早进"是指"热门股"板块中的"领头羊股"股价刚刚启动的时候介入。庄家是专家,他们往往是在"黄金交叉点"之前,就有一部分资金已经介入了。由于主力的买盘较大,所以主力的"每笔成交量"也较大。当庄家在低位吸筹时,股价明显下跌或者略有放大。"全进全出"是指:当发现"热点板块"中的强势股(领头羊),该股的升幅已达到10%左右,果断买入,并不迟晚。而且要把手中的钱全部买成股票(包含用来过年的钱)。早进就值得"满仓作战"。晚进只能得到"半仓谷物"。因为,这个时候通常是庄家们要"拉抬"的"前奏"。时机一到,一旦"拉抬"就会出现"量价齐升";并且也会出现"步步逼空";使跟风者"步步踏空",最后不得不在高位追进。所以,"早早介入,满仓作战",必将获得丰厚的利润。

3. "设定心理价位,不要贪图卖天价"是操作必胜的诀窍之三

股市上有:"天价不卖,地价不买"的格言。格言告诉投资人:不要贪图能在最高价卖出,最低价买入。这样做很可能会"适得其反"。因为这句格言的中心讲的是一个"贪"字,贪心是股票投资者惨败的根本原因。正确的操作是:跟庄介入,拉台坐轿,高位派发,适时离场。在大盘天天上升,个股日日飘红,股价节节上涨时,贪心者的心理是:"等它涨一点,再涨一点……到了天价再出手"。这种心理是愚蠢的。有些人在追涨时,也是加码再加码。一个回档就会十分尴尬。预先设定心理上的获利位,当股价升至该价位附近时,不论它是否再涨,都要按原计划抛出。不要太贪心,不要贪图"卖天价",就不会有"套牢"的风险。

4. "热点高位不追涨"是操作必胜的诀窍之四

在"热点"形成的高级阶段,常常会听到不少股评人士和新闻媒介说:"不怕有风险,就怕没机会"……"热点"形成的高级阶段,所有的人都明白了这个题材是目前的热点,大家全都抱着参与的心态介入。使"热点"迅速"白炽化"。这个阶段具有爆炸性的风险。在这个阶段中您经常可以看到蜂拥抢购股票的人群;连捡破烂的老太太也挤进了买入股票的人群,市场一片"繁荣"景象……就在这时历史的经验告诉我们:"正当许许多多的人在高位盲目追涨热点的时候,股价已接近天价了"。那些盲目追涨热点的人,是急于"输出"。这个时候,投资人应该冷静下来,想一想股市的两句格言:"买入要谨慎,卖出要果断";"宁可失掉机会,不可失掉金钱"。股市中的机会很多,你手中的金钱却是有限。失掉机会并不损失金钱;失掉了金钱,就没有了机会。

大盘降温,个股走弱,"热点"纷纷退热。大势疲软,应掌握好以下短线操作技巧。

1. "平衡市中把握强势股"是弱市短线操作技巧之一

移动平均线的5日线和10日线是大盘的短期生命线。当5日线与10日线黏合在一起,并且大盘指数也围绕这两条短期生命线上下挣扎的时候,大盘已经进入了短期弱市

平衡状态。此时，盘中"热点"此起彼伏，稀稀拉拉，昙花一现。这种现象与散户大厅里的投资人数似乎成正比。在平衡市初期，市场"热点多元化"，有可能是大盘近期"回暖"的表现；在平衡市的中期和后期，就可能是最后一轮的"补涨效应"。在平衡市中也有强势股或强庄股。在大盘处于弱市整理期间，强势股和强庄股会形成一轮默默无闻的上升行情。大盘横向震荡整理，有股评人士告诉投资人："轻大盘，重个股"。投资人只要保持清醒头脑，坚持理性投资，把大盘与基本面结合起来综合分析，适时介入强势股、强庄股操作，股海行舟，也能绕过暗礁，成功地达到彼岸。

2. "择机介入价值被严重低估的次新股"是弱市短线操作技巧之二

当大盘正处在整体疲软的状态时，原有的市场"热点"已经运行了很长时间。运行资金急于出货而又缺乏一个出货的好环境。这时的场外资金又不愿意选择这些剩余"热点"去为他人抬轿。那些老牌绩优股虽然也正处在深跌状态，由于它们经过牛市的升涨和股本的快速扩张，股价仍然处在相对较高的水准，场外资金也不会轻易介入老牌绩优股。另外，因为场外资金的年终利润目标还未能实现，资金介入市场是必然的选择。大资金的介入方法一般有两种：一种是选择有潜力的、品质好的、相对价位较低的新股或次新股炒作一番；另一种是选择和发掘价值严重被市场低估的、有以往群众基础的股票，做一波"价值回归"行情。"价值回归"行情的升幅有限，它不可能演绎成长线牛市行情。因为，这种价值被低估，在众多中小投资人看来只是一种票面价值的低估，而并非是企业生产、经营状况发生了彻底改观。它那未来的"暗淡前景"仍然会制约这类股票在二级市场上的表现。所以，在炒作价值低估的股票时，一定要立足短线操作。持股时间越长，就有"套牢"的风险。

3. "获利就走，不可恋战"是弱市短线操作技巧之三

正当市场进行深幅横向调整时，很难弄清目前市场是"强势调整"还是"弱市调整"？这时候，市场主力的操作原则是："获利就走，决不恋战"。在平衡市中，主力信守的真理是："强势持股，弱市持币"。中小投资人的操作思路也要跟上市场主力的操作原则。否则，就会跳到陷阱里。

4. "把握庄股轮动中的领头羊"是弱市短线操作技巧之四

很多投资者是弱市中的开拓者和进取者，他们胜不骄，败不馁。他们在火爆行情中放手一搏，在低迷行情中小心行舟，寻找避风港。胜者不骄，败者不逃。在弱市之中如果能及时把握庄股轮动的特点，抓住联动板块中股价偏低、题材丰富、朦胧利多、蓄势已久、被庄家控制的"领涨股"，也能从庄股的轮动中把握获利机会。在弱市里联动走强的板块，虽然不能持续很久，甚至"领涨股"会"孤军深入"，但是，只要能及时介入"领头羊个股"，仍然有利可图。控盘能力强的庄家股在弱市中常常会"表现"自己，它是万绿丛中的一朵"红花"。

5. "年报出台趁机出货"是弱市短线操作技巧之五

年报出台正逢春节前后，春节是我国民族风俗中的大节日。庄家大户及中小散户都不愿意捏着股票过新年，持币过年的心理状态很强。有些个股因风声走漏而提前扬升，年报一出台就向下回落。再加上场内资金短缺，使整个年终"业绩浪"虎头蛇尾。《证券法》出台后，规范了"年报"，一些亏损公司的股票"提前预警"，有利于中小投资人在弱市中趋利避险。随着春节的来临，节日情节使持币过年者增多。历史的经验告诉我们："春节前弱市难改"。春节前已经进入了年报公布期，许多个股正向市场投资人展示其年报。针对不同的年报进行操作是中国股市的一大特点。正确利用年报的操作方法是：一是好年报出台趁机出货。因为，该股业绩虽好，但在年报公布之前股价已经"提前扬升"，而且升幅不小。年报出台之后缺乏上升后劲。所以，对待续上攻之后的个股公布年报，冲高后一定要出货。否则，就要持股过年了。二是个股业绩差年报公布后，不易斩仓。因为，绩差股遵循《证券法》有关规定，亏损有"提前预警"。巨大风险在"预警"时已经提前释放一部分；再度下跌的空间不大。这时投资人可以运用"相反理论"操作："地价要补舱，反弹后了结"；"利空出进是利好"，就是反向思维的市场格言。三是绩优大盘股，节前不介入。像中石油、中国银行、中国中铁等绩优大盘股，年报公布后，业绩再好春节前也不要短线介入。因为，弱市之中的春节之前没有大量资金为大盘股"护盘"。

综上所述，跟踪"热点"要有技巧，才能骑上快马。跟踪热门股，美国大师弗兰特·卡尔的方法是：

① 不对多种股票分散投资，只对人气集中的"热门股票"进行集中投资。

② 不对绩优股长期投资，只对有高速成长性的小盘股进行投资。

③ 不过分看重经济大环境的影响；也不注重公司业绩的好坏，根据股票波动的技术图形去进行操作。他坚信技术、他相信：懂技术者，赢得多，输得少。

④ 广积情报网，听到利多消息后迅速买入；消息证实后，立即卖出。他相信：无风不起浪。传闻要上涨的股票，一般来说上涨的准确率很高。

跟上热点，骑上快马的投资者，古今中外并不少见。其关键是时机和技巧。只有在"热点"已形成的高级阶段，盲目追高"热门股"的人，骑上的是一匹快要掉进陷阱的"烈马"。

第 13 章　其他操作策略

13.1　看准目标，减少盲动

新闻就像一只双头怪兽，有好的一面，也有坏的一面。好的是繁荣，坏的是凄惨。在通信工具十分发达的今天，新闻来自多方：广播、电视、网络、报纸等。任何一则消息，都有可能左右你的思想。官方新闻媒体对股市往往采取比较政治化的立场，不会偏袒任何一方。人们也是往往只相信自己相信的东西，相信自己最能理解的东西。人们的信念也经常掺有感情成分。经常听一听或看一看官方新闻媒体对股市的信息，几乎每次都会发现有两种不同的观点。这种聪明的举动使得以后不管发生什么事情，两种观点中，总有一种是对的。所以，新闻媒体什么时候都是正确的。

13.1.1　消息的作用

最有用的新闻资讯，是最近刚刚发生的。它有助于人们了解最新的政治、经济、政策脉动。不管是利多消息还是利空消息，股票市场都会随着这些"信息脉动"而起伏。股市投资者，都会密切注意新闻的发展变化，希望能从中发现目标，希望从中捕捉到一个最新颖、最准确的消息，给自己的投资带来意想不到的收获。有时候，新出炉的新闻对他们的操作决策有很大影响，否则，会有很大的挫折，所以，投资者在操作时务必十分小心地对待这些消息，既不能不信，又不能盲从。投资人要从这些朦胧的信息中看清目标，减少投资的盲动性。

正规新闻媒体的报道，虽然有些是新的，但内容大部分都是老的。这些新闻，股票市场早就有过传闻，并且早有反应。投资人若是用这些新闻去指导操作，早已是"轻舟已过万重山"了。

许多投资人喜欢打听小道消息，认为小道消息来得早、来得快，有时候曾经是不错的小道消息。投资人对某一只股票发生兴趣，也是因为"邻居曾经提到过这只股票"；或者是"亲朋好友推荐过这只股票"；甚至是在散户大厅里听到了别人议论过这只股票……真正好的选股建议，它不会等到投资人想要采取行动的时候还存在。等到远亲近邻把消息传到你耳中，想要有所行动，可能是"为时已晚"。碰到这种情形，不妨先对小道消息多加研究。时机掌握很重要，在采取行动之前先问几个问题，也同样重要。它会使你不犯严重错误，减少盲动所造成的损失。正确的投资来源于正确的决心，正确的决心来源于正确的判断，正确的判断来源于正确的"侦察"和对各种情况连贯起来的思索，去伪存真、去粗取精、由表及里，而后得出可靠的结论。

想从小道消息中追踪可靠的投资目标相当困难。因为，消息的真伪、消息的来源难以掌握。更叫人泄气的是：当你费很大劲弄来了可靠消息时，却失去了进场的机会。因为，"事情可能早已发生了"。有时候，消息还在谣传中，庄家早已"吃饱了"，就要准备出货了。中小散户投资者很难从小道消息中找出消息的本质，当消息传到耳中时，可信度又大打折扣。一旦消息证实了，股价就会大跌。有一句股市名言"消息传出时买进，消息证实后卖出"。

"传言出现时买进，消息证实后卖出"。不断有人重谈旧调，不断有人上当被套。因为这句话有十分巧妙的投机性，有很多人想获大利，有不少人想购买投机味十分浓厚的股票，所以，风险往往大于收益。

13.1.2 看准目标，正确操作

利用消息，看准目标，减少盲动，提高收益，减少损失。这是每个投资者十分关注的事。机构主力大户自然有他们的一套方法：找企业消息灵通的"知情人"友善交谈；给自己熟悉的职员打电话询问……都能得到他们要得到的消息。中小散户可以追根究底，探寻消息的来源，评估消息的实质。例如，这则消息的投机味有多浓？对股价有多大影响？自己对这只股票有多大兴趣？这则消息合不合自己的投资策略？目前手头上的资金有多少？风险有多大？……听到消息后，可以想想，这则消息和自己的投资策略相不相匹配。如果相匹配，投资者就可以按照既定的原则去做。不管消息是真是假，股价一样会应声而涨，因为，传言之人很可能早已悄悄吸纳了。这样做必须冒很大风险，有些利多传闻事实上已导致股价下挫。在沿用"传言出现时买进，消息证实后卖出"的操作方法之前，"一定要先留一些钱放在桌上"，免得没有吃饭的钱。

要去冒险，需要事先做好冒险的心理准备和应急措施。例如，要对所冒的风险设定一个上限，风险超过了这个上限，要采取果断措施。因为，你是拿着自己辛辛苦苦挣来的钱去冒险啊。有人说，高风险，高收益。这句话并没有错，看你什么时候用？用在什么场合？大势环境怎样？用错了时间，用错了场合，是要吃大亏的。

投资股市难免要冒风险。有些风险比较低，而且通常有时间来得及反应。有些风险很高，常常叫人措手不及，无法及时脱身。风险越高，不见得获利越大。有些股票有很高的获利，还是由于股票本身利润波动的结果。在买进高风险的投机性股票之前，不但要多问自己几个问题，而且还要花费点时间研究消息的真伪，做完这些"功课"之后再去进场。这样做虽然不能消除风险，但是，可以使你警觉到潜在的风险有多大。有了这种警觉，一旦有什么风吹草动，就能及时脱身。不要盲目地购买大家一致哄抢的股票；不要盲目购买瞬时收益高得出奇的股票。看准目标再投资，减少盲动，少赔钱。

"看准个股，减少盲动"，是一种比较稳健的操作策略。许多股票分析家告诉我们，根据大盘和个股的利多与利空，紧紧盯住一两只股票，在大盘的不断翻动中寻求"黑马"。许多人都想抓住"黑马"，结果总是两手空空。其主要原因：有的被消息左右自己的操作；有的跟着别人瞎跑；有的为了想每次都踏准目标，今天抛这个，明天选那

个；左手抓、右手抛，忙得不可开交，最后是赚得少，赔得多。辛辛苦苦，忙忙碌碌，热汗淋淋，把钱都交给了证券商，这种"雷锋精神"在股票市场上并不少见。

首先，要会利用消息看清大盘。证券市场要想不受消息干扰是不可能的，关键是看你如何利用这些消息。政府实质性的利多、利空消息，都左右大盘的趋势。只要大盘趋势看好，主力动向明确，一旦主流板块飘红时，你就能找到"黑马"。即便是手中的股票没有涨，后市总会有表现的机会。要耐心等待，不涨不抛。因为大行情必有大循环，大行情中"风水轮流转"。所以，你不可能每波行情、每个轮次都能踏准目标。1997年"清华同方"22元时，"沉睡"了很长一段时间，行情一启动，它首冲40多元。有些绩优股在大行情启动之际，会首先发出买声；有些绩优国企低价股，也会后发制人。这时候最忌的就是：眼热别人赚钱，强调自己每个轮次都能踏准。有这样想法的人，他的操作必然是："在绩优股风头十足时，把低价股换成绩优股；在低价股全面飘红时，又把绩优股换成低价股。结果，动不如静，赚了指数赔了差价。要保持一份耐心。"股评人士告诉我们："市场主力往往是通过几个强势板块轮流带动大盘，而不是全面启动。""以点代面"是主力的基本手法。

其次，利用消息看准个股。消息能左右大盘，消息更能带动个股。实质性和非实质性的消息都能阶段性的左右股价。主力更会在朦胧的利多与利空消息中做游戏。对待个股的利多与利空消息，许多股评人士有过忠告：要看资金流向排行榜，判断主力动向；看资金流向排行榜确定控盘板块；用量价关系研判主力的实力；用联动效应和比价效应分析某一只股票的差价……听起来与做起来都怪啰唆的。股评人士有一段简明语言："鉴别消息真伪的好方法：当某只个股刚刚启动之际，市场又在传闻该股的种种利多，你可以抱着一种宁可信其有，不可信其无的心态适当参与，往往有意想不到的收获；当某只个股在持续上扬后，市场又盛传该股的种种利多，由于风险相对较大，所以宁可信其无，不可信其有，以回避风险为上策。"这段话用在"热点"题材和对消息的研判上行之有效。

最后，要有自己的主张，不要跟着别人瞎跑。没有自己主张的人，容易被消息左右。在跟着别人跑时，还不断传播别人传给他的消息。有时还把这些"飞来"的消息说的有声有色，并用自己的行动再去影响他人。这种人，在散户大厅里经常能看到。跟风之人赚了一个小钱，便眉飞色舞地又将消息传给更多的人……一传十，十传百。在散户大厅里，这种"无线电广播"要比中央电台的广播快得多。尽管这消息已经是"八传手"了，还会有第九个人相信。这种盲动，多数结果都是："既害人，又害己"。有些人明知道消息可能大量掺假，不听吧，亲朋好友面子上过不去；再说自己心里也怪痒痒的，也想买一点。你买一点，他买一点，都是听别人说这只股票"多头气盛"。虽然"空翻多"的角色侥幸占了上风，却没有足够的理由和依据。自己没有看准目标，消息左右了操作，糊里糊涂得把自己的钱塞给了别人。跟着别人跑的人，有的是不愿意动脑筋分析情况，不愿去判断其真伪；有的是看看别人赚钱眼热了，也想跟着沾点光；有的是"股市新兵"，"新兵"要跟着"老兵"走……

很多股评老师一再告诫股民朋友："跟着庄家走"，不要跟着感觉走。跟着庄家走，才能骑上"黑马"。是否有新主力介入，是观察个股的焦点。有新主力介入的板块，才是主流板块。主流板块主宰局面，一涨再涨，而其他板块却默默无闻。既然是有新资金注入这个板块，上涨的热潮不会马上冷却。大资金刚介入，不会马上出局，采用大胆跟进的操作策略"在低量低价区域，有利空消息可视作无利空；在高量高价区域，有利多消息，可视为无利多"。会判断消息的人，是赢家，会利用消息的人，更是赢家。看不清目标，又缺乏主见，"赢也赢得稀里糊涂，输也输得不明不白"。

在下降通道中不要轻易抢反弹。在大盘连续阴跌、市场一片恐慌、人气低迷不振时，若有几只股票飘红，大多是庄家行为。在下降通道中抢反弹是"刀口舔血"。大主力大资金的介入和出局都有时间、空间界限。主力庄家是不会抢反弹的，"抢反弹"只有在特定场合才适应。有人说，在上涨过程中抢反弹，能够让你"发起来"。果真如此么？在长时间的、天天大"牛市"行情中，股价每一次回调都是进货的好机会，这时候不抢反弹也能获利，因为每天都有翻倍的个股。但是，在连续的上扬过程中，反而应该减仓，因为主力已经开始出局了。在连续的下跌过程中，价跌量增，买盘逐步增加，应该做好抢反弹的准备工作。一旦跌无可跌，出现"地量地价"时，应该大胆介入，抢一个历史低点价位，而后耐心等待回升。在"地量地价"时介入不用担心会被"套死"。

"看准目标，减少盲动"行之有效的办法就是："紧紧盯住一只股票，并且设定一个获利目标价位，一旦到达这个价位就坚决卖出"。这样，有了自己熟悉的股票，又有自己的目标价位，就有了自己的主见，不到低价不跟进，不到获利目标价位不抛出，要跟着个股的周期性变化规律走，不要跟着他人的感觉走。

13.2　欺诈在所难免，陷阱时常存在

13.2.1　欺诈在所难免

股票市场无奇不有，什么事情都可能发生。有时大盘涨势波澜壮阔；跌势又令人胆战心惊。多家股票涨停板会让人手舞足蹈，多家股票跌停板又会让人悲观懊丧。正当你下了一番工夫，选了一只股票，期待它的股价一天上涨两倍、三倍的时候，却可能会一落千丈。当某一只股票在别人手里正在"发热"，被人追捧时，你一握在手里就会被打入冷宫。股指上涨或下跌时，消息人满天飞。最无法预测的消息，则是从某公司内部传出的欺诈行为和主力大户设置的空头陷阱。

长期以来人们一直认为某上市公司的财务资讯理所应当的都反映了事实，都很真实，股票也备受人们偏爱。然而，稽查人员揭露了事实真相后，在全国引起轩然大波。因为，上市公司总有一些很聪明的人把资料交给证券主管部门或各种证券信息报刊。拿到这些资讯后，新闻单位所能做的事并不多。稽查人员所能揭露的事情也相当有限。投资者，不论是个人还是主力机构，都无法得知上市公司所提供的资讯是真是假，这就需要冒很大的投资风险。

2005年深市某上市公司有"违规"行为而被大量罚款，就是一件很有意思的事。内幕交易，外人怎会得知？您就是有算"神卦"的本领，也难以先知先觉。目前，我

国证券法规尚不健全，欺诈行为所受到的惩罚，不如潜在利益高。即使罪犯个人的财富减少到零，他们还是有可能把庞大的资金藏匿在别人找不到、摸不着的地方。与欺诈行为相比，庄家大户和主力机构做的"空头陷阱"要文明得多。这些大户们为了从中小散户股民腰包里掏取金钱，会布下很多陷阱，设置许多圈套，必须设法把众多散户"套牢"而使自己顺利出货，才能把别人的钱装进自己的腰包里。庄家大户、主力机构采取设置空头陷阱的方式进行欺骗，虽然比公司的欺诈行为要文明一点，但也的确令人讨厌，它仍然会引诱许多无知的股民上当受骗。

有人明知是陷阱，却有胆量往里跳。不少人讥笑他是傻瓜，其实不然。这位勇敢者不但看到了技术面的性质，而且，他更清楚有基本面的保障。大趋势看好。股市中的大趋势就是生命线。在基本面没有变坏的情况下，跌势从何而来？向何而去？庄家大户为什么一打再打股价？股价暴跌，会造成恐慌性抛盘。吓跑了中小散户，使不少中小散户在不想卖出的价位区，还是卖出了股票。这么低的价位，谁来买进这些股票呢？买进股票的人，就是刻意打压股价的人。因为股票总额有限，有人情不自愿地被迫卖出，才会有人笑盈盈地买进。庄家大户正在贪婪的吸纳，这位勇士为什么不敢买进呢？这个时候，中小散户都应该像这位勇士一样，勇敢地跳到庄家大户的"车"上，跟着大户一块走。等大户们下"车"时，您再下车也不晚。欺诈可以使人上当，陷阱却可以使人利用。

13.2.2　对于欺诈的操作策略

"一有欺诈迹象，立即脱售持股"，是个明智之举。这时主力大户会马上卖出大部分甚至是全部的持股，以平仓止损。中小散户投资者也应该这么做。因为，一旦出现欺诈案件，事情都难以有良好的结局，也可能会变得更糟。等这家公司股票已经大跌时，再去了解股票为什么突然大跌，为时已晚。投资人了解某公司的坏消息，以采取适当行为，固然很重要。但是，即便是您亲自到这家上市公司走一趟，也难以保证资讯正确无误。上市公司一向最擅长拿好的一面给投资者看，即使是最坏的消息，也能粉饰得让不知内情的投资人看得心花怒放。况且，大多数投资人不可能到上市公司走一趟，也不可能事先就看出上市公司公布的不实资讯。对投资人来说，最好的防卫策略就是：随时做好准备，一旦发现有欺诈迹象时，立即脱售全部持股。

对于谣传的某公司的坏消息，应该是：宁可信其有，不可信其无。有的人说，这未免太过于谨慎了。无风不起浪。树欲静而风不止。股票市场上有不少谣传，并非都是凭空捏造的。后来，经市场证实确有此事。其中，确有一些坏消息，是庄家大户根据自己的利益，在"高空中"制造出来的。"我们看事情必须要看它的实质，而把它的现象只看作入门的向导，一进门就要抓住它的实质，这才是可靠的科学的分析方法"。要能抓住事物的本质，不是一件容易的事，但必须要慢慢地学习。

要重视上市公司公布的董事会的公告。董事会公告通常要注意有利好与利空消息的内容。董事会在中央人民广播电台或在证券报刊上公开发布的公告，可视为真实消息，省去了用大量时间绞尽脑汁去分析的过程。例如，某年4月3日，交运股份公布董事会公告：交运股份股票价格近日来大幅上扬，市场各种传言较多。为向广大投资者负责，上海交运股份有限公司董事会郑重声明如下：公司目前无任何应公开披露而尚未披露的信息，提请投资者注意防范投资风险。这则公告可视为利空性质，说明以前市场传言它有资产重组的消息是假的，股价的大幅上扬是有人操纵的。因为，4月2日交运股份的股票上涨10%，股价由4月1日的15元上涨到16.50元；4月3日又从16.50上升到18元。7日开始下跌；10日又下跌5.91%，收盘又回到15.45元。3日看到公告，4日就应出货。又如，某年4月8日川长征刊登股权转让公告，把国家股全转让给托普科技公司。尽管川长征第一次公告用词非常模糊，大家还是这样想：将来的托普科技公司就成了川长征的第一大股东。长期业绩不佳的股票，突然变成了科技股，是一则很利好的消息。4月9日，川长征下午一复盘，便被庄家一把直接封死在了涨停板位置。股价由8日的18.35元，涨停在20.18元；4月10日又一个涨停板，股价涨到22.21元；11日又上涨7.78%，股价又升至23.39元（最高24.43元）。短短三天，股价上涨了6元钱。庄家是在12~14元建仓的，每股赚10元。庄家建仓时耍的手段就是：在12~14元来回震荡，一会儿升涨停，一会儿又打跌停，打来打去吸纳了不少筹码。庄家既能用欺诈的手段使股价下跌；又能用欺诈的手段使股价飞涨。常用的方法又是设置陷阱。在股票市场上，欺诈在所难免，陷阱时常存在。中小散户要眼观大盘，心想个股，用脑分析，辨别真伪，科学操作。

庄家对个股可以使用欺诈手段与设置陷阱的方法，达到自己的目的，有时候庄家机构主力又可以采取"硬逼"的方法使你"就范"。大主力既可控制个股，又能推动大盘。2007年3月底，深沪两市大盘的一轮上升行情，主力就是用"逼空行情"。3月场外资金在一级市场申购新股，迟迟不愿进入二级市场。机构大主力就采取强有力的拉升，使大盘一路上涨，不给你趁回调接货的机会。让你一直踏空，最后非逼你进场追涨不可。主力在推动大盘上扬之前，也做了不少的"宣传工作"。"今年股市经济背景良好""政策暖风频频吹""降息消息兑现""基本面发生了良好转化"……这些消息的确真实。众多股民也都在想：自从2001年6月股市低迷以来，快四年时间了，不能再跌了，需要回升。这时的"宣传工作"正好吹在"点子上"，一下子就迎合了众多股民继续奋战的心理。3月27日机构主力资金一进场，就一路拉升大盘股指。主力往上拉，众多散户往上推，这一推一拉形成巨大合力，几天时间把沪市大盘指数从998点推高到1 350点，几天又把大盘股指推高到1 500点。

听一则消息是真是假，看庄家手法是否欺诈，判断途中有否陷阱，需要将基本面结合起来进行分析。自2005年6月至2007年5月，证券市场宏观经济基本面发生了可喜的变化。首先是"保8控3"。国务院总理明确表示，必须确保今年中国经济发展发展速度达到8%，通货膨胀率小于3%，如果此目标顺利实现，中国"高增长，低通胀"的良好经济发展态势会继续保持下去。其次是第四次降息。只要银行利率不升，则无实质性利空。只有银行降息，才是股市有真正意义的实质性利好，而且是长期利好。再次是领导层政策暖风频频吹。中国证监会主席，接受记者采访时说，我国证券市场发展趋势向好，股票上市将充分考虑市场容量和承受能力。最后是机构投资者露面。1998年3月23日，总量为40亿元开元、金泰证券投资基金在深沪两市交易所登场亮相。它既保护了中小投资者的利益，又增加了股市的资金供应。只有明确了基本面变化，才能增强信心，更好地把握投资机遇。

13.2.3 减少欺诈的操作方法

"欺诈在所难免，陷阱时常存在"。中小散户股民上当受骗是经常发生的事。运用科学分析的方法可以减少受骗的次数，要完全杜绝上当受骗可能性很小。因为中小散户的资讯信息来源有很大的局限性，并且，这些信息既凌乱，又不及时，无法在短期内验证这些信息的真伪，再加上自己又急于投资、急于获利，不可能等到所有信息真相大白再去操作。常用的减少上当受骗的方法有以下几种。

一是操作熟悉股，不怕有陷阱。对于一只已经操作过一两年的股票，早已摸熟了这只股票的周期性变化规律；并且，已经掌握了它每次出现的高点与低点；对这只股票能熟练地做到"高抛低吸"，而且，跟着它的确赚了不少小钱。只要它的周期性变化规律不发生"突变"，跟着它还能赚钱。

二是紧跟热点转，不怕受骗。"热点在转化，风水轮流转"，是股票市场内在规律变化的一大特征。特别是机构大主力进场以后，决不会自始至终停留在某一两只股票内。它首先是要确定进入的热点板块；其次再确定进驻的股票和资金数量；最后是达到获利的百分比退出，退出之后又要选择新的板块和新股票。这样就会出现"风水轮流转，板块轮流跳"的大盘格局。在"多方势头正强，个股风流竞显"的行情中，多方气势如虹，后市上扬空间巨大。只要紧跟热点转，就能骑上"快马"。因为，"板块轮跳，黑马遍地"。即便原来是冷门板块，一旦主力进驻后就是热点板块。只要热点在转换，强势就会依然存在。

三是"捕捉异动股，勇敢去跳井"。行情火爆，异动股皆是；行情低迷，异动股也有。这些异动股，有的已经低位盘整几个月，跌无可跌，急需补涨。有的是庄家正在"诱空"，故意打压股价，造成市场恐慌情绪，诱出更多的卖单，而后进场"扫盘"。遇到这两种情况时，中小散户应该勇敢地去"跳井"。当受他人"价值判断的感染"，错选的这只异动股是"有花无果"的资产重组题材股时，也不必担心。当花儿开的正红的时候，您果断"下山"就是（价值判断感染，是投资经济学里的一个理论。意思是说，大多数的投资者因能力和经验方面的原因，对市场价值评价环境、氛围的影响，经常以外来因素来决定自己的价值判断）。

四是"持有绩优股，不怕有陷阱"。根据市场行情的变化，不断优化持仓结构。绩优股是激发市场人气的指标股。有业绩才有股票的内在价值。每一轮中级行情都有绩优股在盘中表现得淋漓尽致。多数绩优股都有高成长和高含权，即便是"掉进陷阱"，也能慢慢地出来。

五是"看不懂就出来，免遭上当之灾"。在政策暖风频吹时，大盘却连续阴跌。不少人问：这是怎么了？大盘连续冲高，没有回落调整，又有许多人问：还有多大上升空间？在大盘低迷，个股显威的行情中，当众多的投资者看好龙头股"发展"与"长虹"时，二者却萎靡不振。又有人问："发展""长虹"怎么了？正当年报天天公布，次新股个个不分红，复盘一个，跌停一个，也有人问：次新股怎么了？一连串的问题，把头脑绞得稀里糊涂。一个个事情，把大伙弄得目瞪口呆，中小散户看不懂，大户也看不懂，有多年经验的股评家也说："费劲"。"看不懂，就出来，上岸观望"。当池子中的水由冷变温，有烫变暖时，再下去搏击。当大家对解盘感到费劲时，严重的问题就在其中，也可能是机会在绝望中悄悄来临；也可能是懊丧在暴涨中诞生。

13.3 不与大势为敌，不与政策作对

13.3.1 趋势的作用

"顺势而为"，是众多股民熟知的一句至理名言。它的含义又被广大股民丰富了许多，它有广义和狭义之分：狭义的顺势而为是指股民要跟着大盘的走势（大趋势）而确定自己的操作行为。广义则是指股民既要跟着大盘的走势确定自己的操作行为，又要紧跟党的有关政策确定自己的操作行为。任何一个国家的股市都受本国政治、经济的影响，也都受有关政治政策和经济政策的影响。"炒股也要跟党走，听党的话，否则也会下岗"。

"趋势是你的朋友"这句股市名言是说，绝对不要与大趋势为敌，绝对不要与国家政策性法规作对。股市的波动是受政治、经济等因素的影响，而且受政策性影响较大。从1996年年底以后，这种特点更加明显。在我国证券法规尚未健全的今天，任何有权威的大人物一句话，都会影响股市的波动。股民朋友不但要研究股市规律、赚钱方法；而且还要关心国家政治、国家经济与国家政策。在我国的国民经济持续增长的时候，最大的利空与利好消息可能就是国家政策。请股民朋友记住：绝不与大势为敌，绝不与国家政策为敌，这也是一种顺势而为的极好的操作方式。"绝不与大势为敌，绝不与国家政策为敌，趋势是你的朋友"，这三句股市名言在投资策略上有很深的含义与智慧。

"趋势是你的朋友"，是说"趋势"能给你带来经济上的实惠。这里说的"趋势"是指除了政策性趋势之外，还有大盘的走势、方向、低点、高点、临界点、转变点；还包含股票的价格趋势、价格变化周期、价格的波动规律。投资人买进和卖出股票意愿的强弱决定了股票价格的趋势。人气旺盛、买盘增大，股价会节节上扬，直到人气稀散和投资人改变方向为止，即使股价涨到投资人所认定的价值，旺盛的买进人气还可能把股价推得更高。买盘旺盛的原因是：投资人与其上市公司的盈利将会更大；盈利分红会给投资人带来更多的收益。当股价上涨到新的高点之后，有些人就会怀疑这只股票"超买"，就会在这个高点"放空"。这种做法有时候是正确的。价值要回归，股价下跌也是正常的。但是，有时候它的盈利还会有大幅度增长，而且预期红利丰厚，它的股价还会继续攀升。因为这只股票有其内在的"价值动能"存在，只要投资人继续买进，这种"价值动能"就会持续。只要投资人相信该股票的盈利会比目前的速度更快地增长，就会有人不断地买进股票。在非常强劲的走势中，因为"牛气"正盛，每一次回调，价格下跌时，都应视为买进的良机。

13.3.2 顺势操作策略

"与大势为敌"就是不顾当前的大盘走势和价格趋势，往相反的方向投资，"逆市操作"。"与趋势为敌"的赌注本钱很高，多数都要付出惨重的代价，当大趋势方向不明朗时，可以暂时停止操作，"静观其变，以逸待劳"。投资人要力争做到："走势求清，心态求静，策略求准。"投资人只要"不与大势为敌"，就能受益无穷。

"趋势是会改变的。"但是，这种改变并非是突然、使人无法预料的。一般情况下，大盘的反转有一个渐进进程。这个过程是：向上启动——渐升——急升——高位震荡——向下突破——停滞整理。另外，大盘反转前有许多特征，并有反转信号，把各种技术指标与实际操作经验结合起来，则能正确判定大盘的反转。

"价格趋势"也会变化，因为股票价格每时每刻都在变化。经过长期的瞬时价格波动，就会形成一只股票的"总体价格趋势"。影响股票价格的因素虽然很多，但是，"投机因素"却是十分有效的外因之一。怀有投机心理的股票操作者，可以使股价上扬，也可以让股价下跌，能左右一只股票价格的庄家，手中有大量资金，再加上有灵通的信息，的确能"呼风唤雨"。在众多中小散户股民看来：好像是股票都在庄家手里。机构投资人大量持有的股票，总会有一天突然出脱持股，获利了结，股价可能一夕之间就会大变。有时候，在多头市场中，某只热门股票的价值已经增加了一倍，它往往还可以再增加一倍。碰到这种情况，比较稳妥的策略是先观察趋势，再顺着趋势方向投资，不要去当"逆势派"。"逆市操作"是一种投资策略，但是，不是用在这个时候，不要故意拿鸡蛋去碰石头。

"国家政策大利空，技术指标要失灵"。这是众多股民朋友最近两年深刻体验出的明理。请回顾一下：1996 年 12 月 16 日，中央电视台在新闻联播节目中播出了《人民日报》特约评论员文章：《正确认识当前股票市场》。12 月 17 日中国证监会发言人就《人民日报》特约评论员文章及 12 月 16 日深沪股市的波动发表了谈话，同时提出了发展证券市场的八字方针：法制、监管、自律、规范。深市成分指数由 16 日的 4 199.58 点跌到 20 日的 3 114.42 点；最低跌到 3 086.85 点，一周内跌掉了 1 085.16 点。上证指数由 16 日的 1 110.04 点跌到 20 日的 885.24 点；最低跌到 864.26 点，一周内跌掉了 224.8 点。再回顾一下 1997 年 5 月中旬的行情：5 月 5 日国务院发表了 1997 年发行 50 亿元额度股票；5 月 8 日国家颁布了《证券投资基金管理办法》；5 月 12 日国务院又决定从 1997 年 5 月 10 日起把印花税提高到 5‰；5 月 16 日，星期五，国家又决定将 1997 年股票发行规模由 50 亿增加到 300 亿，使深市成份指数由 6 044.82 点下跌到 5 月 16 日的 5 101.02 点；上证指数也由 1 501.25 点下跌到 1 287.07 点。从此，深沪两市大盘走势进行了长达两年多的向下整理行情。谁敢小看国家政策对股市的"宏观调控"作用？这时，管理层还觉得深沪两市大盘指数还是不低。5 月 21 日中央电视台播放了《严禁国有企业炒股》，深市成指又从 5 200 点跌到 4 760 点。6 月 6 日，又是一个星期五，中央电视台、《人民日报》第一版，同时发出消息：《中国人民银行发出通知，禁止银行资金违规流入股票市场》，并且要求：开设的股票交易账户，必须在文到之日十天内撤销；所持有的股票，必须在文到之日十天内全部变现等，一共做了七条"严格禁止"的规定。到 6 月 12 日，短短 5 天内，深市成指又跌到了 4 339 点。此后，7 月 1 日"回归日"深市成指又跌到 4 270 点，大盘在下降通道中徘徊。1997 年 9 月 13 日党的"十五大"胜利召开，深市成指已经"死交"在 4 150 点。23 日"十五大"胜利闭幕，深成指又跌到 3 661 点。直到 1998 年"虎年"的春天，深沪两市股票市场也没有出现"虎威"。2007 年 5 月印花税上调到 3‰，当天沪深，两市大盘指数下跌 6%。

简略回顾了国家政策对股市的影响，使人们很自然地想到了毛泽东主席的一段语录："政策和策略是党的生命……"政策和策略也是股市的生命。中国政策影响了中国股市，无须多费口舌。中国古代曾有："一言可兴邦，一言可丧邦。"如今则有"一言可升市，一言可跌市。"政策调控股市的作用是非常明显而巨大的。当国家政治稳定、国民经济持续增长的时候，能左右大盘的利空消息，很可能就是"政策性利空"。股市多风险，政策性风险只是其中的一种。敬请广大股民朋友要关心国家政治，要随时关注国家政策，特别是能够左右股市的政策。

不少股民把 2007 年 5 月 28 日和 6 月 4 日，两个政策性利空日说成是"黑色星期一"，好像是"吃了两堑长了一智"，不少股民如惊弓之鸟，国家政策一有风吹草动，便争先"逃命"。利空出货，利好也出货，把"利好出尽当作利空"，这是一种操作方法上的痼癖动作。

从 2007 年年底中央电视台进行风险教育和几次政策利空消息，教育了不少股民，使许多无知的中小散户变得比较聪明了。经过几次亲身经历的教训之后，散户朋友"追高"的意愿不强了。许多中小散户股民生怕又在"高位套死"，无出货之日，股价一进入相对高价区，他们便纷纷抛出股票，以便"落袋为安"。还有的股民吸取了以前的教训，采取"快进快出，别被套住"的操作方法，这才真正是：自觉与不自觉地学会了一手明智的操作策略。后来，这种短线操作方法被众多的股民运用，本来不会做短线的"下岗族"股民也开始认真学习短线操作了；常做短线的老手，"线"做得更短了。长线投资的人少了，短线投机的人多了，谁也不愿意做长线，行情越做越短，因为，谁都怕"套死"。

高级管理层比股民更聪明，自从 1.55 万亿元额度发表后，不怎么出政策性利空消息。"股指上扬，就发新股"。股指上扬的多，新股发行也越多，发行的几乎全是"超级国企航空母舰"。一级市场占有大量资金，二级市场资金紧缺。股市在低迷震荡中寻求方向。股指大幅下跌，却有利好政策支撑。例如，适当调低了利率；第五次、第六次降低银行存款利率等。但是，股民好像是不理解高级管理层的意图，"越是利好，越是出货"。自从 2007 年那个"黑色星期一"之后，股民亲身体验到国家政策的强大威力。政策性影响，既可以影响股市的短期走势，也可以影响股市的长期走势。从此，众多股民把消息中的政策性利空，视为最大的利空。谨防"突然一广播，谁都跑不脱"。股市各种技术指标突然失灵，大多数都是"权威性消息"造成的。

金融政策的变化，会对股市产生长远的影响。降低存贷款利率；改革存款准备金制度，适当增加货币供应量；适当放松银根，都是中国股市实质性的政策，长期利好，必将对股市产生深远的影响。这些政策性改革措施，能刺激投资需求，有利于促进经济增长。放松银根，上市公司的总体经营环境将会趋于宽松，投资需要的增加有利于公司开拓市场，有利于新产品开发，进而促进业绩的增长，间接地给股民带来收益。社会货币供应量增加必将使投资到股市的资金增加，扩大有效需求，促进股票市场的大趋势稳步上升。有人说："中国股市是政策市"。其实，各国股市都受政策的影响。政策向好，低迷的股市早晚会起来。"小胳膊扭不过大腿。"

有人说："政策的突然变化，使人在操作上无法防范。"其实不然。一是任何政策上的重大变化都会有事先预兆。政策利好时，领导层频吹暖风；利空时，进行风险教育，吹冷风，使头脑发热、市场疯狂的股市冷下来，步入正常轨道。觉得突然的股民，是没有事先关注国家政策、经济政策的变化预兆。二是任何利空只有积累到一定程度，股票才开始下跌。这是因为，政策一级一级的贯彻下去，需要一定时间。所以，对股市的影响也有一个时间滞后的问题。例如，2007年国家在股市的高峰时期推出了一系列的利空：解决32家历史遗留问题、提高印花税、增加1.55万亿元额度、处罚证券商、清理违规资金等。但是，在这些利空消息刚出台时，股市仍然不断上涨，这说明，只有利空积累到一定程度股市才开始下跌。三是国家政策基本面要发生变化需要有一个过程。例如，2005年3月以来，证券市场宏观经济面有四个变化：首先是国务院提出的"保8控3"，即是确保2005年中国经济发展速度达到8%；通货膨胀率小于3%，人民币不能贬值，这就是国家"高增长，低通胀"的良好经济发展态势。其次是第六次降息。降息是为了刺激经济发展。利率这个经济杠杆十分重要。当利率政策适合本国目前经济状况时，可以导致股市屡创新高。所有的证券专业人士都明白："只要利率不升，则实质性的利空就没有。"只有降息，才是股市真正意义上的实质性利好。由此可见：银行降低存贷款利率，改革存款准备金制度，使中国股市今后实质性的长期利好。三是高级管理层政策性暖风频频地吹。中国证监会高级管理层一再说，中国证券市场发展趋势向好，股票的发行，上市将充分考虑此市场容量和承受能力。最后是机构投资者露面。总量40亿元的开元、金泰证券投资基金首先闪亮登场，不但避免了股市的暴跌，而且增加了股市资金的供应。当投资者关注了国家政策基本面的变化后，引起了投资人的高度重视，政策性利空也好，利多也好，都会有操作反应的时间。只有平时了解经济政策的趋向，才能不感到突然；才能把握好投资的机遇，这也叫：知己知彼，百战不殆。

有中国社会主义特色的股票市场，国家政策总是保护众多的中小投资者的利益。广大中小投资者只要不被庄家、大机构投资人利用，都能从利好与利空两个方面感受到国家政策的优惠性。中小散户平时要认真学习、掌握、了解经济政策对股市可能造成的冲击。在顺势投资方面会比别人占有很大的上风，在操作方面也会比别人技高一筹。

有人说："资讯创造市场"。应该说，创造市场的是投资人对资讯的反映。投资人利用各种资讯进行操作，活跃市场、激发人气，达到赚钱的目的。有时候，没有资讯，可以编造资讯，其目的也是为了"套钱"。谁都知道：利好消息出现时股票上涨；利空消息出现后股票会下跌。但是，在机构投资人编造消息时，却很少有人知道。

市场上早已有："利空出尽"，"利好出尽"之说。有时候，投资人本来就预期到坏消息会出现。可是在坏消息真的出现之后，反倒不觉得这个消息会有多坏，称之为

"利空出尽"。同样，当利好消息出现后，也不觉得这个消息会有多好，称之为"利好出尽"。原因是：市场老早就消化了这些消息。有人把"利好出尽"视为利空；也有人把"利空出尽"视为利好。这种观点既有正确性，也有局限性。有时候，政策越是利好，出货的人越多。这种越是利好，越是出货，大势不涨反跌，其原因是：投资者的心态极不稳定，极不平衡。

国有大企业的改革离不开证券市场；证券市场也需要国有大企业参与。从这个意义上说，证券市场已经把国家利益与股民的利益联系在一起了。政策调控证券市场，适合国家利益，也同时适合股民利益。

操作策略是：国家政策利好频传，投资机会显现时，要"紧跟政策，大胆建仓"。具体方法是：一是要密切关注政策动向，争取能够洞察先机。二是逢低吸纳绩优股，遇有暴跌可视为空头陷阱，大胆满仓，不怕套牢。三是研究分析，尽量选一些既能做短线，又能做中长线的小盘、含权、业绩高速成长的绩优股。长短皆宜的绩优股，不怕套，又套不死。短线做不成，有长期的获利空间。四是周末或节假日，短线应酌情减磅，留一定比例的现金作"应急性变化"。五是随着大趋势的攀升，不断调整本金与利润分离的比例。一般不易做"倒金字塔"式的投资方法。六是"看大盘脸色，做强势个股"。强势股都是有强庄在内的股。跟市场热点走，就是跟着庄家走。七是"遇有缩量震荡，还是离场观望"为宜。缩量震荡即不能使大盘止跌企稳，又不能让大盘突破攀升。操作时多数应以观望为主，不要轻易介入。八是"政策底部，坚决介入"。当某些国企大盘股将要跌破发行价时，会遇到国家政策的支撑。跌破发行价时，坚决介入。例如，太钢不锈发行价4.28元，发行后一路走低，最低跌至3.86元，有大资金介入，股价升至6.80元。不必担忧，因为：下有政策支撑。九是"政策利空，赶快收兵"。"市场利空频传，必有黑云压城"。经验派，侧重于消息；技术派，偏重于指标。遇到这种情况，应先把基本面、技术面、市场面三者结合起来进行分析。请投资人不要忘了，政策性大利空，技术指标要失灵！十是"抓小放大，喜新厌旧"。抓住小盘股，放弃大盘股；抓住价位较低的，放弃价位较高的。喜欢察看新股、次新股；放弃"老态龙钟"的旧股。"喜新厌旧寻找新欢"，"小盘股里逮黑马"。"抓小放大，喜新厌旧"若能灵活运用，几乎是"百战不殆"。

13.4　不陪主力闯关，不为他人抬轿

当股指又走到了"重度套牢区"，大盘持续走弱，市场又进入了"敏感地带"时，这时若有消息面的任何风吹草动，都可能在市场中引发滔天大浪。股指有可能像长江的洪峰一泻千里。当大盘向上无力，面临向下破位的窘境；市场主力连续多次上攻"关口"都未能闯过去；而且每往上前进一点，都要付出沉重代价；再往上攻击已非常困难、无能为力了。也说明主力的"预备兵源"紧缺，主力需要"增援部队"。这种"增援部队"即使是中小投资者的"散兵游勇"也能激起主力的热情期盼。面对市场主力的期盼，中小散户怎么办？有一句股谚，叫做"不陪主力闯关"，"不给庄家抬轿"。

13.4.1　不闯关的理由

大盘每次冲到"关口位"受阻，是因为上面早已堆积了上千亿的筹码。没有巨额资金入市，想吃掉这一大堆套牢筹码谈何容易。当这个"关口位"主力久攻不下时，也会悄然撤退。"撤退"的方式通常是：缓慢隐蔽，窄幅震荡。为了安全撤离，有时还做几次"主动出击"。几次失守，几次冲关，造成"大盘关前蓄势"的态势。当众多的中小散户"杀进去"的时候，就是市场主力成功身退的时候。主力退却，中小散户把手关口。"不陪主力闯关"，就是指每到关口价位，全部清仓，出来观察。当大盘积蓄了足够的能量，而且这种堆积起来的巨大能量足以冲破关口，使大盘能再度向上走好时，再重新"杀进去"也不迟。如果大盘不好就可以避过一次大跌，躲过一次被套。

有人问："不陪主力闯关，不为他人抬轿"，是否与"跟着庄家做股票、与庄家共舞"的操作方式相矛盾？毛泽东主席说："矛盾存在于一切事物发展的过程中，矛盾贯穿于每一事物发展过程的始终，这是矛盾的普遍性"。"矛盾的对立统一法则，是唯物辩证法的最根本法则"。股市中多空双方的攻守、进退、胜败，都是矛盾现象。失去一方，它方就不存在。双方斗争而又联结，组成了股市的总体，推动了股市的发展。没有矛盾、没有矛盾的对立和斗争，股市的"生命"也就停止了。股市的旧过程完结了，新过程又会发生了。新过程又包含着新矛盾，新矛盾又把股市推向了一个新的阶段。股市中的矛盾不激化，股市就会处于"平静"状态。股市在平衡状态中谁也赚不到钱。散户与庄家就是一对互相联系，又互相斗争的矛盾。应在股市中经常研究散户与庄家的"斗争"方法。谁掌握了"斗争"（操作）的方法，谁就掌握了主动权，谁就有胜利的把握。用辩证法的观点看股市矛盾，矛盾一是在互相转化；二是矛盾可以被人利用。我们让中小散户跟着庄家走，与庄家共舞（股评家也都是这么讲）。是让你"背靠大树好乘凉"。散户资金少，庄家资金多。只有庄家用大量资金把股价拉升抬高，散户才能赚钱。这时候庄家是你的朋友，而你则是庄家的同路人。一旦拉载"股票箱子"的大车到了"山顶"，庄家要下车时，你要提前下车"拜拜"。中小散户要与庄家共舞，没有必要与庄家共患难。散户与庄家只能是一种"舞伴"关系。请记住：是"舞伴"而不是"妻子"。只能同"富贵"，而不能"共患难"。这就叫"不同质的矛盾，只能用不同质的方法才能解决"。只要有股市，就会有散户与庄家的斗争。研究谁胜谁负的"斗争"策略十分重要。取得"斗争"胜利的诀窍，"就在于具体地分析具体的情况"。它是马克思主义活的灵魂，也是股民活的灵魂。

13.4.2　不抬轿的方法

有人说：不陪主力闯关，可以做得到；不给庄家抬轿却不大可能。你不给庄家当"轿夫"，难道能让庄家自己来抬轿？殊不知"抬轿"与"坐轿"也是一对矛盾。二者是可以互相转化的。没有"抬轿人"，就不存在"坐轿人"。这个"轿"谁来抬、谁来坐，关键是看谁先坐在这个"轿"里面。谁能首先在最低价先进货，谁就能先坐在这个"轿"里来（有人把这个"轿"说成是股票箱）。在大盘连续暴跌、市场处在一片"杀跌"声中，有不少散户一块跟着庄家表演"割肉技巧"。更多的有心人则不去为他们的表演喝彩，而是精心分析研究"五个基本面"和某只绩优成长股的上市公司的"财务报表"。找到真正有业绩支撑、有题材、有利润增长点，而且市盈率低的好股票，先买下来捂在手中，"坐上轿子"。等待庄家们开始做"业绩浪"了，他就得非为你"抬轿"不可。庄家们好不容易为你抬一回轿，你要找一个最好的时机，轻轻松松的将股票交给他们。这本来就是一种很简单的思维。主力机构有主力机构的难处。他们机构大、资金多，但是年底要结账。等他们年底慢慢结完账，这个"轿"早已被你坐上了。庄家结完账后，会来抬轿的。否则，新的一年他们的利润就无法完成。说到这里，还有一个问题特别重要。我国目前股市中有 1 900 多顶"轿子"，庄家要抬哪一个"轿"？这个问题虽然重要，但是不必过多费脑子。只要适当多选几个热点板块的股票，多准备几顶"轿子"就行了。

在散户交易大厅里，常听股民朋友们讲：我们又给庄家抬轿了。从辩证的观点看问题，能给庄家抬轿并非坏事。因为，"轿"中坐的是腰缠万贯的大富翁，不是一只吃人的大老虎。大富翁有钱，出手一定大方。你给他们当"轿夫"、当"吹鼓手"。吹吹打打，把庄家往"山顶上"抬。当"轿子"快要走到山顶的时候，把"轿子"突然放下，转身就"跑"。只要你"跑"的及时、"跑"的快，也有一笔小钱赚。也有一些傻乎乎的"轿夫"，等庄家在"山顶"下了"轿"，他还不知道。还在等庄家能给他更多的钱。最后才发现，庄家已经"溜"了。他又不愿意抬着"空轿子"下"山"，只好忍痛抛"爱妻"，"半路出家"。

不论是"抬轿"还是"坐轿"，跟着庄家打交道有一定的好处。有人言："股市有庄，心中不慌"。因为他已掌握了庄家的操作特点、手法及庄家的弱点。庄家的一般弱点是：把股价拉升抬高以后，还要绞尽脑汁找出货的方法。而中小投资者却能及时、轻松地把账面利润变成实际利润。庄家与散户既是朋友，又是对手；既是同路人，又是"掘墓人"；既相互联系，又相互对立。而这是对立的统一体。操作手法即可以互相转化，又可以互相利用。当你把脖子伸进了庄家的圈套时，庄家也把"绳子"的另一端交给了你。"抬轿"与"坐轿"既有风险，也有机遇。

中小散户不陪主力闯关，不为他人抬轿，也不要参与盘整。在沪深两市大盘长期处在平缓的"拉锯"状态时，投资者的信心会受到严重挫折。市场人气涣散，寒意浓浓。中小散户投资者由于前期被套而不愿意再次进场；机构资金不愿意轻易入市；前期已进场的部分主力资金又不愿意托盘；政策与消息面又没有任何实质性的变化。深沪两市处在一无资金、二无题材、三无消息的"真空"状态，使两市大盘长期陷入难堪的"牛皮拉锯"状态。当大盘正处在敏感的平衡状态时，任何风吹草动都会影响大盘。当政策有诸多不确定因素时，多空双方谁也不敢轻举妄动。所以，两市大盘进入涨跌两难的平衡市格局中，谁也赚不到钱。这时候若是参与盘整，还不如把资金投向别处。另外，在盘整行情中，人气并未散尽，新股与大比例配股仍然可以源源不断的上市。结果：一是更加导致二级市场的资金严重匮乏。尽管政策暖风频频吹，仍然不会冲破长达数周、数月的盘整行情。相反，一有政策利空，大盘可能会"一泻千里"。谁都知道，股市的动脉血液是资金。单靠口头利好政策是难以支撑股市的。我们家乡有句农言:"为人办事不要光用好话使唤人,要有实际行动!"二是参与盘整有可能会使中小股民雪上加霜。中小散户长期被套,有的"割一大块肉"出来了。把剩下不多的钱又"逢低买进",买进之后不久,刚好赶上大比例配股,而且配股价很高,已高到让众多股民"贴权"的价位。就这样,自己"割了自己一大块肉";又让上市公司的大老板们狠狠地"割了一大块肥肉"。瘦弱的身子更瘦了,身影如"明日黄花"。在散户交易大厅里可以到处听到:公司老板分红派息很小气,配股"割肉"却十分大方!平衡弱市,参与盘整,弊大于利。还是离场观望为妙。

"同步吸纳控股板块,等待他人来"抬轿"。散户只有借助大户的力量才能赚钱。如果散户与庄家能同时"坐轿",我相信这"顶轿"也一定会有人来抬。散户与庄家怎样才能同时"坐轿"呢?方法是:散户跟着庄家一起"打提前量"。既是,利用众人对行情都看淡之际,跟随庄家在暗中低位吸筹。散户与庄家才能一块"熊市坐庄,牛市发牌"。如何跟上庄家的步伐,要密切观察盘口成交量的变化。当发现某一只股票"外盘比内盘大",说明主动性买单多。一旦买单突然增大,说明有庄家护盘。买进这只股票就不必心慌。买进后只要捂一段时间,就有利可赚。这种操作方式与盲目抢短线反弹是两回事。二者有本质的区别。这种操作方式是立足于中长线而不是短线;这种操作方式需要有一定耐心,而不是短炒中的"逢高派发"。散户要借助大户的力量达到赚钱的目的,无须再去研究这个大户有多大?是男、是女?是美、是丑?因为,你是要赚钱,不是找对象。通过主动性买盘和主动性抛盘可以判断庄家的真正动向。在大盘上观察、研判主动性买盘与主动性抛盘的方法是:当大盘在下跌过程中,某只个股的买盘与抛盘的换手率有明显增加。即是大盘指数在不断地往下探,而这只股票的价格在成交量的配合下,悄悄往上走,这样的买盘就是主动性买盘。主动性抛盘则是指在大盘指数不断创新高时,某一只股票始终有抛盘,对着买盘就抛,使得该股票的价格逐波往下走。主动性买盘和主动性抛盘都是庄家主动"出击"的结果。往往能够阶段性的左右股价的趋势。谁能掌握买盘或抛盘的性质,谁就能先发制人。

13.5 做逆向操作,有意外收获

股市警言:"众议向好,谨防下跌"。这句良言是告诫投资者,在绝大多数人看好时,股价就要下跌;在绝大多数人看淡时,股价就要上升。在牛市行情的高涨期经常可以听到股评家的警言:"高处不胜寒";"减磅为主"……在操作上也会看到:在众人一致都看好时,减磅操作为主;众人都看坏时,应分批建仓。所有人都在低价位争先恐后抛售时,你就要买入;几乎所有人都在追高抢着买进时,你就要卖出。这就是"相反理论"的基本精神。这也是股市中的"逆向思维"。这种逆向思维的基本方法是:透过现象看本质。要把股市中的各种现象,当成入门的向导,一进门就抓住事物本质性的东西,这才是科学的方法。凡能"透过现象看本质"的人,都会领先于市场一步。能透过现象看本质的人,只是少数人,这些人就是股市中少数赚钱的人。

13.5.1 相反理论在股市中的基本精神

"相反理论"提出：在股票市场上，当所有的人都一致看好时，就是牛市即将要见顶；当人人都看淡时，就是熊市之"底"。这个时候只要你的思维方式和操作方法与"大众意见"相反，你就是赢家。你就能永存于市场，永立不败之地。"相反理论"告诉我们：市场往往就是在一片欢声笑语之中走向反面；市场又是在悲观、平淡之中孕育着希望。

"相反理论"中的"大众意见"是个模糊的数学概念。在股市中这个"大众"是指多少投资者呢？有不少股评人士认为，应是90%以上的投资人。所以，相反理论又可以表述为：90%以上的人都看好时，牛市就要见顶；90%以上的人都看淡时，熊市即将见底。

13.5.2 反向操作的前提条件

使用相反理论指导股市操作时，以下几点十分重要，必须引起高度重视。

第一，要深思熟虑，有自己的主见。要自己去进行周密分析，全面判断。由表及里，去伪存真，下定决心。不要轻易被他人影响。因为，风险和利润都是自己的。

第二，要敢于向众人挑战，要敢于向传统智慧挑战。勇于开拓，勇于创新，是当代青年的特点。也是股市的特点。股市从来就有"喜新厌旧"的特点。"大众"尽管是很多人，却不必畏惧。人多观点未必正确。毛泽东主席早就说过："真理有时候可能在少数人手里"。中国共产党历史上的遵义会议，已证明毛主席的观点是正确的。对于"群众意见"要听，更重要的是：要结合实际，客观分析，区别对待。

第三，透过现象看本质，是辩证唯物主义观察问题的基本方法。股市中的事物既能够"共居于一个统一体中，又能够互相转化到相反的方面去，这又是矛盾的特殊性和相对性"。但是，矛盾的转化是有条件的。股市由高向低，或者由低向高转变，也是有一定条件的。离开这些条件，则谈不上转化。所以，要随时观察股市转化的基本条件。分析也要由表及里，透过现象抓住本质。

第四，要控制自己"恐惧和贪婪"的情绪。"恐惧和贪婪"是人生两大弱点。克服股民恐惧和贪婪的法宝是："投资进，投机出"。失去心理平衡的投资人，往往会陷入"恐惧"；失去理智平衡的投资人，往往会成为"贪婪"的牺牲品。"恐惧和贪婪"是人生的一对矛盾，要用"矛盾论"的基本观点处置好二者的关系。"恐惧"会使投资人失去机会；"贪婪"又会陷入危险而不自知的境地。

第五，在暴跌之后，要看是否会有一股新生力量正在悄悄地诞生。面对暴跌，许多人正沉浸在懊丧、悲观、恐慌之中，很可能已经悄悄诞生了一种新的上升力量。并且，这种上升力量随着暴跌的持续会迅速膨胀。这时"多方"已经正在悄悄地成长，一旦火候具备，就会形成一波巨浪。

第六，要敢于向实践认错。毛主席早就说过："实践是检验真理的标准"，"真理的标准只能是社会的实践"。当发现股市大盘的实际情况与自己的主观思维相背离时，要勇于认错，尽快认错，赶快停损。向社会实践认错，不算丢人。任何人认识客观股市都要遵循这个过程："实践——认识——再实践——再认识"。这样循环无穷，才能把认识推到高一级的程度。

13.5.3　为什么要逆市而行

　　股市有两句名言："不要逆着潮流走！"和"逆着潮流走！"这两句良言也是矛盾的对立统一。"不要逆着潮流走"，是指大家买，你也买；大家卖，你也卖。也称作"跟着感觉走"。对于一无操作知识，二无操作技巧的投资人来说，确实是个不必动脑子的好方法。也有不少人用这种方法发了个小财。"逆着潮流走"却需要动脑先分析一番。当市场有众多的人们看法一致，人人都看好，各个都争购。这时大盘全面飘红，股价飞速上扬。ST股票价格也是"如坐火箭"。买进的人账面已经盈利不小，没有买到的人急于排队抢购。因为受"从众心理"的影响，没有人愿意抛售。这时，你可能正在想：是跟着大家的感觉走？还是逆市而行？正当牛气冲天之时，很多人都在想：股价不断上扬，有95%以上的人在争购，没有人敢抛售。一是怕人说傻；二是怕自己吃亏。但是，心里又非常矛盾：如果现在不抛售，一旦股价下跌，"煮熟的鸭子又跑了"；如果抛了，又怕平仓后，不能赚更多的钱。怎么办？蠢人的做法是：等它上涨一点，再上涨一点再说。精明人则是：逆着潮流走，逐步抛出手中股票。把自己应该赚的钱赚到手，"落袋为安"。

　　为什么要逆市而行？因为市场受"众人心里"的影响，正当95%以上的人都在争购股票时，就意味着社会上已经没有更多的流动资金流入股票市场了。进入股票市场的资金正在逐步减少，于是股市就开始"变薄"了。股票的价值已经含有很多"水分"。随着购买能力的逐渐减小和机构主力的逐渐出货，市场热度也在逐步"降温"。股票价格开始慢慢回落。这时候才真正是："高处不胜寒"。既然高处不胜寒，就会有人想"下山"。这些要"下山"的人，都是些不贪婪的精明人。精明人也在想：股价已经大大超过了它的实际价值，股票内在价值在"变薄"；成交量在减少，股票指数和股票价格上升无力。现在不抛，等待何时。于是精明者先抛了。这时投资大众又受"众人心里"影响，也跟着抛售。在"众人心里"的作用下，"一传十，十传百……"人们纷纷抛售。众人一齐抛售，引起全国股民大抛盘，股指一泻千丈。大盘走势也由上升，转为下降。"跟着感觉走"的人明白了，也已经晚了。

　　投资人必须明白：绝大多数人看好时，股价就要下跌；绝大多数人看淡时，股价就要回升。要想能透过现象看到这个"本质"，投资人必须做到：头脑冷静不盲从，抓住时机练真功。逆向操作，有意外收获。

　　对于中小投资者来说，怎么才能从"歌舞升平"的大盘表现中看出"本质"；如何逆向思维才算比较正确；怎样才能躲过市场主力的"杀手"；如何在"刀"尚未出鞘以前及时规避风险，是一门实实在在的学问。

　　中小投资人，一无雄厚的资金优势，二无灵通的消息优势，不能掌握市场的主动权。中小投资人虽然难以操纵大市场,但是可以掌握自己的命运。钱是自己的,什么时候进,什么时候出,全由自己掌握。"船小好调头",资金少进出方便。想进哪只股就进哪只股票,"机动"迅速。中小散户们虽然没有战略上的主动权,但是,在战役或战斗中是十分机动、十分灵活的。利用小资金与主力大机构展开"游击战",也能在"局部战场"上化被动为主动。众多的中小散户也能把主力大机构搞得手忙脚乱,头晕脑胀。

13.5.4 逆向操作方法

中小散户投资人可以采取以下几种逆向思维操作方式。

一是逆大众人气,逆向思维操作。有句股市良言叫:"众议看好,谨防下跌"。当牛气冲天,人气旺盛,许多人正在与市场"共舞"时,却不知在"歌舞升平"中市场主力表达意愿的窗口形态正在由顶部悄悄地下落。"看涨即跌"的狂流正在悄悄蓄势。精明成熟老到的操作者已看到这种"强弩之末"之势,将手中的股票抛得净光。最后主力"振臂一呼",而那些盲目地跟风者变成了"逆水寒"。要想"逆水而不寒",必须在人气过分旺盛,许多人理智不清时,在大盘整体正处在一种一触即发状态时,超越自我,将手中的股票逆市一抛而光。

二是逆水而上。在大盘已经连续阴跌数日,股市在标准的下降通道中已经运行了很长时,这时不知什么原因,大盘又突然暴跌(如 2007 年 8 月 17 日,沪市一天暴跌 98 点,深市暴跌 252 点)。正当许多人懊丧割肉逃命之际,却没有看到一股新的力量正在悄悄地膨胀。在下降斜坡极陡的通道中,面对大盘无量的加速下跌,多方正在奋起抗争,多方队伍正在茁壮成长,多方能量正在悄悄汇聚。与大盘背离的狂流正蕴含着新的机遇。一旦火候具备,随时就能汇成一种狂流。这时,勇敢而精悍的操作者逆水而上。不怕"孤军深入",在激流中拼搏,他深知"逆水行舟,不进则退"的道理。他用 1/3 的"兵力"在"背水一战",2/3 的"兵力"却是在随时接应。这就是"逆水作战"两全其美的操作方法。实践证明:2007 年 8 月 16 日、17 日凡是"逆水行舟"的人在 23 日、24 日"弃舟上岸",都赚了钱。

三是逆市飘红看个股。在大盘缩量调整时,不少投资者面对大盘指数的自我调节而惴惴不安。这时总有股评人士告诉你:逆市飘红总有戏。提醒空仓的股民朋友关注逆市飘红的股票。逆市飘红者,一般可以分为四类:第一类是经过短期调整之后的白马强庄股。这类股票不但有强庄在内,而且还有重组、并购、转配送股等题材。庄家已经完全控盘,而且操作手法凶悍。庄家是在借题材推高股价。若能及时介入,与庄共舞,决胜的把握很大。第二类是业绩优良,投资价值凸显的股票。大盘长期低迷,不少投资者失去信心离场观望。造成绩优股价格连续下滑。市场主力介入较晚。此类股票有业绩支撑,一旦大盘好转,上升空间较大。这类股的表现是:尾市放量抢盘,逆市推高。说明庄家有做多的意愿。介入此类股票,并与庄家比耐心,定能获利。第三类是"臭豆腐"ST 股票。这类股票自从挂上"ST"这块"臭豆腐"招牌后,身价一跌再跌,身价已经跌无可跌,超跌反弹,是必然的规律。另外,可能是业绩有明显回升,ST 自知有压力,压力变成动力后，业绩有明显回升。再加至前期庄家被套牢，也需要推升股价（如1998年8月中报后的ST深万山，业绩是每股收益0.195元，业绩公布前已逆市飘红）。第四类是国家政策扶植的股票。有些逆市飘红的股票受国家政策支持，可以减免税收，可以补充资金等。为了给这些企业寻找出路，国家给了许多优惠政策。介入此类股票，即得国家政策之惠，又讨庄家之欢，实为一举两得。这些逆市飘红的个股，在缺少"绿叶"扶持的时候，"红花"是不会耀眼的。对于这些"红花"，一是要把握介入时机；二是要看是否有领涨作用；三是你是否已跟上了庄家的步伐。不要盲目而进成为"逆水寒"。

四是逆庄家意愿，反其道而行之。股市庄家都是"笑里藏刀，暗中备战"。这种表柔内刚的麻痹人的策略是庄家争取主动一种形式。2005年5月底，主力发出了向1 500点冲击的进军号。短短十个交易日，沪市大盘指数由1 040点被迅速拉升到1 330点。沉静了近四年的人心沸腾起来了。以"资产重组"为领头羊，要上冲1 500点大关，人们奔走相告。只看到了市场特别兴旺发达，没有看到大机构正在笑。市场一片欢笑声中，一批又一批中小散户冒着"枪林弹雨"、前仆后继地冲了进去。却不知主力已在高处成功身退。获利者得意扬扬，套牢者苦不堪言。在庄家拉升到一个"山顶"暂时休整时，你先出来。如果是"休整"后再次冲高，你再进去；若是"休整"后只吹"冲锋号"，不见"冲锋人"，你就只观阵。有人说：这叫滑头对滑头。凡做股票者老实人很少。老实者不赚钱也。在庄家震仓杀跌时、震仓洗盘时，你要稳如泰山，沉着冷静。不要被庄家"清"出来。

五是股价超跌，逆市而行。大盘深跌，股票内在价值凸显。有些股票已跌破发行价；有些绩优股的价格也已跌去了近50%。当股票已跌破发行价时，要坚决买进，等待反弹。当高价绩优股跌幅很深时，要选择盘子小、高含权的股票，超低价果断买进，等待大势回转。当股市暴跌，大部分股价都超跌（一天有几百只股票跌停板）。通常是买进股票的好机会。如果第一天是在观望，第二天要坚决介入。不要怕你前后左右的同行们说"傻"，有时候你却傻得十分可爱。

"股市没有奥秘，只有内在运行规律"。当国民经济基本面运行正常、资金面更加宽松、政策面与市场利益趋向一致时，就能共振出一股大潮流。逆向操作的关键是透过种种现象看到了事物的本质。一个能做成大事的人必须掌握火候，抓住机遇，把握战机。谁能研判市场"共振频率"，并且能把握共振与市场"共舞"的频率，谁就是"逆水作战"的赢家。否则，就可能被市场逆流淹没，成为逆市中的"逆水寒者"。

13.6　看准目标，不要妄动

13.6.1　含义

看过电影《地雷战》的人都记得有一位天真活泼的小男孩说的一句当地农谚："不见鬼子不挂弦"。他是说，当你看到了日本鬼子进村时，才去拉挂在地雷上的线绳，引爆地雷。《地雷战》中的抗日军民用这种方法消灭敌人，"十拿九稳"。"不见鬼子不挂弦，不见兔子不撒鹰"的方法完全可以用于股市指导操作。这种操作方法告诉投资者，对某一只股票看准了，了解清楚了，有"十拿九稳"的把握了，再去操作。

伟大的政治家、军事家毛泽东主席有一条很著名的军事原则："不打无准备之仗，不打无把握之仗"。每打一仗，必须有充分的准备，力求有决胜的把握。人民解放军用这条军事原则打了很多胜仗。股民用这条原则也能在股票市场上打胜仗。

股票市场就是没有硝烟的战场。在这个战场上没有飞机、坦克和大炮。交战的双方是用电脑当大炮，用货币当炮弹。没有领土之争，却有损失之言。失利者检点损失，获利者"指点江山"。没有"侵略者"，却有"保卫者"。在这个经济领域的战场上，失去的不是亲人，而是你自己的血汗钱。

13.6.2 操作方法

对大盘而言，正当多空双方每天都在进行决战的时候，战斗可能像"拉锯"一样。在多空双方没有决出胜负之时，大盘的趋势就不会明朗。在大盘的走势方向不明朗的时候，中小散户投资人暂时不要介入"战场"，还是持币观望为妙。耐心等待着大盘的启稳上升。不要介入多空双方决斗的理由是：你手中的"兵力"（资金）太少，介入"决斗"之后，很可能会消耗而空。这种操作方法叫：不见鬼子不挂弦，不见兔子不撒鹰。

当大盘经过长期的震荡盘整之后，有了启稳向上的态势时，应该到电脑前看一看移动平均线系统及其技术指标。先研判一下大趋势是否已从底部形态回升。一般情况下，股市的上升期可以分为：初升阶段、主升阶段和高涨（末升）阶段。在初升阶段时，股价通常会有激烈的上下波动，有时振幅还很大。从"均线系统"上看，股价正在向上拉升，并且逐步向5日线靠拢。当股价穿过5日线继续上升时，可以先用1/3的资金介入，随时观察股价与均线系统的关系。当发现股价继续穿越中线时，应特别注意股价是否会继续上升穿越长线。还要进一步观察"黄金交叉点"是否会出现（黄金交叉点是指中线超过长期线时的二者交叉点）。当"黄金交叉点"出现后，再用1/3的资金介入。而后再继续观察：短线超过中线；中线又超过长期线，并且，短线、中线、长线三者由上至下依次排列为上升图形。这个图形就是"顺向图形"，是典型的上涨行情。想满仓时，再介入最后1/3的资金。等待高涨阶段的到来。这种边观察边介入的分段操作法也叫："不见鬼子不挂弦，不见兔子不撒鹰"。

很多人会说："看头抛出，见底买入"这句金玉良言。实际操作起来却十分困难。大势上升时头在哪里？下跌时底在何处？这时股评人士也在讲："上升不言顶，下跌不言底"。这是为了避免主观片面性。用矛盾论的观点看问题，任何事物都是"相反相成"的，矛盾有其相对性。把股市中的"头"与"底"当成一个相对概念，分析、判断就好办多了。股市中没有绝对的"顶"和"底"，一切"顶"和"底"都是相对而言。股评家们为什么不言顶、不言底呢？是因为要找到股市中绝对的"顶"和"底"很困难。用辩证法的观点说：股市中根本就没有绝对的"顶"和"底"。股市中"各个具体过程的发展都是相对的"，"人们对于在各个一定发展阶段上的具体过程的认识只具有相对的真理性"。只要明白了辩证唯物主义这个基本观点,再言"顶"和"底",就容易多了。这种"顶"和"底"都是阶段性的、相对性的。

既然股市中的"头"和"底"是个相对概念,那么,"看头抛出,见底买入"也是一个相对的操作动作。在技术分析中,头形的种类很多,归纳起来有两大类:一是"双头顶";二是"多肩顶",如图13-1所示。

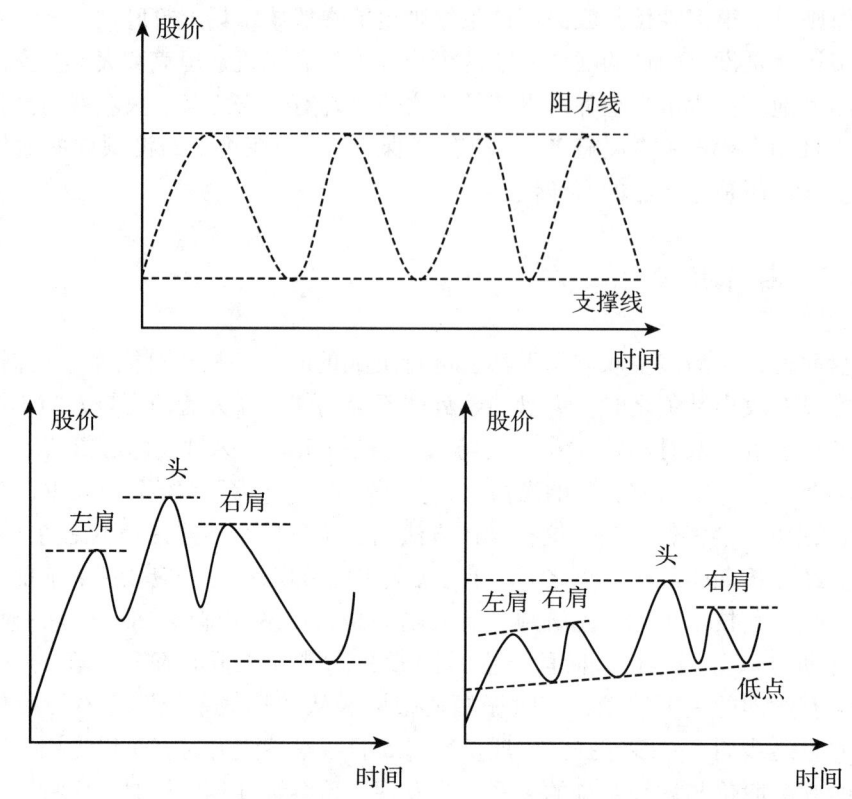

图13-1 头形的种类

股价"头"和"底"的研判方法在技术分析中已经讲了很多,这里不再重述。在操作中是注重方法的实用性。只要能大体做到:"看头抛出,见底买入",也就心满意足了。当股价向上波动时,能在高点附近抛出,在回档低点买入;当股价横向波动时,在波峰附近抛出,在波谷附近买入;当股价向下波动时,能在反弹高点附近抛出,就是一个技术熟练的操作手。有了相对概念之后,股票操作者就不必再去花费很多心思、费很多脑汁去研判股市绝对的"顶"和"底"了。这种"看头抛出,见底买入"的操作方法也叫:"不见鬼子不挂弦,不见兔子不撒鹰"。

当大盘逐波下滑,股价向下波动时,何时买入呢?因为大趋势是向下波动,多数股票的价格也要随大盘一起向下波动。看淡的人多于看好的人,上升阻力很大。多数股价是升幅小,降幅大。在大盘向下调整的过程中,不断出现弹升又回落的走势叫做"探底"。中线操作可以在大盘第二次或第三次"探底"过程中,凡经弹升而被认定是在弹升点之下,购进股票比较合适。短线操作可在"探底"过程中的"谷底"买入,在弹升点附近卖出。在行情已下滑回落到低价位时,因为"价廉",许多投资人会逐步介入市场。他们已经有了防范风险的心理准备。这时最令人担忧的是:股价一跌再跌。为了防止"低价之下还有低价",他们多数都是采取"分批购买进货"的方法。看准了是短期底部,而买入股票的方法称之为"超低价"购买法。这种"超低价"购入法也叫:"不见鬼子不挂弦,不见兔子不撒鹰"。

"看准成交量,跟上快庄家"。股市成交量是反映市场大主力动态的窗口。对于大盘来讲,"价升量增"一直被市场当作经典。在量和价都升涨到一定程度时,虽有一定局限性,但是就一般规律而言,量、价的供求关系呈现正向变动,是理想的涨升形态。量增必然导致价格上涨,带动供求增加,推动价格进一步上涨,这是量增价升的"正向变动"。同时量增也会导致价格下跌。"量增价跌"是量价背离现象。当量价关系呈现"正向循环"时,股价升涨。在股价上涨过程中,根据供求原理:一定是买入大于卖出。卖出的股票不断被卖盘接走,不断涌进的买盘消化着不断随涨而抛出的股票。如果没有大买盘消化抛出的股票,股价必然回落。这就是为什么股价上涨时,必须有较大的成交量配合;持续上涨,必须有持续递增的成交量配合的原因。当股价上涨到一定程度之后,量、价供求关系会发生"反向变化",会出现量增价落的"量价背离"现象。"量价背离"通常是股价走势将要发生相反方向变化的信号。如果经一两天的调整,还不能改变"背离"现象,就必须要认真考虑应该卖出股票了。特别是持续性的"价升量减",更要小心。这时投资人还正处在赚钱状态,多数人不愿意过早抛出手中的股票,生怕丧失了赚钱的良机。这种贪心的"从众心理"往往会使一大批人被"套牢"而苦不堪言。这种看准成交量,上涨时把钱赚到手;反转之前躲过大跌的操作方法也叫:"不见鬼子不挂弦,不见兔子不撒鹰"。

"跟上快庄家"是指在观察成交量的同时,要看准正在以大量资金集中建仓的庄家主力。快庄家的操作特点是:集中兵力,大量建仓,适应大势,迅速拉高,快速派发。一般情况下都会有"一呼百应"的效果。有快庄进入的股票,短期获利空间极大。如果能跟上,定能赚大钱。这种快庄家一般是出现在牛市的初升阶段。中小散户的跟踪策略是:长期观察,把握时机,在黄金交叉点介入,跟庄派发。

"量比价先行"。这个结论已逐渐被我国股市证实。可以用成交量来判定价格趋势。判定方法有两种:第一种是根据量价与供求关系的内在联系判定:成交量的变化反映在供求关系上,供求关系之间的变化又表现在股市双方的买卖关系上。在买与卖之间,买卖双方力量的大小,又影响到股价的上升或下跌。投资人根据成交量的大小也可以把握进出时机。还可以用成交量的变化进行逆向操作。对大盘而言,在连续的涨势行情中成交量逐步放大,说明上档抛压开始加重,应以派发为主。在连续的跌势行情中成交量逐次放大,说明下档承接力开始加强,应以买入为主。第二种是把目前成交量与先前成交量相比较来判断。若目前成交量超过先前同期成交量,股价才有可能创出新高价。而且第一波与第二波的间隔时间越短,成交量越大,股价也越高。这时投资者可以观察个股的股价走势形态,当发现:该股的股价头形已完成了2/3时,如果成交量不递减,反而大幅度递增,股价还会节节上升。这是股价要创"新高"的形态。捂住股票,等待最佳时机派发。这种看成交量大小介入的操作方法也叫:"不见鬼子不挂弦,不见兔子不撒鹰"。

"看准龙头板块，介入强势股票"。市场由于受联动效应和比价效应的影响，会出现热点板块不断轮换的现象。老热点退潮，新热点又会出现。新热点又会受到追逐。形成热点的特征是：一是板块或个股成交量明显放大，并连续增加。二是个股的股价波动幅度明显增大，尾市经常有人拉升或打压。三是换手率明显增加，股价明显回升。四是股价走势由弱转强。大盘跌，个股不跌；大盘涨，个股涨势超过大盘。从上边四个特点中可以看出，热点的酝酿过程，就是主力资金介入的过程。热点持续时间越长，股价升幅越大。强势股的走势与大盘走势相吻合，并能对大盘起调节作用。强势股与大盘有同步性。强势股在行情主升阶段的全过程中非常活跃。在主升阶段人们常把强势股称作"领头羊""大黑马"。在大盘向下调整的过程中，强势股会领先于大盘调整，而且调整幅度较大。在大盘向上反弹的过程中，强势股又会领先于大盘反弹。当强势股是大盘股时，吸筹、拉升、派发三个阶段均比较"温和"。当强势股是小盘股（3 000万股以下）时，却会"先声夺人"。中小散户投资人介入时，在派发出货的操作上也要有区别。当强势股为大盘股时，散户可以跟随庄家一块出货。出货时机是："不见长阳，不派发"。当强势股为小盘股时，"量价齐升"到一定程度之后，若发现"每笔成交量"放大时，应随时准备出货。因为，庄家在拉升阶段是大张旗鼓的，目的是吸引众多的跟风者。但在派发出货时，行动却十分诡秘。庄家心里十分明白，只有庄家手中的持股被众多散户们"化整为零"，"啃食一空"之后，才能成功身退。只有散户被套牢，庄家才能逃之夭夭。所以，当散户朋友跟进小盘股时，如不及时出手派发，将会沦为套牢一族。对于小盘股的出货时机，一般应选择在庄家出货之前。有时庄家巨量派发，股价在很短时间会跌停板。看准强势股操作的方法也叫："不见鬼子不挂弦，不见兔子不撒鹰"。

对大盘而言，多空双方每天都在决战，在大盘走势不明，多空双方没有决出胜负时，散户还是耐心观战。等待大盘企稳上升时，再介入战斗。对个股而言，在察看股价大幅波动的同时，还要密切注视"每笔成交量"的变化。"每笔成交量"是辨别庄家动态的有力武器。从"每笔成交量"中可以看到是否有"鬼子"进"村"。"不见鬼子不挂弦，不见兔子不撒鹰"，是一种最可靠、最有胜利把握的操作方法。只要你在实践中能灵活运用，几乎是"百战百胜"。

13.7 看准龙头板块，操作强势股票

13.7.1 板块的概念

板块是股市结构的外在形式。股票内部的诸要素及决定股价运动、发展趋势的总和才是股市的内在形势。一切事物都有外在与内在两种形式，二者既相互联系、相互依存、密不可分；而且又是相互作用、相互区别、相互转化。

股票按其地域不同可以划分若干个板块；按行业不同可以划分若干个板块；按流通

盘大小不同可以划分若干个板块；按经营业绩不同可以划分若干个板块；按发行时间也可以划分若干个板块……板块与板块之间既有外在联系，又有内在联系；既有对立性，又有统一性。这种"矛盾的对立统一就推动了事物的发展"。股市中矛盾运动（板块运动）也推动了股市的发展。在许多板块的运动中，一个时期内"必定只有一种是主要的，起着领导的、决定的作用"。要全力找出它的主要矛盾（主要板块），只要"抓住了这个主要矛盾，一切问题就迎刃而解了"。

抓住龙头板块，在从龙头板块中抓住起领导作用的强势股票，就是跨上了一匹大"黑马"。这匹大"黑马"只要一运动，就会带动整个板块运动。这个板块一运动，又会影响相关板块一起运动，从而又会推动大盘的整体运动。这就是"联动效应"。联动效应可能会形成行情的主升浪。沪深两市的联动效应，有可能形成两个大行情，而且沪深联动效应越大，两个市场的行情也越大。谁把握了这个原理，谁就有事半功倍的效果。

联动效应与比价效应又是互相联系，互相影响的。一个板块上扬之后，另一个板块也会随之上扬；热门股上涨之后，冷门股也会补涨。联动效应与比价效应既可以完成上升浪的主升阶段；又可以完成行情的补涨阶段。在整个行情中，从发动、上升、高涨、补涨、退潮，形成周期，都会有警示信号，操作时要特别留意。

13.7.2 强势股特征

板块中的强势股就是该板块的"领头羊"。只要掌握了强势股的特征，就能抓住"领头羊"。股评分析师告诉我们强势股有如下特征：一是每笔成交量放大。成交量放大的规律是：巨量拉升——放量横盘——再巨量拉升。二是涨幅处在前五名。强势股的涨幅超过大盘走势，跌幅小于大盘。股性超常活跃。"步步高升"，涨幅榜上有名。三是资金流向处在前五名。从每天、每周的资金流向排行榜中去挖掘"领头羊"。四是纵横比较，股价最活。强势股的价格随大盘一块创新高；并且随大盘一块回落。其规律是：涨幅大，落幅小；并且它的走势与大盘节拍吻合；对大盘还起调节作用，强势股与大盘有密切的"同步性"。五是强势股在整个主升浪的阶段中，比庄家股更加活跃。对领涨大盘来讲，它起"风向标"的作用。中小投资人只要掌握了"领头羊"的特征，就能对"领头羊"进行跟踪监视。并且能寻找适当的时机介入。不但能在涨势中挖掘"领头羊"，而且能在跌势中寻求"避风港"。

13.7.3 龙头板块的周期性规律

任何板块的运动都有其内在规律，龙头板块的周期性规律是：整个板块上涨的初期，强势股首先跌势明显放慢，并且开始止跌回升。在板块主力的操纵下，"领头羊"初步领涨吸引人们的注意力。"领头羊"虽然在领涨，但是该板块中的其他个股并不"响应号召"，不为其所动。说明市场主力正处在徘徊观望之中，追涨能量充足。"蓄之既久，烈焰冲天"。"领头羊"已具有发动上攻的力量。"领头羊"能够带动该板块上一个新的台阶。板块上涨的中期，也称主升阶段。"领头羊"好像是不理会其他个股，一路上涨。其他股也开始"响应"。许多股民纷纷入市，众多股民开始追涨，市场人气特别旺盛。这时候，"领头羊"的领涨仍然明显大于其他"跟涨股"的涨势。说明该股板块正处在主升浪阶段的"高涨期"。"人气正旺，短线追涨"。所以，中小投资人还可以继续短线追进，快进快出。板块上涨的后期，也称"补涨阶段"。当"跟涨股"的上涨趋势超过"领头羊"的上涨趋势时，说明"领头羊"的上涨欲望减弱。当"领头羊"涨势滞缓，走势疲软时，表明价位已经走到了相对高位。投资人应当分批退出该热点板块，不要再去接"最后一棒"。当大盘中的"冷门股"开始纷纷飘红、纷纷补涨时，说明该热门板块的循环"轮跳周期"已经完成。"轮跳上升周期"完成之后，不久就会开始"轮跳下降周期"（从高点到低谷，实际上是1/2周期）。"冷门股补涨"就是整个热点板块高潮退却的预兆。以后就会逐渐进入下降期和停滞期。

股市变化的周期遵循：上升期、高涨期、下降期、停滞期四个阶段，是股市周期性变化的内在规律。国家经济变化周期会直接影响股市变化周期。所以，股市行情是国家经济发展变化状况的"晴雨表"。把握市场行情的变化，就是把握股市周期性变化规律。投资人采取什么策略，关键是正确判定股市行情目前处于变化周期的哪一个阶段，是处在上升阶段？高涨阶段？还是处在下降阶段？或者停滞阶段？只要掌握了股市周期变化的四个阶段，采取什么投资对策就是一件比较容易的事。个股价格的周期性变化与上述四个阶段相同。区别是：有些个股的价格变化周期与大盘的变化周期相同步，有些个股的价格变化周期与大盘的变化不同步。有些个股的周期性变化会领先于大盘或者滞后于大盘。这个时候股评分析人士会告诉你"轻大盘，重个股"。对于大盘而言，只要把握了股市四个阶段的大致转折点，也就掌握了股市的大趋势。对个股而言，只要把握了个股价格四个阶段的大致转折点，也就算踏准了个股的变化脉搏。分析预测做得好，买卖时机就把握得准，投资策略才能见效。

有国外专家统计：股票市场有52%的股票价格随整个市场情况的变化而涨落；有13%随工商银行企业因素的变化而波动；只有12%随公司本身经营的好坏而起伏。可见，把握市场周期的变化十分重要。

板块与板块之间，板块中个股与个股之间。有联动效应和比价效应，这是无可争议的事实。而且板块之间的强势股与非强势股之间又有角色互换作用，这也是股市的内在规律。谁明白了这个道理，谁就不会再去接"最后一棒"。

一般情况下，一个热点板块的形成过程是：其一，是整个板块的成交量有明显、连续的增大。其二，个股的股价波动明显增大，震荡幅度较深。收盘时还会经常有主力拉台或者打压尾市。其三，整个板块的股价走势由弱到强，个股的"换手率"增加。其四，整个板块的成交量与股价趋势配合良好。二者的关系是：量增价升，正向循环。并且，总趋势在继续上升。其五，是大盘上涨，板块中的个股长势超过大盘；大盘回落，个股的股价不跌或者下跌较小。热点的酝酿过程，就是主力资金的介入过程。

分析股市热点时应该注意：一是热点酝酿的时间越长，热点持续的时间越长；主升阶段时间越长（主升浪越大），股票价格上升幅度越大。二是一般情况下，不会同时出现多个热点板块。如果出现了多个热点，可能是热点转移。新的热点多，而且零乱，难以形成板块效应,大盘有可能会走完最后一浪。投资人要及时退出。三是当新热点形成之后,旧热点会逐渐冷却,股市素有"喜新厌旧"的特点。四是多个热点同时疯狂炒作时,市场热点不是转移,就是冷却,要特别留心。五是热点转移的过程,就是大盘调整的过程。大盘往往会有一次较大幅度的调整,有利于市场主力调整持股结构。

板块中的强势股既然与庄家股有着不同的特征,就其庄家的操作手法而言,二者确有不少共同之处。这就是矛盾的特殊性与普遍性。"矛盾的普遍性与特殊性的关系,就是矛盾的共性和个性的关系"。二者的庄家都是采取:"养、吊、轧、套、杀"的操作手法。

"养"就是指主力在低价位区的逐步建仓吸筹。吸取了不少低位廉价筹码,等待时机,也称为"养空期"。区别是强庄股的"养空期"时间短。

"吊"就是指主力大盘走势强劲时,觉得时机已经成熟,就在该板块中反复"洗仓"。使该板块中的个股走势迟缓。有时候个股价格的震荡幅度还相当大,有人称之为"震仓"。主力是想让中小散户出局,清洗掉一部分浮动筹码,以减轻上升的压力,并且逐步抬高其他散户的建仓成本。主力是要经过"三震出局"的形式,使一部分意志不坚者"出逃"。也称为"吊空期"。

"轧"就是指主力"清仓"成功之后,自己手中又多了不少筹码,就开始拉升股价;而且越拉越高,持续上涨,步步高升。让空仓者没有低位补仓的机会,使空仓者步步踏空。主力拉抬迅速,手法凶狠,把股价节节推高,不给空仓者介入机会,迫使空仓者去追涨。这个时期称之为"轧空期"。强庄股庄家的手法更为凶悍。

"套"就是指主力把"领头羊"及其周围相关个股的股价步步推高后,有的升幅已超过两倍。主力就开始悄悄地逐步出货。股价慢慢回落,从图形上看像是一个"回档"。当散户和传闻媒介大多数人认为是"回档"时,散户们便争先恐后地介入,以等待更大幅度的上涨。却不知正中主力的圈套,主力却让他们越套越深。也称为"复套期"。强庄股有时候会连续来2~3个"跌停板"!

"杀"就是指主力把中小散户骗入"圈套"之后,先是在高价区震荡盘整。一方面造成"上攻"的态势;另一方面暗中加紧出货。当领头羊"上攻"乏力,开始见顶下跌时,中小散户明白上当,为时已晚。在利空的打击下出现暴跌,该板块中的众多散户争相夺路而逃;争相斩仓出局,造成了"多杀多"的局面。这个时期称之为"杀多期"。有些散户在经过2~3个"跌停板"后无法出货,造成账面严重亏损。

市场主力恶炒一只股票之谜,其炒作手法也不外乎是:"养、吊、轧、套、杀"五个字。中小散户只要了解了这五个字的"迷",做到心中有数,才能正确跟踪市场主力。

13.7.4 强势股的操作策略

由于强势股与庄家股有不同的特点,中小散户常见的操作失误就是把强势股的操作与强庄股的操作手法相混淆。

因为强势股与大盘节拍吻合,并能对大盘起调节作用的特点,而且强势股的领先作用又表现在：领先于大盘下跌；领先于大盘调整；领先于大盘上涨。所以，操作强势股时必须与大盘结合起来。并且还要把个股的股价变化周期与大盘指数的变化周期结合起来。一般情况下，操作强势股应采取下列方式。

其一，当强势股带动大盘上扬时，个股的股价变化周期正处在"上升时期"（上升阶段）。这个时期的操作应以增仓为主。最好是大胆介入龙头板块中的"领头羊"个股。也可以适当介入联动板块中选择风险大、收益也大的股票。

其二，当强势股带动大盘已到相对高位，个股的股价已经接近"高寒区"。这时候大盘与个股都正处在"高涨时期"。相对风险较大。操作时应停止介入风险大的股票。短线操作不成，可以毫不紧张地转为中长线操作。在高涨期，股价不断上扬。此时，风险高的股票上涨最快，可能已经接近应有的水准；股价已经远离其内在价值；市盈率很高；它已经再也不是便宜货了，要停止购买。

其三，当强势股高潮退却时，该板块也会随之降温。旧热点降温，新热点又未形成，大盘处在上下两难的徘徊状态。受比价效应的影响，冷门股纷纷补涨，大盘就要向下调整了。强势股下跌，大盘必然下跌。即强势股先于大盘下跌。这时候大盘开始处在"下降时期"。此时的操作应以减仓为主；也不要去参与其他股的补涨；首先抛出风险高的股票，以回笼资金；而后再分批抛出其他股票，最后抛出优质股票。"落袋为安，观望为上，以备后市回升"。最先抛完高风险股票，是因为大盘下跌开始时，许多股票的价格从高峰开始下跌；其中，高风险股票价格下跌的速度要比上涨速度快得多，他的跌速比升速快，所以，要首先抛出。其他股票视行情的变化，采取"分批操作，逐步抛售"的方法，使"收益最大，后悔最小"。

其四，当强势股在下跌末期，跌势首先明显放缓；而后又会首先进行横向调整。此后，大盘也会止跌企稳，横向整理。即强势股领先于大盘盘整。此时，大盘处在"停滞期"。在这个时期，调整时间相对较长。如果国家宏观经济基本面差或者有重大政策性利空，还会继续向下调整。大盘长期横盘调整，实际上是一种"等待"。等待时机，要么构筑阶段性底部区域，向上突破；要么构筑阶段性顶部，向下突破。这时候，许多投资人已经完全抛完了全部股票，无心参与盘整。要么离场观望；要么转移资金的投向。投资国家债券，也是一种比较安全的操作方法。这时更多的投资人关心并密切观察自己最喜欢、最熟悉的股票的最低价位。并且把这个"阶段性最低价位"与"历史最低价位"相比较，"从中找出规律性的东西"，随时准备低价介入。这些"有心人"正在做："熊市坐庄，牛市发牌"的准备。大盘反复低调盘整，许多股民换筹出局，使得市场主力有足够的低价位吸筹时间。使底部的持仓量慢慢增加，这就意味着大盘已经有"蓄势已久，其发必速"的功能。

如果新的一轮行情启动，又会重复循环上述四个阶段的变化周期。操作强势股与操作庄家股的最大区别是：把大盘的变化周期与个股的变化周期密切结合起来，按照股市内在的周期性变化规律去操作。谁能掌握这一周期性变化规律，"并能用这些规律于自己的行动"，指导自己的操作，谁就能无往而不胜。能够正确运用规律，积极主动、灵活机动去操作的投资人，就是"常胜将军"。

13.8 雾里看花选个股，朦胧文章也能做

13.8.1 故事本身具有朦胧性

股市本身就具有"朦胧性"特征。大盘指数日K线图及个股价格趋势图，都是股票在市场上运行一段时间、走完了一个历史阶段之后，由计算机描绘出来的。各种趋势图描绘出来之后，它的高点、低点、买点、卖点一目了然。谁都能看得清清楚楚。拿起图来，谁都能讲得头头是道。一只新股刚刚上市第一天，谁能在上市头一天画出它全年的走势图？没有人能画出来，因为股市具有"朦胧性"及"不确定性"特征，股评家对于后市趋势的推测与判断，也带有雾里看花的性质。

研究上市公司的业务报告，搜集招股说明书，向权威人士咨询，都能了解到一些不完整的信息。在信息爆炸与信息不对称的两难选择中，中小散户处在明显的劣势。"买股票就是买未来"，不知道未来怎么买？只有一个办法：雾里看花选个股，跟着感觉往前走，朦胧文章也能做。

主力机构与庄家大户在搜集信息方面，要比散户有一定优势。各种资产重组的朦胧题材都是被他们率先挖掘出来的。主力机构是股市中的"大陆神仙"。各路"神仙"要完成年度投资计划，迟早会动手动脚。只要一行动，就会暴露出踪迹来。中小散户的市场机遇就会显露出来。"主力机构的踪迹，就是朦胧题材的痕迹"。虽然这些题材是朦胧的，但是，这些朦胧题材是经过专家们运用逻辑思维方式归纳、演绎、推理、判断、分析和综合出来的。

唯物辩证法是科学的逻辑思维方法。科学的逻辑思维方法有：归纳和演绎、分析和综合、抽象到具体等方法。运用这些方法对朦胧材料进行"去粗取精、去伪存真、由此及彼、由表及里"的加工。这就是市场主力机构的逻辑思维过程。主力挖掘出来的朦胧题材并非是"空中楼阁"。

题材与消息既然是朦胧的，它一定具有必然性和偶然性的特征。必然性是指客观事物联系和发展过程中合乎规律的、一定要发生的、确定不移的趋势，是在一定条件下不可避免的，就像种瓜得瓜，种豆得豆一样，必然如此。偶然性与必然性相反，偶然性是指客观事物联系和发展过程中并非确定发生的、可以出现也可以不出现、可能这样出现也可以那样出现的、不确定的趋势。必然性和偶然性的辩证关系是：二者是对立的统一。对立是指二者同时存在，又有区别；统一性表现为二者之间的相互依赖、相互渗透和相互转化的性质。从以上辩证关系可以看出，朦胧题材同时具有：确定不移的趋势和不确定的趋势。朦胧题材既然有"确定不移的趋势"，表明"朦胧文章"也能做。

题材、消息的来源与分析固然重要，但是，对中小投资人来说并非是一项必须要做的工作。原因：一则短期内很难区分消息的真伪；二则等你耗费很大精力弄明白了，股价已经是"轻舟已过万重山"了。只要市场有热门题材和消息，拿来就用。利用消息的原则是："宁可信其有，不可信其无；宁可信其无，不可信其有"。什么时候信？什

么时候不信呢？利用消息的技巧是：当某一只股票刚刚启动之际，市场传言该股票的种种利多，你就可以抱着"宁可信其有，不可信其无"的心态适当、适量地参与炒作。当某只股票在持续多日的上扬之后，股价已经上涨了许多，市场盛传该股的种种利多，你就可以"宁可信其无，不可信其有"。因为，这时候的风险相对较大，所以，回避风险是上策。

13.8.2 朦胧题材的选股原则

在朦胧题材中选股的原则是：少而精。中小散户选股的方式有两种：一种是根据股评家的推荐从中选出适合自己操作的股票；另一种是观察大盘、跟踪个股"顺风而行"。有的新入市投资人是跟着身边的老投资人"顺风而行"。第一种方法是股评家根据各项技术指标，再加上自己的经验或个人的观点向股民推荐股票。第二种方法则是自己发挥主观能动性"跟着感觉往前走，雾里看花选个股"。这种"骑驴觅驴，骑马找马"的方法也能得到较好的效果。一旦感觉找对了，也能赚钱。在散户交易大厅里常常可以看到不少投资人睁大双眼、竖起双耳，看看身边的人做什么？听听他们在讲什么？看看屏幕上哪一只股票最引人注目、最受人赞崇。最后再看看周围的人是否已经采取了买卖行动。如果众人都在买进这只股票，他也"顺风而行"。这种跟风心理，称之为"羊群效应"。存在这种心理的人，新股民较多。他们缺乏股市知识，又唯恐错过赚钱机会；求利心切，又怕亏本。产生这种心态的原因是，股民的成熟要经历初级、中级和高级三个阶段。到了高级阶段有了独立判断事物的能力，"跟风心态"就减少了。

股民选股票遵循的三个条件：一是主营业务利润有大幅度提升及净利润比上年增加超过60%。中小散户要选净利润增长在100%以上的股票。二是市盈率低于当时的平均市盈率。市盈率是股票的收市价与年度每股税后利润之比。每股收益越高，市盈利就越低，说明股票的内在投资价值凸显。三是在热点板块中选目前市场价格并不高的股票。热点板块中的中价股、低价股常常会受到板块的"联动效应"，使股价有一个不小的涨幅。如果是中低价庄股，庄家可以借机把股价推得更高。四是根据目前的热点板块选股。某一个热点板块持续升温，标志着一波行情的启动。在持续升温的热点板块中选择自己操作的股票，永远不会坐"冷板凳"。

许多股民都明白，选马的过程要比买马、卖马的过程难得多。因为伯乐不在股市中。中国股市刚刚走过十几年的风雨历程，股市的发展正处在初级阶段。在这个初级阶段，群雄争斗、烽烟四起、无章无序、庄股横行、配股商肆无忌惮的市场里，群龙之首就是机构主力。有些机构主力虽然是短线客，他们的选股技巧和内在实力堪称中国股市的"伯乐"。

13.8.3 操作技巧

朦胧题材与朦胧消息的炒作技巧可以归纳如下。

（1）听股评要"听话听声"，炒作时要炒主流题材。股评在公开媒体上发表，有些话不能直接说出。其中有"官话",也有"实话"。大家都想听真话、实话。区分"实话"的方法有两种:一是从说话的语气上判断他说的哪些是"官话",哪些是"实话"。二是从文字上区分哪些是"虚",哪些是"实"。另外,股评人士所处的单位不同,获取信息的程度也不同。在国家政府部门工作的股评人士,对大势消息把握得准;对宏观经济面、政策面的消息较准。在证券公司工作的股评人士,对技术指标、对个股精选把握得准。打电话询问是最好的信息获取方式,性格直言的股评人士在电话中讲的是"实话"。中小投资人要想办法找到目前炒作的主流题材。

(2) 投机进入"投资区"。投资区一般是指技术上所公认的一个底部区域,或者是一个无量跌盘的区域。它有一定的股价范围。只要股价进入投资区,不论题材与消息如何,就果断买进。也不去理会它是否还有下跌空间。对于中小散户来说,错过底部,并不重要,重要的是把握底部区域,并且在这个区域范围内主动去"买套"。凡是在投资区域主动买入的人,才是"吃整牛"的人。而且越吃越肥。在底部投资区"买进"有两层含义:一是买进的个股随大盘的跌而跌的股票;二是买进的个股不随大盘跌的股票,大盘跌,它已经开始走"上升通道"了。在底部投资区为什么要坚决买进?大盘指数波动幅度越来越窄,成交量屡创"地量",出现了罕见的横盘格局,说明在平淡中孕育中重大契机。在下降通道中,面对无量的加速下跌,表明有一股巨大的新生力量正在悄悄地成长。一旦火候具备,这股新生力量就会迅速膨胀。

(3) 投机与投资相结合。在大盘长期低迷或横盘整理时,专门选择那些价格被低估、未分配利润和资本公积金多、负债低、成长性好的股票。如果市场对这类股票传言种种利空,又使股价下一个"台阶"时,坚决买进。因为市场主力大叫大喊"捉贼"的时候,他的手已经悄悄地伸到别人的"裤兜里"。当大势反弹到一定高度,股价升到了卖出价位时,一定要果断抛出,千万不要"惜售"。对于小盘股更要如此。这是操盘高手的成功之路,也是投资进,投机出的最妙方法。这种"投资进,投机出"的操作方法是克服"贪婪与恐惧"的法宝。

(4) 早进去、定位出;白炽化,不追涨。热点题材的形成有初、中、高三个阶段。而形成热点的两大要素是"热"和"新"。能在热点形成的初级阶段进入为早。要想进入早,热点形成的时机必须把握好。掌握主力踪迹,观察"每笔成交量"是关键。紧跟被市场主力借题发挥的题材股时,要预先设定一个获利价位,一到这个价位,坚决抛出。题材形成之后进入高级阶段时,这时题材升温已经到了"白炽化"的程度。由"羊群效应"和赚钱心理的驱动,一批又一批人"追了进去"。热点从初级到高级阶段能迅速致富一批抓住时机的人,也能使在高位盲目追涨的人"输出"一部分资金。所以,早进去、定位出;白炽化,不追涨,是热点题材炒作的必胜要诀。

(5) 听消息,又不被消息左右。正确利用消息,不跟别人乱跑,不被消息左右的人,都是有逻辑性思维和独立判断股市方向的人。别人都说某只股票"多头气盛,牛气冲天",看到别人买,心里就痒痒。虽然有侥性占上风之时,但最终还是输多赢少。有很多时候,个股的价格已经翻番,消息面还在大肆宣扬。谁不知主力的宣传是为了配合自己出货。

(6) 克服"羊群心理",杜绝"赌博操作"。机构主力常常利用"羊群心理"来操作股市。在这种"见他人买入,唯恐错过赚钱机会;见他人抛出,又怕自己套牢"的心理状态支配下,市场主力"一号召",有人就会一个跟着一个上……造成莫名其妙的市场恐慌。求利心切,又怕亏本,往往是乐极生悲的根源。股票市场虽似一个大赌场,在这个"赌场"中适时调整自己的心理状态十分重要。有了良好的心理状态,才能杜绝赌博心理,避免倾家荡产。

(7) 操作题材股,谨防"笑里藏刀"。有人说,主力机构都当过唐玄宗的宰相,是一个外表柔和、内藏杀机、口蜜腹剑的李林甫。2001年6月,沪指已冲到2 245点,市场主力又吹响了向5 000点的进军号。市场兴旺,人心鼎沸。在一片"欢笑"声中,一批又一批的中小散户"冲了进去",殊不知正落入了市场主力的"圈套"。结果是,6月底大盘破位下移,反弹中新一波比一波低。2006年6月6日,沪市大盘指数已跌到998点!请股民朋友们记住:市场往往是在一片欢声笑语中走向反面;在一片平淡中孕育着生机。

(8) 注意尾市手法,寻找"热点庄家"。尾市手法就是指收市前的十多分钟,庄家拉抬尾市或打压尾市的方法。在涨跌制度限制下,在资金面并不宽裕的股市里,光头光脚的大阳线或大阴线,常常会出现在收市前的"最后十几分钟"。庄家利用"尾市抬拉手法"的目的是:抬高收市价,封死下一个交易日的下跌空间,从而有效封杀下跌趋势,保住自己的"实力"。庄家一举吃掉全天堆积的"作空筹码",使作空者,很难在更低位置上再吸回筹码。既达到了封杀目的,又达到了吸筹目的。"尾市打压"的庄家,他可能就是后市的"热点庄家"。

有不少庄家在题材、消息上大做文章。越有朦胧性,庄家越是胆大艺高。有时候题材越真实,个股的"热度"退烧反而越快。1998年2月,绩优股中的"领头羊"格力电器、青岛海尔等,良好的年报业绩公布之后,不上涨,反而跌停板!某些有朦胧题材的"垃圾股"却不断上扬。所以,许多股民说:"假戏真做反为真,真戏真做反为假。"有人会问:为什么假题材会盛行?"因为造假的成本低"。

凡进入股市的人都想赚钱。市场主力机构也是为了赚取更多的利润。"有赚必有赔,无赔也无赚"。股市中的赚钱利润并非从天而降,他是股市中一部分人赚的钱正好等于另一部分人赔的钱。制造朦胧题材的市场主力和庄家大户,一心只想从散户口袋中拿走钱,他们从来也没有想过要老老实实地做一波行情。行情一启动,主力庄家随时都准备好了"脚底板抹油"。因为,主力庄家比谁都清楚:假题材经不住时间的考验。请股民朋友记住:在炒作朦胧题材时,要随时有"风险"这根弦。

13.9 明修栈道,暗度陈仓

13.9.1 基本概念

"明修栈道,暗度陈仓"是主力机构和庄家大户惯用的操作手法。军事作战有"兵不厌诈"之说。主力在实践操作中使用诈术,使对方作出错误的判断,达到出奇制胜之目的。股市中的欺诈行为很多。《证券法》出台后，虽然对某些欺诈行为做出了处罚规定，但是，当欺诈行为受到的处罚远远没有潜在利润大的时候，欺诈行为还会出现。

股市无奇不有，欺诈在所难免。市场主力欺诈的行为方式有：消息欺诈与操作手法欺诈两大类。用非正当手段，从非正当渠道弄到消息后，再进行"加工"变成对自己有用的消息散布出去，使投资人无法知道这些消息是真是假。与消息欺诈相比，庄家主力运用操作手法欺诈要"文明"得多。他们是运用"操作技巧"从中小散户腰包里"套出"钱来。甚至有时候是散户们蜂拥而至排长队"奉送"的。这种"献爱心活动"还未回到家就已经后悔莫及。

遇到欺诈行为方式后，散户怎么办？

"违法欺诈，杀出要快"。当投资人发现自己持股的公司有违法欺诈行为或者受到了庄家主力的欺诈时，一定要立即脱售持股，果断杀出，是明智之举。全部清仓，持币观望。因为，在这些违法欺诈案件中，事情的结果常常会非常糟糕。股票价格也会突然暴跌。1997年下半年中国证监会处罚几家上市公司的实例，大家会记忆犹新。为了索取暴利，他们可以把最糟糕的消息粉饰得让不知内情的投资人听得心花怒放。中小投资人的最佳防范策略就是：时刻准备着，违法欺诈行为迹象一旦出现，立即脱售持股。

由操作技巧引起的欺诈行为，可以不受法律处罚。例如，主力采取："明修栈道，暗度陈仓"、"声东击西，迅速出击"、为"套现"而设置的种种"空头陷阱"等。这个时候中小散户怎么办？其妙诀是：熟悉主力"套现操作技巧，提前采取防范措施"。

"明修栈道，暗度陈仓"，就是主力最常用的一种"套现操作手法"。主力把这种手法玩得非常熟悉而且巧妙，它屡屡使中小投资人上当。主力有时向散户投资人"推出美女"，有时候又"笑里藏刀"……尽管所用的手法是"英雄所见略同"，仍然有不少"英雄"一批又一批地去上当。这种"套利游戏"："整批买进，又整批卖出"。很容易让人摸不着头脑，误导大众，欺骗经验不足的人"上钩"。散户识别"套利游戏"的方法是：有人大批买进，时间很短又大批卖出，并且，买入与卖出的动作十分明显——成交量突然放大。目的是，上涨时吸引散户"跟风加码"；回档时"出货震仓"，造成散户恐慌"割肉"，而后悄悄吸筹。要识别"套利游戏"，了解庄家主力的建仓价位十分重要。它是研判庄家主力对某一只股票有无兴趣的依据。庄家用"声东击西"手法，玩弄"整批交易"动作，可以短期内改变量价关系和修复均线形态，有时候很难研判是利空还是利多。

"明修栈道，暗度陈仓"，有时候是为了悄悄减仓；有时候则是要迅速出货。主力建仓的方法有：大势低迷时，在低价区悄悄吸纳，用较长时间吸足筹码；大势上涨时，设置"空头陷阱"而进一步吸筹。设置"空头陷阱"吸筹时，采用的方法是：以巨量封杀股价，可以将股价杀至"跌停板"。在市场内制造恐慌气氛，让意志不坚定的散户恐慌离场，从散户手里吸取廉价筹码。就这样，主力一方面在打压股价，另一方面用连续不断的小批量买单吸货。有时候还会把挂在盘口的卖出单悄悄撤走；有时候撤出卖单之后，再分批打杀；循环操作，直至用低成本建足仓为止。主力出货的方法是：采用"多头诱骗"，吸引"追涨加码"。庄家在昨日收市价格上（昨日价格通常已被故意打低）突然增加10%的升幅水平，"虚挂出大量买入盘"。并且封死在"涨停板"位置，营造多头气氛。有时为了增加欺骗性，庄家故意让众多散户高价位也买不到货。第二天、第三天继续涨停拉高。使众多中小投资人天天看着"涨停板"的股票而眼馋。散户投资大众们终于抑制不住"高额利润"的引诱，纷纷"跟风"而进。散户大众都在想："牛市还怕它不涨"。谁知道这时候主力却悄悄"撤单"。主力用这种"少量、多批出货"的方式，把自己的高价筹码慢慢地抛给了"跟风者"。当你发现，已被套牢。

主力"暗度陈仓"的另一种方式是："冲销转账"。主力是用多个身份开设多个账户，用互相冲销转账的方法，反复"做价"。用较低的成本就可以把股价推高或打低，以达到自己出货或吸筹的目的。目前市场交易规则中规定的交易原则是："价格优先，时间优先"。在新的涨跌停板制度下，超出限价的申报一律视为无效申报。所以，"价格优先"就不怎么适应目前的市场。只有"时间优先"的原则十分有效。如果庄家与散户都同时在涨跌停板的时候申报，先申报者先成交，后申报者后成交。散户投资人在申报时间上并不占优势，主力用"冲销转账"的方法，很容易把自己的股票从左手转到右手。动作要比散户主动得多，迅速得多。散户一天天都在为股价节节升高，自己却未能买到该只股票而着急。

13.9.2 量价配合技巧

玩弄"量价关系"也是主力常用的欺诈手法。如何识别主力玩弄"量价关系"的游戏？散户必须掌握成交量与股价趋势配合的技巧。美国投资大师总结出了量价关系的几个法则，对我们十分有用。

（1）在一个波段的上涨初期，"价升量增"是市场最理想的涨升形态。股价走势因成交量的递增而上涨，是十分正常的现象。这种量、价、供求关系呈正方向变动时，量增必然带动价格进一步上涨。这时的量价循环规律是：价格上升⇒成交量扩大⇒需求增加⇒价格进一步上升⇒成交量进一步扩大⇒需求进一步增加。如果没有特别暗示趋势反转的信号，表示股价将继续上涨。散户投资人不必担心庄家行为如何，可以大胆跟进。

（2）在一个波段的涨势中期，股价随着递增的成交量继续上涨，并且又突破了前一波的高峰；股价与成交量都创"新高"，表示后市将继续上涨。散户则可抱牢持股，等待股价接近峰顶时抛出。如果只有股价创新高，成交量并没有创新高。这时股价的涨势令人怀疑？就应该想一想：庄家是否要出货？它很可能是股价趋势潜在反转信号！散户要果断清仓离场，持币观望。

（3）在一个波段涨势的"高涨期"，股价上涨，成交量逐渐萎缩。表示上升动力不足，也可能是庄家主力正在悄悄地分批出货。它很可能是股价趋势潜在反转信号！散户一定要留神。

（4）在一个波段涨势的后期，股价在高位区徘徊震荡，成交量大幅萎缩。表示涨势已到末期，上攻无力，将要反转下跌。

如果股价随成交量缓慢递增，一旦出现成交量急速增加，股价就会跃升暴涨。则会演变成另一波爆发行情。

如果市场行情上涨数日之后，成交量急速增加，而股价却在高位区大幅震荡。表示抛压沉重，庄家主力可能正在出货。它是股价下跌的先兆。

（5）股价下跌，并且已跌破"股价形态"（或跌破移动平线的长期线），同时成交量放大。股价有可能会大幅度反弹，也可能是弱市转强市的信号。散户在股价深跌之后，试用一部分资金介入，大幅反弹后出货。可以做一波短线炒作。

（6）在长期下跌形成谷底之后，若股价回升，成交量没有递减；表示反弹无力，股价有再次跌落到前期谷底的可能性或者更低。当谷底为 W 形态时，是股价将要反转上升的预兆。这时候散户应密切注视某只股票是否有庄家，慢慢吸筹的迹象。如果发现某一只股票的买入量较小，卖出量特别大，而股价却不下跌，投资人要立即介入。此类股票正处在庄家收集筹码的后期。大量的卖出盘是由庄家为低价收集筹码而设置的股价"上盖板"。股价不下跌，是由庄家的隐形买盘造成的。这类股票随时都有大涨的可能。股市有格言："该跌不跌，必有一涨"。

另外，如果发现："无量大幅急跌的股票"，则是短线好股票。散户大胆介入，买个最低价。而后耐心等待套牢的庄家"发红包"。

（7）股价向下跌落了一段相当长的时间后，如果出现大量的恐慌性抛盘，股价又大幅下跌，成交量也随之扩大。散户则可乘机介入。大量抛盘拥出，股价可能会创新低。但是，恐慌性大量抛盘之后，股价可能会反弹上涨。也可能是空头市场结束的预兆。

由上可知，量与价之间存在着十分密切的关系。股市供求原理告诉我们：股价上升，卖出者多，若不靠更大的买盘消化，股价必然回落。从供求原理中可以衍生出一个规律：当股价的头型已经完成 2/3 时，如果成交量不再递减，反而大幅递增，则股价会节节上升，股价就会再创"新高"。

上述的量价规律，是股市中固有的内在规律，并非庄家主力的创造。请散户朋友们记住：自然科学告诉我，任何规律都是自然的、固有的，并非人类创造的。人类只能发现规律，运用规律，决不能创造规律。庄家主力也是一样，他们有制造"空头陷阱，多头诱骗"的本领，却没有制造规律的能力。

散户只要掌握了上述规律，就可以不受庄家的行为左右。也不会盲目"跟风"，为他人"抬轿"。

13.9.3　主力操作手法

庄家主力在"暗度陈仓"时，通常会使用以下几种操作手法：

（1）向上拉高，假突破；出逃、减仓达到目的。

一只股票在高价区震荡，开始横向整理。投资大众都认为会有两种可能：一是"蓄势"向上突破；二是逐步下行。在股市高涨阶段的中期、后期多数投资人认为大有："蓄势既久，其发必速"。市场主力正是巧妙利用了"蓄势既久，其发必速"的众人心理，向上来一个假突破，吸引众人"跟风"，达到出逃、减仓的目的。

（2）压低吸货，拔高出货。

这是一种最简单、主力最常用的方法。此法的建仓成本低，有良好的环境配合时，出货迅速，获利巨大，风险很小。但是，操作手法容易被中小散户投资人识破。有时候主力呕心沥血向上拉高，造成了"全国性大抛盘"，主力想出就是"出不了门"。有时候，主力也采取反向思维、逆市操作的方法："拔高吸货，压低出货"。所谓"拔高吸货"并非是主力在最高点吸货，而是把股价迅速拉抬到"成交密集区"，在"解套盘"和"获利盘"的双重打压下，股价快速回落。主力是在股价的回落中吸收筹码，并且蓄势再创新高。"压低出货"也不是在最低点出货，因为主力从来不做赔钱的傻事。"压低出货"是在大盘单日暴涨时，"大家都飘红，唯我独翻绿"。有时会成为当日跌幅第一名。这时市场的投资大众都在想：在大牛市中，大盘一天上涨一二百个点，居然有一只暴跌10%的股票，如此"便宜货"现在不买等待何时。反正大牛市总有补涨的机会。所以，踏空者心急如焚，不管板块，不论业绩，"跌幅第一名"就成了众人的抢手货。如果有20万散户，一人买100股（一手），庄家一日就出货200万股。如果昨天上涨时庄家未能出货，今天"下跌"就可以顺利出货了。请朋友们注意：这里"压低出货"中的"低"只是与昨天的收市价相比而言。而且昨日的收盘价多是庄家在尾市时"鼓动"上去的相对高价。

"拔高吸货"的时机，通常是在大盘刚刚启动之前，某只股票作为领头羊身份出现后或者是在大盘的连续暴跌中介入。

"压低出货"的时机，一般是小盘股走势为突发性"爆发行情"。因庄家控盘，小盘股在大盘正处在"高涨期"时，这种"井喷式"行情最为常见。庄家有抛盘的主动性。

（3）集中建仓，迅速拉升，派发为主。

这是"快庄"采取的操作手法。利用"集中兵力打歼灭战"的方法，短期内获利极大。市场有："发大财，跟快庄"的格言。也有人说："穷人发财靠该股"。这种方法的显著特点是："快进快出"。在牛市行情的"初升阶段"，主力用大资金介入热点板块中的"领头羊"个股，天天拉升。股价节节升高，市场一呼百应。能在较短时间内使大盘与该股处在"高涨阶段"。正当众人都一致看好该只股票而纷纷追进的时候，主力已经正在准备出货了。

（4）"熊市做庄，牛市发牌"。

市场主力运作大资金操作，有一个"容易进得来，难以出得去"的问题。主力在大盘底部形成之后，大量吸收筹码。而后慢慢等待环境升温，一旦发动行情的火候到来，就会慢慢推高股价。由于庄家手中的持股多数是群众基础好的股票，当上涨行情来临时，会有许多人追涨该股。正当众人在追涨这只股票的时候，庄家再把自己已经获利的高价股票"分配"到各个散户投资人手中。

（5）化整为零，逢低介入，逢高派发。

这种操作策略是主力为分散"兵力"而采取的"游击战术"。主力选择几只口碑好的强势股，将资金分散后等待大盘运行到"阶段性底部"时，逢低介入，等待上涨。哪只股票先上涨就先抛出。这种方法似笨而非笨。行情较好，派发容易。操作稳健，获利匪浅。散户可以寻找机会介入这种比较"温和"的强势股中与庄家"共舞"。

(6) 看准"龙头"，主动出击。

它是庄家主力的一种主动性买盘操作。主力就像一只潜伏的警犬。在大盘上升的初期，如果发现某只群众性基础好的股票，资金流向开始名列前茅，并且这只股票的涨势还能维持一段时间，于是就把大批资金介入刚刚升温的、整个板块中的"龙头"股票。并且用一定的资金拉升"龙头股"。众人在"羊群心理"的作用下，唯恐错过赚钱的机会，纷纷购进"龙头"股票。就这样，一个人跟着一个人，跟进的人越来越多，股价也越涨越高。主力则可乘机出货。

(7) "笑里藏刀，暗中备战"。

这种操作策略是主力为了争取主动权而麻痹对手。为了隐蔽主力的行动，凡事准备好了之后才能行动，不要让对手早知有变。"外柔内刚"是取胜之道。在2007年5月，市场主力早已得知了有种种政策性利空措施，深市仍然发出了向20 000点进军的冲锋号。一时间满城风雨，人心沸腾。就在一片"歌舞升平"的笑声中，一批又一批的中小投资人勇敢地冲了进去。结果，他们将大把、大把的钱投进了主力早已准备好的，张开大口的"钱袋"里。有些散户的套牢者至今仍苦不堪言。主力在一片笑声中"落袋为安"，散户在寒冷的"山顶"站岗放哨。"主力总是在市场一片沸腾中分段分批出货"。这就是目前的一个规律性结论。

散户投资人掌握了他们的动向，我们可以通过"资金流向排行榜"，来研判主力动向；可以通过主动性买盘和主动性抛盘的性质，来研判主力动向；还可以从均线系统的短、中、长三线交叉，来研判主力动向。了解主力动向后，就能先发制人。

主力机构是一批"超级套现专家"，又是一批股市"实干家"。这一批"实干家"好事、孬事都干；笑声、骂声都听。

13.10　涨重势，跌重值

13.10.1　相关概念

"涨重势，跌重值"这种操作方法已被越来越多的中小投资者采用。

"涨重势，跌重值"，是否与"重势不重值"的市场格言相矛盾？二者是对立的统一。从辩证唯物主义原理来认识"势"与"值"的概念，"势"与"值"是两个不同的概念，有其对立性。"势"与"值"又是由大盘的总趋势决定的，二者都是建立在对大盘趋势的理解之中。"趋势"是二者共存的基础，有其统一性。"涨重势，跌重值"，既是短线操作技巧的灵魂，又是投资者入市的依据。

所谓"涨重势"就是指在股市上涨时要十分重视大盘的趋势。"趋势"就是对后市大盘方向和股价方向发展一致的看法。大趋势看好，股价会继续上扬；大趋势看淡，股价就会下跌。对趋势认识不清就会造成：上涨时不知所措，高位追进；下跌时六神无主，恐慌割肉。所以，股市中的"趋势就是生命线"！趋势有无以伦比的重要性。股市趋势是由股市的内在规律确定的，趋势一旦形成有其必然性。这种"必然性"是股市客观事物联系和发展过程中合乎规律的、一定要发生的、确定不移的"趋势性"。是在一定条件下不可避免的性质，这种必然趋势是由股市内部主要矛盾支配的。"趋势性"是股市的客观规律性，它是不以人们的意志为转移的、股市运动本身固有的、本质的、必然的、稳定的联系。它不是只有电脑，而无头脑的人制造出来的。

所谓"跌重值"就是指股市长期阴跌或大幅度下挫时，要重视股票价值。股票价值出了市值之外，还有几个价值概念：一是票面价值，是指股票的票面上标明的价值。目前沪深两市的票面价值均为一元。二是发行价值，是股票招股时发行的价格。三是账面价值，反映每股所代表的公司资产，它是以每股"净资产"来描述。计算公式：每股净资产＝公司净资产/总股本。当股票的市值低于票面价值时，称为"破面值"或"跌破净资产"。四是股票的内在价值，即理论价值，它反映某一时刻股票的真正的价值。简易公式：内在价值＝每股税后利润/利息率。它表示股票在某一价位时是否有投资价值。股票的内在价值与股票的市值有时候差别很大。所以，股评人士又把内在价值称为"理论价值"。总而言之，这里所说的"重值"是这几个价值概念的"综合价值"。

"势"与"值"的辩证关系：是规律与范畴的关系。规律与范畴从各个方面揭示着股市的联系和发展。"势"是股市未来的趋势，它是股市发展中本身固有的、本质的、必然规律。"值"是趋势的范畴，是人的思维对未来价值普遍规律的反映。股市同自然科学一样，有自己的特有的一系列范畴。股市中的货币、价格、价值同经济学中的货币、价格、价值范畴类同。在马克思主义哲学中，规律包含了范畴，范畴体现了规律。在股市中，趋势包含了价值，价值体现了规律。

从毛泽东同志的"矛盾论"中可以得知，当事物有两个或两个以上的矛盾时，其中必然有一个主要矛盾。"势"与"值"二者相比，"势"是主要矛盾。"势"比"值"更重要。因为，股市的走势常常会脱离经营业绩和股息的影响。受市场心理因素的变化而发生巨大地变动。"势"也是股价未来的趋势。趋势上扬，股价上升。"趋势"是股市的生命线。价值是投资人追求的利润目标。买进股票价格越便宜，理想的利润越大。脱离了利润的操作，是毫无意义的"无功劳动"。

"重势不重值"，也不是让投资人不问价格，上来就买；别人卖得高，你买得更高。它是指正当大盘处在上升趋势中，不要为几分钱的小价值斤斤计较，而坐失入市操作的良机。请记住："趋势是生命线，价值是利润目标"。要全面理解"重势不重值"。二者不可以偏义，以免误人、误己。

在实战操作中，首先把握"趋势"，然后再考虑"价值"。趋势决定价值。大盘不论是上涨还是下跌，一旦一种大趋势形成之后，就会维持相当长一段时间，这是股市规律。"值"跟着"势"而行。

13.10.2 操作策略

"涨重势，跌重值"的操作策略，可以分为：在上升趋势中操作和在下跌趋势中操作两个方面。

1. 大盘处在上升趋势中的操作

大盘处在上升趋势中,多数个股的价格也处在"上升通道"之中。只要股价继续上升,买卖股票就能赚钱。为了不再花费心血去预测股价的"头",常用的操作方法是:投资计划法。

"投资计划法"有四种具体操作方法。

(1) 分级投资计划法。

"分级"就是首先划分买卖股票的等级和价位,然后再按照事先确定的等级和价位进行买卖操作。划分等级是把股票按高、中、低进行层次分类。划分价位就是把同一只股票再按高、中、低分成不同的价位区域,进行价格分类。而后再进行具体的现场买卖操作。买卖价位是以等级为依据。买卖的"计划价位"是按股价的波动幅度来确定的。股价波动幅度大,投资计划的百分比就定得高一点(30%~20%);否则,百分比就低一点(15%~10%)。

例如,一只等级为中等层次价格的绩优股,现行价格为20元,按升降10%的"计划价位"买卖。当降至18元时买进,当上涨至22元时抛出。

就是这样,按"降买,升抛"的原则循环操作。

操作注意事项:

①这种方法最适合股市行情震荡向上或作横向整理时波动幅度较小时候的操作。上涨趋势,应适当把百分比定得高一点。

②计划的价格间隔不能太大或太小。要视行情的波动幅度而定。价格间隔太大,会失去买卖良机;太小又不赚钱。

③根据自己承受风险的能力,确定买卖的批量和高、低价位。

(2) 平均投资计划法。

平均投资计划法的操作方法是在一定时期内,以不同的价格分批以相同的金额买进不同数量的股票;而后在高于平均成本的价位附近把分批买进的股票一次性全部售完。

由表13-1可知,投资人以大致相同的金额,分四次购进不同价位、不同数量的同一只股票。平均建仓成本为14.55元。当大势上涨,股价由10元升至25元以上时,一次性全部抛售完毕。如果股票没有涨至25元,反而下跌至16元时一次性抛光,还有微利可图。

表13-1　　　　　　　　　买进价格与平均成本

	买进价位	买进股票	金额	平均成本
第一次	10元	1 000	10 000元	10元
第二次	15元	600	9 000元	11.88元
第三次	20元	400	8 000元	13.50元
第四次	25元	200	5 000元	14.55元
合计		2 200	32 000元	14.55元

操作注意事项：

①这种方法简便易行，能进能退。

②这种方法适应股票价格波动激烈的时候使用。如果投资人在股价上升期介入，几乎没有赔钱之说。只是赚多赚少罢了。

③股市下跌时，禁用此法。

(3) 分散常数投资计划法。

"分散常数"操作是把一定数量的资金，按照一定比例，分别购进两种以上的股票。然后再确定一个价格浮动幅度作为"计划常数"。当股票的价格上升或者下跌超过"计划常数"时，就要立即抛出。

这是一种典型的短线操作方法。

举例说明：某人把10 000元钱，按50%的比例，分别购进甲、乙两种股票。"计划常数"为10%，大趋势上升时，哪只股票升幅先超过10%，就先一次性抛出。而后待机抛光另一只股票。

操作注意事项：

①此法适合短线操作。要杜绝在最高价附近买入。

②同时介入两只变化幅度不同的股票分散投资，可以做到："西方不亮，东方亮；黑了北方，有南方"。有利于分散风险。资金多时，可购买十只股票。

③确定股价浮动的"计划常数"时，要十分谨慎。当整个市场行情波动较大时，"计划常数"应适当小些；波动小时，应适当大些。这样既可减少风险，又能提高利润。

(4) 固定比率投资法。

操作方法：把一定数量的资金按照一个固定的比率分别投资于股票和债券。再确定一个浮动常数。根据浮动常数买卖股票和债券。还要及时调整股票与债券的投资比重，使投资比重与固定比率计划相接近。

也可以采取"变动比率投资法"操作。当股票上升时，调整投资总额中股票与债券的比率，增加股票的投入和收入。

投资债券，风险小，收益低。但是，有时候可以补偿股票造成的损失。

以上四种操作方法的优点是：大势上涨，不必再去花费心血去研判股价变化的"头"，只要把握总趋势的变化，买卖股票就能获利。这就是上升趋势中"涨重势"的概念。

2. 大盘在下跌过程中操作

大盘在下跌趋势中，多数个股的股价也处在"下跌通道"之中。要按照"跌重值"的原则去操作。

(1) 阶段性底部确认后，介入长线操作。

长线操作何时介入是关键。介入时机要看以下几个动向：

①当大盘连续出现几个较大的下跌阴线，一旦出现小阳线，方可适量地试探性介入。

②大盘长期阴跌不回头时，可以采用"数人头"的方法介入。到股票交易营业大

厅里去看一看，如果大厅里没有多少"观众"了，人数少的屈指可数。方可适量介入。这叫"他出我进"。

③在历史低点附近，可试探性介入。所有历史低点都是大盘下跌的参考点和支撑点。大盘有可能在历史低点附近止跌企稳，并且回升。

④从移动平均线指标上看，当大盘指数脱离5日线很远时，可试探性介入。在大势阴跌了相当长一段时期后，指数有可能从谷底转为上升倾向。如果5日线也能从谷底转为上升倾向，就意味着股价已经处在涨势之前的"廉价时期"。

(2) 股市连续暴跌，介入短线反弹。

大趋势在长期阴跌后又出现几个暴跌，会给股市雪上加霜。但是，也有可能孕育着一股新生力量。暴跌之后，会出现一批"超跌个股"。暴跌给"超跌个股"提供了反弹机会。抓住反弹机会，短炒"超跌个股"，在弱势中获取短线收益。

参与短线反弹的原则仍然是："抓住时机，快进快出"。抢短反弹，只要获利，就坚决离场。因为，大趋势仅仅是反弹，而不是大行情反转！反弹之后，大趋势仍然会下跌。"反弹不是底，是底不反弹"，请记住这句格言。

抢什么股的反弹？抢反弹，一要选准时机；二要选准个股。两个要素同时具备，才能有胜利的把握。抢反弹，决不要去抢大盘股的反弹！因为，在"熊市"中，没有那么多的资金能使大盘股拉升、反弹。即便是沪深两市大盘绩优股中的"指标股"，也不要介入。可以选择流通盘小、业绩良好、成长性高、跌幅最深，有一定群众基础的新股或次新股介入。谁严重超跌，谁就是抢反弹的最佳品种。

抢反弹的操作秘诀是："抓小放大，喜新厌旧"。这个秘诀已讲过多次。

(3) 投机性参与低价股反弹。

低价股多数是国企大盘股，这类股票负担重、业绩差。但它受国家产业政策的扶植，是国民经济的支柱产业。

在低价股中有些盘子相对较小（8 000万元以下），业绩较好，有庄家经常光顾的个股，在弱势中常常会有表现。2008年春节前的"阿城钢铁"就是一例。

当低价股的"投机价值凸显"时，说明该股后市反弹空间已被打开。它通常是场内流动资金追逐的"热点"。这时投资者应以"投机人"的身份参与低价股的"投机性"操作。及时介入那些底部刚刚启动，并有增量资金吸筹、后市有较大上升空间的廉价筹码。已经有相当升幅的低价股，一定要放弃！因为，它的"投机价值"已被庄家挖掘完毕。这时候你若贸然介入，就等于是别人已经偷走了牛，你再去拔拴牛的桩。没有发财，却落了一个"偷牛"的嫌疑犯。

炒作低价股的关键是把握"快"与"准"。"快"就是：不可恋战，有利就跑。决不能存在什么"爆发心理"。"准"就是择股准确。低价股"飘红"多是被套庄家的自救行为。没有增量资金介入，这种"飘红"只能是昙花一现。弱市中，今天是红花，明天是绿叶的低价股，到处可见。一旦贸然介入，就会"投机不成，反而被套"。

被套者，通常又是"割肉者"。有人说：在下跌趋势中，会买的人是徒弟，会卖的人是师傅，会"割肉"的人才是真正的祖师爷！

第14章 解套止损操作策略

股票价格波动的因素很多，归纳起来有外因与内因两大类。外因是指银行存款利率、国家经济基本面、国家政策面及消息面等因素。内因是指上市公司的经营业绩和内在技术因素等。"外因通过内因起作用"。在诸多的内部因素中起决定作用的因素是内在技术因素。因为，技术因素是股市内在规律性的因素。技术性因素是指当股价上涨或下跌到一定程度时，股票投资者就要卖出或者买入股票，导致该股票价格的进一步上扬或下跌。这种以赚取差价所导致股价的升、降称作技术性调整。在技术调整时，当价格上升或下降到一个合理的水平时，人们又开始卖出或买入。

股票价格的波动，既有风险，又有盈利。股票价格风险有系统性风险和非系统性风险。系统风险是指由经济衰退、通货膨胀、人为战争、自然灾害，使所有股票价格都下跌。非系统风险是指由上市公司经营不善、供求关系变化，使某种股票下跌。所以，市场风险有全局性与局部性之分。总之，市场风险是由市场价格变化所造成的损失。

投资股票所造成的损失过程：先是"套牢"造成账面损失；后是止损（割肉）造成的实际损失。所以，许多投资人把"套牢"当成是最可怕的事。其实，"套牢"并不可怕，可怕的是"套牢"以后该怎么办？

"套牢"以后，套牢之苦会接踵而来。"套牢"就像战争中的"包围"。战争中有"包围"就有反包围。"套牢"与"解套"就像战争中的"包围"与反包围一样，有的可以化被动为主动；有的是坐以待毙。

"套牢"之后，不必惊慌，可用以下几种方法解套。

14.1 用补仓法解套

股票市场风云突变，措手不及，导致损失。此时可以用"补仓"的方法少赔一些或者再想办法把赔掉的钱再赚回来。热门股套牢以后大多都是采取"补仓"的方法解套。

热门股在一个时期内由于庄家的介入和人气集中能引起多人对其投资。所以，热门股涨得快，跌得更快。由于高位追逐热门股被套牢，必须首先确立一个宗旨：首先是自救，是救自己而不是在谋求盈利。因为，第一步已经走错，千万不能再走错第二步。热门股"补仓"的基本方法是：先根据成交密集区来判定该只股票的反弹时所能摸到的最高位置；再根据量价关系来判断该只股票反弹的时机；最后在确定出自己补仓的价位和时机，以及补仓的数量和补仓的步骤。"补仓"的原则是：资金安全第一。"补仓"

的时机选择十分重要。"补仓"过早，往往会"粮尽弹绝"。"洞"越补越大，以后连翻身的日子都没有。"补仓"过晚，又难以降低成本和摊平成本。

有时候，在大盘反弹或上升趋势中，原来的热点可能已经退热、沉寂。即当大盘逐波走高时，原来热点题材的股票走势较弱，随波逐流。所以，采取"补仓"措施既不能急，又不能拖。一定要掌握好"补仓时机"。如果你手中的热门股买进就被套。股价已下跌10%，而且下跌时成交量还是很大。表示下跌动能仍然很大，不能补仓。如若这只股票因为传言业绩糟糕，又要继续下跌。一直下跌40%或者更低，这时盘口通常会有大量的主动性买盘。如果出现大量的主动性买盘，就要考虑"补仓"问题。在"补仓"操作时，需要迅速分析三个重要问题：一是先分析成交密集区在哪里，在理论上会有多大的反弹高度；二是再分析现在是否已经具备了"补仓"的条件；三是一旦确定补仓，需要补多少，持仓量保持在什么位置。有些股票的价位从终点又回到了起点。股价已经跌去50%之多，表明已具备了补仓的条件。虽然热点已经退潮，但仍然有反弹的机会，在这种大跌的底部，有时可以用2～3倍的资金进行补仓。一旦股价反弹到密集区，就开始抛出。

"补仓"方法又称"摊平法"。随着股市的下跌，用不同的价格买进股票，用以降低累积持股的成本，或者以摊平持股成本。此法适合手中套牢的热门股。

14.2 用换筹法解套

换筹法解套适应于普通股。普通股套牢，不像热门股套牢那样揪心。因为它的解套周期较长，除了一般的解救之外，还可以通过互换的方法（换筹法），缩短解套的周期。所谓"换筹法"，就是将手中套牢的股票，换成股性活跃、股本扩张力强、题材比较丰富的股票。

"换筹法"也同样适应沪深两市的互换。把手中深市较弱的股票，换成沪市较强的股票。在一定时期内，如果出现沪强深弱的格局，也可以进行两地股票的互换。互换的价位可以同价位互换，也可以不同价位互换。

"换筹法"通常是对普通股而言。有耐心和毅力的人，只要买的不是冷门股，没有必要再去冒换成热门股的风险。普通股也会上涨，需要的是时间和耐心。

"补仓法"与"换筹法"是两种截然不同的解套方法。前者是盯住手中被套牢的某只股票，在低价区时对同一只股票在进行补仓；后者是把手中套牢的股票换成另外一只好股票。

14.3 用降档换位法解套

所谓"降档换位"就是逐步把高档位套牢变成中档位套牢，再由中档位套牢变成低档位解套。有人把这种方法称为"三级降档解套法"。

首先，把高档位套牢变为中档位套牢。方法是：当大盘股指瀑布式向下直泻后，股价又回到原位。没有来得及"出逃"的股民在高价位被套牢。由暴跌形成的平均成本下降和乖离率负值增大，市场迟早一定会有一波较低反弹行情。当你手中的股票一下降到50%之多时，你就抱着"买套"的心理再次介入。如果股价反弹，你就可以把在低价位吸筹获利的股票吐出。从而降低了高档位套牢筹码的成本。再进行一次循环，则高档位套牢的筹码就变成了中档套牢筹码。因为暴跌会造成中期上扬空间要大于短期下跌空间；另外，在涨跌停板制度下，快速持续的无量下跌，必然也会出现无量上涨。两种因素交织在一起，大盘必然会出现强有力的反弹，可能会出现许多股票涨停板。暴跌时若不低吸筹码补仓，一旦反弹时想补仓也不能如愿了。

其次，把中档位套牢变成低档位套牢。股价由高档位变成中档位套牢之后，把剩余的资金投入潜力股。投资一旦成功，将手中所有的筹码一齐斩仓，全部抛光，回笼资金，另做打算。

这种方法虽然不会收到"立竿见影"的效果，但是，对于在高档价位区套牢的股民来说是一种可行的操作方法。

14.4 用止蚀法解套

止蚀法也称"停损了结法"。这种方法的含义是：当发现自己手中的股票价格反方向变化，而且连接下跌时，当机立断，立即抛出手中的全部股票。把损失限制在最小程度。收回资金，另作他用。

这种方法适合刚入市，不会技术分析，又无经验的新股民。他们无法判定股价下跌是大趋势还是小趋势？手中的本钱不多，又没有承受风险的心理素质。只好"割肉"快逃。所以，许多新老股民又把这种方法叫作："割肉法"。它适用资金薄弱、难耐风险的短线、中线投资者。

以上前三种方法都十分强调适时"补仓"或者换筹，全部都是建立在中短期股价必有弹升的基础之上。有效却被动。"停损了结法"虽然失去一部分资金会有一阵剧痛，但这种方法可以主动脱离苦海，主动寻求其他好的股票，挽回损失。

基本方法是：在买进股票的同时，根据股市情况和自己的资金实力，先设定出一个停损位（界限点）；如果股票价格已经下跌到这个"停损价位"，就果断抛售。这种"壮士断腕"的方法也是一种减少损失的行之有效方法。"停损了结法"根据手中持有股票的多少又可分为"一批了结法"与"分批了结法"。例如，手中有1 000股，一次全部抛出，叫"一批了结法"。如果采取第一批抛售500股；第二批抛售300股；第三批抛售最后200股，这叫"分批了结法"。"分批了结法"的优点是：可以根据股市行情的变化，多设定出几个"停损价位"，一步一步地减少风险造成的损失。如果把上述分批抛售的数量倒置，一旦价格反转上升时，还可以获利。增加反败为胜的机会。

如果使用一批了结法将股票全部抛售之后，因股价弹升而后悔莫及，还可以采取"突击法"挽回损失。其方法是：当你已经停损了结之后，在今后的股价大幅波动中，趁机突然再抓上一把，以减少上档解套的损失。这种方法像"游击战"中，看准了战机，突然出击制胜。所以叫"突击法"。例如，当四川长虹从35元的高价位降到29元时，买进100股。买进后一直下跌而被套牢。当股价下跌到25元时，一次抛光。损失400元。8月18日暴跌之后，最低价出现了15.36元，在15.50元又突然买入200股。20日弹升至19.50元时，又突然抛售完毕。一把又抓回800元，补平上档解套损失的400元，又赚取了400元的生活费。"突击法"最适应于暴跌之后。因为暴跌之后，必有弹升！是反亏为盈的好机会。手中资金较少的投资者多用此法。此方法适用于中小散户投资者。

14.5　摊平止损法

加倍止损法是指买进某只股票之后，希望其股价上涨。结果，股价没有上涨，反而在下跌。这时不仅将刚刚买入的股票抛出，而且将先前在低档价位买入的股票也一起全部抛出。从而达到总体上的基本平衡。

买进指望股价上涨，实际却是下跌的股票，采用此方法。例如，投资人在先前以10元的价格买进100股某种股票。当股价上升到20元时，认为它还会上升。又以20元的价格买进100股。但是，买进之后股价没有上升，反而一路下跌。这时他本人又难以分清目前的下跌是大趋势还是小趋势？是步入下降通道还是临时调整？他遵照："看不清，宁可不做"的原则。把手中的前后总共持有的200股一次性全部抛光。只要股价在高于15元的价格抛出，就能达到总体平衡，略有盈利的目的。至少可以"赚个手续费"。

14.6　加倍止损法

加倍止损法是指买进某一只股票之后，不涨反跌。害怕被深度套牢，又迅速全部赔钱抛出。但是，抛出之后并不转移投资方向与投资目标。仍然始终紧紧盯住这一只股票的变化。等待它下降到谷底时，又重新加倍买进。

投资人遵循的原则是：盯住你自己最熟悉的股票操作。这种方法的优点是：便于掌握这只股票的变化周期；熟悉股价的高点、低点变化规律，有利于采取正确而稳妥的操作方式。投资人采取什么对策，关键是能正确判断股市行情的个股价位变化目前正处在变化周期的哪一个阶段。这个问题虽然十分困难，但是，投资人采取了长期"跟踪追击"的方式，并且加上"画图"积累的方法，就十分有效。根据股市变化周期的四个阶段（上升期、高涨期、下降期、停滞期）去指导自己的操作。就不会被同一块石头连续绊倒三次！

例如，投资人在30元价位买进某只股票100股，股价不升反跌。当股价从30元下跌到25元时，一次性迅速卖出。亏损500元。回笼资金2 500元。等其继续下跌，当股价跌至 10 元谷底，跌无可跌时，买进 200 股。当股价弹升至 13 元时抛出。除弥补亏损外，还略有盈利。

这种方法适应于能看清楚谷底的有经验的投资人。没有经验，又不了解该只股票的价格变化周期，贸然买进后，又一落千丈。亏损之洞会越补越大。看准了价格谷底，原始投资 3~5 元的资金买进股票，盈利更大。

14.7 搁置不理法

搁置不理法是指当投资人将某一只股票买到手中，价格没有上升，反而一跌再跌。价格已跌去了 50%，采取什么方法都难以挽回亏损。这时干脆把股票"填入保险柜"暂时存放起来，搁置不理。安心等待股价回升和分红派息。当股价回升能赚大钱的时候，再入市卖出。

此方法适合手中资金少、心理素质好的投资人。手中资金少，"割下一大块肥肉"之后，所剩无几。回笼的资金不够补仓。就是"补"，也很难补回亏损。搁置不理，回家静等是最好的方法。上班族，该安心上班，好好上班；下岗族又到了"下岗"的时候。从股市中"下岗"后回到家中要"实话实说"，老婆吵你几回，以后时间长了，也不会再吵了。

某一只股票的价格已经跌去了 50% 之多，还有什么长期投资价值？如果该只股票又被打上"ST"金印之后，将会更加糟糕透顶。搁置不理，是一种无奈的选择。

采取此法是应该注意：

（1）该种股票所占有的资金是你全部资金的 50% 以上时，不宜采取这种"孤注一掷"的做法。除非"万般无奈"了。

（2）你能承受多大的心理压力？意志薄弱者、夜不能寝者，要注意身心健康。千万不要跳楼自杀。

（3）会不会影响你的资金流动需求？长期让大量资金沉淀，会得不偿失。

（4）你手中持股的公司发展前景如何？会破产么？会停牌么？

上述几种方法都是针对已经被套牢的股票，随着股市的下跌，按不同的价格点位继续买进股票，以降低累积持股成本。最终达到总体平衡的目的。同时，停损者应当十分注意："绝不能让同一块石头连续绊倒三次？"减少失败，就是成功！

附录　技术分析图像

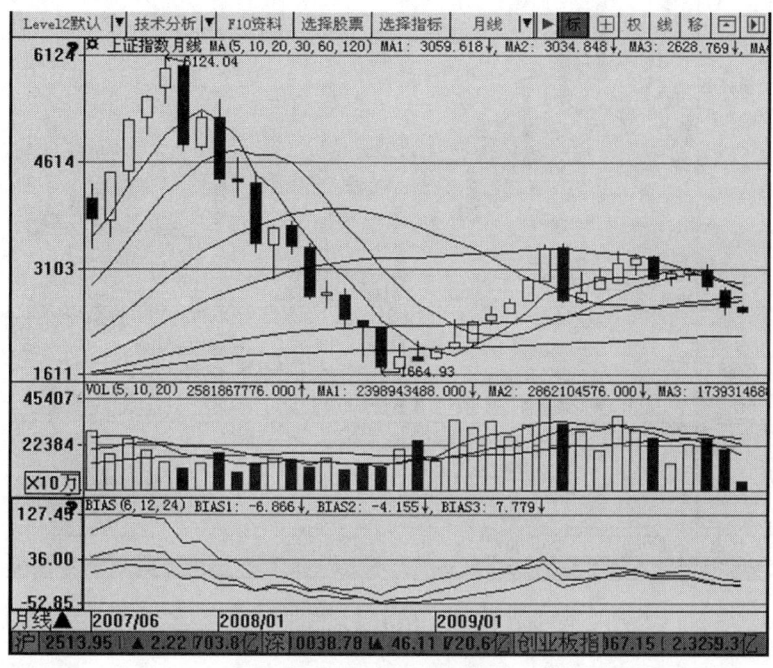

图 1　BIAS 指标

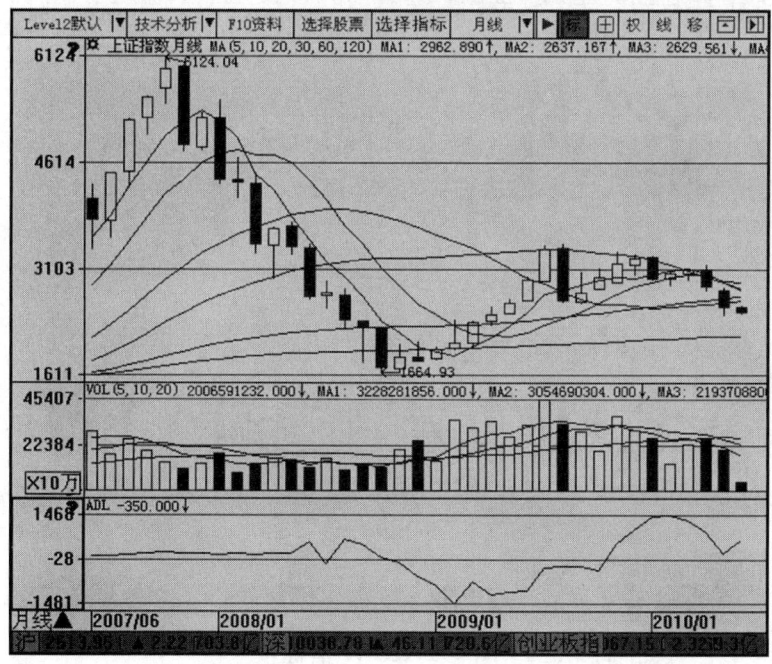

图 2　ADL 指标

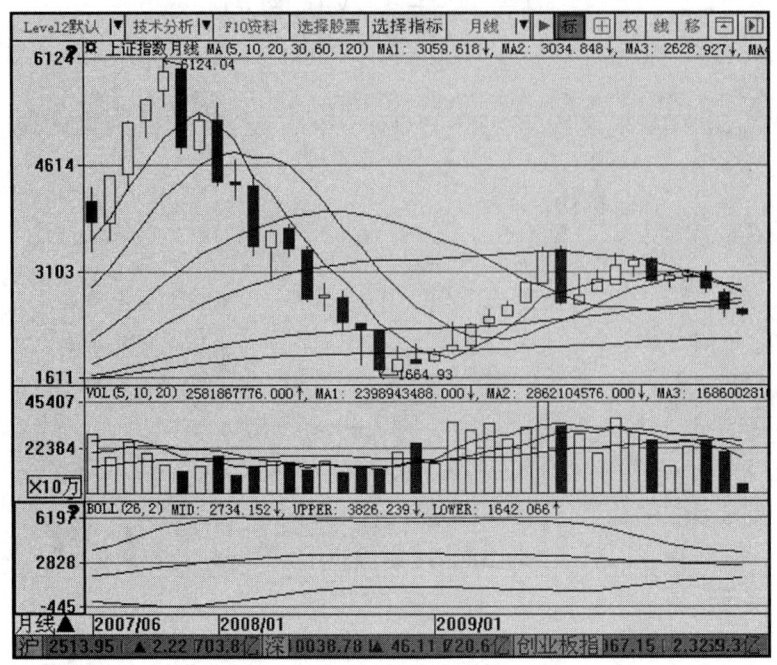

图 3 BOLL 指标

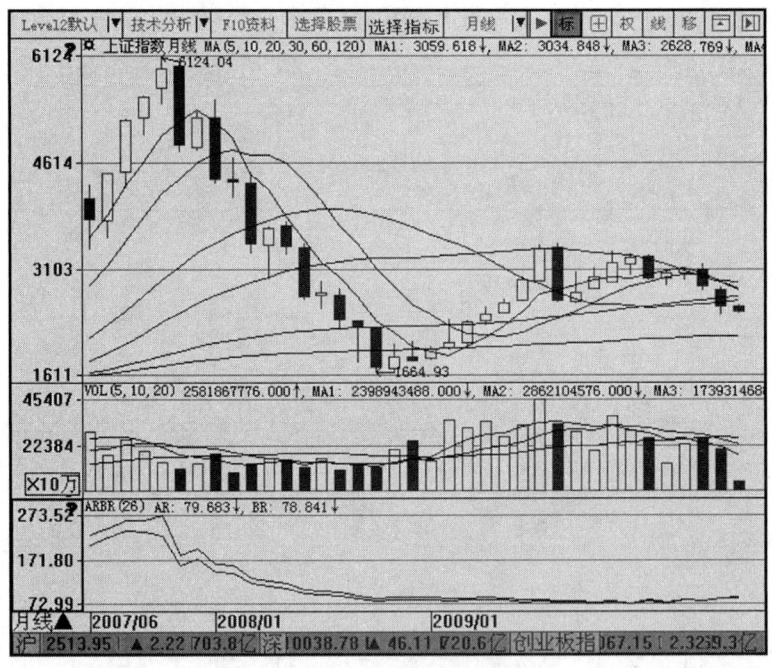

图 4 ARBR 指标

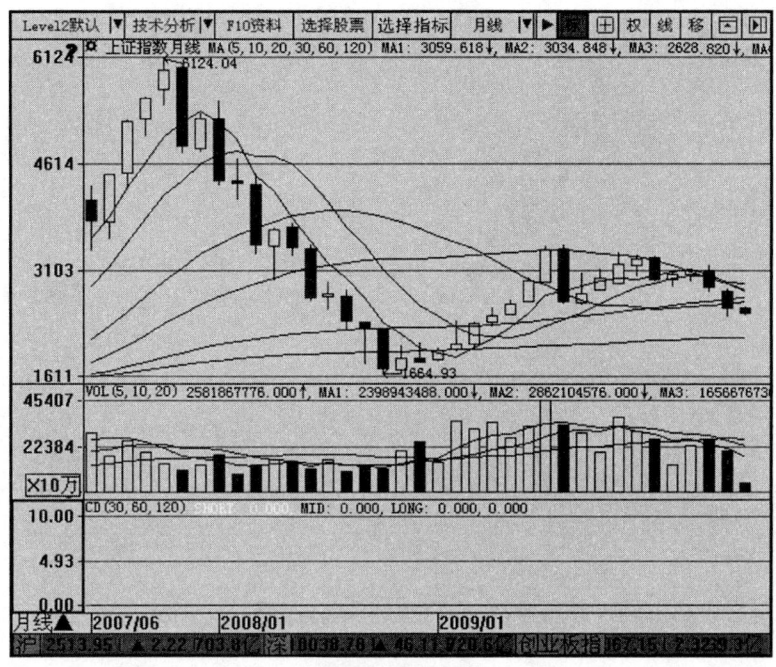

图 5　CD 指标

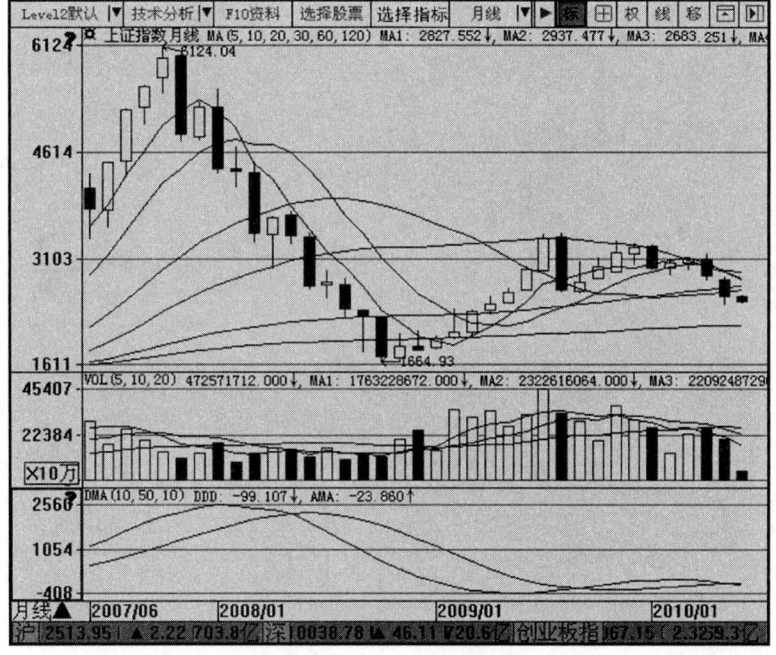

图 6　DMA 指标

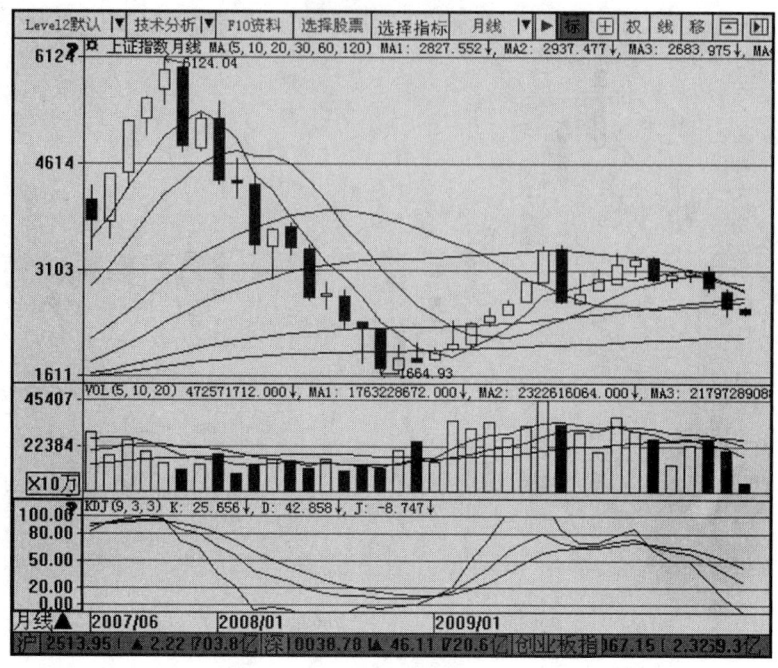

图 7　KDJ 指标

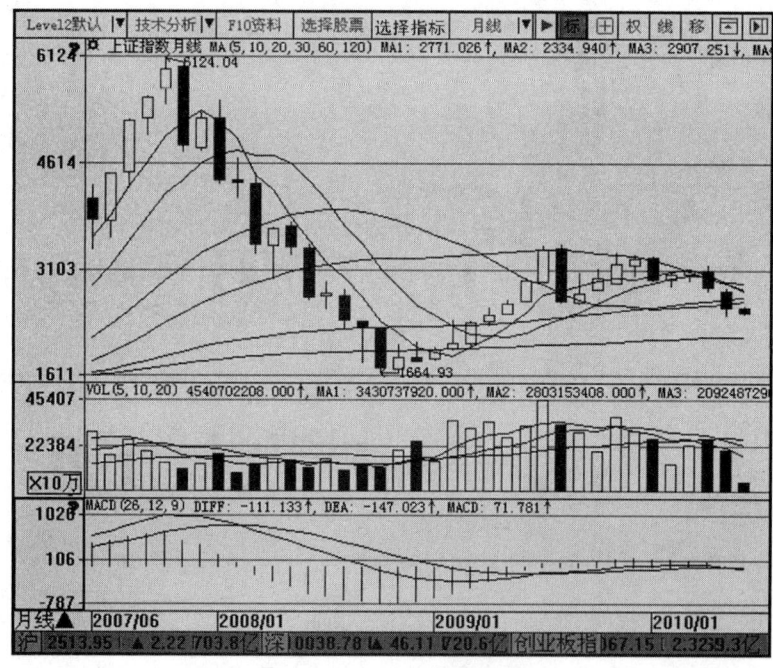

图 8　MACD 指标

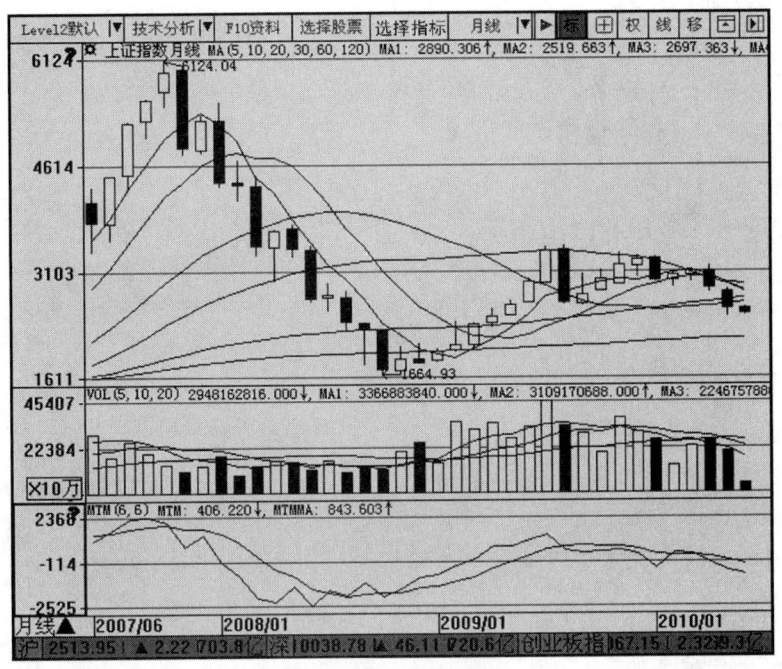

图 9 MTM 指标

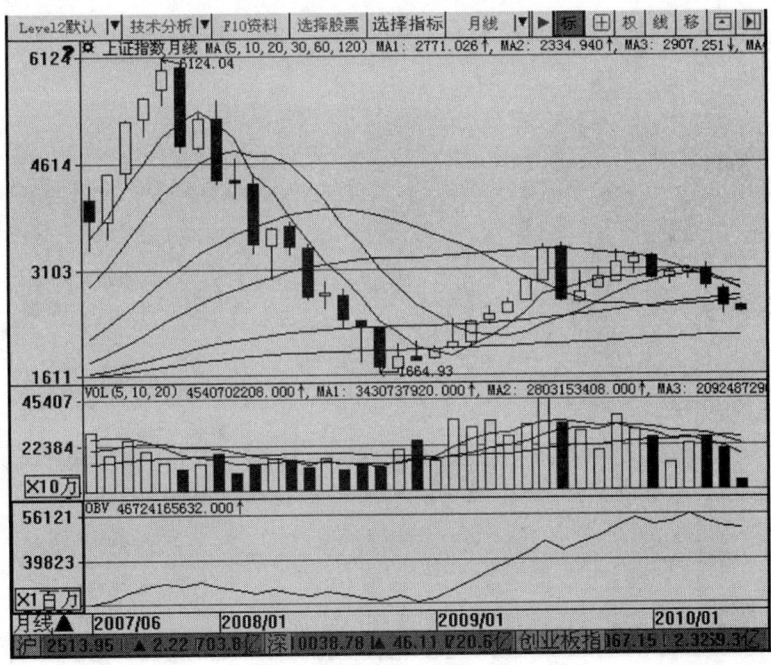

图 10 OBV 指标

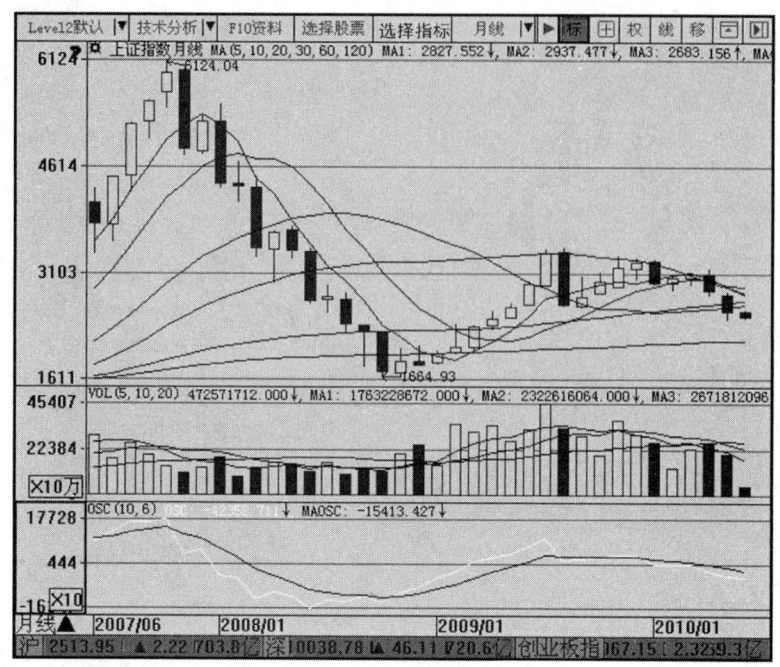

图 11 OSC 指标

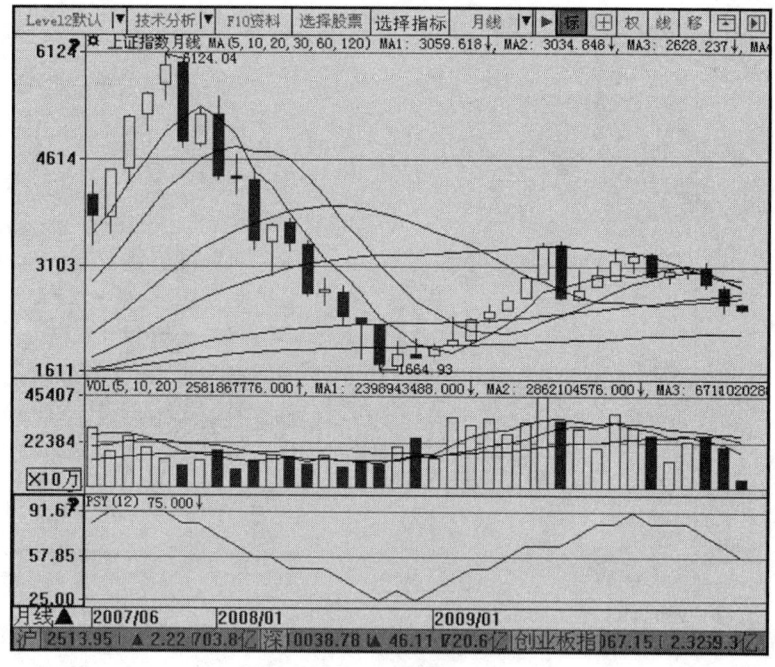

图 12 PSY 指标

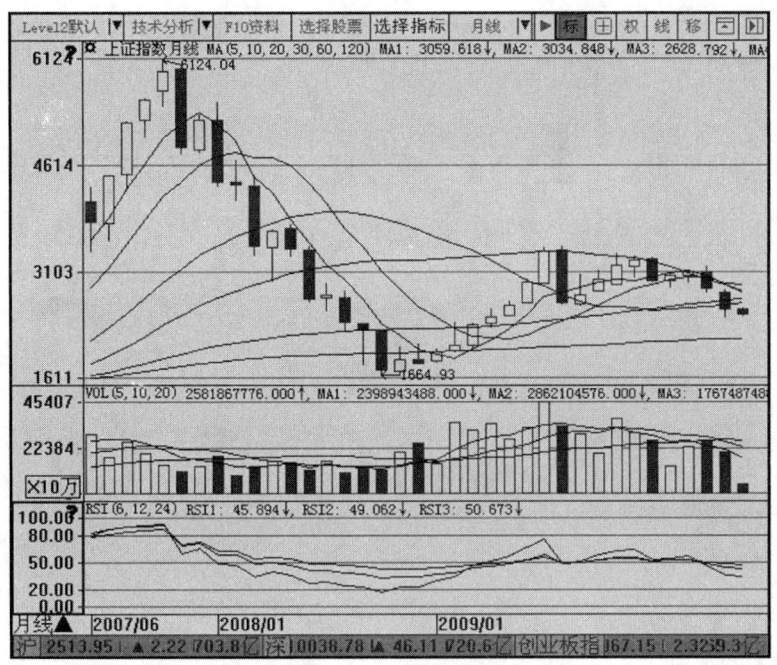

图 13　RSI 指标

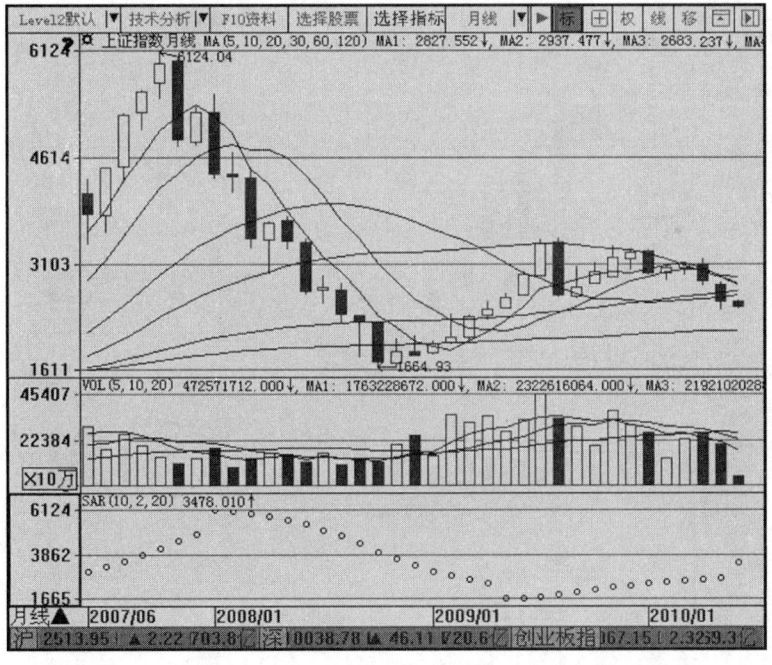

图 14　SAR 指标

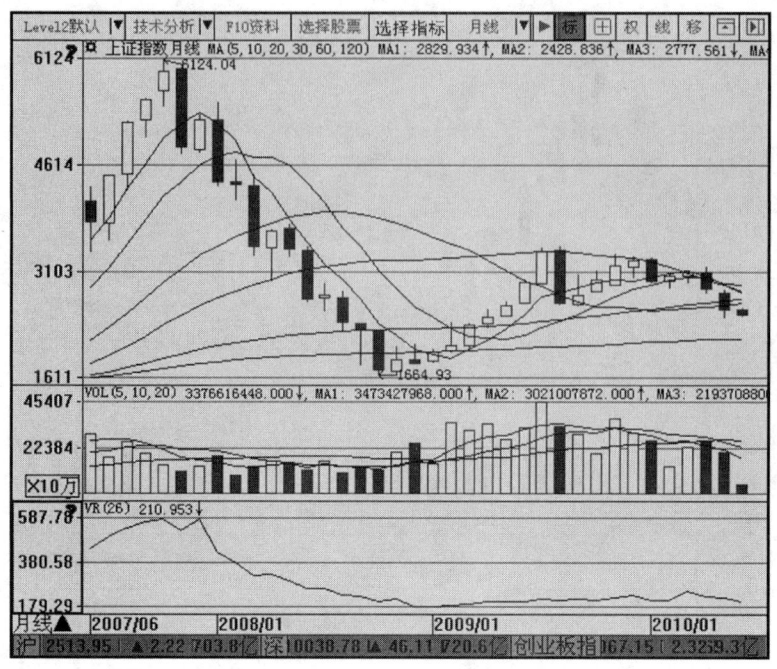

图 15　VR 指标

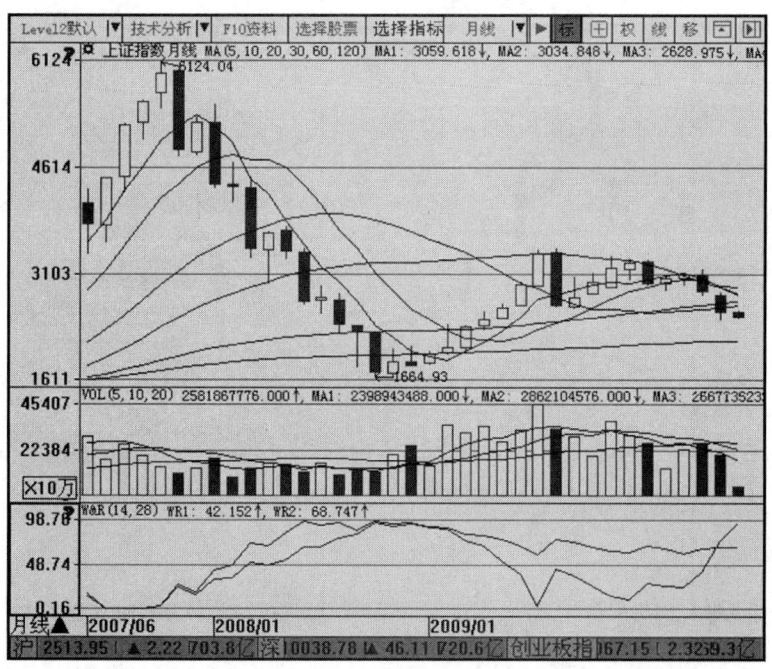

图 16　W%R 指标

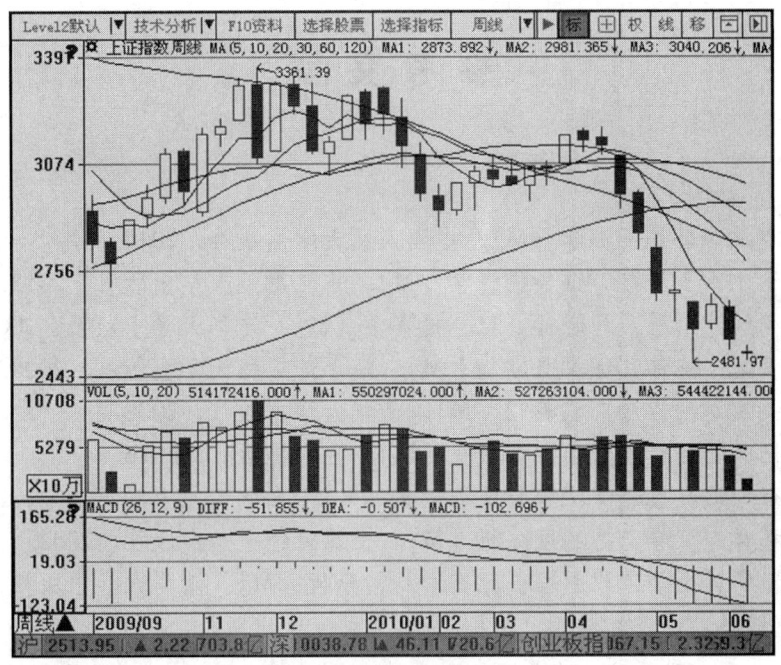

图 17　周 K 线

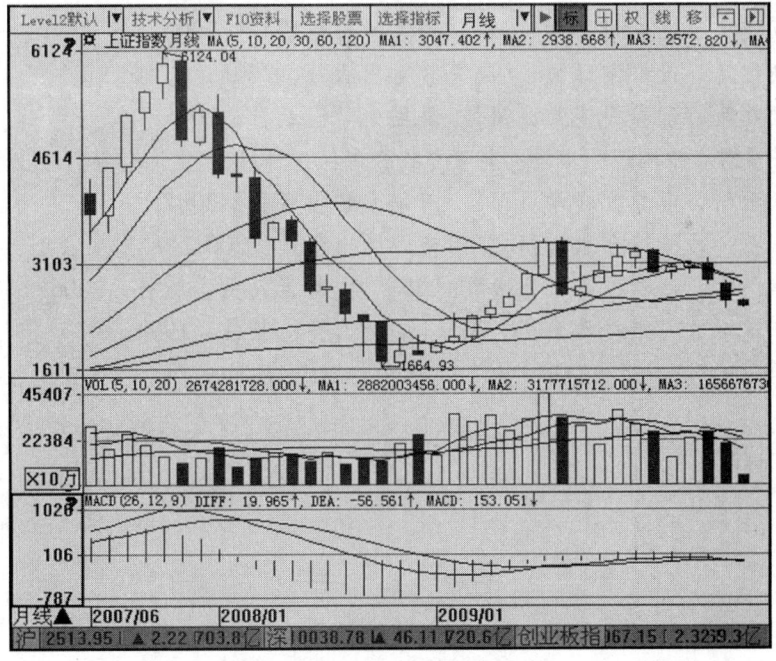

图 18　月 K 线

参考文献

[1] 吴晓求. 证券投资学 [M]. 中国人民大学出版社,2014.
[2] 邢天才,王玉霞. 证券投资学 [M]. 东北财经大学出版社,2012.
[3] 刘德红,刘恩,马晓贤. 证券投资学 [M]. 清华大学出版社,2008.
[4] 吕彦昭,陈伟. 证券与期货 [M]. 哈尔滨工程大学出版社,2008.
[5] 李一智. 期货与期权教程 [M]. 清华大学出版社,2008.
[6] 李国义. 证券投资学实训教程 [M]. 科学出版社,2016.
[7] 胡征. 证券投资学实验与实训教程 [M]. 合肥工业大学出版社,2014.
[8] 吴林祥. 证券交易制度分析 [M]. 上海财经大学出版社,2002.
[9] 宋逢明. 金融工程原理:无套利均衡分析 [M]. 清华大学出版社,1999.
[10] 赵锡军. 论证券监管 [M]. 中国人民大学出版社,2000.
[11] 朴明根,邹立明,王春红. 证券投资学 [M]. 清华大学出版社,2009.
[12] 朱宝宪. 投资学 [M]. 清华大学出版社,2002.
[13] 李曜. 证券投资基金学 [M]. 清华大学出版社,2005.
[14] 霍文文. 证券投资学 [M]. 高等教育出版社,2000.
[15] 刘红忠. 投资学 [M]. 高等教育出版社,2003.
[16] 贝政新. 证券投资学 [M]. 复旦大学出版社,2005.
[17] 杜渲君. 中国证券市场:监管与投资者保护 [M]. 上海财经大学出版社,2002.
[18] 张玉明. 证券投资学 [M]. 清华大学出版社,2007.
[19] 焦石. 炒股炼金术 [M]. 河南人民出版社,2001.
[20] 焦广才. 证券投资技术分析 [M]. 内蒙古人民出版社,2006.
[21] 陈茂申. 股市技术分析 [M]. 安徽人民出版社,1994.